生態人類学は
挑む
SESSION
6

たえる・きざす

伊藤詞子 編
ITOH NORIKO

京都大学学術出版会

住宅地とサルの住む公園が隣接.
都市の住人と関わることで, サルの
「野生」がゆらいでいる(第1章).

変貌しつづける世界の中, 自然環境も生物もみな絶えず適
応と消滅を繰り返してきた. しかし, 今や人新世と呼ばれる
時代, その変貌のあり方をヒトが左右するようになっている.
生態から遊離した「人間」の時代を, どう生き延びるのか?

香港のアカゲザル(第1章).

ゆく川の流れは絶えずして……

対岸から見たフィジーの
ランビ島. 太平洋のサ
ンゴ礁バナバ島の人々
は「環境難民」として, 遠
く海を隔てたランビ島に
居住した(第7章).

ソロモン諸島マライタ島の
ラグーンの砂州．温暖化に
よって水没しはじめたため，
人々は本島への移住をはじめている（第6章）．

対岸のマライタ島本島の新たな集落（第6章）．

葛藤から芽生えるもの

人間と自然の歴史を分けて
考えることはできない．その交
差点が気候変動である．環
境とも人間同士でも葛藤が
つづくなかで，自らを変えてい
く状況にある人々がいる．

マライタ島のF村ではイル
カ漁を生業としていたが，
欧米の環境保護団体か
ら中止を求められていた．
環境保護団体との話し合
いの場（第6章）．

フィジー・キオア島．ツバルから移住した人々はフィジー化と伝統とのあいだで葛藤しながら暮らしてきた．栽培する作物も婚姻のあり方もコミュニティの一体感も，全てが変化のうちにある（第4章）．

饗宴用の作物として重要だったタロイモは，キオア島では重視されなくなった．一方で，働き者の男たちはタピオカなどの根茎類を栽培する（第4章）．

フィジー・ランビ島．移住したバナバ人はフィジー人との間で政治的に微妙な立場に置かれ，困窮している．彼らは教会を中心とし協力し合いながら，生きる道を探る．バナバ人のメソディスト教会（第7章）．

子どもの1歳の誕生日の人生儀礼用の食事を準備するランビ島のバナバ人（第7章）．

タイ北部，チャ摘みの様子．直射日光がチャの葉にあたるのを防ぐために庇蔭樹が残されたことで，森林景観と機能が維持されている（第2章）．

すでに萌していたもの

熱帯諸国に見られる土地利用システム「アグロフォレストリー」が，森林の再生・維持の可能性をひらくものとして注目されている．しかしこれは新たな農法ではなく，古い実践である．自然との調和を探るなかで，すでに人が編み出してきたものを再発見する時に来ている．

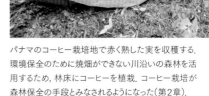

パナマのコーヒー栽培地で赤く熟した実を収穫する．環境保全のために焼畑ができない川沿いの森林を活用するため，林床にコーヒーを植栽．コーヒー栽培が森林保全の手段とみなされるようになった（第2章）．

数mのカカオ樹林の上に樹高30〜50mの庇蔭樹が点在する独特の景観（第2章）．

カメルーンのカカオ畑．プランテーション型のカカオ栽培は根付かず，土着の森林居住民による小規模栽培が主流．畑にはカカオ以外にも多様な野生の樹種が維持される（第2章）．

混迷する21世紀の荒野へ

　地球という自然のなかで人類は長い時間をかけて多様な文化や社会を創り
あげてきた．その長い歴史は，人類が自然の一部としての生物的存在から離
陸して自然から乖離していく過程でもあった．その結果，現在の人類は地球
という自然そのものを滅亡させてしまうかもしれない危険な存在になってい
る．世界がその危険性にやっと気づきはじめ，資本主義グローバリズムに変
わるべき未来像を模索している．

　そのような中で生態人類学は自然と文化という人間存在の二つの基盤にし
っかり立脚し，人間の諸活動のすべての要素を含みながら，しかも具体的で
説得力ある研究を目指すユニークな学問的営為として研究活動を続けてきた．
現在地球上で急激に減少している多様な人類文化に着目し，そうした民族文
化や地域文化の奥深さを描き出すため志のある研究者が実直で妥協のないフ
ィールドワークを続けている．研究者たちはそこで得られたデータによって
描かれる論文や現場に密着したモノグラフ等の作品以外に，この多様な人類
のありかたを示す方法はないことを確信してきた．

　生態人類学は，1973年5月に東京大学と京都大学の若手の人類学関係者が
集まり第1回の生態人類学研究会を開催したのが始まりであった．この生態
人類学研究会は23回続き，1996年の生態人類学研究会を第1回の生態人類学
会研究大会とすることで新たな学会となった．今年度（2020年）第25回の生態
人類学会研究大会を開催し今日に及んでいる．今や生態人類学を標榜する研
究者も数多くなり，さまざまな大学や研究機関に所属している．

　生態人類学会は2002年度に『講座・生態人類学』（京都大学学術出版会）8巻
を発刊して，それまでの生態人類学の成果を世に問うている．この講座は，ア
フリカの狩猟採集民2巻，東アフリカの遊牧民，アフリカの農耕民，ニュー
ギニアの諸集団，沖縄の諸論考のそれぞれに1巻をあて，さまざまな地域の
さまざまな生業や生活を対象にした論文集という形のシリーズであった．ま

た，エスノ・サイエンスや霊長類学と人類学をつなぐホミニゼーションに焦点をあてた領域にもそれぞれ1巻をあてている．

この『講座・生態人類学』発刊からすでに20年近く経過し，研究分野も対象とする地域ももはや生態人類学という名称では覆いきれない領域にまで広がっている．そして本学会発足以降，多くのすぐれた若手研究者も育ってきている．そうしたことを鑑みるならば，このたびの『生態人類学は挑む』16巻の発刊は機が熟したというべきである．このシリーズはひとりの著者が長期の調査に基づいて描き出したモノグラフ10巻と従来の生態人類学の分野を超えた，領域横断的な研究分野も包摂した6巻の論集からなる．共通するのはいずれもひとりひとりの研究者が対象と向き合い，思索する中で問題を発見し，そして個別の問題を解くと同時にそれを普遍的な問題にまで還元して考究するスタイルをとっていることである．生態人類学が出発してほぼ50年が経つ．今回の『生態人類学は挑む』シリーズが，混迷する21世紀の荒野に，緑の風を呼び込み，希望の明りをともす新たな試みとなることを確信する．

日本の生態人類学の先導者は東京大学の渡辺仁先生，鈴木継美先生そして京都大学の伊谷純一郎先生であったが，生態人類学の草創期の研究を実質的に押し進めてきたのは6年前に逝去した掛谷誠氏や今回の論集の編者のひとりである大塚柳太郎氏である．

掛谷誠氏の夫人・掛谷英子さんより掛谷誠の遺志として本学会へのご寄進があり，本出版計画はこの資金で進められた．学会員一同，故人に出版のご報告を申し上げるとともに，掛谷英子さんの御厚意に深く謝意を捧げたい．

『生態人類学は挑む』編集委員会

目次

序

伊 藤 詞 子

　人間は「生きる」ものである．生きるものであるということは，生まれ落ちたその瞬間から死んでゆくものだということでもある．生（life）は，生きること（living）と死んでゆく（dying）ことの双方を含む，始まりながら終わってゆく渾沌とした現実の一部である．この渾沌は，個人だけでなく集団や種といったレベルにおいても現実である．わたしたちの生は，さまざまな他者に支えられて成立する．他者は身近な誰かであったり，見知らぬ誰かの場合さえある．同種の場合もあれば異種の場合も，生きものの場合も無生物の場合もある．逆もしかりである．人間以外の生きものも，多種多様な関わりのなかで生きており，そうした関わりの中には人間も含まれるのである．

　わたしたちは，この複雑な世界を生きていくうえで，自分たちに理解可能なように，できる限り単純に静的に，自分の常識の範囲内で現実把握をしようとする．しかしながら，経済的・社会的状況は個人によってますます多様化しており，個人の一生のなかでも大きく変動するあるいは，変動してしまう場合もある．加えて，大きな環境変動下では特に，例えば天気痛のように，身体はめまぐるしく変化しており，個人の身体もまた実に多様化しているといえる．一昔前の常識では想像もつかないような，個の多様性が白日の下になっているのである．このことは，自分の常識を常に疑ってかかりながら自他とその都度関わる必要があるということを意味する．わかっていないことの多い同種の他者以外であればなおさらである．

　近年，ワンヘルスやSDGsといった考え方が，日本においても浸透しつつある．これらのお題目だけに惑わされてはいけないが，暮らしている場所や暮らし方に関わらず，自然と文化（経済・社会・政治を含む）がつながっていること，そして多様性

とのつながりの積極的な意味を広く浸透させた意義は大きい．すべては変わりゆくものであるから，それは均質性や不変性とは対極にあるし，すべてを知り尽くすことは不可能である．だから，刻々と変化する状況の只中にありつつ，同時に自身が生きるその場所で——キッチンであれ，トイレであれ，職場であれ——自ら情報を得，話し合い，常識を相対化しつつ考え判断する，ということの重要性がうきぼりになってくる．

　わたしたちが生きている世界は，無数の物事が互いに連動し，相互作用をし，絶え間なく動いてゆく．そのすべてを見通すことはできない（Morton 2013）．また，わたしたちは，個人としてもヒトという種としても，いずれこの世界を去るわけだが，去ってなお痕跡として世界に作用し続けることだろう．この世界では，人間は完璧な主体となることも，完璧な客体になることもできない．人間の不完全性を受け入れ（例えば，インゴルド 2018のhumaning），人間だけで成り立つ世界に引きこもることを止める（例えば，菅原 2015；コーン 2019），という思考と行動の転換は，このままならない渾沌の世界にあってなお生きて死ぬ（乗り越えるのではなく）（Haraway 2016）方法を探索する手がかりでもある．自然と文化のつながりが意識化されたことで，日常の思考をめぐらせる領域は，時間的スケールにおいても，空間的スケールにおいても遥かに拡大した．同時にそれはわたしたち一人ひとりが，互いに，さらには種をも超えて，つながっている現実のリアリティをとりもどし，再構築していく歴史的な過程となるのかもしれない．とはいえ，現時点では，相応の混乱を伴う労力をかけて，考え学んでいかねばならない転換点でもある．

　本書のタイトルである「たえる（耐える，堪える，勝える，絶える）・きざす（兆す，萌す）」には生にまつわるこうした渾沌の意味をこめた．渾沌を生きるとはどのようなことなのか．各章では，フィールド経験豊富な執筆陣たちが，「たえる・きざす」という二つの言葉を頼りに，渾沌に生き，渾沌を生き延び，渾沌を生み出してゆく生に向き合っている．「たえる・きざす」の主語は，人間であることもあるしそうでないこともある．どちらか判然としないことの方が多いかもしれない．それは，「生きる」ことが人間だけで成立していないことと関係する．人間以外の生きものも，多種多様なかかわりのなかで「生き」られているし，そうした関わりの中にはヒトもまた含まれるからである．

自然と文化と生態人類

　冒頭で，人間は「生きる」ものであると述べた．これは，人間以外の生きものも

含めて，人間が直接的・間接的に絶え間なく相互作用している世界にどう向き合っているのかを考えたい，ということを意味する．念のためつけ加えるが，生きるものであることと，生物学的であることは同義ではない．それは，人間だけに適用される例外でもない．

　旧来の「自然と文化」という認識上の二項対立にも関わらず，現実にはこの二つは深く交じり合っている．この大きなギャップを抱えながら，ヒトはどう生きてゆけば良いのだろうか．生態人類学会の前身である生態人類学研究会は，自然と深く関わり，その関わりを熟知した人びとの生きる場でフィールドワークをおこない，その生きざまを理解しようとする研究者たちが議論する場として始まった（生態人類学ニュースレター 1996）．「生きざま」とは，言い換えるならば，自然も文化も内包する全体である．従って，生態人類学は，上に述べた二項対立を乗り越えつつ，「生きる」ということに関する問いに応えうるのにうってつけの研究の場のように思える．だが，実際のところはどうなのだろうか．

　自然と文化の分断は，自然科学と人文科学の進展とともに押し広げられ，20世紀半ばのアメリカではこの二つの研究分野はそれぞれ自律した地位を築いた（ハラウェイ 2000）．この潮流において，人類学は「人間の理解に文化概念以外の何ものも必要としない」と宣言した．一方で，動物は「人間を自然科学に直接還元」するためのモデル生物でありつつ，同時に，起源としての人間，すなわち「文化以前の本質を示しうる」存在でもあるという，曖昧な位置づけのなかで利用されてきた（ハラウェイ 2000：30-32）．

　日本における生態人類学は，1973年に，研究室や大学を越えてさまざまな立場のフィールドワーカーたちが研究会をおこなったのがはじまりである（生態人類学ニュースレター 1996）．上述のアメリカの動向とは異なり，この研究会には狭義の人類学者だけでなく，西田利貞ら霊長類学者も同席している（慣例的に生態人類学では，前者は「ヒト屋」，後者は「サル屋」と呼ばれる）．ただ，ひょっとすると，西田はサル屋として同席していたとはいえないのかもしれない．というのも，初回の研究会では，チンパンジーの話ではなく，その調査地で出会ったトングウェの人びとの話をするよう，伊谷純一郎に求められたと述懐しているからだ（西田 1996）．いずれにせよ，第23回まで続いた生態人類研究会，そして，その後学会となってからも，わたし自身を含め，サル屋は数は少ないながらもこの会に関わっている．初期の研究会ではヒト屋とサル屋が膝をつきあわせて大いに議論に花を咲かせていたらしい．そうした

様子は，1996年の学会設立とともに刊行された最初のニュースレターに寄稿されている一連の短い記事から窺える．

「自然とのかかわりの中で人間を全体として理解する」（生態人類学会設立準備委員会 1996：1），というときの「自然」が（二項対立的ではないとしても）どのようなものとして想定されていたかには触れられていないし，現在どのように位置づけられているのかも定かではない．しかし，人間社会の「あちら側」に自然と呼ばれる何かがある，という近代の想定自体が非現実的となったいま，自然と関わるということの意味自体を捉え直す必要があるのは間違いない．それは生態人類学が挑むにふさわしいテーマの一つでもある．このことは，「自然」の側だけの問題ではなく，それとは分断されて考えられることの多い「文化」，そして「文化」が安定した「自然」という基盤の上に成り立っているという考え方自体についても連動して捉え直す必要があることを意味する．

本書の構成

本書は八つの章と終章からなる．各章は重なり合う議論も多分に含まれるが，第1章足立論文を導き手に，大きく三つのパートに分けた．第I部には，異なるものとの関わりに焦点があてられた三つの論文が収められている．第1章足立論文では，霊長類学・エスノプライマトロジー・科学史的観点と，コートジボアールと香港という二つのフィールド経験から，「人間にとっての環境とは何か」を再考する．第2章では，四方・藤澤・佐々木が，カメルーン，パナマ，タイを舞台に，熱帯における作物の日陰をつくる庇陰樹をともなう作物栽培——アグロフォレストリーの実践と変遷を扱う．ここでは，圃場と作物や庇陰樹というローカルな相互作用だけでなく，茶・コーヒー・カカオというグローバルに流通する商品，そして世界的な注目をあびるようになったアグロフォレストリーという土地利用システムでもあり，ローカルな相互作用とグローバルな相互作用の双方を巻き込んだ議論展開となっている．第3章では，タンザニア農村における家畜ブタの大量死をきっかけに，勝俣・神田・伊谷が，ブタだけでなく，共在するウシ，感染症，飼育や使役のありかたに至るまで，人びとの暮らしに埋め込まれてある，相互に交錯する網の目がたどられてゆく．

第II部では，いつもとは違う，あるいはまったく新しい状況における，同種の他者間のつながりに焦点があてられた三つの論文を収めた．I部とII部をつなぐ小林の論文からはじまる．小林は，ツバル・バイツプ島からフィジー・キオア島というま

ったく異なる環境へ移住した人びとが，自然と社会・文化の両方を含む多様な変化に，どのように応答していったのかを丹念に追っている．第5章は，本書で唯一，ヒト以外の霊長類を主題とした論考となる．京都・嵐山のニホンザルの群れと，愛知・東山動物園のゴリラの群れでおこった社会的に新奇な状況下で，個体たちが互いに抱える葛藤と，それでもなお関わりあい続けようとするなかで，そうした葛藤にどのように応答していったのかを詳細かつ連続的な観察記録をもとに描き出している．そこにサルの群れが「ある」ということは，こうした葛藤が繰り返し生起し，そのたびに解決されてきたその積み重ねの上に「ある」ということなのである．他者と共にある状態を継続することの困難（葛藤）と解決は，次の第6章でも主題となる．竹川（第6章）はソロモンにおける集団内の葛藤事例から，ヒトに普遍の道徳性について論じる．事実経過，起きている葛藤，それを解消するさまざまな思惑が交錯するプロセス，そしてその後の経緯という一連の過程が，竹川本人を含む当事者が働かせる互恵と共感の情動を手掛かりに掘りさげられてゆく．

　第Ⅲ部には二つの論考を収めた．人間が抱える葛藤は，時に後戻りも前にすすむことも困難な状況に直面することがある．住み慣れた地を，本人の意思とは無関係に離れざるを得ない，という「耐える」状況に巻き込まれる事態は，地球規模の温暖化が続くなかでは，誰一人他人ごとではなくなっている．第4章小林論文の例とは対照的に，1945年の最初の移住から現在に至るまで，深い傷をいくつも抱えたまま，戻ることもすすむこともままならない人びとがいる．第7章で風間は，気候変動の影響や，移住前の1800年代以降の諸外国の活動に巻き込まれながらの歴史的経緯を丁寧に追いながら，耐え続けてきたバナバ人たちが抱え続ける「捻じれた心情」（261頁）に光をあてる．第8章には，生を扱う上で避けてとおれない「絶える」の側面について，内堀に執筆をお願いした．それは個人のレベルでは「死ぬこと」「死」であり，集団や種のレベルでは消失・亡失・絶滅である．生を受けた生きものとしても，進化のプロセスにあるものとしても，個も種もいずれこの世を去る．生物としての人間にとって，死ぬことは避けがたいものであり，生の内にあるものである．現代社会においては「終活」という言葉があるように，死ぬことは，生きるなかで考え，準備していくものとしてある．だが，それが一般的かといえば必ずしもそうではない．話題としてすら避けたいという場合が多いのではないだろうか．内堀は，人類が普遍的に形成した「心理・社会・文化の複合」（292頁）をなす死者や死といった概念を，「亡失する種（類）」との絡みにおいて掘り下げてゆく．古代人類にま

でさかのぼる人類の死にまつわる過去，そして未来への問いかけで締めくくられる
この章は，死がもつ生者の世界における広大な領域へと我われをいざなうことにな
る．

　終章では，筆者のフィールドであるタンザニアのカソゲの森とそこに暮らす生き
ものたちが，グローバルな気候変動のもとで，どのようにローカルに変化してきた
のかについてまとめた．「自然」なことと「人為的」なこととの判別は，もはやつけ
ようがない渾沌とした変化の渦は，ここに暮らすチンパンジーを含む生きものたち
や，その周囲に暮らす人びとの生活にも，今後ますます大きな影響をおよぼしてい
くであろう．その影響もまた両義的であり，両価値的で完結することのない動的な
過程にある．終章では，ここまでの八つの章を総括することはしないが，環境とし
ての人間という観点を含めることで，補完的な意味合いを持たせた．

　本書は何か単純明快な回答を与えようとするものではない．だが，現実世界の変
化とともに人間の思考が大きく転換しようとしているなかで，困難や矛盾を引き受
けつつ，なお生きて死ぬものでもある存在として，人間がどのように世界に内在で
きるのかを考えるきっかけになればと思う．

参 考・参 照 文 献

インゴルド，ティム（2018）『ライフ・オブ・ラインズ——線の生態人類学』筧菜奈子・島村幸忠・宇
　　佐美達朗訳，フィルムアート社.
コーン，エドゥアルド（2019［2016］）『森は考える——人間的なるものを超えた人類学』奥野克己・
　　近藤宏監訳，近藤祉秋・二文字屋脩訳，亜紀書房.
菅原和孝（2015）『狩り狩られる経験の現象学——ブッシュマンの感応と変身』京都大学学術出版会.
生態人類学設立準備委員会（1996）「生態人類学会設立の趣旨」『生態人類学会ニュースレター』1: 1.
西田利貞（1996）「生態人類学会研究会の発足の頃」『生態人類学会ニュースレター』1: 3-5.
ハラウェイ，ダナ（2000）『猿と女とサイボーグ——自然の再発明』高崎さきの訳，青土社.

Haraway, Dana. 2016. *Staying with the Trouble*. Duke University Press.
Morton, Timothy. 2013. *Hyperobjects: Philosophy and Ecology after the End of the World*. University of Minnesota
　　Press.

アウター・ワールド再考

第 1 章

足立 薫

環境の生成と消滅

人新世とエスノプライマトロジー

KEY WORDS

アフリカ, 香港, 混群, 自然人類学, 霊長類学, 生態学, 環境改変

はじめに

　生態と人類の間には，大きくて深い溝がある．その溝はじつは見せかけのものであり，実際には地続きの同じ水準にのっているものかもしれない．それが見せかけであるからこそ，かえってその深さが強調されることもある．

　本シリーズのタイトルにはいっている「生態人類学」は生態と人類という，二つの概念を結ぶところに存立している．何がこの二つを結び，何がこの二つを分けるのだろうか．人間は自分を取り巻く環境の中で，環境と相互作用しながら生きている．生態とはこの相互作用のネットワークの側面に焦点をあてた概念であり，環境との相互作用をあらわす関係の束を指定する．同時に，そこでは相互作用の働きが及ぶ特定の自然環境の範囲が区切られる．生態は関係性のネットワークであるとともに，その働きによって特定され限定された環境も指し示す．生態と人類を並べると，人間も含む生態系の関係のネットワークに加えて，人間の活動が影響を与え，人間の活動が影響を受ける環境の範囲が指し示される．隣り合った生態と人類の連なりは，自然環境と相互作用する人間の位置を生態系の中に埋め込む一方で，相互作

用の主体としての人間を強調し，自然環境を人間の外部として浮き立たせる．

　環境を外部の要因として，社会を説明する方法は多くの分野でおこなわれてきた．自然に属することを説明変数として用い，人間の社会に関することを目的変数として立証する．環境が原因となり，結果としての人間の社会が決まっているという構図は，究極まで推し進めると環境決定論と呼ばれるような生物学至上主義の形をとる．ここでの環境はコントロールできない外部として，人間の社会をとりまくように存在する，アウター・ワールドとしての環境である．霊長類学をはじめとした科学に基盤をおく人類学は，このアウター・ワールドとしての環境の考え方を基本としているが，人文社会科学にも同様の枠組みが存在するだろう．

　1990年代ごろからこの枠組みに反対の立場をとり，アウター・ワールドとしての環境の存在に疑問を投げかける試みがあらわれる．その代表的なものが，「存在論的転回」とよばれる人類学の新しい動きである．人間と自然の関係を，行動や社会の進化の視点で追求してきた霊長類学では，これにあたるような動きがあるのだろうか．

　本章では霊長類学における自然環境と人間の関係をたどってみたい．霊長類学は100年に満たない歴史しかない若い学問であるが，この期間に環境と人間の相互作用のあり方が劇的に変化したことにともなって，トレンドの大きな変更を何度か経験してきた．霊長類学がサルという自然に向き合って，何を明らかにしようとしてきたか．その志向性の変化が，人間にとっての環境とは何かを考える助けになるかもしれない．まず，霊長類学の誕生とその時代背景から確認してみたい．

1　　生態と人類の間

1 ⋯⋯ 人類学の鬼子としての霊長類学

　霊長類学は生態人類学と同様に，人類学というカテゴリーからうまれた学問分野である．そもそも，霊長類学が人類学のカテゴリーに出自を持つとはどういうことだろうか．

　日本の霊長類学の黎明期をけん引したのは，今西錦司とそれに続く世代の伊谷純一郎らである（山極 2009；中村 2015）．動物学を基礎としながらも，かれらは一貫し

て「人間とは何か」という問いに軸足を置き，この問いにアプローチする原理的な方法として人間以外の霊長類（これ以降は単に霊長類と記述する）や，他の動物を観察し考察してきた．霊長類学では生き物としてのヒトと霊長類がその研究対象であり，人間の活動も生物学の範疇の中で考える．人間も含めた霊長類が機械的に環境と相互作用する活動にとどまらず，従来は文化や社会といわれてきたものも対象に含んでいる．文化や社会を生物学的にとらえる，といったときに，生物学的な機械論に還元するのではなく，それをまるごと総合的にとらえた「生きもの」の学として構築しようとしたところに，初期の日本霊長類学の特徴がある（今西 1949）．そのような特徴は全体主義的で厳密さに欠け情緒的であると批判されたり，生物学の誤用であり有害な間違いとされることもあった（河田 1990）．その後の霊長類学はパイオニアたちが目指した，まるごとの生きものとして人間を理解することと，生物学の伝統の中で霊長類の社会あるいは文化を理解することの両輪ですすんできたといえる．ある種の曖昧さ，折衷主義の感覚が霊長類学には残り続け，またその曖昧さこそが魅力であるとして一般に受け容れられたともいえるだろう．

　一方で欧米の霊長類学はどうだろうか．細かく見ていけばヨーロッパとアメリカには違いがあるが，ここでは日本との対比でその特徴を考えてみる．戦前には比較心理学の立場から霊長類を用いた実験研究がおこなわれた（Spencer 2015）．それに対して，人類学分野の人間の形態や解剖の観点から，ヒトを理解するために近縁な霊長類種の研究の必要性が主張されるようになる．人間のモデルとしてヒヒやチンパンジーの行動生態の研究がおこなわれ，化石からは知り得ない初期人類の生活の復元が目指された．S・ウォッシュバーン（S. Washburn）は，形態や解剖を対象とする自然人類学と，行動生態をテーマとする霊長類学の双方の研究をすすめた人物である．ウォッシュバーンは1973年の論文で，新しい霊長類学の姿を「約束」として提唱している（Washburn 1973）．その中でウォッシュバーンは，霊長類学を自然人類学の未来の形と位置づけ，現生霊長類の行動生態とその進化の解明，また言語の起原をコミュニケーションから探ることが霊長類学のすすむべき道であると論じた．同時期に，K・ローレンツ（K. Lorenz）とN・ティンバーゲン（N. Tinbergen）らにより，動物行動学（エソロジー）が理論的に確立し，動物の行動を科学的に観察する方法がもたらされた．この恩恵は霊長類学にも取り入れられ，動物行動研究の一分野としても大きな発展を遂げる．さらには社会生物学（行動生態学）や生態学と結びつくことによって，他の分類群の動物研究と同様に霊長類学は行動と生態の科学として確

立していく．しかし，ウォッシュバーンの「約束」にもあるように，欧米の霊長類学はその出発点が人類学にあり，「人間とは何か」という問いから離れることはなかったといえる．その点では，研究者ごとにその重点の置き方は違うにせよ，日本の霊長類学と大きな違いはない．

2 ……… 環境の世紀から人新世へ

ウォッシュバーンらによって現代的な霊長類学が新しい道を進み始めた1970年代は，人間と自然環境の関わりに大きな変化があった時期でもある．環境主義の台頭は，1970年代とともに始まったといわれている（ハニガン 2007）．毎年，世界の各地で4月22日にさまざまなイベントがおこなわれるアースデイだが，第1回のアースデイは1970年の同日にアメリカで大学生主体の活動として開始された．環境問題に対する討論集会やデモ行進がおこなわれ，その後の環境運動の先駆けとなったことは良く知られている．生態学の発展と政治社会運動が結びついて，自然環境に対する人間の態度に大きな変化が生じた結果，環境主義が興隆した．社会運動としての環境主義には，当時の生態学の発展が大きく寄与している．フィールド調査に基づく実証的な生態学は，70年代から80年代にかけて爆発的に発展し，個体群生態学の理論化や保全生態学の精緻化がすすんだ．R・マッカーサー（R. MacArthur）の島モデルの提唱や，J・コンネル（J. Connell）らの野外操作実験など，現在の生態学の教科書に掲載されるような重要な研究が展開された．数式モデルを用いた理論が発表されると，南米やアフリカなどで大規模な生態学調査プロジェクトが実施された．それらの成果をもとに，地球環境の持続可能性を憂う発言が相次ぎ，アースデイのような大規模な環境運動につながっていった．

1990年代に入ると，環境運動の目指す目標の達成に悲観的な観測がもたらされるようになる．その理由として，保全活動を上回る規模で展開する人為的な自然破壊が問題となる．化学者のP・クルツェン（P. Crutzen）がE・ストーマー（E. Stoermer）と共同で人新世（Anthropocene）という地質年代を提案するのが，1990年から始まったIGBP（地球圏・生物圏国際協同研究計画）の2000年のニューズレターだった（Crutzen and Stoermer 2000）．人新世は最新の地質年代である更新世がすでに終わっており，地球の環境が激変する新しい時代にはいったことを宣言するために造語された．人新世については，流行といっていいほどに多くの分野で取り上げられ，ここで詳しく

解説する必要がないくらいであるが，とくに日本では人文科学系の議論が先行し，自然科学系の論考では慎重に扱われている印象がある（奥野・石倉 2018）．哲学や社会学の観点から，人間とは地球の持続可能な発展に対する脅威であり，地球のためにこれまでの人間の生活を変更しなければならないといった形で，「人類の危機」としてのグローバルな地球環境問題の人文・社会的側面が強調されている．クルツェンが提唱したように，人新世とは文字通り「人間」の年代であり，人間の活動が全地球を覆って生命活動と非生命の活動のすべてに，多大な影響を与えることを指し示している．

　人間が自然の一部であることをやめたとき，つまり，人間が引きおこした自然の変化が，人間という種の生存の標準的なタイムスケールにおいて，人間によらない働きによって上書きされることがない状態が誕生したとき，それを人新世の始まりと呼ぶ．始まりのタイミングをいつと定めるかには，いくつかの異なる意見がある．近年の人間の活動の急激な変化のどこに力点をおくかによって，始まりの徴候が異なるからである．人口の急激な増加や産業構造の変化がその候補となるが，明確な基準を科学的に決めることは難しい．その意味でも，人新世は人間中心的な思考に依っている．人新世を提唱したクルツェンは，大気化学者であるが，地球温暖化の効果をひきおこす二酸化炭素は，人間の活動の増大とともに増加を続け，地球の環境を人間の生存に適さない状態へと導いていると分析した．しかし，二酸化炭素を排出するのは人間には限らないし，環境を改変する生物は人間だけではない．人新世とはあくまでも人間のスケールに基づいて考えるときの，「終わりの始まり」なのである．

　人間にとっての地球環境の意味を問い直すことが，哲学や文化・社会人類学の文脈で盛んにおこなわれているのと対照的に，自然科学のなかで人新世は大きく取り上げられることが少ない．地質年代は地球における生命の進化を基準に時代を区分するもので，通常は化石や，その名の通り地質の分析によって区切られている．クルツェンはそれに対して，人間の活動の増加，という基準を設定する必要性を訴えた．人間の活動の増大は，いまのところ化石として残っているわけでも，地質の中にその痕跡を埋め込んでいるわけでもない（Crutzen 2002）．地質の代わりに，人間の文明に記録された，人為の自然に対する作用の質と量を測ることで，人新世の始まりを区分する．つまり，人新世はこれまでの（古）生物学の知識や技法で分析することは難しく，従来とは異なる曖昧な基準で設定されている（核の武器使用の放射性

物質の痕跡を人新世の始まりとする議論もある)(Waters et al. 2015; Turney et al. 2018).人新世概念そのものを,厳密性の欠如を理由に批判する科学者も多い.

生物多様性の喪失や,持続可能性といった生物学に関連する概念は,人新世と結びつけて議論されることの多い領域である.ただし,この文脈では生物多様性の維持が持続可能性に関わるのは,多様性を保持することが,人間が持続的に生存する環境の保全に直結するかぎりにおいてである.人間に直接的に利益をもたらさず,絶滅しても直接的に不利益が発生しない種についても,生態系のバランスが損なわれたことによる,間接的な悪影響が懸念される.人新世概念の流行に対しては一定の距離をとろうとする生物学者も,生物多様性の維持という命題で現状の危機についての科学的分析を共有することで,人間中心的な人新世の議論の一端を担っているともいえるだろう.

3 ········ 人新世における環境の位置

人間の引き起こした作用によって,その同じ人間が生存の基盤とする地球という自然環境に後戻りのできない危害をもたらしていると考えるのが人新世である.人類学の中にも人新世を正面から取り上げ,それに対応する動きがみられる.なかでも大きな動きが「存在論的転回」と呼ばれる領域である.フィールド調査におけるリアルの観察と,それを解釈し記述する民族誌のフィクションとの間で引き裂かれてしまった近代人類学に対して,存在論と認識論の二元論を越えるためのさまざまなフレームワークが提唱され,それらの動向の集合が人類学における「存在論的転回」と呼ばれる(奥野・石倉 2018).人新世では自然環境は人間によって改変され,人間の活動と無縁の自然環境は存在しない.人間が自然と対峙し,人間が自然を克服したり保護したりする,という二元論的図式の否定が人新世概念の核心であるから,人間と自然,文化と自然の二元論に取り組み続けている「存在論的転回」が人新世と深く結びついているのは必然とも言える.この枠組みのなかで,マルチスピシーズ人類学は人間中心主義の傾向に抗して,人間が他の生物とともに生きていることに注目する.人間以外の生き物との関係を考え,その絡まり合いの中でしか生きられない人間を知ることが目標となる.D・ハラウェイ(D. Haraway)の「伴侶種」や(ハラウェイ 2013),A・ツィン(A. Tsing)のマツタケをめぐる人間と自然の絡まり合い(ツィン 2019)から,他種とのネットワークの関係性のなかに人間が生成される様

子が示される.

　複数種の生き物の種間関係のネットワークと，その関係性の中で生存が可能となる生きものについての考察は，個体群生態学が長年にわたって追求してきた．群集構造の解明をめざす個体群生態学では，同種個体どうしだけでなく，異種個体の生存がお互いにどのように影響を与えるのかを理論と実証を通じて検証した．1960年代にはニッチ理論がさかんに研究され，近縁の異種が共存する際に，個体間で競合（潜在的または直接的に）がおこり，個体数の増加や減少がおこることが実験や調査で分析された．とくに外界の環境要因を規定しやすい島の生態学が検討され，新規種の侵入や生態系の平衡・非平衡といった概念についての理論が発展した．初期の分析は単純化されすぎていて実験的現実にそぐわない場合も多くみられたが，より精巧なモデル化やフィールドデータの蓄積をへて，現実に適合した成果が多く挙げられている分野である．

　霊長類学は人類学の一分派として人間についてアプローチすると同時に，自然科学に基盤をおき生態学的な論証で人間や他の種の共存を検討してきた．人間の活動領域の拡大は霊長類学にもさまざまな危機をもたらしており，対応が迫られる問題が山積みである．人間と自然の二元論が揺らぐ人新世の時代に，霊長類学は従来通りの方法で人間の進化に迫ることが可能なのか，という課題が突き付けられている．自身が由来する人類学における大きな「転回」の動向とも無関係ではいられないし，研究実践の対象となる動物の生息地崩壊や絶滅の危機にも対応しなければならない．これまで，霊長類学では人間の文化は避けて通るか，文化進化の枠組みで科学的な進化論を適用するといった方法をとってきた．しかし，文化と自然の間に境界線をひきどちらか一方だけにとどまって思考する様式が，根底から覆されつつある．霊長類学はこれまで，霊長類の行動や生態を他の動物の行動や生態と同様に扱い，生物進化の一般的現象の中で論じることで客観的自然科学にとどまろうとしてきた．自然と文化の間の埋めがたい溝は霊長類学の側から見た時にも，とても深く大きなものに見える．そのような状況の中で，霊長類学が果たしうる役割とは何だろうか．次節で，エスノプライマトロジーが，その転機となる可能性について考えてみたい．

2 霊長類学の「約束」

1 ⋯⋯ ウォッシュバーンの約束とは何か

　S・ウォッシュバーンは初期の霊長類学の発展を支えた人物の一人である．霊長類研究が心理学者の実験室での研究が中心だった時代を経て，解剖学や形態学から人間とは何かに迫ろうとする人類学者たちが，野生霊長類の行動生態の研究の必要性を主張し始めるのが，20世紀後半になってからである．第二次世界大戦後の1950年代になって初めて，現代の霊長類学が形作られたといってもよい．ウォッシュバーンは解剖学のE・フートン（E. Hooton）の弟子にあたり，解剖や化石からだけではわからない，実際のサルの生きた姿を観察するためにフィールドワークという手法をとった最初の世代の一人である．ウォッシュバーンは1930年代のアジアでの調査で，マカクやオランウータン，テナガザルなどについて詳細な記録を残しており，その後，アメリカの霊長類学の発展をけん引した．

　「霊長類学の約束（The Promise of Primatology)」と題されたウォッシュバーンの論文は，1972年の国際霊長類学会での招待講演を基にしている（Washburn 1973）．現在の学問状況では評価が難しい部分もあるが（Higham and Dominy 2018），この論文でウォッシュバーンは霊長類学が人間の学で（も）あることを主張する．「人間とは何か」にアプローチする既存の学的ジャンルは，たとえば，脳科学，心理学，言語学などの複数の分野に分断され，大学や研究機関の別々の部門にばらばらに存在し孤立してきたが，霊長類学はそれをふたたび結び合わせ統合する役割を果たすのだ，というのが彼の主張である．対象動物を名前に冠する霊長類学は，その中に人文科学，社会科学，自然科学の異なる領域を含んでいる．それを統合して「人間とは何か」にせまろうとするのが，彼の考える霊長類学であった．つまり，霊長類に関わることすべてを統合することによって，細分化されたトピックをひとつにまとめて考察し，人間を総合的にさぐることを強みとするのである．論文の最後でウォッシュバーンが言及する「約束」とは，霊長類学が科学的な手法を用いて，個々のトピックに統合的に取り組むことで，人間と霊長類の間に共有されている進化的基盤を明らかにし，それによって人間だけに理性を認めるような態度に反旗を翻すことである．「社会は生物学を参照することなく研究されなければならない」という命題の否定が，霊長類学のもたらす成果として「約束」されている．社会は霊長類学によって生物学

の問題になる，というのが彼の主張である．

　アメリカでの霊長類学の発展の過程で，霊長類学者たちは自分たちが人類学にルーツをもつこと，中でも化石を扱う古人類学や比較形態学から派生した分野であることを意識しつつ，霊長類学が含まれる人類学の分野を，自然人類学（Physical Anthropology）よりも生物人類学（Biological Anthropology）という言葉で表すことを好む場合がある．両者はほぼ同じものを指すと考えられているが，後者の方が文化と生物学の橋渡しをする人類学，という性質がより明示的であるからと説明される（Riley 2019）．自然人類学は考古学と異なり，化石の形態などの物理的な「自然」の側面に注目するという意味があり，生物人類学は文化も含めたすべての人間の特徴を，生物学と文化の橋渡しとして，現生の生きている動物を対象として総合的に探求するという意味の違いがある．生物人類学と名乗ることを好む霊長類学者の背景には，ウォッシュバーンの「約束」が影響を与えていると考えられる．そこには，社会と自然を統合的に理解できるのは霊長類学である，という霊長類学者の誇りと自負が現れている．

2 ⸺ モラル化する霊長類学

　霊長類学の中でも1980年代ごろから，純粋な野生状態での研究が困難な例が知られるようになった．客観科学としての霊長類学は，人為を排した野生状態での霊長類の行動や生態を分析することで，その進化的要因を探る．そこで仮定されているのは，野生状態の行動こそが，当該の種の正当な行動であって，人為影響下では行動が改変されている，というものである．改変された行動は，人類進化史を再構成する参照項として利用できない．その原因とされるのは，各地で人間の活動が拡大して，野生霊長類の生息する熱帯森林などの自然環境が減少したことである．アフリカ，アジア，中南米のすべてで，霊長類学者たちは自分が研究の対象とする動物の存在が消滅してしまう危機に向かい合うことになった．

　霊長類学の国際ジャーナルの編集長だったJ・セッチェル（J. Setchell）は，誌上や2012年の国際学会などで，「霊長類学の未解決の問題トップ10」を問うアンケートを実施した（Setchell 2013）．ウォッシュバーンが論文で主張した通り霊長類学は人間の進化の探求を究極の目標としており，この分野の伝統的な「問題」は人類進化論に関するものであった．人間はなぜ社会性を身に着けたのか，脳の進化，言語の起原，

といった，人間性の進化に関する問いである．ところが，このアンケートでは「地球規模での変化の中でどのように霊長類を保全できるか？」に関連するものが46票でトップとなり，2位の「社会行動の進化」（28票）を大きく引き離す結果となった．伝統的な人類進化論の問いを抑えて，保全の問題がすぐに取り組むべき重要な課題として認識されていることを示している．結果は32名から170の「問題」が寄せられる，という小規模なものだったが（学会メンバーは約1430名で，わずか2％からの回答にすぎない），霊長類学の今後を考える上で興味深いとセッチェルは報告している．

　この結果から分かることは，霊長類学がもはや「人間とは何か」を客観的な立場で研究するだけでは，問題に対処できないことを示している．霊長類学者自らが保全の問題に関わることを最重要課題に挙げているということは，研究対象となる霊長類がすでに自然な状態に生息しておらず，人為的な環境改変の影響を受けており，その影響の大きさが無視できないほど増幅していることを示している．このアンケートに関わるディスカッションの中で，霊長類の社会性進化の生態学的研究で知られ，1980年代に大きな研究プロジェクトで重要な成果を発表し続けたC・ジャンソン（C. Janson）の言葉として，これらの寄せられた問いが「ポリシー」と「研究」に二分されることを紹介している．保全の問題は「ポリシー」に属し，厳密な意味での研究とは一線を画している．実は第5位（12票）に「人間と人間以外の霊長類の相互作用と倫理」に関連する項目がランクされて，実験動物の扱いに関する一般的な動物倫理の問題にとどまらず，調査地における研究者の在り方や，飼育動物やペット取引の問題にも言及されている．この点をあわせて考えると，「ポリシー」や「倫理」に関わる課題が，霊長類学で重要性を持ち始めていることが分かる．どちらも，多様なステークホルダーが関わり，自然科学だけでなくひろく人文・社会科学の知見を必要とする分野である．ジャンソンらが南米の熱帯林の奥地に赴き，自然豊かな環境で霊長類の社会行動の進化に関わる大規模な調査研究をおこない成功を収めていた黄金時代は終わりを告げ（Janson 2000），人為的な環境のもとでの霊長類と向き合うための方策が必要とされるようになった．そこで登場したのが，エスノプライマトロジー（民族霊長類学）である．

3 ……… エスノプライマトロジーの台頭

　エスノプライマトロジーは，2000年代以降，霊長類学の分野で急速に注目をあび

るようになった．エスノプライマトロジーは「ヒトとヒト以外の霊長類は，生態学的かつ社会的な景観を共同で創造することで，生物学的，生態学的そして文化的に相互に結びついている，という考え方にもとづくフレームワーク」（Ellwanger 2017）と定義される．1990年代後半におもに文化人類学者によってアイディアが提唱され，霊長類学者が自らの研究活動の中にそれを取り込んでいく形で発展した．

　エスノプライマトロジーという言葉の生みの親は，文化人類学者のL・スポンセル（L. Sponsel）である．スポンセルは東南アジア，タイの南部地域をフィールドとして人類学調査をおこなってきた．その中で地域に生息するマカク属のサルが，ココナツなどの樹上の果実の収穫作業に使われていることに焦点をあてた（Sponsel, Ruttanadakul, and Natadecha-Sponsel 2002）．人びとは野生のサルを捕獲して訓練し，果実の収穫のために利用する．人間の果実利用活動とサルの行動，および人間のサルに対する動物観を総合的に研究することで，経済，自然，文化の絡まり合いにアプローチしている．

　人間と霊長類が接する場面での現象全般が，エスノプライマトロジーの対象となる．エスノプライマトロジー以前にも，人間と霊長類の関係を扱う分野は存在した．たとえば，人獣共通感染症に関わる獣医学・医学の研究，霊長類に関する民族知識，とくに霊長類を対象とする狩猟の民族誌や，霊長類による農作物被害の問題などである．スポンセルのような文化人類学からの提案を受けて，おもにマカク属のサルを対象にする霊長類学者がエスノプライマトロジーを展開するのだが，この分野は単に人間と霊長類の関係を問うのではなく，人間と霊長類が相互に接続しあって作用を与えあう状況の全体を総合的に扱おうとする志向性を持っている．霊長類学の中に「人為」を積極的に組み込む，と言い換えてもよい（Fuentes 2012）．

　霊長類学が人為を必要とする理由として，人間と霊長類が環境を共有しその形成に共同で関わっていることがあげられる．人と霊長類が自然環境だけでなく，文化・社会的な環境の形成と維持にもお互いに影響を与えあっている例が，さまざまな調査地で報告されている（表1-1）．歴史的に関係が強く研究がすすんでいるのは，アジア地域のマカク属のサルと人間の関係である．都市や観光地，農地など人間の活動がさかんにおこなわれている環境のすぐそばに野生の霊長類が生息している．中でもインドネシアのカニクイザル，インドのアカゲザルの研究は質，量ともに豊富な蓄積がある．これらの地域では，サルは文化や宗教上のシンボルであり，同時に農作物に害を与える害獣であり，また食べ物を共有するパートナーである．人為的な

表1-1　エスノプライマトロジーの主要な調査地の例

調査地	対象種	国・地域	主な文献
パダンテガル Padantegal	カニクイザル	インドネシア，バリ	Fuentes et al. 2011
ローレ・リンデュ国立公園 Lore Lindu National Park	トクマカク	インドネシア，スラウェシ	Riley 2007 Riley and Priston 2010
ロップリーLopburi	カニクイザル	タイ	Malaivijitnond and Hamada 2008
アンガウル Ngeaur	カニクイザル	パラオ	Wheatley 2011 Wheatley et al. 2002
セント・キッツ島 St. Kitts	ベルベットモンキー	西インド諸島	Dore 2018
シルバー・スプリングス Silver Springs	カニクイザル	米国，フロリダ	Wolfe 2002
マラニョン Maranhão（アワ・グアハ Awá Guajá）	クモザル，ヒゲサキ，オマキザル，リスザル，ヨザル，タマリン	ブラジル	Cormier 2002
ボッソウ Bossou	チンパンジー	ギニア	Hockings et al. 2010

環境改変がサルの行動を変化させるだけでなく，サルの行動も人間の社会を変化させる．両者は文化的，生態学的環境を共有し，お互いがお互いの環境に浸透しあっているのである．それはおそらく，人類が誕生したかなり早い段階から続いてきたと考えられている．

　また，エスノプライマトロジーはエスノフォレシーと呼ばれる現象にも注目してきた．外来種としてもともとの生息地から離れた場所に導入され，継続して生息する例がエスノフォレシーと呼ばれる．霊長類ではかなり古い時代からみられる．カリブ海のセント・キッツ（St. Kitts）島にアフリカのサバンナモンキーがいたり，アジア地域に分布するアカゲザルがカリフォルニアのシルバースプリングス（Silver Springs）にいる例などが有名である．研究のためにバロ・コロラド島に移植されたアカゲザルや，テキサスに導入された嵐山のニホンザルの群れは，さまざまな霊長類学の研究成果をあげた有名な個体群でもある．日本の外来マカクのように，飼育されていた個体が放されたり逃げ出したりしたものから，医学や行動学研究のため

に導入されたものまで，さまざまな原因で本来の生息地を離れて生きている個体群がエスノフォレシーにあたる．外来種や外来生物は人間の意図に反して生息地外へ侵入する現象を指すのに対して，エスノフォレシーでは人間が意図的に生息地域外への侵入を手助けするものを言う．

エスノプライマトロジーが対象とするこのような事例から，霊長類学は「自然」とは何かという問題に向き合うことになる．それまで，人為を排して霊長類が自由に行動できる環境を「自然」と考え，自然環境下での霊長類の行動を真正なものとしてきたが，そのような真正性はもともと根拠のあるものではなく，人との相互接続の絡まり合いのなかで霊長類について，また人間についても考えていく必要がある．人の影響を含まない，純粋な自然というものは存在しないことが前提となる．

研究手法としてのエスノプライマトロジーは，人と霊長類の関係の記述にエスノグラフィー（民族誌）を利用するという立場を含んでいる．数値化できないエピソードや逸話と言われてきた現象を，テキストの描写によって明らかにする方法である（Dore, Radfold, Alexander and Waters 2018）．文化人類学が利用する主要な手法であるエスノグラフィーを，エスノプライマトロジーは，人間とサルの関係を総合的に提示するために用いており，霊長類学がより文化人類学に接近していると捉えられる．この視角を文化人類学の方から眺めると，人間と霊長類を対象としたマルチスピシーズ人類学との類似性が見えてくる．マルチスピシーズ人類学の，人間中心主義に陥らずに人間と霊長類を同等とみて両者の絡まり合いを記述する態度は，エスノプライマトロジーと親和性が高い．

ただし，多くのエスノプライマトロジー研究は，生物学としての霊長類学の方により重きをおいているように見える．霊長類学の主要な国際雑誌では2000年代にエスノプライマトロジーに関連する論文の特集号が組まれ（表1-2），他にも多くの関連論文が発表されている．中には民族誌的な記述法を特徴とするものもあるが，科学論文の体裁で数値的データを用いることで人間と霊長類の関係を記述するものも多い（Dore, Riley and Fuentes 2017）．もっとも基本的でひろくみられる方法は，人為的な改変がより大規模になされた環境と，より自然に近い環境に生息するサルの行動生態を比較することによって，人間が霊長類にもたらす影響を考察するというものだろう．二つの環境の比較分析は，従来の生態学の理論の範囲でおこなうことが可能だ．一方で，文化の進化の説明にも用いられる，ニッチ構築理論を適用した考察もみられる．生物はある環境に適応することで進化がすすむが，その環境が同種また

表1-2　国際学術誌におけるエスノプライマトロジー特集号

雑誌名・巻号	出版年	特集タイトル	論文数
アメリカ霊長類学会誌72巻10号	2010	エスノプライマトロジー	10
フォリア・プライマトロジカ89巻1号	2018	霊長類学における民族誌的アプローチ	6
国際霊長類学会誌39巻5号	2018	21世紀のエスノプライマトロジー	12

は異種の他の生物の働きで形作られる現象をニッチ構築と呼ぶ．エスノプライマトロジーが扱う人間と霊長類の関係は，人間が霊長類の，また霊長類が人間のニッチを構築することで，互いに相手の進化の道筋に影響を与えていると考えられ，ニッチ構築理論がその影響の絡まり合いを解明し，人類特有の社会性の進化についても独自の視点をもたらすだろう．

　エスノプライマトロジーはその研究対象の面でも，研究手法の面でも従来の霊長類学とは異なる新しい独自性をもつ分野であるが，実際にはひとつの学問分野というよりも，フレームワークとして働く準拠軸のようなものと考えたほうが，その特性をよく表すことができる．それは，エスノプライマトロジーが保全と結び付けて用いられることからも理解できる．同じ現象でも今まで通りの霊長類学の自然科学的な視点で眺めるのと，エスノプライマトロジーの準拠軸にあてはめて眺めるのとでは，見えてくるものや評価の中身が変わってくるのである．霊長類の保全が他の環境問題と同時か少し遅れて問題になり，霊長類学にとっての重大な課題となったのにつれて，エスノプライマトロジーは課題解決，つまり保全を成功させるための解決策をもたらすという意味で，有効な分析枠となったのである．保全を成功させるためには，ステークホルダーである人間とサルの影響の相互作用の絡まりを解きほぐし，「善い」と考えられる関係に落ち着かせることが必要となる．何が「善い」関係で，どこに「落としどころ」があるのか．その見取り図を描くために必要なのが，エスノプライマトロジーの準拠軸である．その意味で，エスノプライマトロジーは，霊長類学に，倫理的な指針を導入する分野であると言える．セッチェルが指摘したように（Setchell 2013），霊長類学はその目的を人類進化からより倫理的，社会運動的なものに変更してきており，その動きは1990年代の後半にはすでに顕著になっていた．21世紀の霊長類学が目指すべきより「善い」事態をもたらすための道しるべを必要としており，それを内包していたのがエスノプライマトロジーなのである．

保全を成功させ，人間と霊長類の絡まり合いを解きほぐしてみせる準拠軸とは，どのようなものなのだろうか．人間と霊長類が，生態学的かつ社会的な景観を共同で創造することで，生物学的にも文化的にも相互に深く結びついている，という考え方がその準拠軸を構成する．エスノプライマトロジーの理論化に貢献し，これを発展させてきたA・フエンテス（A. Fuentes）やE・ライリー（E. Riley）らによれば，エスノプライマトロジーの研究はもともと霊長類学が成立したときの内容を忠実に反映したものだといえる．彼らは頻繁にウォッシュバーンの約束に言及する（Fuentes 2010; Riley 2019）．ウォッシュバーンが社会と自然の溝を埋められると約束し，さらには溝は埋めるべきだと主張したことが，人新世の時代になって再び注目を浴びることになったのである．手付かずの自然が失われ，自然状態での研究ができなくなった，と考えていたが，よく考えてみると，進化史上で人間の誕生以降に，そのような純粋な自然が存在したことがあっただろうか．人為によらない純粋な自然環境というものがあり得ない以上，霊長類学や動物行動の進化学が適応を考えるときに重視してきた説明変数としての自然環境というものが，実は人間の活動を含んでいることが明らかになってきたのである．

3　　アフリカから香港へ

　霊長類学における人間とサルの多様な関係を考えるにあたって，著者が対象としている二つのフィールドを紹介したい．対照的な 2 か所の調査地を比較することで，人間と霊長類の関係，環境の意味を考えたい．一つはアフリカ熱帯林のオナガザル混群である．異種のサルが一つの群れをつくる混群は，豊かな熱帯林でのみ観察されるとされており，アフリカでの研究は人間の影響の少ない森の奥深くでおこなった．もう一方は，アジアにひろく分布するマカクザルが香港の都市に隣接した環境に生息する例である．アフリカ熱帯林とは対照的に，サルは人間の手のはいった森に生息し，近隣の人間の都市生活に深く結びついた環境で研究がおこなわれる．

1 ⋯⋯⋯ 熱帯林の霊長類学

　筆者はコートジボアール，タイ（Taï）国立公園の熱帯林から，霊長類学の研究を

スタートした（図1-1）．大学院にすすみ研究対象を選ぶときに，地元のニホンザルや動物園のサルではなく，遠く離れた西アフリカのサルを対象にしたのは，当時すでに世界各地の熱帯林で霊長類の行動生態研究プロジェクトが展開してきたことの恩恵を受けたからである．欧米や日本の研究チームが資金を投入して，アフリカや南米，東南アジアに野外調査の長期研究を展開していた．新たなフィールドを開拓し，それを改善し維持する諸先輩方の肩にのって，私たち若手の研究者は熱帯林の奥深くで，野生霊長類の行動観察をおこなうことができた．

　アフリカ熱帯林でのフィールドワークは，文字通り人為を排した野生としての自然との対峙の機会だった．調査地に行くには，まずコートジボアールの首都，アビジャンから夜行バスで最寄りのタイの街まで行く．大都会をぬけて舗装された高速道路をひた走り，夜が明けるころ地方の小規模都市を過ぎると未舗装の道路へとすすんでいく．幹線道路の横には集落が点在しているが，その奥に大きな緑，つまり熱帯林が見える．緑の塊がタイ国立公園である．コートジボアール最大の熱帯林を誇るタイ国立公園は，国連・ユネスコの保全計画のもとに設置された科学者のための研究基地を擁している．近隣の村から数十キロ離れたフィールド基地は，人びとの通常の暮らしからは隔絶されていた．もっとも近い村は幹線道路の脇にあり，そこから森林内の悪路へ４WDのピックアップ・トラックを乗り入れて１時間ほどで基地に到着する．途中は深いジャングルである．

　著者が対象とした混群は，異種の個体があつまって一つの群れを形成する現象である．生態的要求が似ている異種は，同じものを食べたり同じ生息場所を共有したりする．資源を共有するもの同士には競合関係があると考えられ，群れ間での競合の特殊な状況として混群は注目された．種内競合に加えて，近縁異種と

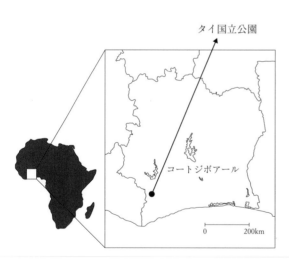

タイ国立公園

コートジボアール

0　　　200km

図1-1　タイ国立公園，コートジボアール

の共存がもたらす競合の強さと性質，またその回避方法について，生態学的研究が盛んにおこなわれたのである．混群を形成する霊長類は，アフリカと南米の熱帯雨林に生息している．1980年代から，異種が資源をめぐって競合しながら生態系のバランスを保って共存する様子が，個体群生態学の大きなトピックとなった．混群現象の解明は，このような生態学の研究をベースに，群れをつくる社会性の研究と相まって，注目を浴びたのである．混群の研究は生態学と強くリンクしている．サルがどのように生態系の中に位置づけられるのか，他種とどのような関係にあるのか，資源をどのように利用しているのか，といった生態学的な要因をさぐる研究では，人為的な影響のない，自然状態の環境が最適とされた．人の手がはいった二次林や，村に近い植生，人間が常に影響を及ぼす地域などは，生態系の形成要因をさぐるためにはノイズが多い環境となる．もちろん，混群現象が原生林に近い熱帯林で多く観察されたことも重要な点である．混群が成立するためには，複数の近縁異種が生息し，十分な数の群れが分布することが重要である．それが可能なほど豊かな環境は，より「自然」な熱帯林に多かった．結果として，混群の研究は原生の熱帯林の奥深く，人間の影響が及ばない環境でおこなわれることが多かった．

　同種群の研究においても，群れを形成する要因として採食上の利益を検証する霊長類学的研究は大流行する（Janson 2000）．霊長類が採食する果実をつける植物が森の中にどれぐらいあるか，どれだけ密集して生えているか，樹冠では何個体のサルが同時に採食できるか，同じ果実をめぐって潜在的に競合する他種の動物はいるか，果実の結実時期は集中するのか分散するのか．そういった環境の要因が，サルの群れの社会的な構成を左右すると考えられたのである．このような環境要因に関する研究は，採食生態学として理論化され大きな成果をあげた．

　採食生態学のバックボーンとなったのは，1970年代から続く個体群生態学の伝統である．熱帯林はその主要な舞台だった．ある生態系に属する生物種どうしの関係をネットワークとして考え，自然環境の中でお互いにどのように影響を与えあいながら暮らしているのかを解明する研究がおこなわれた．群集生態学の発展とともに，生態系やニッチといった概念が精緻化され，一般にもよく知られるようになった．これらの研究は，生物がバランスをとってネットワークの中で互いに関係を結びながら生きていることを解明した．ところが，分析の対象とされるネットワークの中に，人間の活動が含まれることは非常にまれであるか，あるいはほとんどなかった．

　実際には，70年代の環境主義の興隆からも分かるように，すでに人間の活動が各

地で自然のバランスを崩し生態系を改変していることは明らかであったのだが，その生態系のバランスの研究は逆に人間を除いた「全体」を，自然の姿として描いてきた．そこには，人間の活動は本来ならばそこにあるべきではなく，理想的には排除されるべきものだという考えがあるだろう．

　タイでの霊長類の研究も，人の手のはいらない森の奥深くでおこなわれた．コートジボアールには他にもアクセスのよい国立公園がいくつかあったが，そこで観察できるサルの種数も個体数も少なく，タイのような好条件はそろっていなかった．そのために，長時間の悪路のドライブや物資運搬の不便さといった欠点があっても，奥地の森林に調査基地がひらかれたのである．

　しかしながら，人間の世界から隔絶されているように見える熱帯林が，近寄ってよくみると，そこここに人間の活動の痕跡がみつかる．ピックアップ・トラックが通る轍だけの悪路の両側は木々が生い茂っているが，ところどころに二次林の植物が顔をだし，過去にカカオやマニオクの畑だったことがわかる．轍の終点，ジャングルを抜けて突然出現するコンクリート製の立派な建物が，研究者が寝泊まりする宿舎である．宿舎からさらに奥に進むのは現在は車が入れない道だが，過去に伐採業者がトラックで材木を運びだしたルートを，もう一度観察路として整備しなおしたものである．また，普段の観察は基地からそれほど離れずにおこなうが，食料とテントをもって泊りがけでさらに森の奥に分け入り広域調査をおこなう際には，密猟者のキャンプに遭遇することを常に考慮しなければならない．人間の影響が及ばない深い森にみえた熱帯林は，そこここに人間の影響を見ることができる．つまり，アフリカ熱帯林での調査は，圧倒的な野生の中に突然あらわれる人為との遭遇，という様相を呈していた．

　霊長類学者自身の活動も，森林の中の人為である．私たち学生が拠点としていたのは，タイ国立公園がユネスコの「人間と生物圏計画」(Man and the Biosphere Programme, MABと略される) に1970年代から80年代に参加した時に，保護区域の中に建設された熱帯生態学研究所 (L'Institut d'Ecologie Tropicale) の建物である．複数の宿泊棟とずっと使われていない研究室棟はどちらもコンクリート造りで，シャワーやトイレが有り，水道はスタッフが井戸の水をくみ上げたものを利用する．リゾートホテルのようなあずまやには，プロパンガスを使うキッチンと食堂が設置され，食事の後はガス式の冷蔵庫で冷えたビールを手にソファでくつろぎながら灯油ランプのもとで研究談義を夜更けまで続ける．日本にいるときと変わらないぐらいに便利なこの生活

は，毎週，近隣の村から研究所にやってくる数十人のスタッフの働きによって保たれている．人為を排した森の中だが，「研究所」という人間の活動が継続しておこなわれていた．研究者の活動は著者が調査をしていた90年代以前にも活発であったし，現在はこれに加えて大々的なエコツーリズムの拠点ともなっている．

2 ……… 都市の霊長類学

　香港に野生のサルがいる，というと，みな一様に驚いた顔をする．香港は高層ビルが特徴的なスカイラインを形作る，近代的な都市のイメージが強い．東京都の半分の面積に，東京都の約8割の人口がひしめき合って生活し，ビジネスマンや観光客でいつでもごった返す香港の街の魅力が人びとを惹きつけてきた．1997年にイギリスから中国に返還され，現在は一国二制度の原則のもとに特別行政区として独自の政治社会体制を維持している地域である．都会的な印象のある香港だが，実は，地域の面積の3/4はカントリーサイドと呼ばれる自然豊かな地域で，都市や住宅地はそれ以外のところに集中している．地域内には24の郊野公園（カントリーパーク）と四つの自然特別区が設置され，自然保護や野外活動・教育の目的で，条例に基づいて政府が人間の活動をコントロールしている．このうち，都市に隣接する三つの郊野公園に，野生のサルが生息している．

　香港は大きく香港島と，大陸側の九龍地区，さらに北の中国と境を接する新界地域に分けられる（図1-2）．地域ごとにイギリスに割譲・租借された時期が異なり，街の機能や雰囲気も異なっている．もっとも早くから英国の植民地となり，現在はビジネスと金融の中心地として近代的なビルが立ち並ぶ香港島に対して，九龍地区は伝統的な小規模の店舗がたちならぶ古い下町的な商業地区である．それに対して，新界はもっとも新しくイギリスの植民地となり，古くは農業がおこなわれていたが香港島や九龍地区に通勤する人びとが生活する住宅地域として発展した．野生のサルが生息する三つの郊野公園は，すべて新界にある．

　英国が割譲を受けた1842年の時点では香港島は港を中心に多くの人びとが生活していて，岩石で覆われた山は森林植生が乏しい環境だった．香港政府はこれに対して，植林による自然復元を積極的におこなった．また，人口が増えるにつれて，慢性的に水不足に悩まされていたこともあり，貯水ダムの建設が計画され，保水力を高め土壌の浸食を防ぐために周辺への植林が実施された．復元されたカントリーサ

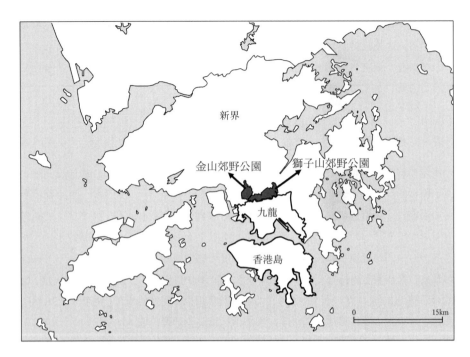

図1-2　マカクの生息する主要な郊野公園, 香港

イドの森林は, しかしながら, 第二次世界大戦中に日本軍との戦闘の舞台となり, 大部分が失われてしまう. このように一度中断した自然環境の復元は, 戦後も貯水池とその周辺への大規模な植林という形で継続され, 現在に至っている (金子・森Q 2010).

　この期間に中国の政治情勢の影響を受け, 香港への移民は急増し人口は拡大を続けた. 高層の住宅が立てられ, それまで農村がひろがっていた新界地区は大規模な埋め立て工事がおこなわれ, 新興住宅地に変っていった. 新界の新興住宅地と九龍地区の古い下町のちょうど中間に位置するのが, サルたちが生息する三つの郊野公園である.

　この地域には, 主にアカゲザル (*Macaca mulatta*) とカニクイザル (*M. fascicularis*) の2種のマカク属のサルが生息している. これらは, 近縁の2種であるが, 飼育下では一緒にしておくとハイブリッド (混血) 個体ができ, ハイブリッドに生殖能力があるとされている (Bernstein 1974). 実際に, この地域でもハイブリッド化が進んで

図1-3　香港のアカゲザル混血個体

いて，1980年代の段階ではそれぞれの種とハイブリッドが区別されて個体数が調査されていたが，現在は外見からその区別をおこなうことは難しくなっている（図1-3）.

　現在，香港に生息する2種のサルについて，起源ははっきりしていない．実は香港は，この2種のうちアカゲザルはもともとの分布域に含まれている．それに対して，カニクイザルの北限は香港よりも南であり，自然の分布域とは異なっている．アカゲザルは自然の分布域に含まれているが，野生状態の個体は過去の環境悪化により，この地域では一度絶滅していると考えられている．そのため，現在生息している個体は，何らかの理由でこの地域に人間の手によって持ち込まれたものである可能性が高い．この点については，明確な証拠となる記録がほとんどなくさまざまな説があるが，詳細はここでは述べることができない．一方で，カニクイザルは明らかに人為的に導入されたものとされており，その時期もはっきりしている.

　現在，約2,000頭のアカゲザルとそのハイブリッドが，三つの郊野公園に生息している．香港の人びとと同じように，過密状態での生活である．アカゲザルの起原については，以下のような仮説が考えられている．貯水ダム建設の際に，周辺にあった有害植物の毒が水に混入することを住民たちが懸念した．対策として，この植物を食べるサルを放すことで，植物を除去することを試みたというものである．その

ような対策がとられたことは記録されておらず，真偽ははっきりしていないが，現在のような個体数に増加した背景には，多くのルートを通じてこの地域にマカクザルが放たれた（あるいは捨てられた）と考えられる．

この三つの郊野公園は，都市部に近いだけでなくもっとも古く設立された郊野公園でもある．第二次世界大戦で荒れ果てた香港の自然を復元する努力が，最初におこなわれた地域と言える．

香港での野生マカクザルの観察は，大都会の安ホテルを出てネイザンロードから香港名物の二階建てバスに乗るところから始まる．新界への道の途中にある高級アパートで働くメイドさんたちや，途中にある電力会社の労働者たちにまじって，新界と九龍を結ぶルートのちょうど中間地点でバスを降車し，道路から山へと向かう1歩を踏み出したとたんに野生のサルに遭遇する．サルたちは人間の方を常に意識しており，人間の気配を感じると集まってくる．道路には散歩やトレッキングの市民たちや車が行きかい，住宅の裏山へでかける近隣住民はサルに出会うことを日常としている．

3 ⋯⋯⋯ 餌をやる人びと

郊野公園は人びとに人気のあるハイキングスポットであり，休日には多くの家族連れやトレイル・ランの愛好家たちが訪れる．ほとんどの郊野公園は車でのアクセスがよく，バーベキュー場が整備されている．こういった状況の中で，公園ではさまざまな人びとがサルに餌をやることになる．餌をやる人には2つのパターンがある．

第1のパターンは，一時的な餌やりである．ハイキングに訪れる家族連れや中国からの旅行者にとって，檻に入っていない自由に動き回る野生のサルは物珍しい存在である．自然を楽しみ，自然とつながることの一部に，サルを見ることをふくめ，レジャーとして楽しむ．彼らは写真をとるためや，サルとのふれあいをもとめて，たまたま手元にあったスナック菓子や果物などをサルに与える．自然を楽しみに山にきて，たまたま自然の一部である野生のサルをみてそれを楽しむのである．サルがみられることを予想して，餌を与えようとあらかじめお菓子などを持参するひともいるが，多くはその時たまたま持ち合わせていた菓子などをサルに投げ与えて，そのあとスマホを構える．

図1-4 郊野公園内で見られる餌やり禁止の掲示

　これに対して，サルに餌をやることを目的にして公園やその近くを訪れる人びと
が存在する．彼らは定期的，かつ頻繁に餌やりをおこなう．彼らが持ち込むのは，大
量のピーナツや箱詰めにされた果物，鍋に入れた残飯，ビニール袋にはいった骨付
き肉（の残り），パンの耳，などである．中には大量の餌をビニールに入れて，週末
ごと，あるいはほぼ毎日，バスに乗ってやってくる人もいる．香港は旧正月など行
事ごとに特徴的なご馳走を用意して楽しむ機会が多いが，そのような時期は仕事が
休みになることも重なり，多くの残飯が持ち込まれる．街にある食堂や食料品店の
スタッフは，食べ物の残りを無駄にするくらいなら，と餌やりに行く人のところに
わざわざ届けに来てくれる．
　このような定期的な餌やりを担うのは，地域の高齢者のことが多いが，バイクに
のった若者や高級車で乗りつける若い女性もいる．休憩中のタクシーの運転手は，公
園近くの駐車場にタクシーを停めたり，公園内に車を乗り入れて餌を与えていく．
　実は，公園の敷地内での餌やりは条例で禁止されている．取り締まりのために公
園を管理するAFCD（香港漁農理護署）のスタッフが巡回しており，違反すると罰金
が課せられる．この制度は1997年から開始された．公園内のあちこちに，餌やりを
禁止する注意書きがみられる（図1-4）．一時的な餌やりも定期的な餌やりの場合も，

図1-5　住宅地域とマカクザルのすむ郊野公園は隣接している

　ほとんどの人はそれが禁止されている行為であることを知っている．それでも，餌やり行為はなくなることがない．

　人びとが口にする理由はさまざまであるが，定期的な餌やりをおこなう高齢者の人びとは，自分たちの与える食物がサルのためになると考えている．AFCDも餌やり現場を見ても毎回罰金を取り立てることはないが，頻繁に注意される人たちは何度も罰金を払わされている．パトロールのない夜間に餌やりをおこなう人びとも存在し，週末などは夜間は餌やりをする人の車で公園内がにぎわっているほどである．

　香港のサルたちはたっぷりの餌をもらい，1970年代には数百頭だった個体数が2,000頭までに膨れ上がった．人に慣れ，増えすぎたサルは，人間との間で問題行動を起こし，AFCDはその対策をおこなっている．郊野公園の中でサルにかまれたり，引っかかれたりする事案以上に，近隣の住宅地にサルが現れて人間と接触することが問題となっている．サルが生息する郊野公園の北側は，もともと農村だったところを切り開いて急速に新興住宅地に変わった地域である（図1-5）．多くの人が高層のアパートメントに住んでおり，建築物は山のぎりぎりのところまで接近して建てられている．また，山の中には道教の寺も多く存在し，そこに供えられた供物を狙ってサルが山から移動してくるところも見られる．日本では獣害という言葉は，野生動

物による農作物被害を中心に考えられている．かつて農地がひろがっていた香港の新界地区では，すでに多くの場所が宅地化されてマカクザルが農地に害を与える被害はほとんどない．香港の野生マカクとヒトとの軋轢は，定義上獣害に含めることができると考えられるが，被害は都市生活における軋轢に集中している．

　政府はこの事態に対して個体数削減管理を試みている．先にあげた餌やりを禁じる条例をつくり取り締まりをおこなう他に，高額の費用をかけて避妊プロジェクトを実施している．避妊プロジェクトは，野生のサルを檻で捕獲して，外科的に手術をする方法でおこなっている．このプロジェクトの活動の一環として，毎日の個体数モニタリングと檻にならすための餌やり（！）をおこなっている．公園外はAFCDの管轄ではないのだが，公園に隣接する住宅地や学校などにサルが出没して，食べ物を盗んだり人に危害を加えようとしたりする事案が発生するたびに，捕獲のための檻を設置したり，注意喚起の掲示をだしたりする活動もおこなわれている．香港では日本の獣害対策と違い，捕獲したサルは殺処分となることはない．避妊処置を施して公園内に放したり，自然保護研究をおこなっている施設で飼育したりする対応をとっている．個体数の急激な増加による弊害は一部の住民には知られているものの，イギリス式の動物倫理が比較的浸透している教育レベルの高い層の中には，避妊による個体数調整や捕獲を動物虐待として批判する人もいる．

　政府による対策にもかかわらず，サルたちに餌をやる人びとは存在している．その多くは高齢の住民たちである．例外的に新興住宅地に住む，若い世代が餌やりをおこなうこともある．レクリエーションとしておこなう場合も多いが，野良犬や野良猫の世話をきっかけとして，野生動物全般に餌を与えるようになる人も存在する．餌やりをする高齢者の中には，その活動で有名人となり新聞やテレビに登場する場合もある．AFCDが特別に交付した餌やりライセンスをもつ公認のフィーダー（餌やり人）として堂々と登場する時もあるが，迷惑行為をする住民として顔を隠して紹介される場合もある．いずれの場合も，郊野公園を習慣的に利用する近隣の地域住民の一部は，その人物を個人的に知っており，公園内外で挨拶をしたり立ち話をする間柄である．自分ではサルには餌をやらないが，手に入れたお菓子やピーナッツをフィーダーに渡してサルにあげてもらおうとする人びともいる．フィーダーのもとには，食堂の残り物が届けられることもある．餌やりをする高齢者は法律に違反する困った高齢者としてではなく，野生動物に優しい敬愛すべき先達であるとの意識で迎えられている場合があるのである．

4 ⋯⋯⋯ 餌付けと外来種

香港でマカクサルに餌をやる人びとの多くは，自然を愛好することの中に，餌や
りを含めている．餌をやることが自然にダメージを与える，という政府のメッセー
ジを信じていないか，深刻に受け止めていない．あるいは積極的に無視している．

日本のサルやイノシシによる獣害と同様に，香港のサルも人にとっての脅威にな
っていて，困っていることは事実としてありながら，その原因となる餌やりをどこ
かで楽しんでいる様子がみられる．被害のもととなっているサルをかわいそうだか
らと餌をやり，その一方で悪さをするサルも殺さずに避妊手術をして森に返す．そ
れは，政府のいうことをそのまま聞くことをよしとせず，ダメと言われればわざわ
ざそれをやって見せるような，香港の人びとの気質と関係しているのかもしれない．
サルを通した彼らの自然観には，政治経済や歴史，生活の仕方の隅ずみまでいきわ
たった香港らしさが現れていると言えないだろうか．

ところで，先に述べたようにこのサルたちは厳密にいうと，香港の固有の自然に
属する動物とは言えない．この地域がアカゲザルの分布域に入っており，過去には
野生のアカゲザルがいたという記録が残っているが，現在ここに生息しているサル
たちは，外部から持ち込まれた個体の子孫と考えられている．どこからどんな個体
が，いつ連れてこられたかの記録はほとんど残っておらず，少なくともその一部は，
人為的に導入されたものであることが分かっている．しかも，地域に分布するはず
のない外来種が同じ場所に放たれて，種間雑種が形成されていることもわかってい
る．一時期は，チベットモンキーやニホンザルと推定される個体も少数ながら生息
しており，多種が狭い地域に共存していた．

日本で侵入がみられるタイワンザルやアカゲザルなどは，外来種の問題としてサ
ルたちは駆除の対象となっている．千葉のアカゲザルは，観光施設から抜け出した
ものが野生化し捕獲がすすめられたが，ニホンザル野生個体との交雑がすすんでい
ることが問題視されている．和歌山のタイワンザルは，研究者と行政の協力のもと，
獣害対策と固有種であるニホンザルを守るという名目で捕獲・駆除された（瀬戸口
2003）．また，下北半島のタイワンザルもすでに捕獲が終了している．日本では外来
種による生態系被害として，固有種ニホンザルとの混血によるハイブリッド化が問
題視された．日本列島で一定の時間進化を遂げてきたニホンザルが人為の影響で失
われることを避けるため，外来種や混血個体が捕獲・駆除された．

害となるサルが人間によって導入されたものであったとしても，殺さずに問題に対処しようとする香港のやり方と，日本の徹底した外来種駆除は対照的である．19世紀の北米における原生自然保護という考え方は今なお有効性があり，日本における自然保護制度の法理を構成する要件である．その一方で，現在注目されている生物多様性保全には原生自然の保護とは異なる発想が含まれている．生態系の具体的状態だけではなく，その遷移の可能性を対象としてダイナミズムに注目していることと，人為的要因による攪乱を一律に否定していない点に特徴がある（Van Meerbeek, Muys, Schowanek and Svenning 2019）．こうした発想は従来の自然保護とは異なり，必ずしも原生の生態系保全を意識しないような行為が活性化する可能性も示唆している．外来種の交雑問題においても，このような人為による生態系保全も踏まえた方策について検討する余地は残されているのかもしれない．

おわりに

香港のマカクザルをエスノプライマトロジーの研究として調査する筆者は，あるとき先輩の霊長類学者から「そんなところのサルをやる意義はないのではないか」と指摘されたことがある．「自然」状態のサルが観察できるのに，なぜ，わざわざそのようなところへ行くのか，という趣旨だった．霊長類研究者の間で，人為的改変をうけた環境での霊長類研究は副次的なものとして下に見られ，遠ざけられる傾向があった．対象種がチンパンジーでも，ニホンザルでも，その他の種のサルでもその傾向は共通している．そこには，人為的な影響を受けた環境が霊長類の本来の行動を変えてしまう，という暗黙の自然観が潜んでいる．

人間を取り除いた自然を真正な環境とする態度は人間特例主義であり（Catton and Dunlap 1978），人間中心主義的だと言えるだろう．しかし，人間は現生種ホモ・サピエンスとして生まれたときから，あるいは700万年前ごろにチンパンジーの祖先と分岐して新しく生活を始めたときから，一瞬たりとも環境と分離してきて生きてはいないことに多くの人びとが目を向け始めている．それは，言語を使うようになり，文字を発明し，文明を蓄積したあとも変わらなかったはずだし，霊長類のすべてが，常にそうでありつづけたのと同様のあり方である．そんな中で人間と霊長類はお互いがお互いを環境の要素として含みながら，互いに影響を与えあいながら進化してき

たはずである.

「自然とは何か」「人為とは何か」は,どんな生き物とどのような関係を結ぶかによって,その時どきに変わってくるものであり,絶対的な基準に従うことができない.人間社会の側でも,どんな歴史を経てきたのか,どのような文化や制度をもつのか,どのような政治体制なのかといった事情が,自然―人為の境界線を左右する要素となる.人間社会が対峙している自然環境は,ときに人間社会の方に入り込んだり,人間社会の変化にあわせて姿を変えたり,変幻自在で輪郭を持たない相手である.むしろ「対峙している」という構図で認識することがすでに現実を捉えそこなっているのかもしれない.人間は「自然を破壊してきた」といっては反省し,環境を守り持続可能な地球の未来を実現しようとさまざまな手をうっているが,守るべき環境などというものは,もともと存在していない.自然環境は私たちと不可分な存在として生成し続けているものであり,同時に私たちが対峙するアウター・ワールドという意味での環境は消滅を続けている.

エスノプライマトロジーは人間と霊長類の関係に焦点をあてたために,この問題に常に自覚的に取り組む必要があった.人類学者のハラウェイは,人間は他の生き物と絡まり合ってしか生きられず,他の生き物によって人間になると唱えて,マルチスピシーズ民族誌を提唱している.人間と他の動物が分かちがたく絡まり合って生きていて,人間の外にある環境という意味での環境は消滅している.その点でマルチスピシーズ民族誌とエスノプライマトロジーは同じ問題意識を共有している.人新世は失われた環境を取り戻すことではなく,環境の消滅を受け入れることを通して,人類学全体に変革を促している.ウォッシュバーンが50年前に約束した「社会的なことを生物学的なことで説明できないという考えに反対する」という予言を,真剣に受け止める必要があるだろう.社会はすべて環境の中に,環境はすべて社会の中にある.人文社会か自然科学かの枠を越えて,環境至上主義がすなわち環境消滅論でもあるような新しい自然観にもとづいた人類学が必要とされている.

＊謝辞：本研究はJSPS科研費18K11795, 19H05591の助成を受けたものです.

参 考・参 照 文 献

今西錦司（1949）『生物社会の論理』毎日新聞.

奥野克巳・石倉敏明（2018）『Lexicon——現代人類学』以文社.

金子晴彦・森Q三代子（2010）『香港アルプス——ジオパークメジャートレイル全ガイド』アズ・ファクトリー.

ツィン，アナ・L（2019［2015］）『マツタケ——不確定な時代を生きる術』赤嶺淳訳，みすず書房.

河田雅圭（1990）『はじめての進化論』講談社現代新書.

瀬戸口明久（2003）「移入種問題という争点——タイワンザル根絶の政治学」『現代思想』31（13）：122-134.

中村美知夫（2015）『「サル学」の系譜——人とチンパンジーの50年』中公叢書.

ハニガン，ジョン・A（2007［2014］）『環境社会学——社会構築主義的観点から』松野弘訳，ミネルヴァ書房.

ハラウェイ，ダナ・J（2013［2003］）『伴侶種宣言——犬と人の「重要な他者性」』永野文香訳，以文社.

山極寿一（2009）「日本の霊長類学——歴史と展望」『霊長類研究』24: 183-186.

Bernstein, Irwin S. 1974. "Birth of two second generation hybrid macaques." *Journal of Human Evolution* 3: 205-206.

Catton, William and Riley Dunlap. 1978. "Environmental sociology: A new paradigm." *The American Sociologist* 13: 41-49.

Cormier, Loretta Ann. 2002. "Monkey as food, monkey as child: Guajá symbolic cannibalism." In: Agustín Fuentes and Linda D. Wolfe（eds）*Primates Face to Face: The Conservation Implications of Human-nonhuman Primate Interconnections*. pp. 63-84. Cambridge: Cambridge University Press.

Crutzen, Paul J. 2002. "Geology of mankind." *Nature* 415: 23.

Crutzen, Paul J. and Eugene Stoermer. 2000. "The 'Anthropocene'." *Global Change Newsletter* 41: 2.

Dore, Kerry M. 2018. "Ethnoprimatology without conservation: The political ecology of farmer-green monkey（*Chlorocebus sabaeus*）relations in St. Kitts, West Indies." *International Journal of Primatology* 39: 918-944.

Dore, Kerry M., Lucy Radford, Sherrie Alexander and Siân Waters. 2018. "Ethnographic approaches in primatology." *Folia Primatologica* 89: 5-12.

Dore, Kerry M., Erin P. Riley and Agustín Fuentes（eds）2017. *Ethnoprimatology: A Practical Guide to Research at the Human-Nonhuman Primate Interface*. Cambridge: Cambridge University Press.

Ellwanger, Amanda L. 2017. "Ethnoprimatology." In: Agustín Fuentes（editor-in-chief）*The International Encyclopedia of Primatology* pp. 1-9. Hoboken, NJ: John Wiley & Sons Inc. Wiley-Blackwell.

Fuentes, Agustín. 2010. "The new biological anthropology: Bringing Washburn's new physical anthropology into 2010 and beyond—The 2008 AAPA Luncheon Lecture." *American Journal of Physical Anthropology* 143 Suppl 51: 2-12.

Fuentes, Agustín. 2012. "Ethnoprimatology and the anthropology of the human-primate interface." *Annual Review of Anthropology* 41: 101-117.

Fuentes, Agustin, Aida L. T. Rompis, I. G. A. Arta Putra, Ni Luh Watiniasih, I. Nyoman Suartha, I. G. Soma, I. Nyoman Wandia, I. D. K. Harya Putra, Rebecca Stephenson and Wayan Selamet. 2011. "Macaque behavior at the human-monkey interface: The activity and demography of semi-free-ranging *Macaca fascicularis* at Padangtegal, Bali, Indonesia." In: Agustín Fuentes, Lisa Jones-Engel and Michael D. Gumert (eds) *Monkeys on the Edge: Ecology and Management of Long-Tailed Macaques and their Interface with Humans*. pp: 159-182. Cambridge: Cambridge University Press.

Higham, James. P. and Nathaniel J. Dominy. 2018. "The promise of primatology fulfilled?" *American Journal of Physical Anthropology* 166: 783-790.

Hockings, Kimberley J., Gen Yamakoshi, Asami Kabasawa and Tetsuro Matsuzawa. 2010. "Attacks on local persons by chimpanzees in Bossou, Republic of Guinea: Long-term perspectives." *American Journal of Primatology* 72: 887-896.

Janson, Charles H. 2000. "Primate socio-ecology: The end of a golden age." *Evolutionary Anthropology: Issues, News, and Reviews* 9: 73-86.

Malaivijitnond, Suchinda and Yuzuru Hamada. 2008. "Current situation and status of long-tailed macaques (*Macaca fascicularis*) in Thailand." *The Natural History Journal of Chulalongkorn University* 8.

Riley, Erin P. 2007. "The human-macaque interface: Conservation implications of current and future overlap and conflict in Lore Lindu National Park, Sulawesi, Indonesia." *American Anthropologist* 109: 473-484.

Riley, Erin P. 2019. *The Promise of Contemporary Primatology*. New York: Routledge.

Riley, Erin P. and Nancy E. C Priston. 2010. "Macaques in farms and folklore: Exploring the human-nonhuman primate interface in Sulawesi, Indonesia." *American Journal of Primatology* 72: 848-854.

Setchell, Janna. M. 2013. "Editorial: The top 10 questions in primatology." *International Journal of Primatology* 34: 647-661.

Spencer, Frank. 2015. *History of Physical Anthropology: An Encyclopedia*. New York: Garland Publishing.

Sponsel, Leslie E., Nukul Ruttanadakul and Poranee Natadecha-Sponsel. 2002. "Monkey business? The conservation implications of macaque ethnoprimatology in Southern Thailand." In Agustín Fuentes and Linda D. Wolfe (eds) *Primates Face to Face: The Conservation Implications of Human-nonhuman Primate Interconnections*. Cambridge: Cambridge University Press.

Turney, Chris S. M., Palmer Jonathan, Mark A. Maslin, Alan Hogg, Christopher J. Fogwill, John Southon, Pavla Fenwick, Gerhard Helle, Janet M. Wilmshurst, Matt McGlone, Christopher Bronk Ramsey, Zoë Thomas, Mathew Lipson, Brent Beaven, Richard T. Jones, Oliver Andrews and Quan Hua. 2018. "Global Peak in Atmospheric Radiocarbon Provides a Potential Definition for the Onset of the Anthropocene Epoch in 1965." *Scientific Reports* 8: 3293.

Van Meerbeek, Koenraad, Bart Muys, Simon D. Schowanek and Jens-Christian Svenning. 2019. "Reconciling conflicting paradigms of biodiversity conservation: Human intervention and rewilding." *BioScience* 69: 997-1007.

Washburn, Sherwood L. 1973. "The promise of primatology." *American Journal of Physical Anthropology* 38: 177-182.

Waters, Colin N., James P. M. Syvitski, Gałuszka, Agnieszka, Hancock, Gary J., Zalasiewicz, Jan, Cearreta, Alejandro, Grinevald, Jacques, Jeandel, Catherine, McNeill, J. R., Summerhayes, Colin and Barnosky, Anthony. 2015. "Can nuclear weapons fallout mark the beginning of the Anthropocene epoch?" *Bulletin of the Atomic Scientists* 71: 46-57.

Wheatley, Bruce P. 2011. "Ethnophoresy: The exotic macaques of Ngeaur Island, Republic of Palau." In: Agustín Fuentes, Lisa Jones-Engel and Michael D. Gumert（eds）*Monkeys on the Edge: Ecology and Management of Long-Tailed Macaques and their Interface with Humans*. pp. 252-272. Cambridge: Cambridge University Press.

Wheatley, Bruce P., Rebecca Stephenson, Hiro Kurashina and Kelly G. Marsh-Kautz. 2002. "A cultural primatological study of *Macaca fascicularis* on Ngeaur Island, Republic of Palau." In: Agustín Fuentes and Linda D. Wolfe（eds）*Primates Face to Face: The Conservation Implications of Human-nonhuman Primate Interconnections*, pp. 240-253. Cambridge: Cambridge University Press.

Wolfe, Linda D. 2002. "Rhesus macaques: A comparative study of two sites, Jaipur, India, and Silver Springs, Florida." In: Agustín Fuentes and Linda D. Wolfe（eds）*Primates Face to Face: The Conservation Implications of Human-nonhuman Primate Interconnections*. pp. 310-330. Cambridge: Cambridge University Press.

第 2 章

四方　篝，藤澤奈都穂，佐々木綾子

アグロフォレストリーとともに生きる

チャ・コーヒー・カカオ栽培の事例より

KEY WORDS

熱帯林, 東南アジア, 中米, アフリカ, 世界商品, 庇蔭樹

はじめに

1 ⋯⋯ アグロフォレストリーと熱帯林保全

　熱帯林保全に関する議論や保全活動の現場において，熱帯地域の農業は，しばしば貴重な森林生態系を破壊し生物多様性を損なう主要因とされてきた．なかでも，本章が着目する茶[1]・コーヒー・カカオ等のいわゆる「世界商品（global commodities）」の栽培が熱帯林の生態系に及ぼす影響は，国際的な生物多様性保全の議論の場において主要な関心事のひとつとなっている（Donald 2004; Tscharntke et al. 2011; Diby et al. 2017; Ordway et al. 2017）．しかしながら，これらの樹木作物は，元来，直射日光に弱く日陰を好むという性質をもっており，生態的特徴そのものは，必ずしも熱帯林破壊を助長するものではない．「森林の大規模な伐採」と「モノカルチャー（単一作物栽培）」に特徴づけられるプランテーション農法ではなく，庇蔭樹（shade tree）を伴

---

(1)　本章では, 生産物に対して「茶」, 作物に対して「チャ」と表記する.

ったアグロフォレストリーシステム (agroforestry systems) のもとで栽培することが可能であり、熱帯地域の一部ではその実践が継続されている。これらを栽培するアグロフォレストリーは、森林の再生・維持の可能性を開き（=「絶える森」を「耐える森」へ）、人と自然の関係をも持続可能なものへと変えていく（=持続可能な社会を「きざす」）土地利用として期待されている。

2 ⋯⋯ アグロフォレストリーとは

アグロフォレストリー (agroforestry) は、"agriculture" と "forestry" を組合せた用語であり、おもに熱帯諸国において広く見られる土地利用システムである。熱帯農業辞典では「同じ経営単位の土地から複数の産物や利益を獲得する目的で、農作物や家畜と組合せ意図的に樹木を育成または残存させる土地利用システム」（熊崎 2003）と説明されている。環境保全や貧困削減への貢献という文脈で言及されることが多いせいか、アグロフォレストリーは近年になって提案された「環境調和型」農法として捉えられがちである。実際、森林の再生・修復を意図したプロジェクトや政策の一環として農村地域に導入されることも少なくない。一方で、「古い実践に対する新しい用語 (a new word for an old practice)」(Atangana et al. 2014; Van Noordwijk et al. 2019) と言われることからもわかるように、アグロフォレストリーの営みそのものは農耕の起源と軌を一にし (Van Noordwijk et al. 2019)、人びとは長きに渡って、農地内および農地周辺の樹木から恩恵を受け、さまざまな場面でインタラクションを続けてきた。

アグロフォレストリーにかんする研究・開発を牽引してきた国際機関 "World Agroforestry (ICRAF)" のウェブサイト[(2)]では、アグロフォレストリーを「木とともにある農業 (agriculture with trees)」とシンプルに表現しているが、実際には無数のバリエーションがあり (Nair 1993; Atangana et al. 2014)、それぞれの地域でローカルな呼称をもつものも少なくない。たとえば、ココヤシ・ドリアン等さまざまな有用樹とバナナ・タロイモ等の根栽類、キュウリ・ナス等の野菜類、トウガラシ・ショウガ等の香辛野菜類が複雑に組み合わさった多層構造が特徴的な屋敷林「プカランガン（インドネシア）」（及川 2000）、焼畑休閑地にシナモンやゴム等の商品作物となる樹種

---

(2)　https://www.worldagroforestry.org/about/agroforestry（最終閲覧日：2022年9月21日）

や果樹を植え込み樹園地として利用する「タルン（インドネシア）」（田中 2012），チーク植林の初期に苗木と同時に陸稲やワタ等複数の農作物を間作し，林冠閉鎖後は植栽木の育成のみをおこなって人工林を造成する「タウンヤ（ミャンマー）」（鈴木 2010）などは，アグロフォレストリーのローカルな例としてよく知られる．また，東北タイやラオスでは，水田内にさまざまな樹木を維持もしくは植栽する「産米林」の例（小坂 2008）が報告されている．水田内の樹木は，幹や枝葉が建材・薪として，若葉が食材・家畜の飼料として利用されるほか，その木陰は農作業中にスイギュウや人が休む場を提供してくれる．同様の例はアフリカでも見られ，セネガルの乾燥サバンナ地域では，農地内に自生するマメ科の樹木（*Faidherbia albida*，現地名；サース）を維持し，その落葉を作物（トウジンビエ）の肥料として，枝葉や果実を家畜の飼料や燃料として利用する事例（平井 2012）が報告されている．これらは農畜林複合型のアグロフォレストリーといってよいだろう．

　アグロフォレストリーの特徴は木本類を農地に持ち込むことであるが，その利点として，限られた土地から多様な農林産物を得られること，病虫害にたいする抵抗力が強くなること，土壌流出や地力低下を防止できること，そのため灌漑や農薬・肥料などへの出費を抑制できることなどが指摘されている（熊崎 2003）．1970年代半ば以降は，熱帯林の急速な消失と劣化に対処する有効な生産手段かつ持続的な農法として注目されるようになった．近年は，自然生態系の破壊を抑制する点や，農地周辺の森林パッチや保護区のあいだをつなぎ，生物・遺伝子移動を促進する点などが評価され（Schroth et al. 2004; Bhagwat et al. 2008; Chazdon et al. 2009），農業生産の維持・向上と地域の生物多様性保全の双方に寄与する土地利用として，保全生態学の分野でも注目されている（Schroth et al. 2004; Atangana et al. 2014; Montagnini 2017）．国際協力プログラムや企業等からの注目も高まっており，環境保全をとおしたサステナビリティの実現，地域社会への貢献といったCSR（corporate social responsibility）活動の一貫として，アグロフォレストリー由来の原材料を使用した商品展開が模索されている．これらの商品を購入することが，環境保全に貢献するだけでなく，アグロフォレストリーを実践する農家の収入向上にもつながる理想的なしくみとして期待されているのである．より大きな枠組みでは，「持続可能な開発目標（Sustainable Development Goals; SDGs）」に貢献し，多方面にわたってwin-winの関係を実現する可能性のあることが強調されるようになっている（Waldron et al. 2017）．

3 ········ 問題意識

　以上でみてきたような「アグロフォレストリー観」は，多くの研究者や実践者の
調査・活動に影響を及ぼしてきた．わたしたちもその例外ではなく，アグロフォレ
ストリーの可能性を追求したいという思いを抱きながら研究をつづけているが，一
方で，このようなアグロフォレストリー観とフィールドで見てきたアグロフォレス
トリーとのあいだに「ずれ」ないし違和感があるということも同時に感じてきた．
「アグロフォレストリーは理想的な農法である」というイメージに囚われるあまり，
あるいはそのような意味付けを急ぐあまり，わたしたちはアグロフォレストリーの
核心となる特徴を十分に描くことができていないのではないだろうか？

　こうした感覚は，農村開発・農業支援の現場において，アグロフォレストリーを
導入・適用しようとしても有効なシステムとして根付かなかったという報告を目に
したときに，「やっぱり」という脱力感とともに浮上してくる．そこでは，農民にと
って重要なのは食料・燃料・収入といった経済的便益であり，アグロフォレストリ
ーの受容による生態系サービスの向上はなんのインセンティブにもならない（Ajayi
et al. 2007; Ndayambaje et al. 2012）ということや，アグロフォレストリーが貧困層に受
容されないのは，かれらにとっての最優先事項は，食卓に食べ物を並べることであ
り，長期的な利益が得られるのかどうかが不確かな新しい技術に時間と労働を投入
するリスクを取る余裕などないからだ（Jerneck and Olsson 2014）といったことが指摘
されている．しかしながら，わたしたちがフィールドで見てきたアグロフォレスト
リーは，経済的インセンティブのみに基づいて維持されてきたわけではないし，人
びとが環境保全的な機能を明確に意識した結果でもない．

　アグロフォレストリーの受容にかんする理論・フレームワークについてレビュー
をおこなったMeijer ら（2015）は，アグロフォレストリーの受容に対する意思決定
プロセスを分析する際に，教育レベル・就労の有無といった農家の属性や経済的変
数などの外在的な（extrinsic）要因が強調される傾向にあり，農民の知識や視座・態
度といった内在的な（intrinsic）要因が軽視されてきたことを指摘し，これらの外在
的要因と内在的要因がどのように相互作用し，人びとの意思決定に影響をもたらす
のかを理解していく必要があると論じている．ここでの指摘は，新たな技術・イノ
ベーションとしてアグロフォレストリーを導入する際に考慮すべき視座として提示
されているわけだが，同様の姿勢は，古くから定着・継続されてきたアグロフォレ

ストリーを描く際にも重視されるべきだろう.

　従来のアグロフォレストリー研究は自然科学的ないし定量的な手法・分析を志向し, 炭素隔離, 生態系サービス提供, 土壌改善, 貧困削減, 社会的結束等, 多面的な機能を実現するツールとして, そのポテンシャルを評価・追求するような研究が蓄積されてきた (Jerneck and Olsson 2014). しかしながら, 当該地域の人びとが地域の擁する資源や自然環境と関わり, 地域内外における社会・経済的な変化に対応しながら暮らしを成り立たせるなかで, どのような志向にもとづいてアグロフォレストリーを創出・維持してきたのか, また, かれらの生活のなかでアグロフォレストリーがどのような役割を果たしてきたのかということは十分に伝えられてこなかった.

　以上をふまえ, 本章ではこれまでに蓄積されてきた「科学」としてのアグロフォレストリーの理解を, 人びとの生活のなかに埋め込まれた人と自然の関係としての理解へと結びつけることを目指したい. そうした理解にもとづいてアグロフォレストリーを捉え直すことは, 人と自然の共存を目指すような取り組みへの動機が経済的利益に求められがちな風潮を相対化し, 異なる道筋を展望する (＝きざす) 端緒となるだろう.

　以下では, 著者らが対象としてきた 3 つの地域における事例；タイのチャ栽培 (佐々木), パナマのコーヒー栽培 (藤澤), カメルーンのカカオ栽培 (四方) を紹介しながら, アグロフォレストリーが日々の暮らしのなかでどのように育まれ, 利用・維持されているのかということについて, 地域固有の背景とその動態にも着目しながら明らかにしていく. 各地域で繰り広げられているアグロフォレストリーの具体的な実践をたどりながらその性質を汲み取り, 人びとの生活の視座からアグロフォレストリーに通底する特徴を考察したい.

4 ⋯⋯⋯ 茶・コーヒー・カカオ

　各論に入る前に, 本章が注目する茶・コーヒー・カカオについて概要を述べておく. 茶・コーヒー・カカオは, 古代からその刺激的な特性や薬効が見いだされ, 現在では嗜好品として世界各地で消費されている. いずれも多年生の樹木作物であり, 熱帯・亜熱帯の湿潤地域において主として換金用に栽培され, グローバルに流通する「世界商品」としての顔をもつ.

多くは途上国で生産されており，その収益に経済的に依存している地域・国も少なくない．以上のような共通点がみられる一方で，三者は植物学的には全く異なり，チャはツバキ科，コーヒーはアカネ科，カカオはアオイ科[3]に属する常緑樹である．また，チャは葉，コーヒーとカカオは種子を加工したものが生産物として流通している．それぞれの起源地もアジア，アフリカ，南アメリカと三大陸にわかれるが，現在，その生産地は世界各地の熱帯林地域に広がっている（図2-1）．地域ごとの生産量を見ると，茶はアジア地域が約90%を占め，コーヒーは中南米地域が，カカオはアフリカ地域がそれぞれ60%以上を占めており，コーヒーとカカオは現在，それぞれの起源地とは異なる地域で，より多く生産されている．

いずれの作物も生産様式は多国籍企業による大規模なプランテーション経営から農家単位の小規模栽培までと幅広い．プランテーション経営ではモノカルチャーが一般的だが，小規模栽培においては，モノカルチャーから複数種の作物・樹種で構成されるアグロフォレストリーまで，自然条件や社会経済的な背景，地域の農耕文化等によって異なる栽培様式がみられる．本章で扱う事例は，いずれも農家単位のアグロフォレストリーを対象としている．

以下では，東南アジア・タイのチャ栽培，中米・パナマのコーヒー栽培，中部アフリカ・カメルーンのカカオ栽培の順にそれぞれのアグロフォレストリーの事例を紹介する．まず，1）対象作物の歴史的背景や植物学的特徴，加工法の概要を述べ，つづいて2）対象地域の概要と3）アグロフォレストリーを構成する樹種や構造についてそれぞれの特徴を説明する（各アグロフォレストリー内で観察された樹種リストを附表2-1, 2-2, 2-3に示す）．そのうえで，4）各地域のアグロフォレストリーが創出・維持されてきた歴史的経緯をたどり，アグロフォレストリーを人びとがどのように運用し，かれらの生活のなかでどのような役割を果たしてきたのかについて論じる．

---

(3)　従来（新エングラー体系）はアオギリ科に分類されていたが，APG体系ではアオイ科に含まれる．

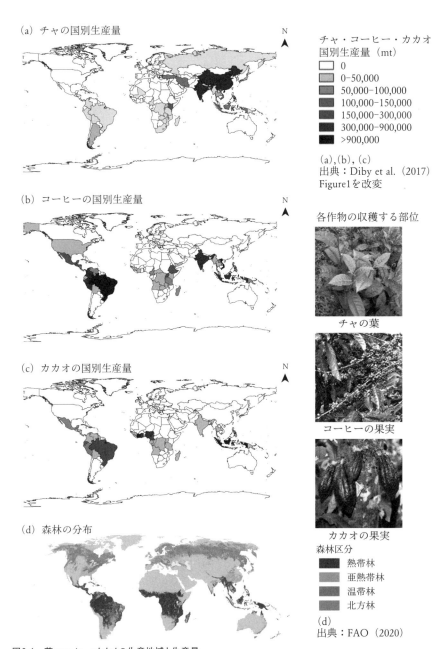

(a) チャの国別生産量

(b) コーヒーの国別生産量

(c) カカオの国別生産量

(d) 森林の分布

チャ・コーヒー・カカオ
国別生産量（mt）
- 0
- 0-50,000
- 50,000-100,000
- 100,000-150,000
- 150,000-300,000
- 300,000-900,000
- ＞900,000

(a),(b),(c)
出典：Diby et al.（2017）
Figure1を改変

各作物の収穫する部位

チャの葉

コーヒーの果実

カカオの果実

森林区分
- 熱帯林
- 亜熱帯林
- 温帯林
- 北方林

(d)
出典：FAO（2020）

図2-1　茶・コーヒー・カカオの生産地域と生産量

1 　東南アジア・タイ北部のチャ栽培

1 ……… アジアにおけるチャ栽培の拡大とタイ北部の林内チャ栽培

　茶の原料であるチャノキ *Camellia sinensis*（以後はチャと表記）はツバキ科の常緑樹である．原産地は中国西南部と推測され，そこから東方へ分布を広げた中国種（var. *sinensis*）と，南西へ分布を広げたアッサム種（var. *assamica*）の 2 亜種に分化したと考えられている．チャの栽培には年間降水量1,300〜1,400 mm，年平均気温13〜35℃（最寒月の平均気温 2 〜 3 ℃）が適しているが，低緯度帯の高温と強い日射量は樹勢の低下を引き起こす（Willson 1999）．

　16世紀にヨーロッパに輸入された茶は瞬く間に上流階級の嗜好品として定着し，18世紀になるとヨーロッパ諸国は中国以外の栽培地を求め，インドネシアやインドといった低緯度帯でチャのプランテーション造成を始めた．低緯度帯でのチャ栽培を可能にした要因はアッサム種の発見である．アッサム種は高温多湿を必要とし，また比較的日照の少ない環境を好むため，庇蔭樹を植え日陰をつくることで高温多照に対応できたとされる（松本 1999；Willson 1999）．

　本節が対象とするタイ北部でも冷涼な山間地でチャ（主にアッサム種）のプランテーションがおこなわれているが，その歴史は1940年頃からと，他のアジアの茶生産地と比べ歴史は短い．その一方で，小規模農家による庇蔭樹を組み込んだチャ栽培が約500年以上にわたり維持されてきた．本節では後者，すなわちタイ北部の生活・文化と密接に関連するコンムアン（*Khon muang*，低地タイ人）[4]による後発酵茶生産を目的としたチャ栽培に注目する．

2 ……… 調査地域の概要

　タイ北部は盆地の水田地帯を除く丘陵地帯が森林植生によって覆われているが原生林はほとんど存在せず，標高1,000 m以上では主にモンやヤオの人びとが長期作

（4）　コンムアン（*Khon muang*）とは，現在のチェンマイ県を中心に栄えたラーンナー王朝の時代からタイ北部の平野部に住むタイ（Tai）系の民族を指す呼称である．もともとこの地の平野部でくらしていた人々が自らのアイデンティティを示すために自称するようになったとされる．タイ北部人口の多くを占め，少数民族には含まれていない．

第 I 部
アウター・ワールド再考

付・長期休閑型焼畑を，標高500〜1,000 mではカレンやルアの人びとが短期作付・長期休閑型焼畑をおこなってきた（Kunstadter and Chapman 1978）．本節で対象とするチャ栽培はこれらの焼畑に重なる地域，標高600〜1,300 mでおこなわれている．調査対象地であるチェンマイ県チェンダオ郡は，チェンマイ市街地より北に約70 kmに位置しており（図2-2），年平均気温は26℃，年降水量は約1,500 mmで11月から4月が乾季，5月から10月が雨季にあたる．周囲の原植生は丘陵常緑林である．

　調査対象地では20世紀に入ってから，先住者の焼畑跡地に発達した二次林の下層植生として自生していたチャ（アッサム種）を目当てにコンムアンが山間地に入植し，チャ栽培・後発酵茶生産を始めたとされている．この地域で生産される後発酵茶は「ミアン」と呼ばれ，茶葉を加熱した後，人工的に発酵させたいわば「茶の漬物」である[5]．タイ北部では宗教儀礼での供応やお供えとしてもミアンが用いられる．

　ミアン生産のために管理される茶園[6]は，*suwan cha*（プランテーションの茶園）と区別して*suwan miang*（ミアン園）と呼ばれるが，日常的に人びとが用いるのは*pa miang*（ミアンの森）という呼び方である．タイ地図局発行の地図でも「*Ban pa miang*」（ミアンの森の村）という呼称が冠されているミアン生産村を確認できる．ミアン生産者は茶園に収穫に行くことも，薪や山菜を取りに雑木林に分け入ることも「森に行く」ということが多い．また，ミアン生産村を含む山間地の集落は低地と区分して*bon doi*（山の上）と呼ばれるが，ミアン生産村の住民も自らの集落を「山の上」と呼び，「山の上にいれば支出が少ない」などと語る．

　ミアン生産のための茶葉は，冬季にあたる12月から2月を除き，ほぼ年間を通じて収穫される．生産者は蒸した茶葉を自宅の庭に掘った穴やセメントの発酵槽に詰め，3か月以上嫌気状態で発酵させる．ミアンは*kam*と呼ばれるひと塊あたり約5バーツ（1バーツは約3円），1 kgに換算すると約12バーツで仲買人に販売され，タイ北部の主要都市に出荷される．筆者（佐々木）の調査によれば季節や品質によって価格が変動することはほとんどない．2002年時点，調査対象村であるP村に居住するミアン生産者の平均粗収入は49,773バーツ／戸であり，タイ北部の平均103,800バ

---

(5)　茶葉を長時間噛むため「噛み茶」とも呼ばれる．東南アジアにおける後発酵茶の利用は中国西南部やミャンマー，ラオスにもみられ，来客の供応や農作業中に食す習慣が共通している（守屋 1981）．

(6)　なお，各節ではチャ・コーヒー・カカオを栽培する農地について，各著者がこれまでに用いてきた表記（茶園，コーヒー栽培地，カカオ畑等）を用いるが，いずれも「アグロフォレストリー」と呼びうる土地利用である．

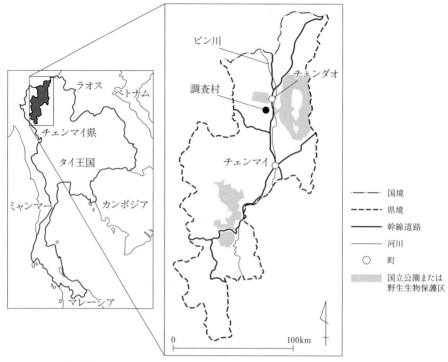

図2-2　タイの調査地域

ーツ／戸を下回っていた．ミアンを生産する集落には主食であるコメを栽培しないという慣習法が共通しており，P村においてもチャが唯一の栽培作物である（Sasaki et al. 2007）．チャは，本章第3節のカメルーンにおけるカカオ栽培の事例と同様，自家消費されることはほとんどなく，換金用として栽培されている．

3 ⸺ 茶園の特徴と構造

　P村のミアン生産者が管理する茶園は急峻な斜面にあり，上層に二次林の樹木を残した下層でチャが栽培されている．なお，現在栽培されているチャはすべて生産者によって植栽されたものである．

　村内の異なる世帯が管理する茶園で実施した毎木調査（9プロット，計1.02 ha）の結果，チャ以外の樹木（以降，庇蔭樹とする）は302本（296本/ha）の樹木が記録され，

表2-1　各プロットにおけるチャの本数，断面積合計および葉・地上部の現存量

プロット No.	本数 (n/ha)	断面積合計* (cm²/ha)	葉の現存量 (A) (Mg/ha)	地上部現存量 (B)** (Mg/ha)	Bに対する Aの割合 (%)	開空度 (%)
1	1755	68749	0.2	0.6	35.4	61
2	541	17917	0.7	3.9	18.2	61
3	1433	26278	0.6	3.3	19.0	60
4	2229	40758	1.4	7.6	18.9	51
5	1529	44330	1.3	7.6	16.9	45
6	11374	11061	0.3	1.0	29.0	45
7	1338	20044	0.4	2.0	19.3	29
8	1401	44056	0.6	3.6	17.0	25
9	1401	26423	0.2	2.5	9.8	21

*チャの断面積合計を計算するための直径は地際から高さ30cmで台木の太さを計測した.
**チャの地上部現存量は葉・台木・枝の現存量を合計したもの.
出典：Sasaki et al.（2021）を改変

　1種を除く35科74種が同定できた[7]（附表2-1）．最も多くのプロットで確認され，本数が多かったのは*Schima wallichii*（ツバキ科）であった（Sasaki et al. 2021）．*S. wallichii*はこの地域の焼畑休閑林で広くみられる樹種であり，住民からは薪に適した木として認識されていた．バナナ（*Musa acuminata*（バショウ科））22株のうち17株は同じプロットに出現しており，茶園の管理者が植栽したものであった．これら17株のバナナを除き管理者が植栽したものはなかった．74種のうち地上部現存量が全体の1％以上を占める22科31種について，タイ北部の同じ標高帯の熱帯低地林でおこなわれた研究（Fukushima et al. 2008）と樹種構成を比較した結果，焼畑履歴のない森林とは13％が共通する一方，焼畑後に放棄された二次林とは27％が共通していた．

　チャの樹高や胸高断面積合計，地上部現存量については庇蔭樹の現存量に対して明瞭な関係は確認できなかった．しかし，生産物であるチャの葉が地上部現存量に占める割合については，樹冠の開空度が最も低いプロットでは9.8％と，他のプロットの平均である21.7％を大きく下回った（表2-1）．つまり樹冠開空度が25％以下であると茶園内が暗くなりすぎ，茶葉の生育が阻害される可能性が示された（Sasaki et al.

---

(7)　バナナ（*Musa* spp.）は木本ではなく草本であるが，ミアン生産者が食用や家畜の飼料として日常的に利用する植物であるため，毎木調査の対象に含めた．

表2-2　庇蔭樹およびチャによる被覆によって5つのタイプに区分された茶園の筆数および面積合計

タイプ	特徴	茶園数 (筆)	(%)	面積合計 (ha)	(%)
A	庇蔭樹がほとんどなく，明るく開けている	9	11	17	12
B	庇蔭樹が数か所に固まっているため比較的明るい	15	18	30	22
C	庇蔭樹の本数は同程度だが点在しているためBに比べやや薄暗い	30	35	42	31
D	全体的に庇蔭樹に覆われており，樹冠の隙間の下にチャが集中している	23	27	35	25
E	樹冠が閉じており，林床もチャを確認することが困難なほど藪状に樹木が茂っている	8	9	13	10

出典：Sasaki et al.（2021）を改変

2021）.

　次に視点をP村全体へと移し，茶園が構成する景観についてみてみたい．P村でミアンを生産する29戸が管理する茶園99筆のうち，28戸が管理する85筆で生産物であるチャと庇蔭樹それぞれの被覆度を記録した結果，チャと庇蔭樹の配置や林内の景観から茶園を表のように5つのタイプに分けることができた（表2-2）．Cに分類された茶園が最も多く，庇蔭樹が部分的もしくは全体的に分布していたB・C・Dの3つのタイプを合計すると筆数・面積どちらも全体の約80％を占めた．最もチャが多く植栽され庇蔭樹の少ないAは筆数および面積で全体の約10％に過ぎず，また藪状になったEも同様に10％であった（Sasaki et al. 2021）.

　生産者はなぜ茶園に樹木を残しているのだろうか．32戸の世帯主にその理由について聞き取りをした結果，21人（66％）がチャに直射日光が当たるのを防ぐためと回答し，21人のうち16人（76％，全体の50％）はその理由をチャの葉に直射日光が当たると黄色く変色し売値が下がるためだと説明した．7人（22％）は土壌中の水分を守るため，3人（9％）は薪を確保するために樹木が必要だと回答した．村の慣習法で禁じられていると回答した1名（3％）によれば，薪を確保するため各世帯年間1本の樹木を茶園や隣接する薪炭林から伐採することが許可されているが，斜面に生える樹木の伐採は禁止されているという（Sasaki et al. 2021）.

　これらの結果から，茶園の特徴と構造の由来を下記のようにまとめることができる．庇蔭樹が全体的に分布する茶園が筆数・面積ともに80％を占めたことは，ミア

ン生産者が意図的に茶園に樹木を残し，森林景観を維持しながらチャを栽培していることを示しており，生産者に対する聞き取りもそれを支持しているといえる．つまりミアン生産者は庇蔭樹がある環境をチャ栽培に適しているとみなし，チャの生育を阻害しない範囲で意識的に庇蔭樹を茶園内に保持した結果，村全体を森林が覆う景観が構成・維持されたと考えられる．一方で，茶園を構成する庇蔭樹は焼畑放棄後の二次林に由来する可能性が高く，生産者の選好性が種構成に影響している事例はほとんどなかった．以下では，こうした景観が形成された経緯をたどりながら，地域内外の社会経済的変化が茶園管理に及ぼした影響を検討する．

4 ⋯⋯⋯ アグロフォレストリーが創出・維持されるプロセス／生活のなかで果たす役割

1960年代以前　コンムアンの入植 ── 茶園への転換

現在茶園として利用されている標高帯は，かつて焼畑民であるカレンやルアの人びとが「森林休閑型」とも呼ばれる短期作付・長期休閑型焼畑をおこなっていた場所である（Kunstadter and Chapman 1978; 佐々木 2012）．調査地を含む一帯は，休閑年数の異なる森林がモザイク状に配置された景観であった．

20世紀に入ってからコンムアンが入植し，チャ栽培・ミアン生産を始めた．この時期，チェンマイ県では人口流入の増加に伴い余剰労働力が生じており，平野部の土地なし農民が休閑林に自生していたチャの栽培を目的として山間部に入植したとされる．コンムアンの入植によりそれまで焼畑をおこなっていた焼畑民はより標高の高い地域へ移住していった．

入植したコンムアンは先住者の焼畑放棄後に発達した二次林の景観をそのまま利用し，林内に自生していたチャの管理・栽培を開始した．1960年代後半に複数のミアン生産村で生業および土地利用を詳細に記録したキーンは，ミアン生産村に共通して森林景観がみられる理由として，入植者は自生するチャの周辺のみ藪を切り払いウシによる除草をおこなうだけで茶園を造成できたこと，同時に茶葉を蒸すために必要な大量の薪の確保が必要だったことを主な要因として挙げている（Keen 1978）．また，入植者は茶生産物の出荷用にウシの飼育もはじめた．ウシはチャの葉は食さず草だけを食むことから茶園の除草にも役立つとされ，茶園内で放牧がおこなわれるようになった．二次林はチャ栽培地としてだけでなく放牧地としての機能も果たすようになった（Sasaki et al. 2007）．

1970〜80年代前半　チャ栽培への特化

　1970年代はじめまではタイ北部への農業就労を目的とした移住者の流入が続き（渡辺 1988），農業人口の増加はミアン需要のさらなる拡大への期待を高めた．Ｐ村では1970年には36戸（Keen 1978）であった世帯数が1982年には60戸に増加した．Ｐ村の生産者は二次林を茶園に転換したり，新たにチャの苗を植栽するなど，チャ栽培拡大を図った．それまで茶園内でおこなわれていたウシの放牧が「チャの苗木を踏む」として禁止されたことからも，この時期，ミアン生産者は土地利用をチャ栽培に特化させたことがうかがえる（Sasaki et al. 2007）．

　しかしながら，このような増産の機運にあっても，ミアン生産者は庇蔭樹を伐採し，茶園をプランテーションのような景観へと転換はしなかった．前述した聞き取りで茶園に樹木を残す理由として「土の中の水分を守るため」を挙げた回答者らによると，数十年前，より標高の高い集落にくらす少数民族が樹木を伐採し大規模な畑を開墾したが，その結果水害が起こり近隣の集落の住民数名と多くの家畜が流され亡くなる被害にあったという．この経験が語り継がれ，ミアン生産者は集落とその周辺の生活環境を守るためにも山間地の森林を伐採することをタブー視していた（Sasaki et al. 2021）．

1980年代後半〜90年代　森林利用の多角化

　その後，一転して工業化に伴うタイ社会全体の農業の相対的価値の低下と他種業への労働力流出が起こると，ミアン需要は低迷を始める．この時期，ミアン生産者は1980年代までに多数植栽されたチャを放棄し生産調整をおこなうと同時に，茶園や集落周辺に自生する樹木や植物から収入を得る試みを始めた．例えば自生するザボン（*Citrus maxima*（ミカン科））やレイシ（ライチ）（*Lichi chinensis*（ムクロジ科））の果実は酸味が強く食味が悪いため，有機堆肥を与えたり果実に紙袋をかけ害虫から保護するなど，販売可能な品質に近づける努力がなされた．

2000年代　飲料茶用茶葉生産の試み

　2000年頃，タイでは緑茶風飲料が発売されると瞬く間にブームとなり，健康意識の高まりも相まって「飲む茶」への関心が高まった．Ｐ村のミアン生産者も同じチャから飲料用茶葉を収穫できることを知り，また１世帯が飲料茶加工工場を経営する親戚との販売ルートを確保したことも契機となり，飲料茶用の新芽の収穫を開始した．飲料茶用茶葉生産への転換は，チャを樹高約１ｍで剪定し，萌芽更新を促すだけでおこなえることからも，多くの世帯が飲料茶用茶葉の収穫に従事するよう

図2-3　茶園に植えられたコーヒーノキ

になった．しかしこの試みは，ミアンと違い毎日チャを収穫し出荷することに疲労
を感じるようになった生産者が徐々に離脱したため長くは続かなかった（佐々木 2012）．

現在　現代的価値の取り込み

嗜好品としてのミアン需要が減少を続けることもあり，ミアン生産者は2010年代
に入ると，新たな樹木作物としてアラビカ・コーヒー（*coffea arabica*）を茶園に植栽し
はじめた．2014年ごろ王室の支援によってチャと同じく庇蔭樹を必要とするコーヒ
ー栽培の導入が始まったが，ミアン生産者の間で化学肥料や農薬を使うことへの忌
避感が強く，その時点ではほとんどの世帯がコーヒー栽培を受け入れなかった．し
かし，国内のコーヒー消費量の急速な増加に加え，一部のP村住民がコーヒーの有
機栽培を取り入れ村に広めたことで，2017年にはその時点で茶園を管理する世帯す
べてがチャ栽培と並行してコーヒーを栽培するようになった（図2-3）．

他方，1990年代後半から，伝統的農業を維持する農民の「在来知」（*phumpanyaa
phunban*）が環境保全に寄与しているとして評価されるようになり，P村もメディア
への露出や表彰によって外部から注目されるようになった．さらに近年ではSNSの
普及により，主に都市部の富裕層や若年層が「自然的景観」を求め山間地を訪れる
ようになった．こうした動向が認識されると，P村においても当時40歳代の住民を

中心にゲストハウスの建設やパンフレット製作など，観光客獲得に向けた活動がみられるようになった．

　山間地に入植したコンムアンは，当初，森を活用することで最低限の労働力で茶園の開拓を可能にしたが，その後チャ栽培を継続する中で経験的に庇蔭樹を含む森林の存在が有効であると認識されるようになり，生産拡大の時期にあってもチャと樹木という組み合わせを維持してきたのだと考えられる．その後，ミアン需要の低迷に直面した際も，生産者は茶園として利用される二次林から価値ある資源を引き出そうとするだけでなく，森の内部に「新たな作物の栽培地」としての価値を付加することで，生業の多角化を図ってきた．さらに近年確認された二つの動向は，ミアン生産者が単に森林から資源を引き出して利用するだけでなく，集落外の社会経済的・文化的変化に合わせて自らの茶園に新たな機能や役割を付加することで，資源としての価値を多様化させていることを示している．チャ・アグロフォレストリーのランドスケープは人びとと「森」との相互作用によって構築されたが，両者の働きかけは固定されることなく，時代の変化を反映した展開を続けていくだろう．

2　　中米・パナマ中部のコーヒー栽培

1 ⋯⋯⋯ 中米におけるコーヒー栽培

　世界で主に栽培されるコーヒーノキ（*Coffea*属，以後はコーヒーと表記）には，アラビカ種 *Coffea arabica* とロブスタ種 *Coffea canephora* があり，その果実を加工した「コーヒー豆」の生産量のそれぞれ約6割と4割を占める．栽培適地の標高と年平均気温は，エチオピア原産と言われる[8]アラビカ種は1,000〜2,000 mで15〜24℃，コンゴ盆地原産といわれるロブスタ種は0〜700 mで24〜30℃と異なる（Miranda-Araús 2006）．赤く熟した果実（コーヒーチェリー）をそのまま，もしくは果皮を除去し，乾燥，脱穀する．むき出しになった種子を焙煎し粉状に挽いて抽出し，ドリップコーヒーが

（8）　アラビカ種は紀元9世紀にはその効用などに関する記述が残されており，さらにそれ以前よりエチオピアからアラビア半島周辺の地域の人びとに親しまれていたと考えられている（Ukers 1935）．

第I部
アウター・ワールド再考

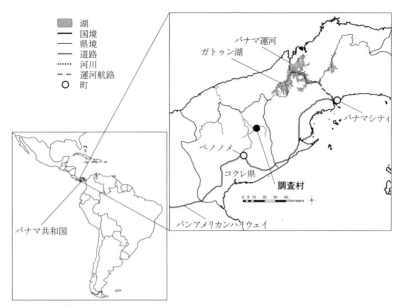

図2-4 パナマの調査地域

作られる.

　ラテン・アメリカにコーヒー栽培が広がったのは1700年代で (Ukers 1935), 今では
ブラジル, コロンビアなど各国で, 大規模単一栽培から小規模な庇蔭栽培まで, 地
域や品種によってさまざまな方法で盛んに栽培されている. 1970年代, コーヒー栽
培に打撃を与える「さび病」が流行すると, 農薬による制御を容易にする単一栽培
が広まった (Rice 1999). しかし, 農薬や肥料などへの投資は経済力の弱い生産者に
は現実的ではなかった. そこで, 少ない投資で害虫を制御可能な庇蔭栽培を見直し,
改良を図る動きが活発となり, 1977年にはICRAFからの要望で, コーヒーを主とす
るアグロフォレストリー研究が CATIE (The Tropical Agricultural Research and Higher
Education Center) [9] を中心に進んだ (Budowski 1987). しかしアラビカ種と比較して, ロ
ブスタ種は日射に強いため大規模の単一栽培が多く, ロブスタ種の庇蔭栽培を実施
する農家の意図や実態は国際的なアグロフォレストリー研究では見落とされがちで

---

(9)　CATIE はラテンアメリカ地域の持続的な農業の発展を目指し教育, 研究, アウトリーチを促進す
　る国際機関である.

ある[10].

　本節では，パナマにおけるロブスタ種の主要生産地であるコクレ県（INEC 2016）[11]における，小規模農家によるロブスタ種のコーヒー・アグロフォレストリーの実践をとりあげる．

2 ……… 調査地域の概要

　調査対象地であるパナマのコクレ県にあるサンペドロは，県都ペノノメから35 km東北に位置する村である（図2-4）．サンペドロ川の流域一帯を占めるこの地域は，標高は300〜800 mほどの起伏の多い地形で，ロブスタ種の栽培に適している（Miranda-Araús 2006）．地域の年平均気温は約25℃，年間降水量は3,900 mm（INEC 2017）で，5〜12月が雨季，1〜4月が乾季である．植生は熱帯湿潤林と山岳湿潤林の境界域に区分されている（ANAM 2010）．

　人口は約900人，160世帯（INEC 2011）で，住民は，農民を意味するカンペシーノ（*campesino*）と自称する[12]．土地は個人所有で，焼畑休閑林，コーヒー栽培地，放牧地，居住地などに利用されている（Fujisawa 2019）．ラテンアメリカ各地の農村では，生業の多様化が指摘されているが（Petchers and Harris 2008），サンペドロでも，自給用の焼畑や出稼ぎ，換金作物や工芸品販売などを組み合わせたさまざまな生業戦略が見られる（藤澤 2021）．

　コーヒーは収穫期（11〜2月）に，収穫直後のコーヒーチェリーの状態で仲買人に販売される．世帯により差はあるが，平均すると一世帯あたり年間約680 kg，約400 USドル（1 USドルは約130円）を販売しており，これはおよそ2か月分の家計の出費を賄う金額に相当する（Fujisawa et al. 2020）．

---

(10)　地域レベルでは，栽培技術の観点からロブスタ種のアグロフォレストリーの栽培方法が検討されている（パナマではAbrego 2012など）．

(11)　パナマの最大のコーヒー生産地はチリキ県であり，高品質なアラビカ種が生産され，近年日本でもその存在感を強めている．コクレ県はチリキ県に次ぐコーヒー生産地であるが（2014年調査当時），標高が低いためロブスタ種が栽培されている．

(12)　ただし，生業形態としての農民ではなく，地域的なアイデンティティの呼称として用いられている．植民地時代にスペイン人が太平洋側の平野に入植し，押し出されるように山間部に移住した先住民の子孫であると考えられ（Müller-Schwarze 2014），また住民もそう認識している．

表2-3　4世帯以上にコーヒー栽培地に残すべき樹種／取り除くべき樹種として推奨された樹種（n＝50世帯）

残すべき樹種			取り除くべき樹種		
種名	現地名	世帯数	種名	現地名	世帯数
Inga spp.	*guabo*	43	*Cupania cinerea*	*cuamo*	8
Cordia alliodora	*laurel*	34	*Cecropia* spp.	*guarumo*	8
Mangifera indica	*mango*	8	*Crotoa smitianus*	*sangrillo*	8
Anacardium excelsum	*espavé*	7	*Inga* spp.	*guabo*	7
Citrus sp.	*naranja*	6	*Mangifera indica*	*mango*	5
Colubrina glandulosa	*carbonero*	5	*Acacia mangium*	*acasia*	4
Cedrela odorata	*cedro*	5	*Castillo elastica*	*caucho*	4
Albizia adinocephala	*frijolillo*	5	*Luehea seemannii*	*guasimo*	4
Tabebuia rosea	*roble*	4	*Miconia argentea*	*papelillo*	4
Musa sp.	*guineo*	4			

注：網掛けは、残すべき樹種と取り除くべき樹種の両方で名前のあがった樹種を示す.
出典：Fujisawa et al. (2020)を一部改変

3 ⋯⋯ コーヒー栽培地の樹種構成とその特徴

　コーヒー栽培地では焼畑休閑林に自生する樹木を庇蔭樹として利用している．その樹種を明らかにするため，2014年に12世帯が所有する29か所のコーヒー栽培地に20 m四方の調査プロットを設置し，胸高直径4 cm以上のコーヒー以外の樹木を対象とした毎木調査を実施した[13].

　調査の結果，計1.16 haから41科90種550本（474本/ha）の樹木が計測された．もっとも多かった樹種は，*Cordia alliodora*（ムラサキ科），*Musa*属（バショウ科），そして*Bactris gasipaes*（ヤシ科）であった（附表2-2）．この他に，出現したマメ科全18種のうち*Inga*属が12種を占め，8割のプロットでいずれかの*Inga*が見られた．これらの*Inga*と建材となる*C. alliodora*は中米のコーヒー栽培では庇蔭樹として広く推奨されている（Valencia et al. 2016）．また，*Inga* spp., *Musa* spp., *B. gasipaes*はそれぞれ果実が食用

（13）　コーヒー栽培地にはバナナやプランテン（*Musa* spp.）がよく見られる.*Musa*は木本ではなく草本であるが，生産者によって庇蔭樹としての役割が認識され，この地域のコーヒー栽培で主要な役割を果たすため，毎木調査においてカウントの対象とした.

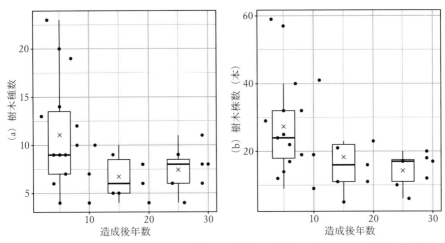

図2-5　コーヒー栽培地の造成後の年数に応じた樹木の（a）種数と（b）株数の，調査プロットの分布と年数グループ（1-10, 11-20, 21-30年）ごとの箱ひげ図

注：縦棒は最小値および最大値，ボックスは25, 50, 75%値，xは平均値を示す．対象としたプロット数は，1-10年：15プロット，11-20年：7プロット，21-30年：7プロット，計29プロット．

出典：Fujisawa et al. (2020)を一部改変．

となる．このように，いくつかの種が多くの栽培地で共通して見られた一方で，90種の庇蔭樹のうち，55%は1プロットにのみ，39%は1本のみ出現した．

　住民は庇蔭樹をどのように選択しているのか．50世帯にコーヒー栽培地に残すべき樹種と取り除くべき樹種について尋ねた（表2-3）．7割の世帯が*Inga*と*C. alliodora*の二種類は残すべき樹種と回答したが，それ以外は，残す・取り除くべき樹種それぞれ，多くの世帯に共通した認識は見られなかった（Fujisawa et al. 2020）．

　栽培地ごとの違いに注目してみると，29か所のコーヒー栽培地は過去3〜30年の間のさまざまな年代に造成されており，樹木の個体数や種組成等の特徴が異なっていた（Fujisawa et al. 2020）．10年未満の栽培地は，出現種数が4〜23種とばらつきが大きく，一方，10年を過ぎた栽培地では，種数は低下する傾向にあった（図2-4）．コーヒー栽培地を造成するとき，多くの場合は焼畑休閑林の林床もしくは焼畑開墾地にコーヒーの苗が植えられる．栽培地ごとに手入れや木材利用などの度合いに差があるが，庇蔭樹を植樹することは稀であった．特に若い二次林に造成した直後の栽培地は密生した二次林樹種の樹木を選択的に除去しきれず，多くの樹木が残された結果，多様な樹種が維持されたと考えられる．その後，年に1〜3回程度の除草や

4か月ほど続くコーヒーの収穫時に，不要と判断された細い樹木が伐採されたり，逆に必要とみなされた実生が残されたりすることで，年々樹木種が淘汰される傾向にあった．一方で，栽培年数に限らず，庇蔭樹の種，個体数ともに著しく少ない栽培地が存在した（図2-5）．そこでは，所有者がコーヒーチェリーや他の樹木作物の生産性の向上を重視し，庇蔭樹の樹種を見極め意図的に選択していた．

　以上のように，手入れの度合いや意図，年代が異なる小規模なコーヒー栽培地が共存することで，樹種構成が統一的でない栽培地のパッチが組み合わされたランドスケープが形成されていた．以下では，このようなランドスケープが形成されてきたプロセスを，国や地域の社会的な動きからたどっていく．

4 ⋯⋯⋯ アグロフォレストリーが創出・維持されるプロセス／生活のなかで果たす役割[14]

1970年代以前　ホームガーデンから換金作物栽培へ

　サンペドロは1880年ごろにこの地に3世帯が移住してきたことが始まりといわれている．当時は現在よりはるかに成熟した森林があったといい，「ジャガーや魔物が住む鬱蒼とした恐ろしい森」として語られている．当時は焼畑で十分な作物を栽培する，自給中心の生活であった．次第に，子世代の独立などで世帯数が増加し，成熟した森は焼畑とその休閑林に置き換わっていったという．

　コクレ県でコーヒー栽培が確認されたのは1890年ごろにさかのぼる（Calvo 1985）．サンペドロでもホームガーデンで他の果樹に混じってコーヒーが栽培され，自家消費されていた[15]．1950年代以降，パナマ政府は運河への経済的依存からの脱却を掲げて輸出作物栽培に力を入れ，国内のコーヒー生産量は大きく向上した（Calvo 1985）．サンペドロでも1960年代ごろ新たな品種が導入され換金用のコーヒー栽培地がつくられたが，販売先はパナマシティに限られており輸送が難しく，栽培は限定的であった．

　1970年代，軍事政権下の農村開発政策で農村と都市部の人やモノの往来が盛んになったことで貨幣経済が浸透し，農村部において換金作物栽培の下地ができた（Rudolf

---

（14）　本項は，特に引用の記載がない限り，村に居住する男性3名（50代，60代［2014年当時］）への聞き取りをもとに執筆した．

（15）　この頃栽培されていたコーヒーは，背が低く，苦味が少なく，アラビカ種のような特徴があったという．

1999). 近隣の町の仲買人や村内の協同組合を販売先とし, 換金作物としてのコーヒーが定着していった. ホームガーデンでのコーヒー栽培経験もあって, 初期から *Inga* とコーヒーの相性の良さが住民によって認識されており, *Inga* を庇蔭樹とするアグロフォレストリーの形態でコーヒーが栽培された.

1980年代　コーヒー栽培の盛り上がりと土地配分

1980年代は, ラテンアメリカ諸国の失われた10年といわれ (松井 2014), パナマ経済も停滞した時期である. 都市部では給与の支払いが安定せず出稼ぎ者は村に戻り, 自給作物栽培の焼畑を基盤とし生活した. コーヒー栽培はその収穫期と焼畑の繁忙期が重ならず, 労働力の配分という観点から焼畑サイクルに適合した生業であった. 買取価格は低かったが[16], 数少ない収入源として重視されていた. 80年代後半には, コーヒーの販売条件の向上を目的とし, 周辺村と合同で生産者の協同組合が設立され (Márquez 2000), 90年代にかけて村内のコーヒー栽培と市場は盛り上がりをみせた.

一方, コーヒー栽培の広がりは, 土地所有の認識に変化を与えた. 以前は, 親世帯の土地を親子, きょうだい間で融通して利用するか共同で焼畑をするのが一般的であった. 対してコーヒー栽培地は, 個人が所有・管理する土地とみなされた.「財産」として子らに与えるためにコーヒー栽培地が造成された例や, 経済基盤として世帯の独立と同時に造成された例は多い.

ただ, 80年代までは各世帯の所有する土地面積は比較的広く, 焼畑地などとの競合はあまりなかった. 本章第3節で紹介されるカメルーンにおけるカカオ栽培の事例のように, 休閑年数の異なる林地から様々な資源を得ることが可能であったのだろう. この時期に造成されたコーヒー林の多くは, コーヒーを植え替えたり剪定したりするなどして次世代に引き継がれるなかで, 庇蔭樹が淘汰されており, 個体数は少ないものの造成時から残されてきた比較的大径木も見られる.

90年代になると, コーヒー栽培の拡大と人口増加の中で焼畑用地が不足し, 休閑期間の短期化が認識されはじめる. 焼畑による完全な自給は困難になり, 食料を購入する世帯が増加した. この時期に造成された栽培地は, *B. gasipaes* など食用種や木材種など有用樹の維持が意図された例が見られる. 休閑の短期化のなかで, 生育期間の長い果樹をコーヒーとともに維持することが意識されたと考えられる. コーヒ

---

(16)　30 cent/kgほどで, 現在の半額以下であった.

ー栽培が村の環境に適していることが経験から共有され，長期的な土地利用と見込まれたこともあるだろう．

2000年代　焼畑の制限とコーヒーの役割の変化

2000年代はコーヒー栽培地に対する「森林」としての認識と，「生産基盤」としての役割の拡大が見られた．1990年代後半から強まった国の環境保全の動きのなかで，川や水源の周辺および伐採後5年以上が経過した森林の伐採や焼畑を禁止・制限する法（Ley41 de 1 de julio de 1998）が施行された．焼畑ができない川沿いの森林を有効活用する意図で樹木を伐採せずに林床にコーヒーが植栽される例が見られ，コーヒー栽培が森林保全の手段と認識されるようになった．

同時に村では2000年前後に政府主導の土地登記プロジェクトが実施され，これを機に親子で共有されていた焼畑地の分割が進み[17]，また所有権を売却し土地を手放す世帯も現れた．村内の世帯数は増加傾向にある中で，焼畑の規制や土地の分割と売却は，さらなる焼畑の休閑年数の短縮につながった．休閑不足の焼畑では労働投資に見合った生産量を得られないと，焼畑をしない世帯や出稼ぎ世帯が増えた．そのようななか，主食となるヤムやバナナなどをコーヒー栽培地に積極的に植栽し，自給作物の栽培地としての機能を拡大する例も見られた．

現在　コーヒー栽培地の多目的化

2014年現在，出稼ぎに出ていた若者が結婚や出産を機に村に戻る姿がよく見られる．世帯の土地所有面積は相続や売買の経歴により大きく異なり，焼畑地を持たず自給作物の栽培が困難な世帯も少なくない．そのようななか，商店経営，パンづくり，建築作業，手工芸品づくりなど，農外の生業をそれぞれの世帯が組み合わせており，村内の生業戦略は多様だ．農林産物や現金など，それぞれが可能な範囲で獲得した資源が世帯間で循環し，村の生活が成り立っていた（藤澤 2021）．

一方，コーヒー栽培は，ほとんどの世帯が目的や状況に応じ栽培地ごとに手入れ方法を調整しながら継続していた．近年は政府機関やNGOなどの外部機関からコーヒー栽培に関する情報が村に多くもたらされ，バナナとコーヒーと*Inga*を列状に植栽するなど，コーヒー栽培地の収益性を重視した栽培技術を導入した栽培地がある．一方で，庇蔭樹構成にほとんどこだわらず，他の生業の空き時間に少しずつコ

---

(17)　2009年には所有地の少ない高齢者を対象とした助成金プログラム（100 a los 60）が実施されたことで子への名義移行が促進され，土地の分割は更に進んだ．

図2-6　焼畑の帰りにコーヒー栽培地で休息を取る

ーヒーを休閑林内に植栽して作られた栽培地もある．さらに，森林の減少と，気候
や河川の流量といった自然の変化との関わりを地域住民が実感し，子世帯に価値あ
る森林を残したいと二次林の植生を活かし作られた栽培地がある．各世帯の生業戦
略や価値観が多様化するなか，コーヒー栽培地を食料や木材の生産の場として集約
化するのか，粗放な管理のもと森林として保全するのかといった意思決定が庇蔭樹
組成に反映されていた．

　以上のように，種組成の異なる小規模なコーヒー栽培地のパッチは，ある一時点
の生産者の意向で作られるのではなく，社会の動きの中で生じる土地に対する認識，
生業の選択肢，樹木への需要，といった生産者側の変化と自然植生の関わりのなか
で造成されていた．さらにいえば，コーヒー栽培地だけに限らずサンペドロの土地
利用全体が，このような関わりを反映したランドスケープであるといえる．この地
域ではコーヒー栽培地は *finca*，焼畑の作物が植えられている区画は *monte*[(18)]，休閑林
は *rastrojo*，深い森は *montaña* と呼ばれる．一方で，上記のどの土地利用に出かける

(18)　*monte* はスペイン語で「山」を意味する言葉だが，この地域での使い方は異なる．

時でも人々は「*monte*に行く」という．日々の会話で頻出する文脈依存的な*monte*という言葉は農業を営む場所や森林を必ずしも区別せずに理解する，それらを包括した概念なのである．「コーヒー・アグロフォレストリー」はこのようなランドスケープの中の，境界の曖昧な一部分であると理解できる（図2-6）．

3　　中部アフリカ・カメルーン東南部のカカオ栽培

1 ┄┄┄ アフリカにおけるカカオ栽培

　チョコレートの原料として知られるカカオノキ *Theobroma cacao*（以後はカカオと表記）は，もともとオリノコ川およびアマゾン川流域に広がる熱帯雨林の低木層を構成する樹種であった．栽培には年降水量1,500〜3,000 mm以上，年平均気温18〜32℃といった高温多湿な環境を必要とする（Wood and Lass 2001）．カカオは，長さ15〜30 cmほどのラグビーボール型の果実が幹から直接結実する幹生果が特徴的で，この果実の中に25〜50個ほどの種子が入っており，これが「カカオ豆」と呼ばれる生産物となる．収穫した果実を割り，白い果肉に覆われた種子を取り出して集め，バナナの葉で包む，木箱に入れる等の方法で数日間かけて発酵させ，さらに天日で乾燥させて出荷する．

　ギニア湾沿岸のアフリカ諸国にカカオが導入されたのは，植民地期にあたる19世紀後半である．アフリカにおけるカカオ栽培は，外国資本の大規模プランテーションではなく，アフリカ人小農による小規模経営のもとで拡大してきた（Ruthenberg 1980; 高根 1999）．小農といっても，特に生産量の大きいコートジボワールやガーナでは，近隣国や他地域から移住してきた「カカオ移民」によってカカオ栽培が拡大した（Ruf and Schroth 2004）．これらの地域では，一般的には森林の樹木の一部がカカオの庇蔭樹として利用されたが，1970年代に庇蔭樹を必要としない高収量性のカカオ品種が導入されたことで大規模モノカルチャー化が進行し，その結果，両地域では森林の荒廃が深刻化している（Ruf and Schroth 2004）．

　一方，カメルーンでは依然として庇蔭環境でのカカオ栽培が継続されている（Ruf and Schroth 2004; Jagoret et al. 2018）．カメルーンにおけるカカオ栽培は，19世紀末期に西部の沿岸部で開始された．当初はドイツ植民地政府が強制労働による大規模なプ

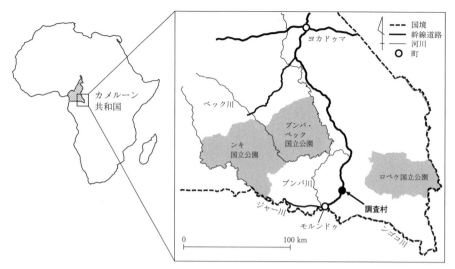

図2-7　カメルーンの調査地域

ランテーションを進めたが，1900年代に入ると労働効率の悪さや病害，カカオ豆の品質の悪さなどから多くの経営者がアブラヤシやゴムなどの他の作物栽培へと転向し（Gockowski and Dury 1999），1920年代半ばまでに一部地域を除きプランテーション型のカカオ栽培は廃れ，土着の森林居住民による小規模栽培へと移行した（Losch 1995; Jagoret et al. 2018）．

2 ⋯⋯⋯ 調査地域の概要

　カメルーン東部州ブンバ・ンゴコ県はコンゴ盆地の北西縁に位置している（図2-7）．年降水量は約1,500 mm，平均気温は1年を通じて25℃前後で，年に2回の雨季と乾季がある．調査地域は標高500 m前後の丘陵地帯で，植生は半落葉性樹林と常緑樹林との混交林となっている（Letouzey 1985）．東部州は国内で最も人口密度の低い地域のひとつで，7.3人/km^2（Institute National de la Statistique du Cameroun 2010）である．調査をおこなったバティカII村の人口は684人（2006年現在）で，バンガンドゥと自称するグループを中心とした農耕民（54世帯）とピグミー系狩猟採集民バカ（71世帯），商店経営をする北部出身の商人（4世帯）が居住している．本節ではバンガンドゥのカカオ栽培に着目する．

バンガンドゥは自給用の焼畑農耕と換金用のカカオ栽培を生計の基盤としつつ，採集・狩猟・漁撈といった多彩な生業活動を通して，周囲の森からも多くの糧を得て生活している（四方 2013）．カカオは本章第 2 節のパナマにおけるコーヒー栽培の事例のように嗜好品として自家消費することはなく，もっぱら換金用である．カカオ栽培は，世帯ごとの家族経営で，除草や収穫時の労働力として近隣に暮らすバカを雇用している．世帯あたりのカカオ畑の面積は 1 〜 5 ha と世帯差が大きく，平均 2 ha程度である（2005年調査時）．収量は乾燥カカオ豆で320〜400 kg/haと推定され，国内では平均的な値だが，他の主要な生産国（1,000 kg/ha以上）には劣る（Wessel and Quist-Wessel 2015）．その要因として，疫病菌（*Phytophthora*）による「ブラックポッド病」が指摘されている．防除のためには農薬が欠かせないが，購入が困難な世帯も少なくない．2005〜2006年のカカオによる世帯収入は個人差が大きいが，年平均50万CFAフラン（約10万円）であった[19]．

3 ⋯⋯ カカオ畑内の樹種構成とその特徴

　カメルーン東南部のカカオ畑内では，地上数メートルの高さで生い茂るカカオ樹林の中に樹高30〜50 mにも達する庇蔭樹が点在する独特の景観が形成される．調査村内のカカオ畑を対象に，カカオ以外の樹種を対象とした毎木調査を実施した結果，全調査区（50 m四方の調査プロットを20か所，計 5 ha）内に420本の樹木が観察され，その密度は84本/haと算出された．うち398本が同定され25科68種が確認できた[20]（附表2-3）．出現種の多い科はマメ科が12種，アオイ科が 9 種であった．同定された樹種のうち，アボカド，マンゴーなど栽培果樹の 5 種を除く63種（樹木数では全体の93％）が野生の樹種で，うち30種はそれぞれ 1 か所のプロットでのみ確認された．プロット単位では，出現樹木数は 8 〜63本（平均21本），出現種数は 5 〜24種（平均11.6種）とばらつきが大きい（四方 2013）．

（19）　小学校の校長先生の年収が60万CFAフラン（2006年当時）であることから考えるとカカオ栽培を成功させている人の収入は相当なものといえる．

（20）　タイ・パナマの調査ではバナナ（*Musa* spp.）を毎木調査の対象としていたが，カメルーンの調査では対象から除外している．カカオ樹が成長するまでの間，カカオ畑では複数の主食用作物が栽培されるため，造成から数年程度の若いカカオ畑では，プランテン・バナナが数多く観察される．年数を経るとともに，カカオ畑内のバナナの株数は減っていく．

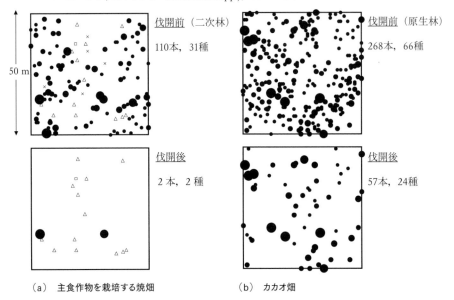

凡例：●樹木（胸高直径：・2.5-10 cm ●10-30 cm ●30-50 cm ●50-80 cm ●80 cm以上）
△バナナ，□ヤウテア（*Xanthosoma* spp.），×パパイヤ

伐開前（二次林）
110本，31種

伐開前（原生林）
268本，66種

50 m

伐開後
2本，2種

伐開後
57本，24種

（a）主食作物を栽培する焼畑　　　（b）カカオ畑

図2-8　2006年に調査村のある世帯が伐開した焼畑（a）とカカオ畑（b）における伐開前後の樹木・作物の位置および樹木数と種数の変化（50 m四方の調査区内）
注：焼畑は過去に2回利用されたことのある二次林に，カカオ畑は原生林に開かれた．バンガンドゥは，庇蔭樹に適した樹木が多く得られることや土壌が肥沃であること等から，カカオ畑を開くさいには原生林が適していると考えているが，じっさいには放棄されて二次林化したカカオ畑を再利用することも多い（本文参照）．
出典：四方（2013）を一部改変．

　このように多様な野生の樹種が維持される要因として，バンガンドゥのカカオ栽培が従来の焼畑システムと融合したかたちで実践されているという点を指摘することができる（四方 2013）．調査地域の焼畑は，森林休閑型の焼畑である．すなわち，既存植生の伐開・火入れ後に，主食用のバナナやキャッサバ等を中心にさまざまな作物を混植し，それらを収穫した後の畑は放棄され，数年から10年以上の植生回復の休閑期間を経て，再び焼畑として利用される．人びとは，このような焼畑の混作体系をカカオ栽培にも適用しており，新たなカカオ畑を開いた際に自給用作物とカカオを混植する．そして従来の焼畑であれば休閑林となっていた場所をカカオ畑として利用する．アフリカ熱帯雨林では，焼畑内に樹木が立木のまま残されるのは一般的だが，ここで重要なことは，新たなカカオ畑を造成する際に，カカオの庇蔭環

表2-4　カカオ畑に残すべき／取り除くべき樹種として名前のあがった樹種とその回答数（n=20名）

残すべき樹種			取り除くべき樹種		
種名	現地名 （バンガンドゥ語）	回答数	種名	現地名 （バンガンドゥ語）	回答数
Triplochiton scleroxylon	*sepa*	19	*Musanga cecropioides*	*kombo*	14
Terminalia superba	*kanga*	18	*Myrianthus arboreus*	*ongo*	9
Entandrophragma cylindricum	*boyo*	16	*Ficus* sp.	*ngei*	5
Ceiba pentandra	*gela*	10	*Ficus exasperata*	*sumbembu*	3
Albizia adianthifolia	*fembu*	7	*Albizia adianthifolia*	*fembu*	2
Ricinodendron heudelotii	*gobo*	7	*Ricinodendron heudelotii*	*gobo*	2
Alstonia boonei	*lomba*	5	16種（うち7種は残すべき樹種でも回答有）		1
Ficus exasperata	*sumbembu*	3			
Ficus sp.	*ngei*	3			
Musanga cecropioides	*kombo*	3			
Petersianthus macrocarpus	*bungu*	3			
Anonidium mannii	*bombi*				
Chrysophyllum lacourtianum	*bambu*	2			
Zanthoxylum gilletii	*bolongo*	2			
14種（うち6種は取り除くべき樹種でも回答有）		2			

注：調査村に居住する，カカオ畑を所有する成人男性20名（2006年当時）に，カカオ畑に残すべき／取り除くべき樹種について，それぞれ5種ずつあげてもらった（ただし，取り除くべき樹種については5種に満たない場合もあった）．網掛けは，残すべき樹種と取り除くべき樹種の両方で名前のあがった樹種を示す．回答理由の詳細は四方（2013）を参照．

出典：四方（2013）を改変．

境を良好なものとするため，伐開地となる森林の樹木を従来の焼畑よりも多く伐り残すという点である（図2-8）．

　では，人びとはどの樹木を残すべき，あるいは取り除くべきと考えているのだろうか．カカオ畑を所有する既婚の成人男性20名を対象に，それぞれ5種ずつその理由とともに回答してもらったところ，カカオ畑に残すべき樹木として28種，取り除くべき樹木として22種が挙げられ，そのうち両方で名前の挙がったものが12種あった（表2-4）．

　残すべき樹種として多くの人が回答した *Triplochiton scleroxylon*（アオイ科）や *Terminalia superba*（シクンシ科）は，地上30 m以上で樹冠を形成する高木で，カカオ畑における毎木調査の結果でも上位にランクした．とくに *T. scleroxylon* は樹冠の大きさと樹高の

バランスがカカオの庇蔭樹に最適なのだという．しかし，これら一部の高木種を除くと，人びとのあいだで庇蔭樹について明確に統一された見解はなかった．また，樹木を残す理由として食用・薬用等の有用性に言及した人は少なかった．むしろ，日陰や湿度のバランスといったカカオの生育環境を重視し，樹種よりも樹木の大きさや空間的配置が考慮されていた．それゆえにさまざまな樹種が残され，調査区内，調査区間ともに変異が大きくなっていると考えられる（四方 2013）．

　また，カカオ畑の造成後に生えてくる樹木は，畑内の湿度を上げ，病害の要因となるため，樹種によらず取り除くべきだと人びとは考えていた．しかし，このような人びとの意識が樹種構成にそのまま反映されるとは限らない．調査地域の代表的なパイオニア種である *Musanga cecropioides*（イラクサ科）は，複数の人がカカオ畑では取り除くべき樹種と回答したが，じっさいには造成から数年程度の若いカカオ畑で頻繁に観察された（四方 2013）．すなわち，カカオ畑内の樹種構成は，人びとの管理能力を超えて周囲から入り込んでくるパイオニア種の影響も大きく受けている．カカオは栽培環境が良好であれば，50年以上に渡って収穫が可能といわれるが（Duguma et al. 2001），実際には雑草やパイオニア種の繁茂，病虫害の蔓延，労働力の不足，カカオ価格の低迷といった，地域内外の諸条件により放棄されることが少なくない．以下では，カカオ生産にかかわる地域史をたどりながら，マクロな政治・経済の動向がカカオ畑の消長にどのように影響してきたのかをみていく．

4 ⋯⋯⋯ アグロフォレストリーが創出・維持されるプロセス／生活のなかで果たす役割

1970年代以前　カカオ栽培の開始

　バンガンドゥは，19世紀にはすでに現在のカメルーン東部州の森林帯に居住していた（Burnham et al. 1986）．当時は，ブンバ川やンゴコ川の近くに住んでいたというが，1900年代初頭，ドイツ植民地政府によって建設された道路沿いに強制的に移動させられ，調査村の人びとの祖先は，1930年代に現在の場所に定住しはじめたといわれる．第一次世界大戦後，フランスの委任統治領となった東部州では，1920〜30年代にフランス政府によってコーヒーとともにカカオ栽培が導入された（Mimbang 2013）．人口が少なくインフラや輸送手段も発達していなかった当時の状況において，その規模は限定的だったと考えられる．1960年代の文献（Chamaud 1966）においても，中央州や南部州のカカオ生産地域と比べて，東部州のカカオ生産は極めて小規模で

あることが示されている．また，「食用作物と同じ畑でカカオは栽培され，畑内に巨木が伐採されずに残されていた」，「（カカオの）収穫というよりも採集に近い」などの記述があり（Chamaud 1966），当時からカカオ栽培は焼畑と融合した粗放な栽培形態であったことがうかがえる．

1970年代〜80年代前半　経済成長と国家によるカカオ生産の振興

1960年の独立以降，カメルーン政府は政府主導でカカオ生産の技術的・経済的支援を進める方針を示し，1970年にはカカオ開発公社（"Société pour le Développement du Cacao" [SODECAO]）を設立，1975年には生産者価格の安定と独占集荷を目的としたマーケティング・ボード（"Office National de Commercialisation des Produits de Base" [ONCPB]）を創設し，カカオの価格統制をおこなった（Jagoret et al. 2018）．同時期に石油輸出を本格化したカメルーンは経済成長を遂げ，さまざまな国営事業を進展させた．東部州でもカカオの生産性向上を目指し，農民への信用供与や融資，農業資材の無償配布，カカオの加工・販売のサポート，若手就農支援，技術指導などの事業が実施されたが，その効果は限定的だったと指摘されている（Tchoungui et al. 1995）．しかしながら，調査村における聞き取りでは，この時期にカカオ栽培を始めたという世帯が多く，現金収入源としてカカオ栽培が定着していった時期だったと考えられる[21]．当時を知る人は，列状にカカオ苗を植えるなど，自分たちの作物栽培のやり方とはそぐわない技術指導に戸惑ったことを笑い話として語るが，その一方で，農薬・農薬噴霧器等の無償配布や定額でのカカオの買取については高く評価していた．

1980年代後半〜90年代　経済危機と構造調整政策を背景としたカカオ生産の「放棄」

1980年代後半になると事態は一転，石油及びカカオ・コーヒー等の換金作物の国際価格が暴落し，カメルーン経済は危機的状況に陥った．政府はIMF（国際通貨基金）と世銀の主導による構造調整計画の下，官営事業の解体・廃止と経済自由化を進めることになる．カカオの価格統制は廃止され，病虫害防除のための補助金や支援も打止めとなった（Tchoungui et al. 1995; Jagoret et al. 2018）．都市では失業率が増加し，農村に人口が還流するようになった（Sunderlin et al. 2000）．カカオ価格の暴落と収入の大幅な減少という困難に直面した人びとは，カカオ栽培を放棄し，自給およ

---

(21)　かつてはコーヒー栽培も実施していたというが，聞き取りによると重労働であることなどから東部州南部の森林地域では廃れたという．東部州北部の森林—サバンナ境界域では，現在に至るまで主要な換金作物としてコーヒー栽培が継続されている．

び国内消費用の食用作物生産や狩猟といった活動に重点を移した（Tchoungui et al. 1995; Sunderlin et al. 2000）．調査村で2001年に新たに造成されたカカオ畑の多くは，二次林化したカカオ畑を再び伐開したものだった（四方 2013）が，このことは，調査村においてもカカオ経済が低迷した80年代後半に相当数のカカオ畑が放棄されたことを示している．

2000年代　カカオ価格の回復とカカオ生産の拡大

　1994年1月，大幅な通貨切り下げ（50%）がおこなわれるとカカオ輸出は再び促進されていった．一方でカカオの価格統制が廃止されたため，生産者価格は国際市場に連動するかたちで変動を繰り返すようになった．とくに2002年，世界最大のカカオ生産国であるコートジボワールで内戦が勃発した影響でカカオ価格が急騰した際には，カメルーンのカカオ農民たちは例年の倍以上の収入を得たという（四方 2013）．調査村においても，人びとは「カカオブーム」の恩恵を受け，カカオ栽培の拡大に意欲的になっていた．2001年の調査時には放棄されて藪に埋もれていたカカオ畑が，2005年の調査時には除草されており，また，新たに開かれたカカオ畑の多くが原生林の伐開によって造成されていた．伐開面積も，2001年には世帯平均0.5 haだったのが2005年には1 ha以上になるなど，人びとの意識はカカオ栽培にシフトしていった（四方 2013）．

現在　非木材林産物（NTFPs）販売の活性化

　2000年代後半以降，カカオの市場価格は中国・インド等の新興国における需要拡大を背景に，比較的高値で推移している．東部州では経済危機以降，伐採事業の拡大とともに道路網が発達し，村から遠く離れた森林の奥地にもカカオ畑が広がりつつある．また，住民間でのカカオ畑の違法な貸借や売買（大石 2016），非正規のカカオ買取業者による不正行為等が横行し，政府はこれらを阻止するための条例を制定したり，組合単位での販売を奨励するなど，カカオ生産に関わる制度設計を強化している（Office National du Cacao et du Café 2010）．他方，道路網や通信網の発達に伴い森林由来の野生の果実やナッツ等の非木材林産物（Non-Timber Forest Products; NTFPs）流通が活発化し，新たな現金収入源としての価値が高まりつつある（Hirai 2014）．現在，東部州から出荷されるNTFPsの多くは，カカオ畑内でも採集が可能であり，とくに，毎木調査の結果（附表2-3）で2位にランクした*Ricinodendron heudelotii*（トウダイグサ科）のナッツは流通が急増している．現状では，NTFPs販売による現金収入はカカオ販売の四分の一程度に留まっているが（四方 未発表データ），今後も流通が拡

図2-9　二次林化したカカオ畑. 2019年8月に, 13年前(=2006年)に伐開されたカカオ畑(図2-8
(b))を再訪したが, その場所は二次植生に埋もれて藪と化していた. 造成時に植えられたバナナ
が残っている.

大すれば, カカオ畑内の樹種構成やマネジメントのあり方にも影響を及ぼす可能性
がある. 国立公園や伐採区の設定により人びとの活動範囲を制限する動きもあるな
か, カカオ畑に求められる役割は, より経済的な側面を強めていくのかもしれない.

カカオ経済が好調な現在, 丁寧に手入れされたカカオ畑が目につき, 成熟したカ
カオ畑を維持・拡大しようと試みている人も多い. しかし, これまでの履歴をふま
えると, なんらかの理由でカカオ畑のマネジメントが困難な状況になれば, 人びと
はすべてのカカオ畑を無理に維持しようとするのではなく, 食用作物生産や狩猟・
林産物採集等の活動に労働力を割くようになるだろう. その結果, カカオ畑は森へ
と戻っていく (図2-9). このような一時的なカカオ生産の拡大とそれに続く焼畑への
回帰は, 多少の差異を孕みながらも, 過去数十年のあいだに何度も繰り返されてき
た. 毎年のように1 ha以上の新たなカカオ畑を伐開する世帯が少なくないにもかか
わらず, 各世帯が管理するカカオ畑の面積は大きくても5 ha程度に留まっていると
いう事実は, カカオ畑が際限なく拡大するばかりではないことを物語っている.

元来, バンガンドゥにとって畑とは, 時々刻々とその姿を変えて漸次的に藪へと
変化していくものである. 畑 (*pimba*) と放棄地 (*bu*) との境界は不明瞭で, 彼らに

「いつ放棄したのか」と尋ねると非常に答えにくそうなそぶりを見せる．カカオ畑も その例外ではなく，それがカカオ畑（*pimba cacao*）なのか*bu*なのかの境界は，ときと して曖昧である．個々の世帯が実践するこのような焼畑，そしてカカオ畑の営みを 地域全体としてみると，絶え間なく新しい畑がつくられ，さまざまな作物が栽培・ 収穫された後，それぞれの畑が漸次的に放棄され植生が回復しつづけることで，地 域の生態景観のなかに遷移段階の異なるモザイクを連続的に創り出す要因となって いる．そして，それぞれのパッチに特有のさまざまな資源（薪，野生動物，果実，キ ノコ，薬用植物等）が，人びとの生活を豊かにしている（四方 2016）．バンガンドゥの カカオ栽培のありかたは，人びとの管理と植生遷移の相互作用のなかで形成される ランドスケープとその利用によって特徴づけられるダイナミックなアグロフォレス トリー・システムなのである．

4　考察 ················· 3つのアグロフォレストリーに通底する特徴

　本章では，東南アジア・中米・アフリカという3つの熱帯林地域で展開するアグ ロフォレストリーを，その創出・維持の変遷に着目しながら描いてきた．異なる地 域と社会，そしてチャ・コーヒー・カカオという異なる樹木作物を栽培するアグロ フォレストリーを対象とするため，それぞれの実践のありようはバラエティに富み， 運用の仕方もそれぞれがおかれた自然環境や社会経済的な状況に応じて異なってい る．一方で，これら3つの事例でみられる人びとの志向性やふるまいには，似通っ ている面があることにも気づかされる．

　柳澤・阿部（2021）は，東南アジア・中南米・アフリカの熱帯林における森林と人 の関係をとりあげた論集において，これら3つの熱帯林の生態学的な特徴や人との かかわりの歴史は大きく異なるにもかかわらず，近年の森林と人との関係は「共通 の大きなうねりの中にあるようにも見える」（柳澤・阿部 2021: 266）と述べている．す なわち，市場経済の浸透に伴う地域住民の生業体系の変容，商業伐採の拡大や農地 転換による森林の劣化・消失，その解決策として立案される森林保護区の設定や資 源管理の強化，それらの政策にたいする地域住民と行政間の軋轢あるいは地域住民 どうしの争いなど，国家やグローバル社会からの影響が拡大するなかで，森林の保 全と開発をめぐるさまざまな問題が3つの熱帯林において共通の課題となっている．

表2-5　3つの調査地域におけるアグロフォレストリーをめぐる国／周辺地域と調査地の変化

		タイ・チャ栽培	パナマ・コーヒー栽培	カメルーン・カカオ栽培
1970年代以前	国／周辺	低地での農業人口増加によりミアンの需要が高まる	政府による輸出作物栽培の強化	フランス植民地政府によるカカオ栽培の導入
	調査地	放棄された焼畑二次林に自生するチャの栽培が始まる	焼畑による自給中心の生活	自給作物を栽培する焼畑内でカカオ栽培が始まる
1970年代	国／周辺	低地での農業人口増加が継続	国の農村開発政策と農村部への貨幣経済の浸透	政府がカカオ生産の振興政策・補助事業を展開
	調査地	二次林の利用をチャ栽培に特化	現金収入源として，焼畑休閑林を利用したコーヒー栽培の定着	現金収入源としてのカカオ栽培の定着
1980年代〜90年代	国／周辺	工業化に伴う生活の変化，ミアンの需要低迷	パナマ経済の停滞	経済危機に伴う補助事業の停止，カカオ国際価格の暴落，伐採事業拡大
	調査地	世帯数減少，林産物からチャに替わる収入源を模索	都市部の不況により出稼ぎ帰還者増加・コーヒー栽培拡大により焼畑用地が不足，自給農業が困難に	カカオ栽培の放棄，カカオ畑の二次林化
2000年代	国／周辺	ペットボトル入り緑茶飲料の人気が高まる	国の環境政策の活発化とそれに伴う焼畑の制限	カカオ国際価格の高騰，高値での推移
	調査地	飲料茶用茶葉生産を目的としたチャの剪定・管理	焼畑をしない世帯も，コーヒー栽培地に主食用作物（ヤム・バナナ）を植栽し食料を獲得	二次林化したカカオ畑の再生・カカオ畑の新規造成，カカオ畑の貸借や売買の増加
2010年代〜現在	国／周辺	コーヒー消費量増加，都市での自然志向高まる	政府機関・NGOによるコーヒー栽培支援増加	カカオ生産に関わる政策強化，道路網・通信網の発達，NTFPs（非木材林産物）流通の拡大
	調査地	観光地化，オーガニックコーヒー栽培の導入	生業が多様化，コーヒー栽培地の多目的化	遠隔地でのカカオ畑拡大，NTFPs売買が活発化

　また，こうした同時代的な変化について考える際に，森林と人の関係を，資源の利用と維持管理における制度的な観点から以下の3つの関係，すなわち「森林とそこで暮らす人たちとが作り出した在地における関係」，「国民国家を基盤とした社会経済システムの中で作られる制度的な関係」，「国際社会の中でつくられるグローバルな関係」に分けると理解しやすいのではないかと提案し，1980年代後半以降の時期に，熱帯林でこれらの関係が輻輳するようになった状況について論じている（柳澤・阿部 2021）．そこで，以下ではこれら3つの観点を援用しつつ，人びとが換金作物としてのチャ・コーヒー・カカオをそれぞれどのように在地のシステムにとりこ

第 2 章
アグロフォレストリーとともに生きる　075

みアグロフォレストリーを創出してきたのか，さらに国家やグローバル社会の影響が拡大するなかで，アグロフォレストリーをどのように維持してきたのかについて振り返る（表2-5）．

1……… 焼畑システムとの親和性

　まず，「在地における関係」について，3つの事例に共通して見出される特徴として，焼畑システムとの親和性を指摘することができる．Schrothら（2004）は，「伝統的な焼畑は，もっとも古く，もっともエクステンシブなアグロフォレストリーである」と指摘し，熱帯地域で見られるさまざまなアグロフォレストリーの実践が焼畑に由来する[22]ことを強調しているが，本章の3つの事例もその例外ではない．ただし，その運用の方法はすこしずつ異なっている．自給作物生産の場から商品作物生産の場への移行の度合いに基づいて分類すると，カメルーンにおけるカカオ栽培はバナナを中心とした自給作物を生産する焼畑システムにカカオ栽培を融合した「焼畑型」，タイにおけるチャ栽培は先住者の焼畑跡地に発達した二次林とその下層植生として自生していたチャをそのまま茶園として利用した「雑木林型」，そしてパナマにおけるコーヒー栽培は，焼畑休閑林内にコーヒーを植え込み，場所によってはバナナやヤム等の自給作物も植栽するなど，前二者の要素を部分的に持ち合わせた，いわば「中間型」と呼ぶことができるだろう．いずれの事例においても，日陰を好む樹木作物（チャ・コーヒー・カカオ）の生育環境を良好に保つため，焼畑後の植生遷移のなかで発現した樹種構成を利用しながら庇蔭環境を調整し，その結果として対象となる樹木作物と樹木からなるアグロフォレストリーは創出されている．

---

(22)　日本における焼畑の変容過程を例に「焼畑の普遍性と進化」について論じた福井（1983）は，日本では長い自給自足的な歴史のなかで，かつて焼畑の休閑期間にクリやクルミなどの食用樹を維持し，さらにコウゾ・クワ・チャなどの有用樹が重要な産物となっていたこと，明治以降になるとミツマタを焼畑にとりいれて，近世の租税制度に対処し，さらに貨幣経済にも対応していったことをふまえ，焼畑の休閑期間を活かすことが，自然と社会のあらたな共存戦略となる可能性を論じ，「アグロフォレストリー」のコンセプトとの類似性にも言及している（福井 1994）．

2……「つきあい方」の柔軟性，新たな機能・役割の付与

　貨幣経済の浸透と市場からの要請に端を発し，「在地における関係」を拡張するかたちで創出されたこれらのアグロフォレストリーは，時代を経るにつれ，よりいっそう国家や外部社会からの影響・圧力を受けることになる．しかしながら，人びとは地域内外の動向に対応しながら生計を維持する必要性に迫られるなかで，「樹木を伐採してモノカルチャー栽培に転換する」というやりかたを選択しなかった．そのかわり，樹木作物と多様な樹種からなるアグロフォレストリーは維持したまま，以下で述べるようにその「つきあい方」をすこしずつ変えたり，消費者の嗜好や自然志向といった外部由来の価値を巧みに取り込んだりすることで，アグロフォレストリーに新たな機能・役割を付与しながら対応してきた．

　タイにおけるチャの例では，1980年代以降，工業化に伴う農業の相対的価値の低下と労働力流出によりミアン需要が低迷し，2000年代以降には，緑茶飲料ブームや都市におけるコーヒー消費量の急増と環境志向の登場など，グローバル社会由来の新たな価値観が流入するようになった．人びとはミアンの需要が衰退するなかで，茶園内で採取できる果実や山菜類を収入源としたり，ミアンから飲料茶葉への転換，コーヒー栽培の導入，さらにはアグロフォレストリーそのものの観光地化など，市場の変動に機敏に反応し，土地を含む資源を多角的に利用する方法を模索してきた．

　パナマにおけるコーヒーの例では，1980年代の経済低迷期に都市部から帰村が増加したことで，現金収入源としてのコーヒー栽培地の拡大と焼畑用地の不足を引き起こし，2000年代に入ると森林伐採や焼畑の禁止・制限，さらには土地登記プロジェクトをきっかけに焼畑用地の分割・売却が進行するなど，経済や土地利用にかんする国家政策が人びとの生活に大きな影響を及ぼしてきた．このような動きにたいし，人びとはコーヒー栽培地に果樹や木材種などの有用樹を維持したり，焼畑には不向きな森林域にコーヒーを植え込むことで土地を有効活用したり，主食となるヤムやバナナ等を植栽するなど，世帯の状況や目的に応じてさまざまなタイプのコーヒー栽培地を造成することで対応してきた．異なる時代に造成されたこれら小面積のコーヒー栽培地の併存と非統一な管理という特徴は，ほどほどの現金収入と植物資源の獲得を可能にし，日雇い労働や出稼ぎ，工芸品販売など，近年，多角化している生業とコーヒー栽培の両立を容易にしている．

　カメルーンにおけるカカオの例では，1980年代後半から90年代前半の経済危機に

伴う価格暴落とそれにつづく構造調整政策，2000年代におきた近隣国の政情不安に起因するカカオ価格の高騰に対応し，人びとはカカオ栽培を放棄したり二次林化したカカオ畑を再利用したりすることで，従来の焼畑的な森と人の関係における生態基盤を維持し，採集・狩猟・漁撈などを組み合わせた複合的な生業活動を継続しながら，カカオ栽培の拡大・縮小を繰り返してきた．近年のNTFPs流通の活性化は，カカオ以外の現金収入源を得る場として，カカオ畑に新たな役割を付与する可能性がある．

また，各調査地のアグロフォレストリーにおける毎木調査の結果から，いずれのアグロフォレストリーも多様性の高い樹種構成を保持していることが明らかになったが，それは樹種の有用性や多様化を生産者が強く意識した結果ではなく，むしろ樹種への選好性が低く，管理の度合いも世帯レベル・圃場レベルで異なり，統一的でないことが影響していると示唆された．あまり手をかけず，省力的に栽培管理を継続しようとする姿勢が，結果的に栽培地の内部に多くの潜在的な資源を内包させることになり，生産者が地域内外の社会経済的・文化的な変化に応じて選択的にそれらを引き出すことを可能にしている．3つの事例に共通してみられるのは，現金収入源となるチャ・コーヒー・カカオの生産に固執しすぎることなく，それらの生産を主眼に置きつつもアグロフォレストリーの構造ないし樹木を維持しようとする人びとの姿勢である．それは「農業生産と森林保全の両立」を意図したふるまいとしてではなく，かれらの暮らす自然・社会環境において生活を成り立たせるための判断・行為の積み重ねとして解釈していく必要がある．

3……完成型を目指さないダイナミックな農業空間

熱帯地域における農業景観の特徴とその形成過程について考察した田中（2000, 2012）は，農業を「自然の構想的利用」の営みとして捉える祖田（1996: 16）の議論[23]を援用しながら，農業景観とは，自然がもっている条件を最大限に利用しようとし

---

(23) 三木清による『構想力の論理』に着想を得た祖田修は，農業を「自然の構想的利用」（祖田 1996: 16）の営みとして捉えている．三木（1967: 10）は「自然も技術的であり，自然も形を作る．人間の技術は自然の作品を継続する．（中略）構想力の論理は両者を形の変化の見地において統一的に把握することを可能にする」と述べて，自然も構想力をもつこと，人間もまた自らの構想力の論理をつうじて自然の構想力を引き出していることを示唆している（田中 2000）．

てきた人びとの営為の蓄積と自然の営力との相互作用として成立していること，熱帯地域に特徴的な農業景観を理解しその将来を展望していく際には，それを紡ぎ出し維持してきた人びとの「構想力の論理」を探求するという視座が重要となることを論じている．本章の各事例は，人びとが主体的・自律的に農地に働きかける／働きかけないことで，それぞれの地域の自然が持つ潜在性を引き出した「構想的利用」の実相を，熱帯の視座，もっといえば東南アジア・中米・アフリカの各地域の視座からあきらかにしたといってよいだろう．生産者にとってのアグロフォレストリーは，それぞれチャ・コーヒー・カカオの生産と他の生業との両立がしやすく，ほどほどの管理によって維持しておくことができる気楽さや，状況に応じてその役割を変化させることのできる融通性によって特徴づけられるものであり，綿密なデザインに基づいて完成型を目指すようなものではなかった．

おなじく田中（2012）は，熱帯における「樹木を組み込んだ耕地利用」の特徴を「耕地（field）と呼ぶべきか，あるいは園地（garden）と呼ぶべきか，または林地（forest）と呼ぶべきか，とまどうような農業空間」と表現しているが，本章の各事例で紹介されたように，地域の人びと自身も明確に呼び分けたり使い分けたりしているわけではない．むしろ，状況に応じて「耕地にも，園地にも，林地にもなりうる」というのが熱帯におけるアグロフォレストリーの核心といってよいだろう．

熱帯林保全にたいする処方箋を求める動きのなかで，アグロフォレストリーは環境修復や貧困緩和などの有益な結果が期待できるという観点からその特効薬と捉えられがちである．しかし，それが有効に作用するかどうかは，人びとが暮らす地域固有の自然との関わりあいのなかで培われた在来の知識や知恵・技術を発揮させつつ，社会の変化に応じてカスタマイズしたり，リメイクしたりすることのできるダイナミックな農業空間としてアグロフォレストリーを運用できるかどうかにかかっているのではないだろうか．

参考・参照文献

及川洋征（2000）「屋敷林に暮らす——ジャワ島の農家と樹木作物のかかわり」田中耕司編『講座人間と環境3　自然と結ぶ——「農」にみる多様性』昭和堂，168-190頁．

大石高典（2016）『民族境界の歴史生態学——カメルーンに生きる農耕民と狩猟採集民』京都大学学術

出版会.

熊崎実（2003）「アグロフォレストリー（agroforestry）」日本熱帯農業学会編『熱帯農業事典』養賢堂，4‑6頁.

小坂康之（2008）「水田の多面的機能」横山智・落合雪乃編『ラオス農山村地域研究』めこん，159‑189頁.

佐々木綾子（2012）「農の場としての森林——森林を利用したチャ栽培の構造と多面的機能」柳澤雅之・河野泰之・甲山治・神崎護編『地球圏・生命圏の潜在力——熱帯地域社会の生存基盤』京都大学学術出版会，147‑167頁.

鈴木玲治（2010）「バゴー山地におけるタウンヤ農民の土地選択行動と土地条件に関する農学的検討」『ヒマラヤ学誌』11：143‑157.

四方篝（2013）『焼畑の潜在力——アフリカ熱帯雨林の農業生態誌』昭和堂.

四方篝（2016）「多様性をうみだす潜在力——カメルーン東南部，熱帯雨林における焼畑を基盤とした農業実践」重田眞義・伊谷樹一編『アフリカ潜在力4　争わないための生業実践——生態資源と人びとのかかわり』京都大学学術出版会，265‑299頁.

祖田修（1996）『タンザニア・キロンベロ盆地の稲作農村——自然の循環と共生装置の形成および展望』（調査研究叢書No.14）国際農林業協力協会.

高根務（1999）『ガーナのココア生産農民——小農輸出作物生産の社会的側面』アジア経済研究所.

田中耕司（2000）「自然を生かす農業」田中耕司編『講座人間と環境3　自然と結ぶ「農」にみる多様性』昭和堂，4‑21頁.

田中耕司（2012）「樹木を組み込んだ耕地利用——作物の時空間配置から熱帯の未来可能性を考える」柳澤雅之・河野泰之・甲山治・神崎護編『講座生存基盤論第2巻　地球圏・生命圏の潜在力——熱帯地域社会の生存基盤』京都大学学術出版会，173‑196頁.

平井將公（2012）「セネガルのセレール社会における生業変容と人為植生」柳澤雅之・河野泰之・甲山治・神崎護編『講座生存基盤論第2巻　地球圏・生命圏の潜在力——熱帯地域社会の生存基盤』京都大学学術出版会，197‑227頁.

福井勝義（1983）「焼畑農耕の普遍性と進化——民俗生態学的視点から」大林太良編『日本民俗文化大系第五巻 山民と海人——非平民の生活と伝承』小学館，235‑274頁.

福井勝義（1994）「自然の永続性——焼畑と牧畜における遷移と野火の文化化」掛谷誠編『講座 地球に生きる2　環境の社会化』雄山閣，115‑142頁.

藤澤奈都穂（2021）「"自分らしく生きること"がつくる懐の深いコーヒーの森——異なる生業が支え合うパナマ中部の農村の暮らし」柳澤雅之・阿部健一編著『環境人間学と地域　No Life, No Forest——熱帯林の「価値命題」を暮らしから問う』京都大学学術出版会，201‑230頁.

松井謙一郎（2014）「通貨危機・対外債務」ラテン・アメリカ政経学会編『ラテン・アメリカ社会科学ハンドブック』新評論，19‑28頁.

松本智（1999）『アッサム紅茶文化史』雄山閣出版.

三木清（1967）『構想力の論理』（三木清全集第八巻所収）岩波書店（初出は，1936‑1947年に中断をはさんで『思想』に連載．1939年に『構想力の論理　第一』が，1946年に『同　第二』が岩波書店から出版された）

守屋毅（1981）『お茶の来た道』日本放送出版協会.

柳澤雅之・阿部健一（2021）「人を生かす森，森を生かす人」柳澤雅之・阿部健一編著『環境人間学と地域　No Life, No Forest——熱帯林の「価値命題」を暮らしから問う』京都大学学術出版会，261-278頁．

渡辺真知子（1988）「タイの経済発展と国内人口移動——1970年代の変化を中心として」『アジア経済』29（2）：25-47．

Abrego, Carlos O. 2012. *Manual para la Producción Orgánica del Café Robusta*. Panama: Ministerio de Desarrollo Agropecuario.

Ajayi, Oluyede Olu, Fetusk. Akinnifesi, Gudeta Weldesemayat Sileshi, Sebastian Chakeredza and Patrik Matakala. 2007. "Economic framework for integrating environmental stewardship into food security strategies in low-income countries: Case of agroforestry in southern African region." *African Journal of Environmental Science and Technology* 1(4): 59-67.

ANAM 2010. *Atlas Ambiental de la República de Panamá*. Panama: Autoridad Nacional de Ambiente.

Atangana, Alain, Damase Khasa, Scott Chang and Ann Degrade. 2014. *Tropical Agroforestry*. Dordrecht, Heidelberg, London, New York: Springer.

Bhagwat, Shonil A., Katherine J. Willis, H. John B. Birks and Robert J. Whittaker. 2008. "Agroforestry: A refuge for tropical biodiversity?" *Trends in Ecology and Evolution* 23(5): 261-267.

Budowski, Gerardo. 1987. "The development of agroforestry in Central America." In: Steppler, H.A., Nair, P.K.R. (eds) *Agroforestry: A Decade of Development, International Council for Research in Agroforestry* (ICRAF). pp. 69-89. Nairobi: International Council for Research in Agroforestry.

Burnham, Philip, Elizabeth Copet-Rougier and Philip Noss. 1986. "Gbaya et Mkako: Contribution ethono-linguistique a l'histoire de l'est-Cameroun." *Paideuma* 32: 87-128.

Calvo, Alfredo C. 1985. *El Café en Panamá: Una Historia Social y Económica: Siglos XVIII-XX*. Panama: Ediciones Nari.

Chamaud, Jacques. 1966. "L'economie cacaoyère du Cameroun." *Cahiers Orstom, Série Sciences Humaines* 3: 105-124.

Chazdon, Robin L., Celia A. Harvey, Oliver Komar et. al. 2009. "Beyond reserves: A research agenda for conserving biodiversity in human-modified tropical landscapes." *Biotropica* 41: 142-153.

Diby, Lucien, Jane Kahia and Christophe Kouamé. 2017. "Tea, coffee, and cocoa." *Encyclopedia of Applied Plant Sciences. Second Edition, Volume 3*: 420-425.

Donald, Paul F. 2004. "Biodiversity impacts of some agricultural commodity production systems." *Conservation Biology* 18(1): 17-37.

Duguma, Bedane, James Gockowski and Jaroslaw Bakala. 2001. "Smallholder cacao (*Theobroma cacao* Linn.) cultivation in agroforestry systems of west and central Africa: Challenges and opportunities." *Agroforestry systems* 51: 177-188.

FAO. 2020. *Global Forest Resources Assessment 2020- Key findings*. Rome: FAO.

Fujisawa, Natsuho. 2019. "Production, consumption, and culture of upland rice in swiddens: A case study of a *campesino* community in Panama." *Human Ecology* 47: 541-552.

Fujisawa, Natsuho, David W. Roubik and Makoto Inoue. 2020. "Farmer influence on shade tree diversity in rustic plots of *Coffea canephora* in Panama coffee-agroforestry." *Agroforestry Systems* 94: 2301-2315.

Fukushima, Maki, Mamoru Kanzaki, Masatoshi Hara, et, al. 2008. "Secondary forest succession after the cessation of swidden cultivation in the montane forest area in Northern Thailand." *Forest Ecology and Management* 255: 1994-2006.

Gockowski, James and Sandrine Dury. 1999. "The economics of cocoa-fruit agroforests in southern Cameroon: Past and present." In F. Jimenez and J. Beer. (eds) *Proceedings of the International Symposium on Multi-strata Agroforestry Systems with Perennial Crops*. pp. 239-241. Turrialba: CATIE.

Hirai, Masaki. 2014. "Agricultural land use, collection and sales of non-timber forest products in the agroforest zone in southeastern Cameroon." *African Study Monographs* Suppl. 49: 169-202.

INEC. 2011. *XI Censo Nacional de Población y VII de Vivienda 2010 Resultado Finales* https://www.inec.gob.pa/publicaciones/Default3.aspx?ID_PUBLICACION=355&ID_CATEGORIA=13&ID_SUBCATEGORIA=59 (最終閲覧2022/5/06)

INEC. 2016. *Cuadro 312-02. Cosecha de café en la república, por tipo de productor, según provincia, comarca indígena y variedad: año agrícola 2015/16*. https://www.inec.gob.pa/archivos/P7821CUADRO%20312-02.pdf (最終閲覧2022/4/19)

INEC. 2017. *Precipitación pluvial registrada en las estaciones meteorológicas de la república, según provincia, comarca indígena y estación: AÑOS 2006-15*. https://www.inec.gob.pa/archivos/P8211121-01.pdf (最終閲覧 2022/4/19)

Institute National de la Statistique du Cameroun. 2010. *Annuaire Statistique du Cameroun*. Yaoundé: Institute National de la Statistique du Cameroun.

Jagoret, Patrick, Hevé T. Ngnogue, Eric Malézieux and Michel Isabelle. 2018. "Trajectories of cocoa agroforests and their drivers over time: Lessons from the Cameroonian experience." *European Journal of Agronomy* 101: 183-192.

Jerneck, Anne and Lennart Olsson. 2014. "Food first! Theorising assets and actors in agroforestry: Risk evaders, opportunity seekers and 'the food imperative' in sub-Saharan Africa." *International Journal of Agricultural Sustainability* 12(1): 1-22.

Keen, F. G. B. 1978. "The fermented tea (*Miang*) economy of Northern Thailand." In: Peter Kunstadter, E. C. Chapman and Sanga Sabhasri (eds) *Farmers in the Forest*. pp. 255-270. Honolulu: The East-West Center by the University Press of Hawaii.

Kunstadter, Peter and E. C. Chapman. 1978. "Problems of shifting cultivation and economic development in Northern Thailand." In: Peter Kunstadter, E. C. Chapman and Sanga Sabhasri (eds) *Farmers in the Forest*. pp. 3-23. Honolulu: The East-West Center by the University Press of Hawaii.

Letouzey, René. 1985. *Notice de la Carte Phytogeographique du Cameroun au 1:500000*. Institut de la Recherche Agronomique (Herbier National), Toulouse.

Losch, Bruno. 1995. "Cocoa production in Cameroon: A comparative analysis with the experience of Côte d'Ivoire." In Ruf François and P. S. Siswoputranto (eds) *Cocoa Cycles: The Economics of Cocoa Supply*. pp. 161-178. Cambridge: Woodhead Publishing.

Márquez, Amelia. 2000. "Una empresa para el desarrollo humano sostenible: La asociación coclesana de productores de café." In: Amelia Marquez (ed.) *El Combate a la Pobreza: Lecciones Aprendidas de*

Experiencias Exitosas. pp. 53-96. UNDP.

Meiijer, Seline S., Delia Catacutan, Oluyede Olu Ajayi, Gudeta W. Sileshi and Maarten Nieuwenhuis. 2015. "The role of knowledge, attitudes and perceptions in the uptake of agricultural and agroforestry innovations among smallholder farmers in sub-Saharan Africa." *International Journal of Agricultural Sustainability* 13(1): 40-54.

Mimbang-Zouya, Lucie Zouya. 2013. *L'Est-Cameroun de 1905 à 1960; De la «Mise en Valeur» à la Marginalisation*. Paris: L'Harmattan.

Miranda-Araús, A. 2006. *Características de los Cultivares Comerciales de Café en Panamá*. Ministerio Desarrollo Agropecuario, Panamá.

Montagnini, Florencia (ed.) 2017. *Integrating Landscapes: Agroforestry for Biodiversity Conservation and Food Sovereignty*. New Haven: Springer.

Müller-Schwarze, Nina K. 2014. *The Blood of Victoriano Lorenzo: An Ethnography of the Cholos of Northern Coclé Province, Panama*. North Carolina: McFarland.

Nair, P. K. Ramachandran. 1993. *An Introduction to Agroforestry*. Kluwer, Dordrecht.

Ndayambaje, Jean D., Wim J. M. Heijman and Mohren, G. M. J. 2012. "Household determinants of tree planting on farms in rural Rwanda." *Small-Scale Forestry* 11: 477-508.

Office National du Cacao et du Café. 2010. *Seminaire de Formation des Verificateurs Boumba et Ngoko*. Office National du Cacao et du Café.

Ordway, Elsa M., Gregory P. Asner and Eric F. Lambin. 2017. "Deforestation risk due to commodity crop expansion in sub-Saharan Africa." *Environmental Research Letters* 12: 044015.

Petchers, Seth and Shayna Harris. 2008. "The roots of the coffee crisis." In: Christophe M. Bacon, V. Ernesto Mendez, Stephen R. Gliessman, David Goodman, Jonathan A. Fox (eds) *Confronting the Coffee Crisis: Fair Trade, Sustainable Livelihoods and Ecosystems in Mexico and Central America*. pp. 43-66. Cambridge, MA: MIT Press.

Rice, Robert A. 1999. "A place unbecoming: The coffee farm of Northern Latin America." *Geographical Review* 89: 554-579.

Rudolf, Gloria. 1999. *Panama's Poor: Victims, Agents, and Historymakers*. Florida: University Press of Florida.

Ruf, François and Götz Schroth. 2004. "Chocolate forests and monocultures: A historical review of cocoa growing and its conflicting role in tropical deforestation and forest conservation." In: Götz Schroth, Gustavo A. B. da Fonseca, Celia A. Harvey et. al. (eds) *Agroforestry and Biodiversity Conservation in Tropical Landscapes*. pp. 107-134. Washington, D.C.: Island Press.

Ruthenberg, Hans. 1980. *Farming Systems in the Tropics* (Third Edition). Oxford: Oxford University Press,.

Sasaki, Ayako, Mamoru Kanzaki, Keisuke Mochizuki, Chalathon Choocharoen and Pornchai Preechapanya. 2021. "Aboveground biomass and carbon sequestration potential of tea and shade trees in *Miang* tea gardens, an agroforestry system in northern Thailand." *Tropics* 29: 105-119.

Sasaki, Ayako, Shinya Takeda, Mamoru Kanzaki, Seiichi Ohta and Pornchai Preechapanya. 2007. "Population dynamics and land-use changes in a *Miang* (Chewing-tea) village, northern Thailand." *Tropics* 16: 75-85.

Götz Schroth, Gustavo A. B. da Fonseca, Celia A. Harvey et. al. 2004. "Introduction: The role of

agroforestry in biodiversity conservation in tropical landscapes." In: Götz Schroth, Gustavo A. B. da
Fonseca, Celia A. Harvey et. al. (eds) *Agroforestry and Biodiversity Conservation in Tropical Landscapes*. pp.
1-12. Washington, DC: ISLAND PRESS.

Sunderlin, William D., Nodye Ousseynou, H. Bikié, Nadine Laporte, Benoit Mertens and J. Pokam. 2000.
"Economic crisis, small-scale agriculture, and forest cover change in southern Cameroon."
Environmental Conservation 27(3): 284-290.

Tscharntke, Teja, Yann Clough, Shonil A. Bhaqwat et, al. 2011. "Multifunctional shade-tree management in
tropical agroforestry landscapes: A review." *Journal of Applied Ecology* 48: 619-629.

Tchoungui, Roger, Steve Gartlan, J.A. Mope Simo, fondo Sikod, Augustin Youmbi, Michel *Ndjatsana* and
James Winpenny. 1995. *Structural Adjustment and Sustainable Development in Cameroon* (*ODI Working
Paper* 83). Overseas Development Institute.

Ukers, William Harrison. 1935. *All about Coffee*. New York: The Tea and Coffee Trade Journal Company.

Valencia, Vivian, Naeem Shahid, Luis E. Garcia-Barrios, Paige West and Eleanor Sterling. 2016.
"Conservation of tree species of late succession and conservation concern in coffee agroforestry
systems." *Agriculture, Ecosystems & Environment* 219: 32-41.

Van Noordwijk, Meine, Ric Coe and Fergus Sinclair. 2019. "Agroforestry paradigms." In: Meine Van
Noordwijk (ed.) *Sustainable Development through Trees on Farms: Agroforestry in its Fifth Decade*. pp. 1-14.
Bogor: World Agroforestry (ICRAF) Southeast Asia Regional Program.

Waldron, A., Garrity, D., Malhi, Y., Girardin, C., Miller, D. C., and Seddon, N. 2017. "Agroforestry can
enhance food security while meeting other sustainable development goals." *Tropical Conservation Science*
10(1): 1-6.

Wessel, Marius and P. M. Foluke Quist-Wessel. 2015. "Cocoa production in West Africa, a review and
analysis of recent developments." *NJAS-Wageningen Journal of Life Sciences* 74-75: 1-7.

Willson, Ken C. 1999. *Coffee, Cocoa and Tea*. New York: CABI Publishing.

Wood, G. A. Roskruge and Lass, R. A. 2001. *Cocoa* (Fourth edition). Oxford: Wiley-Blackwell.

附表2-1　タイ北部の茶園で観察されたチャノキ以外の樹種

種名	科名	樹木数	出現プロット数（n＝9）	胸高断面積（cm²/ha）
Schima wallichii（DC.）Korth.	Theaceae	19	6	223048
Erythrina stricta Roxb.	Leguminosae/Fabaceae	2	1	94520
Castanopsis tribuloides（Sm.）A. DC.	Fagaceae	2	2	71238
Actinodaphne henryi Gamb.	Lauraceae	3	1	59968
Hovenia dulcis Thunb.	Rhamnaceae	11	3	45584
Glochidion sphaerogynum（M.-A.）Kurz.	Euphorbiaceae	11	2	30731
Elaeocarpus stipularis Bl.	Elaeocarpaceae	9	1	24597
Cherospondias axillaris（Roxb.）Burnt & Hill	Anacardiaceae	12	2	16591
Metadina trichotoma（Zoll. & Mor.）Bakh. f.	Rubiaceae	1	1	16066
Michelia baillonii（Pierre）Finet & Gagnep.	Magnoliaceae	4	2	15858
Alseodaphne andersonii（King ex Hk. f.）Kosterm.	Lauraceae	4	3	15772
Musa accuminata	Musaceae	22	3	13809
Dimocarpus longan Lour. ssp. *longan* var. *longan*	Sapindaceae	3	2	13041
Semecarpus cochinchinensis Engl.	Anacardiaceae	1	1	10386
Litsea monopetala（Roxb.）Pers.	Lauraceae	3	1	9160
Stereospermum colais（B.-H. ex Dillw.）Mabb.	Bignoniaceae	2	2	8606
Chionanthus ramiflorus Roxb.	Oleaceae	3	1	8041
Diospyros glandulosa Lace	Ebenaceae	5	3	7801
Syzygium angkae（Craib）Chant. & Parn.	Myrtaceae	3	2	7653
Styrax benzoides Carib	Styracaceae	8	2	7501
Melia toosendan Sieb. et Zucc.	Meliaceae	2	1	6909
Ficus benjamina L. var. *benjamina*	Moraceae	1	1	6248
Colona floribunda（Kurz）Craib	Tiliaceae（Malvaceae）	1	1	6225
Macropanax dispermus（Bl.）O.K.	Araliaceae	3	1	6027
Pterocarpus macrocarpus Kurz	Leguminosae/Fabaceae	2	2	6012
Microcos paniculata L.	Tiliaceae（Malvaceae）	8	2	5893
Antidesma bunius（L.）Spreng.	Euphorbiaceae	1	1	5830
Manglietia garrettii Craib	Magnoliaceae	2	1	5449
Wendlandia tinctoria（Roxb.）DC. ssp. *orientalis* Cow.	Rubiaceae	1	1	5365
Citrus maxima（Rumph. ex Burm.）Merr.	Rutaceae	7	3	5182

Macrosolen cochinchinensis (Lour.) Tiegh.	Loranthaceae	1	1	4554
Ostodes paniculatus Bl.	Euphorbiaceae	1	1	4505
Michelia champaca L.	Magnoliaceae	2	2	4432
Oroxylum indicum	Bignoniaceae	6	2	3871
Markhamia stipulata (Wall.) Seem. ex K. Sch. var. *kirrii* Sprague	Bignoniaceae	3	2	3074
Aporusa octandra (D. H. ex D. Don) Vick. var. octandra	Euphorbiaceae	1	1	2784
Viburnum inopinatum Craib.	Caprifoliaceae	4	1	2331
Sandoricum koetjape (Burm. f.) Merr.	Meliaceae	1	1	2272
Casearia grewiaefolia Vent. var. grewiaefolia	Flacourtiaceae (Salicaceae)	1	1	2155
Alangium kurzii Craib	Alangiaceae	5	2	1902
Dalbergia cultrata Grah. ex Bth.	Leguminosae/ Fabaeae	2	1	1468
Pterospermum grandiflorum Craib	Sterculiaceae (Malvaceae)	1	1	1323
Artocarpus lanceolata Trec.	Moraceae	2	1	1262
Bridelia tomentosa Bl.	Euphorbiaceae	1	1	1216
Baccaurea ramiflora Lour.	Euphorbiaceae	1	1	1134
Macaranga denticulata (Bl.) M.-A.	Euphorbiaceae	5	2	913
Trevesia palmata (DC.) Vis.	Araliaceae	3	1	540
Melia azedarach L.	Meliaceae	6	1	450
Heynea trijuga Roxb.	Meliaceae	1	1	435
Rosaceae sp.	Rosaceae	2	1	411
Euonymus sootepensis Craib	Celastroraceae	1	1	282
Phoebe paniculata	Lauraceae	1	1	153
Lichi chinensis	Sapindaceae	15	1	147
Toona ciliata M. Roem	Meliaceae	2	2	109
Helicia formosana Hemsl. var. *oblanceolata* Sleum.	Proteaceae	2	1	103
Meliosma pinnata (Roxb.) Maxim. ssp. arnottiana (Wight) Beus. var. *arnottiana*	Sabiaceae	1	1	77
Xanthophyllum virens Roxb.	Polygalaceae	1	1	74
Rhus rhetsoides Craib	Anacardiaceae	10	2	72
Melastoma malabatharicum L. ssp. *normale* (D. Don) K. Meyer	Melastomataceae	11	1	36
Maclura fruticosa (Roxb.) Corn.	Moraceae	4	2	33
Mussaenda sanderiana Ridl.	Rubiaceae	1	1	8
Bridelia glauca Bl.	Euphorbiaceae	3	1	7
Ficus hispida L. f. var. hispida	Moraceae	4	1	7

Albizia odoratissima (L. f.) Bth.	Leguminosae/Fabaceae	3	1	7
Ficus hirta Vahl var. *hirta*	Moraceae	1	1	6
Allophyllus cobbe (L.) Raeusch.	Sapindaceae	2	1	5
Lagerstroemia venusta Wall. ex Cl.	Lythraceae	1	1	4
Sarcosperma arboreum Bth.	Sapotaceae	1	1	3
Lepisanthes tetraphylla (Vahl) Radlk.	Sapindaceae	1	1	3
Broussonetia papyrifera (L.) Vent.	Moraceae	1	1	3
Acrocarpus fraxinifolius Wight & Arn.	Leguminosae/Fabaeae	1	1	2
Mussaenda parva Wall. ex G. Don	Rubiaceae	27	2	2
Boehmeria chiansmalensis Yahce.	Urticaceae	1	1	2
Unidentified spp.	?	1	1	1
Adinandra integerrima T. And. ex Dyer	Theaceae	1	1	1

注：毎木調査の対象地は，表2-2に示した茶園のタイプごとに1から3か所選定し，9プロット，計1.02haを設置した．半径20m（2プロットは半径15m）の円形プロット内部に含まれるすべてのチャノキ以外の樹木について，胸高直径と樹高を計測した．Sasaki et al.（2021）を参照されたい．種名および科名はチェンマイ大学ハーバリウムでの同定結果による．ただし，旧分類（新エングラー体系等）とAPG体系で科名が異なる場合は，（　）内にAPG体系による科名を付記した．

附表2-2　パナマ中部のコーヒー栽培地で観察されたコーヒーノキ以外の樹種

種名	科名	樹木数	出現プロット数（n = 29）	胸高断面積（cm²/ha）
Cordia alliodora (Ruiz & Pav.) Oken	Cordiaceae (Boraginaceae)	53	19	21597
Ficus insipida Willd.	Moraceae	6	5	18139
Mangifera indica L.	Anacardiaceae	13	4	11847
Guazuma ulmifolia Lam.	Sterculiaceae (Malvaceae)	11	4	10246
Inga edulis Mart.	Fabaceae	28	10	10246
Luehea seemannii Triana & Planch.	Tiliaceae (Malvaceae)	3	3	10237
Albizia adinocephala (Donn. Sm.) Britton & Rose ex Record	Fabaceae	13	6	10035
Inga spectabilis (Vahl) Willd.	Fabaceae	10	4	8284
Bactris gasipaes Kunth	Arecaceae	42	11	7055
Castilla elastica Sessé	Moraceae	5	5	5324
Inga oerstediana Benth. ex Seem.	Fabaceae	23	10	5283
Lonchocarpus ferrugineus M. Sousa	Fabaceae	1	1	4763
Spondias radlkoferi Donn. Sm.	Anacardiaceae	7	6	4200
Cecropia sp.	Cecropiaceae (Urticaceae)	17	5	4145
Inga sapindoides Willd.	Fabaceae	18	9	4058
Inga punctata Willd.	Fabaceae	14	7	3818
Terminalia amazonia (J.F. Gmel.) Exell	Combretaceae	12	2	3792
Inga umbellifera (Vahl) Steud.	Fabaceae	3	1	3422
Cytrus sp.	Rutaceae	24	3	3358
Anacardium excelsum (Bertero & Balb. ex Kunth) Skeels	Anacardiaceae	7	4	2602
Croton smithianus Croizat	Euphorbiaceae	6	2	2389
Sapindus saponaria L.	Sapindaceae	5	1	2274
Cupania cinerea Poepp.	Sapindaceae	14	5	2118
Pouteria sapota (Jacq.) H.E. Moore & Stearn	Sapotaceae	2	1	2069
Abarema barbouriana (Standl.) Barneby & J.W. Grimes	Fabaceae	3	1	1967
Cordia bicolor A. DC.	Cordiaceae (Boraginaceae)	13	5	1742
Gustavia superba (Kunth) O. Berg	Lecythidaceae	19	10	1634
Turpinia occidentalis (Sw.) G. Don	Staphyleaceae	1	1	1513
Pachira sessilis Benth.	Bombacaceae (Malvaceae)	6	4	1429

Pinus caribaea Morelet	Pinaceae	2	1	1360
Zanthoxylum panamense P. Wilson	Rutaceae	6	2	1359
Schefflera morototoni (Aubl.) Maguire, Steyerm. & Frodin	Araliaceae	1	1	1341
Apeiba tibourbou Aubl.	Tiliaceae (Malvaceae)	8	6	1301
Nectandra sp.	Lauraceae	6	1	1280
Ormosia coccinea (Aubl.) Jacks.	Fabaceae	2	1	938
Virola surinamensis (Rol. ex Rottb.) Warb.	Myristicaceae	2	1	924
Tabebuia rosea (Bertol.) DC.	Bignoniaceae	7	2	861
Persea americana Mill.	Lauraceae	3	2	843
Croton billbergianus Müll. Arg.	Euphorbiaceae	7	3	840
Simaba cedron Planch.	Simaroubaceae	1	1	802
Miconia argentea (Sw.) DC.	Melastomataceae	16	5	794
Ficus tonduzii Standl.	Moraceae	1	1	781
Lacistema aggregatum (P.J. Bergius) Rusby	Lacistemataceae	12	5	667
Enterolobium schomburgkii (Benth.) Benth.	Fabaceae	2	1	598
Tectona grandis L. f.	Verbenaceae (Lamiaceae)	2	1	579
Chrysophyllum cainito L.	Sapotaceae	1	1	552
Phyllanthus acuminatus Vahl	Euphorbiaceae (Phyllanthaceae)	11	3	495
Calophyllum longifolium Willd.	Clusiaceae (Calophyllaceae)	5	2	466
Eucalyptus camaldulensis Dehnh.	Myrtaceae	2	1	460
Vitex cooperi Standl.	Verbenaceae (Lamiaceae)	1	1	438
Protium tenuifolium (Engl.) Engl.	Burseraceae	3	1	359
Myrsine cubana A. DC.	Myrsinaceae (Primulaceae)	1	1	266
Miconia affinis DC.	Melastomataceae	9	3	255
Inga thibaudiana DC.	Fabaceae	1	1	240
Annona mucosa Jacq.	Annonaceae	2	1	211
Alchornea costaricensis Pax & K. Hoffm.	Euphorbiaceae	3	1	207
Theobroma bicolor Bonpl.	Sterculiaceae (Malvaceae)	3	1	205
Preslianthus pittieri (Standl.) Iltis & Cornejo	Capparaceae	2	2	196
Casearia sylvestris Sw.	Flacourtiaceae (Salicaceae)	5	3	194
Banara guianensis Aubl.	Flacourtiaceae (Salicaceae)	5	2	181
Brosimum guianense (Aubl.) Huber	Moraceae	3	2	173

Coccoloba tuerckheimii Donn. Sm.	Polygonaceae	1	1	168
Colubrina glandulosa Perkins	Rhamnaceae	2	1	157
Myriocarpa longipes Liebm.	Urticaceae	3	2	108
Inga cocleensis Pittier	Fabaceae	1	1	61
Inga marginata Willd.	Fabaceae	1	1	60
Tabebuia sp.	Bignoniaceae	1	1	59
Faramea occidentalis (L.) A. Rich.	Rubiaceae	1	1	55
Trophis caucana (Pittier) C.C. Berg	Moraceae	1	1	53
Margaritaria nobilis L. f.	Euphorbiaceae (Phyllanthaceae)	4	1	46
Tovomita longifolia (Rich.) Hochr.	Clusiaceae	1	1	42
Vismia baccifera (L.) Triana & Planch.	Hypericaceae	1	1	39
Inga filiformis N. Zamora	Fabaceae	3	1	39
Vernonia patens Kunth	Asteraceae	1	1	35
Bellucia pentamera Naudin	Melastomataceae	1	1	27
Herrania purpurea (Pittier) R.E. Schult.	Sterculiaceae (Malvaceae)	1	1	27
Miconia minutiflora (Bonpl.) DC.	Melastomataceae	1	1	21
Myrciaria floribunda (H. West ex Willd.) O. Berg	Myrtaceae	1	1	15
Piper aequale Vahl	Piperaceae	1	1	15
Psidium guajava L.	Myrtaceae	1	1	15
Virola multiflora (Standl.) A.C. Sm.	Myristicaceae	1	1	15
Swartzia simplex (Sw.) Spreng.	Fabaceae	1	1	13
Inga venusta Standl.	Fabaceae	1	1	13
Theobroma cacao L.	Sterculiaceae (Malvaceae)	1	1	13
Xylopia frutescens Aubl.	Annonaceae	1	1	13
Inga bella M. Sousa	Fabaceae	1	1	11
不明	Cecropiaceae (Urticaceae) gen.	1	1	194
不明	不明	11	6	3172
Musa spp.	Musaseae	64	15	n.a.
Attalea butyracea (Mutis ex L. F.) Wess. Boer.	Arecaceae	13	6	n.a.
不明	Arecaceae gen.	2	2	n.a.

注：2014年に調査村の12世帯が所有する29か所のコーヒー栽培地に20m四方の調査プロット（計1.16ha）を設置し，胸高直径4cm以上のコーヒーノキ以外の樹木を対象として毎木調査（現地名の聞き取り，本数，胸高直径の計測）を実施した．種名および科名はスミソニアン熱帯研究所ハーバリウムでの同定結果による．ただし，旧分類（新エングラー体系等）とAPG体系で科名が異なる場合は，（　）内にAPG体系による科名を付記した．

附表2-3　カメルーン東南部のカカオ畑で観察されたカカオノキ以外の樹種

種名	科名	樹木数	出現 プロット数 （n＝20）	胸高 断面積 （cm²/ha）
Triplochiton scleroxylon K.Schum.	Sterculiaceae (Malvaceae)	29	14	33042
Ricinodendron heudelotii (Baill.) Heckel	Euphorbiaceae	19	10	13642
Musanga cecropioides R.Br. ex Tedlie	Urticaceae	34	8	8235
Albizia adianthifolia (Schum.) W.Wight	Fab. Mimosoideae	21	10	7347
Terminalia superba Engl. & Diels.	Combretaceae	24	15	6244
Pseudospondias microcarpa (A.Rich.) Engl.	Anacardiaceae	7	6	3892
Ficus exasperata Vahl	Moraceae	42	10	3542
Celtis zenkeri Engl.	Ulmaceae (Cannabaceae)	17	13	3413
Ficus sp. (ngei [Bangando])	Moraceae	50	11	3173
Drypetes gossweileri S.Moore	Euphorbiaceae	6	5	2054
Petersianthus macrocarpus (P.Beauv.) Liben	Lecythidaceae	9	6	1897
Entandrophragma cylindricum (Sprague) Sprague	Meliaceae	2	2	1838
Cola lateritia K.Schum.	Sterculiaceae (Malva.)	1	1	1571
Celtis mildbraedii Engl.	Ulmaceae (Cannabaceae)	11	4	1429
Anonidium mannii (Oliv.) Engl. & Diels	Annonaceae	2	2	1135
Pausinystalia macroceras (K.Schum.) Pierre ex Beille	Rubiaceae	3	3	1037
Eribroma oblongum (Mast.) Pierre ex A. Chev.	Sterculiaceae (Malvaceae)	3	2	1037
Millettia sp. (bodaboda [Bandando])	Fab. Faboideae	6	4	1033
Pterocarpus soyauxii Taub.	Fab. Faboideae	4	3	974
Cola coldifolia (Cav.) R. Br.	Sterculiaceae (Malvaceae)	5	5	966
Lannea welwitschii (Hiern) Engl.	Anacardiaceae	2	2	958
Myrianthus arboreus P.Beauv.	Urticaceae	7	4	899
Markhamia lutea (Benth.) K.Schum.	Bignoniaceae	2	2	868
Eriocoelum sp. (bongu [Baka])	Sapidaceae	2	2	852
Margaritaria discoidea (Baill.) G.L.Webster	Phyllanthaceae	8	6	829
Milicia excelsa (Welw.) C.C.Berg	Moraceae	1	1	770
Macaranga spinosa Müll.Arg.	Euphorbiaceae	4	2	742
Mangifera indica L.	Anacardiaceae	9	5	656
Alstonia boonei De Wild.	Apocynaceae	2	2	644

Ceiba pentandra (L.) Gaertn.	Bombacaceae (Malvaceae)	1	1	565
Funtumia elastica (P.Preuss) Stapf	Apocynaceae	1	1	565
Amphimas pterocarpoides Harms	Fab. Caesalpinioideae	3	3	514
Nesogordonia kabingaensis var. *kabingaensis*	Sterculiaceae (Malvaeae)	2	2	511
Celtis adolfi-friderici Engl.	Ulmaceae (Cannabaceae)	3	2	491
Persea americana Mill.	Lauraceae	7	5	467
Albizia ferruginea (Guill. & Perr.) Benth.	Fab. Mimosoideae	2	2	400
Drypetes gossweileri S.Moore	Putranjivaceae	1	1	393
Piptadeniastrum africanum (Hook.f.) Brenan	Fab. Mimosoideae	1	1	393
Bridelia grandis Pierre ex Hutch.	Euphorbiaceae (Phyllanthaceae)	1	1	393
Dialium dinklagei Harms	Fab. Caesalpinioideae	1	1	318
Mansonia altissima (A. Chev.) A. Chev.	Sterculiaceae (Malvaceae)	1	1	251
Angylocalyx pynaertii De Wild.	Fab. Faboideae	1	1	251
Treculia erinacea var. mollis León	Moraceae	1	1	251
Duboscia macrocarpa Bocq.	Tiliaceae (Malvaceae)	1	1	251
Keayodendron bridelioides (Gilg & Mildbr. ex Hutch. & Dalziel) Leandri	Phyllanthaceae	1	1	251
Pycnanthus angolensis (Welw.) Warb.	Myristicaceae	2	2	204
Cola altissima Engl.	Sterculiaceae (Malvaceae)	3	3	192
Euphorbia drupifera Thonn.	Euphorbiaceae	1	1	192
Mildbraediodendron excelsum Harms	Fab. Caesalpinioideae	2	2	173
Markhamia lutea (Benth.) K.Schum.	Bignoniaceae	1	1	141
Staudtia stipitata Warb.	Myristicaceae	1	1	141
Afzelia bipindensis Harms	Fab. Caesalpinioideae	1	1	126
Discoglypremna caloneura (Pax) Prain	Euphorbiaceae	1	1	98
Vitex rivularis Gürke	Verbenaceae (Lamiaceae)	1	1	98
Cola acuminata (P.Beauv.) Schott & Endl.	Sterculiaceae (Malvaceae)	1	1	98
Ficus asperifolia Miq.	Moraceae	1	1	98
Ficus sp. (lambo [Bangando])	Moraceae	2	2	82
Rauvolfia vomitoria Afzel.	Apocynaceae	1	1	82

Zanthoxylum gilletii（De Wild.）P.G.Waterman	Rutaceae	1	1	63
Harungana madagascariensis Lam. ex Poir.	Hypericaceae	1	1	63
Pentaclethra macrophylla Benth.	Fab. Mimosoideae	1	1	63
Canarium schweinfurtii Engl.	Burseraceae	1	1	63
Tetrapleura tetraptera（Schum. & Thonn.）Taub.	Fab. Mimosoideae	2	2	47
Citrus sinensis（L.）Osbeck	Rutaceae	1	1	35
Quassia sanguinea Cheek & Jongkind	Simaroubaceae	1	1	35
Trema orientalis（L.）Blume	Ulmaceae（Cannabaceae）	1	1	16
Psidium guajava L.	Myrtaceae	1	1	16
?1	?	2	1	106
?2	?	1	1	98
?	?	19	9	1932
Elaeis guineensis Jacq.	Arecaceae	10	6	n.a.

注：2006年に調査村の9世帯が所有する，造成から9年以上が経過したカカオ畑内に50m四方の調査プロットを20か所（計5ha）設置し，胸高直径2.5cm以上のカカオノキ以外の樹木について毎木調査（現地名の聞き取り，本数，胸高直径の計測）を実施した．アブラヤシ（*Elaeis guineensis* Jacq.）は胸高直径の計測をしていない．種名および科名はカメルーン国立ハーバリウムでの同定結果による．ただし，旧分類（新エングラー体系等）とAPG体系で科名が異なる場合は，（　）内にAPG体系による科名を付記した．
出典：四方（2013）を一部改変

第 3 章

勝 俣 昌 也, 神 田 靖 範, 伊 谷 樹 一

タンザニア農村における家畜飼養のこれから

家畜感染症の流行に学ぶ

KEY WORDS

ウシ, ブタ, 牛耕, 家畜感染症, 牛肺疫, アフリカ豚熱

1 家畜の大量死

2011年の4月のある日の夜, 勝俣の自宅の電話が鳴った. 電話の主は伊谷だった.

「今, タンザニアなんや」

東日本大震災のお見舞いかな, タンザニアからわざわざ電話してくるとは律儀やな, という思いが頭をよぎる (勝俣は茨城県つくば市在住だった).

「ブタがバタバタ死んでいて, ムベヤの街の川がブタの死体で埋まってる」と伊谷が切り出した.

「ブタがバタバタ死んでる? 何それ?」. 予想外の展開だった.

「Swine Fever というらしい, 新型インフルエンザの類かな? このまま日本に帰っても大丈夫やろか?」と伊谷にしては珍しく不安を抱えているようだった.

「今すぐにはわからんなあ, ちょっと調べてみようか?」

「頼むわ」

このときは勝俣に家畜感染症に関する知識が乏しく, 詳しいことはわからずじま

いだったが，今にして思えばSwine FeverはAfrican Swine Fever（アフリカ豚熱）のことで，2011年にタンザニア南西部一帯でアフリカ豚熱が流行し，伊谷はその只中にいたのだった．

東アフリカのタンザニアといえば，家畜の感染症のリスクが高いぐらいは誰でも想像がつくだろう．トリパノソーマ病（Trypanosomosis），リフトバレー熱（Rift Valley Fever），東海岸熱（East Coast Fever）などの病名は知っていて，人畜共通感染症の炭疽（Anthrax）にはとくに気をつけようと思ってはいた．しかし，これらの感染症の発生は文献や聞き伝えのできごとであり，自分たちの調査研究とは直接は関係がないというのが，それまでのわたしたちの認識だった．だから，川がブタの死体で埋まっているのを目撃した伊谷の驚きは相当なものだったはずだ．そしてこの出来事は，わたしたちがタンザニア農村の家畜感染症を自分たちのこととして捉えるようになる契機となった．

わたしたちは専門分野も，タンザニアでの活動歴やかかわり方の深さもちがっていたが，過酷な環境のなかで営まれる「生業（生産ともいえる）」に関心をもってこれまでともに調査を進めてきた．家畜飼養についても例外ではない．ウシは財産であると同時に牛耕の立役者であり，ブタは現金収入の貴重な手段である．昔ながらの生業であっても新しい生業であっても，そこには必ずといってよいほど地域伝来の知識や技術，ときには規範が埋め込まれている，そういう視点でデータを集めてきた．ところが，現在の調査地タンザニアのソングウェ州（旧ムベヤ州の一部）モンバ県の農村で，2016年に突然ウシが大量死し，翌2017年にはブタがやはり大量死した．これまで経験したことのない事態だった．タンザニアの農村を訪ねれば，カウベルを鳴らしながら放牧地に急ぐウシの群れ，エサを探して歩きまわるブタの親子といった，平常な日常の風景を目にする．しかし，その裏側では定期的に伝染病が大流行して，せっかく増やした家畜がバタバタと死んでいく無情な現実があった．それでも，村人たちは家畜を毎日放牧地に連れて行き，家畜感染症と共存してここまでやってきたのである．わたしたちは家畜が大量死している事実に気づかないまま，資源の効率的な利用にばかりとらわれていて，自分たちの不明を大いに恥じることとなった．

本章ではまず牛耕の重要性に触れる．なぜ牛耕の重要性に触れるかというと，わたしたちの現在の調査地M村でウシの伝染病——ダニ熱と牛肺疫（Contagious bovine pleuropneumonia）の複合感染を疑っている——の発症には耕作地の拡大と過度の牛

耕が関係していると考えているからである．次に，M村での2016年のウシの大量死についてデータをまじえて説明する．続いて，これまでにわたしたちが調査してきたタンザニア南部におけるブタ飼養について調査の概要に触れ，2017年のブタの大量死について解説する．そして，ウシの大量死の遠因は過度の牛耕であるという仮説を確認するための調査の概要を説明し，最後に，タンザニア農村部における家畜飼養のこれからについてわたしたちの考えを述べる．

2　　牛耕の重要性

　言うまでもなく，タンザニアの農村ではウシはもっとも貴重な財産である．婚資として活用され，ミルクは自給あるいは現金収入の途となる．非常時には牛肉として販売することもできる．肥料として糞尿の利用も増えており，樹木の少ない乾燥地域では乾いた牛糞を燃料として活用している．そして，地域によっては役畜として大きな役割をはたしている．牛車を引かせ穀物や水を運搬することもあるが，牛耕の担い手としての役割が近年ますます重要になりつつある．

　タンザニアでは20世紀初めに北部のアルーシャ周辺に移住したドイツ人入植者が牛耕を用いて農業を始めた（Starkey 2000）．1910年にはドイツ植民地政府が本国への食料輸出を目的として牛耕を普及しようとしたが，犂の数が少なく，また適切なウシもいなかったので普及しなかった．1920年代にはイギリス政府も同様の試みをして，そのときは北部のスクマランドで綿花を栽培していた農牧民スクマのあいだに役畜利用が普及した．また，1930年代には南部のムベヤ州で金が盛んに産出されるようになり，金の景気が食料生産を刺激して牛耕による稲作がひろまっていった．やがて牛耕は畑作にも使われるようになるが，それを周辺の農村にひろめたのは出稼ぎ労働者たちであった．

　神田（2011）は，2004年から2005年にかけてタンザニア南部のソングウェ州（旧ムベヤ州）のルクワ湖畔で農村開発に向けた基礎調査を実施した．この地域には先住の農耕民ワンダと農牧民スクマが少し距離を隔てて共住していた．カトリック教会は農業改良にも熱心で，牛耕の普及にも力を入れていた．スクマは4頭だてのウシに犂をひかせ1日に2エーカー（1エーカーは約0.4ヘクタール）も耕耘していたが，南部地域では2頭立てで犂をひかせていたので1日に耕作できる面積は1/2〜1/3

エーカー程度であった．1980年代初旬に農牧民のスクマが北部からルクワ湖畔へ移住してくると，ワンダが利用してこなかった難透水性土壌に覆われた季節湿地に稲作水田を開いていった．スクマは畔畦を立てて水田をつくり，苗を移植する稲作の技術をもっていたのである．その後，ワンダも換金作物としての水田稲作を営むようになり，牛耕はこの地域の農業にとって欠かせない技術となっていった．多くのウシをもつスクマは，田植えの前の代掻きに多くのウシを水田に放って走り回らせ，いわゆる蹄耕で土壌を耕起・攪拌することもあった（泉 2016）．自給用の主食作物モロコシの栽培と換金作物としての水稲栽培の両方にウシと牛耕は必須であり，ウシチェ村のほぼすべての世帯が牛耕に依存していた（神田 2011）．山本（2011）や下村（2011）の報告をみても，ムベヤ州では牛耕が農耕を支えてきたことがわかる．そして，わたしたちの現在の調査地のM村でも1950年代にはすでに牛耕が入り，1974年の集村化以降は常畑でのトウモロコシ栽培が増え，牛耕の有効性が認識されるようになっていった．

3　2016年のウシの大量死

　2010年代に入り，タンザニア連合共和国ソングウェ州モンバ県M村での調査研究は環境保全と生計の向上を意識したものとなっていて，小規模水力発電，水撃ポンプの設置，植林など，村民グループを基調とした諸活動を展開するようになっていた．そのようななか，2016年にM村でウシの大量死に遭遇することとなった．

　調査地のM村は，東アフリカを南北に走る2本のアフリカ大地溝帯が交差する場所に位置している（図3-1）．標高1,300～1,500mの丘陵上にあり，その北側に連なる落差500mほどの断崖を下りると，ルクワ湖の周囲に疎林の平原がひろがっている．村人はニャムワンガという農耕民である．かつてはミオンボ林内での焼畑耕作で生計を立てていたが，林の劣化にともない，牛耕に依存した草原での耕作に転換していった．今ではほとんどすべての村民が牛犁で畑を耕すようになり，彼らの生活は役牛に強く依存するようになっている．

　いっぽう，ルクワ湖畔には農牧民スクマが暮らしている．ウシに高い社会的価値を置くスクマはウシの頭数を増やすことに熱心で，なかには数千頭ものウシを所有する世帯もある．スクマ社会には，もともと拡大家族だけでは管理しきれないウシ

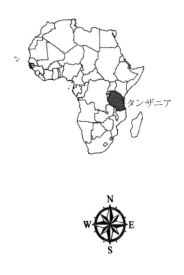
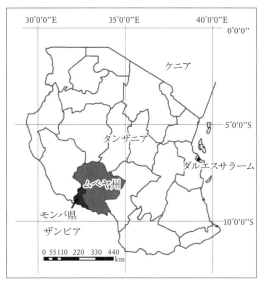

図3-1　タンザニアの調査地域

を，ウシをもたない世帯に貸し出す「クビリサ」というウシ貸与の習慣があった（神田 2011）．クビリサでは去勢雄，雌牛，子牛などが小さなグループとして貸し出される．牛群を小さく分けることで，放牧に要する労働を軽減するとともに，病気などのリスクを分散することができる．ウシを借りた世帯は，と畜することこそできないが，牛乳や畜力を使うことができるので，ウシの多寡にともなう世帯間の軋轢をクビリサによって互恵的な関係に転換することができるのである．ルクワ湖畔に移住してきたスクマたちは，彼らのウシ貸与の習慣を先住民ワンダに適用することで，移転先での人間関係を構築していったのである．そして近年，ウシが増えすぎてルクワ湖畔の放牧地が手狭になったことで，スクマは牛群の一部を丘陵地に移して林間放牧するようになってきた．M村周辺の林地もその例外ではなく，スクマはここで先住のニャムワンガにウシを預けながら社会的な関係を築いていった．

　調査地域の気候は12〜3月の雨季と4〜11月の乾季に分かれ，年間降水量700〜800mmの半乾燥地に分類されている．雨季が終わると，まだ土に湿り気があるうちに草原を牛犂で荒起こしする．これが1回目の牛耕で，掘り返された草が乾季のあいだに分解される．11月の中下旬になって少しずつ雨が降り始めると2回目の牛耕

表3-1　各村区の牛囲い数とウシの頭数

村区*	牛囲い	頭数
C	9	122
M	10	232
U	8	201
合計	27	555

*村区；村の下位行政単位

表3-2　斃死したウシの内訳

	去勢牛	雄牛	雌牛	子牛
C	9	15	10	5
M	20	6	5	7
U	16	2	11	0
合計	45	23	26	12
比率(%)	42	22	25	11

をおこなって土塊を崩し，彼らの主食であるトウモロコシを播種していく．そして，翌年の7月以降に収穫する．2015/16年の雨季は，雨の降り方が不規則であったうえに，3月の中頃には雨が完全に終わってしまったためにトウモロコシは大凶作となった．慌てた農民たちは，借金をしてその年の食料を確保するとともに，すぐに翌年の作付け準備に取りかかった．翌年に借金を返済しなければならないため，例年よりも広い畑を耕す必要があり，4〜5月の1回目の牛耕に役牛を酷使してしまった．もともとこの地域には，1日に牛耕できる面積を指すホム（homu；約1/7〜1/5ヘクタール）という単位があり，それ以上の面積を耕すとウシが疲れて死んでしまうといわれてきた．ウシはもっとも重要な財産であり，このルールは厳格に守られてきたが，2015/16年の凶作はそれを無視せざるをえないほど過酷なものであった．疾病の兆候が現れだしたのは牛耕を始めて1か月ほどした4月の中頃で，5〜7月にかけて多くのウシが斃死した．7〜8月は小康状態だったものの9月末には再び2日間に6頭のウシが急死した．

　わたしたちは2016年8月にM村の3つの村区（村の下位行政単位で，M村にはC村区，M村区，U村区がある）で聞き取り調査を実施し，村内27のウシ囲いの所有者から情報を得た（表3-1）．疾病の兆候があらわれる前には27のウシ囲いで合計555頭のウシが飼育されていたが，4〜7月の間に合計127頭が斃死した．飼養頭数の20%を超えるウシを失ったことになる．斃死したウシで性別がわかるものの内訳は去勢雄牛が45頭（42%），雄牛が23頭（22%），雌牛が26頭（25%）だった（表3-2）．もともといた555頭の性別比率のデータがないので正確なことは言えないが，調査村ではウシは繁殖に供されているので雌牛や子牛が少ないわけではない．そのような状況で，役牛として使用する去勢雄牛と雄牛をあわせた比率が斃死したウシの64%を占めていた．役牛の斃死が顕著だという傾向は「4〜5月の耕作に役牛を酷使してしまった」という村人の言説とも関係がありそうだ．

表3-3a　C村区の発生状況

	調査時の飼養頭数	斃死頭数	斃死月	性別	備考
1	12	2	5月		治療の有無は未調査
2	13	6	5月		治療の有無は未調査
3	2	0			6月に治療，回復
4	5	0			6月に治療，回復
5	7	1	5月		治療の有無は未調査
6	6	3	4月以降	去勢3	治療の有無は未調査
7	12	0			4月に治療，回復
8	10	6	5月以降	去勢4，雄2	治療したが斃死
9 (住民グループ)	7	30	4月以降	去勢2，雄13，雌10，子牛5	未治療
合計	74	48			39%が斃死

表3-3b　M村区の発生状況

	調査時の飼養頭数	斃死頭数	斃死月	性別	備考
1	58	8	4月以降	去勢8	7頭発病後売却，治療，斃死
2	16	2	6，7月	雌2	治療の有無は未調査
3	34	3	3，5，6月	去勢1，雄1，雌1	治療の有無は未調査
4	13	3	5，6月	去勢2，雄1	治療，斃死
5	16	4	3月以降	去勢4	治療，斃死
6	3	6	3月以降	去勢2，子牛4	未治療
7	5	2	2，5月	雄1，雌1	未治療
8	2	4	5月以降	雌1，子牛3	治療，斃死
9	33	2	6，7月	雄2	未治療
10	9	3	4月以降	去勢3	治療，斃死
合計	188	37			19%が売却，斃死

表3-3c　U村区の発生状況

	調査時の飼養頭数	斃死頭数	斃死月	性別	備考
1	18	3	5月以降	去勢2，雄1	治療の有無は未調査
2	21	7	5月以降		治療の有無は未調査
3	20	6	4月以降		7頭発病売却
4	2	1	7月	去勢1	治療，斃死
5	36	8	4月以降	去勢4，雌4	治療，斃死
6	28	8	4月以降	去勢5，雌3	治療，斃死
7	12	2	6月	雄1，雌1	治療の有無は未調査
8	15	7	4〜7月	去勢4，雌3	治療，斃死
合計	152	42			24%が売却，斃死

表3-4　村人の観察による症状

| 村人の観察による症状 | 牛囲い（n＝22） | | 一般的な症状 | |
	数	割合（%）	牛肺疫	ダニ熱
発咳	19	86	◎	
鼻漏	14	64	◎	
被毛の逆立ち	12	55	○	
泡沫性よだれ	8	36	○	
頭部の下垂	6	27	○	
赤色素尿	4	18		○
鼻の乾燥	2	9		
耳の下垂	2	9		
兎糞	2	9		○
発汗	1	5		
食欲不振・衰弱	1	5	○	
痙攣	1	5		

◎典型的な症状，○頻繁にみられる症状

　それぞれの村区での疾病発生状況を表3-3a，b，cに示した．治療はテトラサイクリン系あるいはタイロシン系の抗生物質の注射によるが，回復したという回答はC村区でのみ得られた．治療したタイミングによって結果がちがったのかもしれないが詳細はわからない．これらの表からは雨季が終わった4月以降に斃死したウシが多かったことがわかる．斃死したウシの症状で多かったのは発咳，鼻漏，被毛の逆立ち，泡沫性のよだれで，赤色素尿を排泄したウシもいたという（表3-4）．日本では食肉センター（と畜場）にウシやブタが搬入されると，都道府県の食肉衛生検査所の獣医師が健康状態に問題はないか生体検査を実施する．そこで問題があれば食肉として流通することはない．いっぽう，M村では，このエピソードのような疾病の兆候をあらわしたウシでも，回復の見込みがないと所有者が判断した場合はと畜して食用として利用される．と畜時に村人が内臓の様子を観察したところによると，肺と心臓の腫大と水腫がみられた．貸与していたカメラで村人が撮影した写真では肺の褐変化と大理石文様が認められた（表3-5）．また，胸郭内や心臓が黄色い液体で覆われており，この写真を北里大学医学部寄生虫学・熱帯医学研究室の辻尚利教授に見ていただいたところ「悪液質」というコメントをもらった．さらに，2016年8月の調査時にウシに付着していたダニを採取し100%エチルアルコールに漬けてから観察した．ダニ類の図鑑と分布域から判断して，採取したダニはコイタマダニ属のオ

表3-5　村人の観察による解剖所見

部位	村人の観察による所見	牛囲い（n＝22）		一般的な症状	
		数	割合（%）	牛肺疫	ダニ熱
肺	腫大	17	77	◎	
	変質	7	32	○	
	暗赤色変	2	9	○	
	硬化	2	9		
	異常なし	3	14		
心臓	腫大	10	45		
	水腫	5	23		○
	血液凝固	2	9		
	異常なし	3	14		
胆のう	腫大	6	27		○

◎典型的な症状，○頻繁にみられる症状

ウシマダニ（*Rhipicephalus microplus*）とキララマダニ属の一種（*Amblyomma variegatum*）だ
ろうと推定した．オウシマダニはアナプラズマ病（リケッチア病）やバベシア病（原
虫病）を媒介する．これらのダニの存在はいわゆるダニ熱が調査地域に潜在してい
ることを示唆している．わたしたちは牛肺疫あるいはダニ熱の原因となる感染症へ
の感染を確認したかったので，斃死したウシの組織サンプルをホルマリンで固定し
たものを動物検疫所の許可を得て麻布大学に持ち帰った．その組織サンプルを麻布
大学獣医学部伝染病学研究室の須永藤子准教授（当時）にPCR法で調べてもらった
が，残念ながら牛肺疫マイコプラズマの配列は検出できなかった．アナプラズマ病
についても，原因となる*Anaplasma marginale*の配列は検出できず，病原性が低い*A.*
*centrale*と*A. bovis*の配列を検出したのみであった．牛肺疫とダニ熱が調査地域に潜在
していることを依然として疑ってはいるが，確定させる証拠を得ているわけではな
いことは付け加えておく（2017年5月に名古屋議定書の締結が国会で承認されたので，日
本で病原体を特定するための調査のハードルは格段に高くなった）．
　斃死したウシで観察された症状——呼吸困難，発咳，鼻漏（表3-4）——，と畜時に
観察した内臓の状況——肺と心臓の腫大と水腫，肺の褐変化と大理石文様（表3-5）
——から，わたしたちは牛肺疫を疑った．いっぽう，血色素尿はバベシア病を疑わ
せた．呼吸困難，発咳，鼻漏を呈したウシが多かったことから斃死の直接の原因は

牛肺疫だと考えている．日本の「家畜伝染病予防法」では，牛肺疫は家畜伝染病（法定伝染病）のひとつで患畜は直ちに殺処分しなければならないと決められている．以下，牛肺疫について「動物の感染症〈第4版〉」（明石ら 2019）から引用する．牛肺疫は「牛肺疫マイコプラズマによるウシの胸膜肺膜肺炎を主徴とした急性致死性疾病」で，「アフリカ，アジア，中南米，南欧など様々は地域で発生があるが，特に西・中央アフリカでの発生が顕著．日本での発生は1925年，1929年，1940年の3回」である．「感染経路は感染牛との接触や飛沫吸入による気道感染が一般的である．発症牛の鼻汁や気管粘液には多量の病原体が含まれ，発咳により飛沫となるため集団における伝染力は極めて高い．特異な感染様式として牛肺疫マイコプラズマが付着した乾牧草から経口感染することもある」「3歳以上ではほとんどが耐過して保菌牛となり，感染源となる．また，南欧の牛の致死率はアフリカの牛のそれよりも低く，牛の栄養状態が影響しているものと考えられている」．牛肺疫には急性型と慢性型があって，耐過した保菌牛は慢性型ということになる．（国）農研機構動物衛生研究部門による「家畜疾病図鑑Web」は「慢性型では，感染しても臨床症状をほとんど示さず，健康状態，栄養状態，飼養環境の変化などのストレスを受けた場合に発症に至る」と説明している．調査地域のウシはいわゆるダニ熱（アナプラズマ病，バベシア病，ECFなど）への慢性的な感染によるストレスを受けており，そこに過度の牛耕による負荷がきっかけとなって，一部のウシが牛肺疫を発症したのではないだろうか．そのなかには血色素尿からバベシア病を発症していたウシもいたのだろう．「感染牛との接触や飛沫吸入による気道感染」「集団における伝染力は極めて高い」という牛肺疫の特性から考えると，あるウシ囲いで1頭でも牛肺疫を発症するウシが出ると，同じウシ囲いで飼育しているほかのウシに感染がひろがるのは容易に想像できる．このような状況から2016年にM村で発生したウシの大量死は牛肺疫とダニ熱の複合感染だろうと考えるに至った．

4　ひろがるブタ飼養

わたしたちはブタ飼養についても調査してきた．「アフリカでブタ？」といぶかる向きもあるかもしれない．フィールドワークのデータを積み上げて「ブタの飼養頭数が増えています」と明言するのはなかなか難しい．そこでFAO stat（FAO：国際連

合食糧農業機関）のデータを借用することにする．東アフリカ諸国でブタの飼養頭数がもっとも多いのはウガンダで，2017年には約260万頭飼育されていた．1982年と比較すると13倍，2001年と比較しても1.6倍に増えている．ルワンダ（2017年に175万頭）やザンビア（2017年に117万頭）も飼育頭数が多く，2001年と比較するとそれぞれ9.4倍と3.6倍に増えている．イスラム教徒が多いタンザニアはウガンダやルワンダに比較するとそれほどでもないが，2017年には52万頭飼育されており，1982年と比較すると6.1倍に増え，2001年と比較すると若干増えて1.1倍だった．こういうところにもアフリカで畜産物の需要が増えていることを垣間見ることができる．わたしたちの調査地でもブタ飼養の重要性が浮かび上がってきたのが2000年頃である．

　わたしたちがタンザニアのブタ飼養について初めて調査したのは2000年のことで，南部のムベヤ州ムビンガ県マテンゴ高地が調査地であった．1996年にはムビンガ県で約5万頭のブタが飼育されていた．キリスト教ミッションによって20世紀の初頭にブタがマテンゴ高地に導入された．その後，農民の手で自然にブタ飼養がひろがり，調査した時点では「一家に一頭」と言ってよいほどにブタ飼養が普及していた．マテンゴ高地で暮らすマテンゴの人たちが営む伝統的な農業をンゴロ農法といい，トウモロコシとインゲンマメを隔年で栽培する2年サイクルの輪作である．ンゴロ農法はトウモロコシの収量の高さが特徴のひとつである．一般に，トウモロコシの種皮と胚（スワヒリ語でpumba：プンバ）を取り除き，人は胚乳の粉だけを熱湯で練ってウガリという堅い粥を主食として食べ，残ったプンバを飼料としてブタやニワトリに給与する．表3-6にマテンゴ高地（ムビンガ市内，A村，B村）とタンザニア東部のモロゴロ州ウルグル山麓の農村で入手したプンバの化学組成を示した．比較するために「日本標準飼料成分表（2009年版）」に記載されているトウモロコシ（家畜飼料用なので全粒である），フスマ（小麦粉の製造残渣），生米ぬかの化学組成も示した．トウモロコシと比較するとさすがに繊維成分のNDF[1]含量は高いが，粗タンパク質含量はむしろプンバのほうが高い．フスマや生米ぬかと比較すると粗タンパク質含量は低いが，同じ「ぬか」の類ということもあり，よく似た化学組成と言える．NDF含量が高くトウモロコシと比較するとプンバの消化性は低いはずだ．しかし，繊維成分を利用できるように腸内細菌叢を含めたブタの消化管が適応していれば，わたしたちが想像するよりも効率よくエネルギーを取り出せているかもしれない．

（1）　中性デタージェント繊維；セルロース，リグニン，ヘミセルロースを含んでいる．

表3-6　プンバの化学組成

	ムビンガ市内	A村	B村	モロゴロ州ウルグル山麓	トウモロコシ	フスマ	生米ぬか
粗タンパク質	10.8	12.3	9.4	12.5	8.8	18.1	16.8
粗脂肪	6.1	8.2	10.7	11.9	4.4	4.9	21
粗灰分	3.2	4.8	3.5	4.8	1.4	5.9	8.8
NDF	24.5	25.4	37.4	24.1	12.5	42.7	28.3

　トウモロコシの生産性が高いンゴロ農法のおかげでブタの飼料が入手しやすいことがマテンゴ高地におけるブタ飼養を支える主要因である．ちなみに，マテンゴ高地では乳牛飼養もさかんになりつつあったが，乳牛にも濃厚飼料としてプンバを給与していた．マテンゴ高地はコーヒーの産地として知られていて，ムビンガ県のコーヒー生産量はタンザニア国内の20％程度を担い，長年にわたって国家財政とこの地域の経済を支えてきた．余談だが，マテンゴの人たちが栽培しているコーヒーを「ルブマハニー」として東京都内で売られているのを最近になって知った勝俣は，マテンゴの人たちが作ったコーヒーだと思いめぐらしながら休日のひと時を楽しんでいる．マテンゴ高地ではプンバを購入することも日常的におこなわれている．コーヒー栽培による現金収入によってブタ飼養が支えられているとも言える．このようにトウモロコシ生産とコーヒー生産に支えられてブタ飼養がひろがったと言ってよい．マテンゴ高地の人びとからすれば，ブタは多産なので増やしやすく緊急時に換金できるというメリットがあるとともに，ウシやヤギに比べて脂肪が多いという豚肉の味のよさも，「一家に一頭」と言えるほどにブタ飼養がひろがった理由なのだろう．

　いっぽう，現在の調査地ソングウェ州M村の周辺地域は，トウモロコシの生産性はマテンゴ高地とは比べものにならないほど低く，そればかりか干ばつが頻発し，そのたびに借金をしてトウモロコシを確保しなければならない状況にある．そのようなM村でもブタ飼養がひろがりつつあった．2015年8月にわたしたちはM村のブタ飼養の状況を聞き取り調査した．C，M，U，3つの村区でそれぞれ13，21，8世帯から，さらに小学校の先生の3世帯，合計45世帯から話を聞くことができた．表3-7に各世帯の飼養頭数と飼養しているブタの内訳を示した．

　調査した時点では45世帯中29世帯の飼養頭数が2頭以下だった．また，31世帯が母豚を飼育していた．「母豚のみ」のなかには妊娠中の母豚も含まれる．したがって，母豚が分娩すると世帯ごとの飼養頭数は若干変動する．また，飼養頭数の変動要因

には子豚の売却も含まれる．変動
したとしても飼養規模は決して大
きくはなく，母豚を2頭以上飼養
しているのは13世帯，そのうち3
頭以上の母豚を飼育しているのは
2世帯だけだった．飼料資源にど
れくらいアクセスできるかが飼養

表3-7　M村の豚飼養の状況

飼養頭数	世帯数	内わけ	世帯数
1	18	子豚のみ	12
2	11	母豚のみ	18
3〜5	9	母豚と子豚	13
6〜8	7	その他*	2

*性別などが不明の世帯が1，雄を飼育している世帯が1

頭数を左右する主要因だろう．その飼料資源だが，プンバを給与していたのは18世帯で半分以下にとどまっていた．調査した時点では，全粒トウモロコシからプンバを取り除くための機械（コメでいえば脱穀と精米をあわせた工程）がM村にはなく，プンバを得るためには村外から購入しなければならなかった．プンバの価格はバケツ1杯（約20リットル）が1,000シリング[2]，1穀物袋（約120リットル）が6,000シリング程度であった．トウモロコシ全粒に占めるプンバの割合は15〜20%程度である．ちなみにトウモロコシ（全粒）のバケツ1杯の値段は，年や季節によって大きく変動するが，おおよそ3,000〜7,500シリングくらいである．プンバにかかるコストはその給餌量に依存することになるが，村人にとってはそれなりの出費である．それがプンバを給餌する世帯が半分以下にとどまっている理由だと思われる．もっとも，プンバだけをブタに給餌するわけではなく，ウガリなどの残飯，酒粕，雨季には野菜の葉なども給餌する．

　聞き取り調査を実施したのは乾季の只中の8月であった．ブスターニと呼ばれる菜園で蔬菜類を栽培する以外，この時期にはM村内外の畑に作物は育っていない．作物を荒らす心配がないので村人は収穫の終わった畑でブタを放し飼いにする．ミミズや作物残さを求めて村内をうろつくブタをあちこちで見かける．いっぽう，畑で作物が育っている雨季は事情がちがう．放し飼いにすれば作物を片っ端から食べて荒らしてしまう．実際，家畜が畑を荒らした時の罰金をどうするか，滞在中にも村民会議が開かれていた．また，家畜の食害は「下手人（ブタ）」を現行犯逮捕して村のオフィスまで連行しなければならず，捕り物のときの踏みつけ被害の方が大きく，罰金制度はうまく機能していない．この問題を回避するには，雨季の間だけでも完全に舎飼いする必要がある．舎飼いするためにはブタを飼育するための小屋（ブタ囲いと呼んだほうが正確かもしれない）が必要である．しかし，高床の小屋を作るのに

（2）　2019年頃のレートは1,000シリング＝50円．

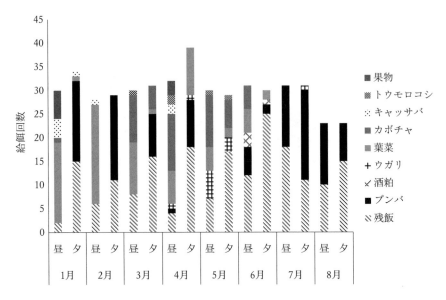

図3-2 舎飼いでブタに給餌した飼料資源

　凡例：
■ 果物
▨ トウモロコシ
⋰ キャッサバ
▨ カボチャ
▨ 葉菜
✚ ウガリ
✕ 酒粕
■ プンバ
▨ 残飯

　もそれなりのコストが必要で，それが最初のハードルになる．聞き取り調査した45
世帯のうちブタ小屋をもっていたのは28世帯で，残りの17世帯は家屋のすき間で飼
っていて端っから舎飼いする気もないのだ．

　次のハードルは飼料である．舎飼いするとなれば飼料はすべて飼い主が準備しな
ければならない．100％舎飼いできるのか確認するために，わたしたちのインフォー
マントの長男に体重23kgの雌豚を1頭預けて，100％舎飼いするように依頼した．
2017年1月から8月のことであった．何を給餌したのか毎日記録してもらいその結
果をまとめたのが図3-2である．残飯は期間をとおして給餌していたことがわかる．
1〜4月には夕方を中心にプンバを給餌していたが，トウモロコシを収穫したあと
の7月や8月になると朝も夕もプンバを給餌している．1〜4月の雨季には葉菜や
カボチャ（果実）を給餌している．給餌する飼料には季節の特徴があらわれ，雌豚
1頭ならなんとか100％舎飼いが可能だと思われた．ところで，この23kgの雌豚は
2017年の8月には分娩を終えて子豚とともに飼育されていた．「子豚が生まれたら自
分のブタとして育てていいよ」と長男に約束していたことがやる気を引き出したよ
うだ．ふだんは日本国内でブタの栄養生理について研究している勝俣にとっては，

23kgの雌豚が妊娠して子豚を分娩するというのは驚きであった——日本国内で23kgといえば7〜8週齢の育成豚の体重で，まだ子豚用人工乳を食べており，発情するのはまだまだ先である．知らないことがまだあることをあらためて感じた．

話を聞いたうち10世帯が2014年以降にブタを飼い始めた世帯だった．多産なので増えやすい，緊急時に換金できる，なんといっても豚肉はうまい，というメリットにひかれて飼い始める村人が増えていることがうかがえた．現金収入の機会がきわめて乏しい村ではブタが希望の星なのである．しかし，それに水を差すかのように，2015年8月の聞き取り調査で「突然食欲を失い，跛行して倒れて死ぬことがある」「ぐるぐる回って倒れて死んだ」という不吉な情報もすでに得ていた．このときは「もしかしてアフリカ豚熱か？」とメモに残っているだけで，その後にブタが大量死するとは思ってもいなかった．

5　2017年ブタの大量死

M村でウシが大量死したのが2016年．その翌年にこんどはブタが大量死した．2017年も勝俣は渡航準備を進めていた．M村から「ブタが大量死している」という報告が入り，職場の防疫のことを考え，ブタを研究している立場上，2017年8月の渡航はとりやめた——ウシが大量死した2016年も勝俣は8月の渡航は断念した．状況が落ち着いた2018年8月に前年のブタの大量死の状況についてM村で聞き取り調査を実施し，2015年に訪問した45世帯のうち，38世帯で話を聞くことができた．2015年の調査時から2018年の調査時の間にブタの斃死を経験したのは38世帯中36世帯にのぼった．2018年の調査時にブタを飼育していた世帯はわずか7世帯だった．ブタの斃死を経験した36世帯中34世帯からは斃死した時期の情報を得た．それを整理したのが図3-3である．平時であっても1〜2世帯はブタの斃死を経験していることがわかる．急にブタの斃死が増えたのは2017年の6月で，その後8月までは「大量死」と言ってもよい状況だった．

斃死したブタの症状を訊いたところ「急にふらふらして死んだ」「ぐるぐる回りそのまま倒れて死んだ」「食欲があって前兆はなかったのに突然死んだ」「前日まで食欲もあったのに朝になったら死んでいた」「ふるえがあった」などの答えが返ってきた．まとめると「食欲もあり，前兆はなかったのにもかかわらず，突然ふらふらし

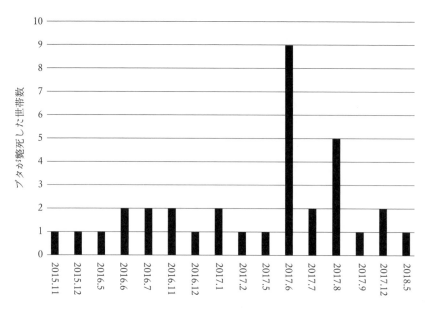

図3-3　2015〜2018年にかけてブタが斃死した世帯数

始めて，死んだ」ということになる．2018年の調査時にはブタの大量死の原因を「ア
フリカ豚熱」ではないかと考えていた．しかし，もっと重篤な症状を想定していた
ので，「前兆もなく突然死んだ」という村人の話を聞いて，ほんとうにアフリカ豚熱
なのかという疑問を抱えて帰国した．

　折しも，2018年9月に日本国内で26年ぶりの豚熱（Classical Swine Fever）が発生し
た．他方，アフリカ豚熱がロシアからヨーロッパとアジアへと感染が拡大し，2018
年には中国でも発生した．2022年になっても日本国内の豚熱感染は継続しており，患
畜が見つかった養豚場では全頭淘汰しなければならない．それでも，ワクチンが存
在する豚熱には対応する術がまだあると言える．しかし，ワクチンが未だ開発され
ていないアフリカ豚熱が日本国内に侵入すると，問題の深刻さは豚熱の比ではない．
そんなこともあり，2018年の年末に日本学術会議が主催するアフリカ豚コレラ（2018
年には「アフリカ豚熱」をまだ「アフリカ豚コレラ」と呼んでいた）に関する緊急シンポ
ジウムが開催された．神田と勝俣はこのシンポジウムに参加し，（国）農研機構動物
研究部門の山田学氏による「アフリカ豚コレラの病原体と診断の研究」というタイ
トルの講演を聞いた．実験的にアフリカ豚熱ウイルスをブタに感染させると高熱を

発するものの死に至るまでは比較的元気だという．村人の話とよく似ている．「昨年タンザニアのフィールドでブタが大量死した．村人に話を聞くと，前日まで元気だったブタが翌日死んでいることがある，と言う．アフリカ豚コレラでもそういう死に方をするものか？」と質疑応答で質問したところ，「そういうものです」という答えが返ってきた．獣医学にのっとった確定診断はしていないものの大量死の原因はアフリカ豚熱だったと状況は物語っていた．また，2018年の調査時にはソコイネ農業大学でアフリカ豚熱の研究をしている Dr. Gerald Misinzo を研究室に訪問してアフリカ豚熱の状況を聞くことができた．前年のアフリカ豚熱の感染拡大はマラウィ株の可能性が高いということ——Dr Misinzo の研究室には次世代シーケンサーが設置されておりタンザニア国内外の大学院生や若手研究者がアフリカ豚熱ウイルスの遺伝子配列を調べていた——，ソングウェ州でも感染拡大したと聞いているのでわたしたちもサンプルを採取しに行きたいと考えている，ということだった．以上のことから，M村で発生した2017年のブタの大量死はアフリカ豚熱によるものだったと考えてよさそうだ．

　アフリカ豚熱も牛肺疫と同様に家畜伝染病（法定伝染病）であり，患畜に加えて擬似患畜もただちに殺処分しなければならない．アフリカ豚熱についても「動物の感染症〈第4版〉」の解説を引用しておこう．ちなみに，「動物の感染症〈第4版〉」ではアフリカ豚熱をアフリカ豚コレラと記述している．「ウイルスの感染による発熱と全身の出血性病変を主徴とする豚のウイルス伝染病」「直径約200nmの大型2本鎖DNAウイルス」「サハラ砂漠以南のアフリカでは，イボイノシシ（レゼルボア）とダニとの間で感染環が形成・維持されている．この感染環に感受性の高い豚が加わると致死性の高い出血性疾病が発生する」「オルニソドロス（*Ornithodoros*）属マダニにも感染し増殖するため，感染・非感染個体の接触とダニによる吸血により容易に感染が拡大していく」「感染豚肉・加工肉の流通や感染肉を含んだ汚染厨芥の給餌による伝播，汚染された人・物品・車両を介した伝播，感染野生動物の移動に伴う伝播も確認されている」と説明されている．アフリカから出て2018年には中国でも発生が確認されたことはすでに書いたとおりである．前述した（国）農研機構動物研究部門の山田学氏によると，口蹄疫ウイルスがピンポン玉程度の大きさだとすると，アフリカ豚熱ウイルスはバスケットボール程度の大きさの大型のウイルスなので，空気感染のリスクは小さいという．いっぽうで，大型で構造が複雑なので未だ有効なワクチンは開発されておらず，日本国内に侵入すると問題が深刻になる所以である．

6 牛耕とホム

　もともとこの地域には，1日に牛耕できる面積を指すホム（homu；約 1/7〜1/5 ヘクタール）という単位があることはすでに説明した．1日に1ホム以上の面積を耕すとウシが疲れて死んでしまうといわれていて，さすがにそれは少し大げさだと思っていたのだが，2015/16年の凶作ではそれが現実のこととなった．「牛耕は1日に1ホム」という原則を守らずにウシを酷使したことで体調を崩したウシが牛肺疫を発症し，それが村内にひろまったとわたしたちは考えている．この仮説を検証するために，「牛耕とホム」の関係に焦点を当てて2019年8月にM村で聞き取り調査を実施した．

　ランダムに選んだ27世帯のうちウシを所有しているのは24世帯で，世帯あたりのウシの飼養頭数が1〜5頭は12世帯，6〜10頭が9世帯，20頭以上が3世帯だった．ほとんどの世帯は親からウシを相続しているが，1頭ずつ地道に購入していくケースもある．たとえば，1頭だけ飼育しているある世帯は2019年5月に近郊のウシ市場において350,000シリングでウシを購入したところだった．すでに牛耕に使える体格になっているが，2頭いないと牛耕はできないので，ウシを探していた．それまでは，だれかから有償で去勢雄を借りるか，ウシを1頭しかもっていない世帯と助け合って牛耕することになる．2頭所有している世帯も6世帯あったがいずれも去勢雄であった．それ以上の頭数を飼養している世帯でも，牛耕のために去勢雄は必ず2頭以上は飼っていた．少数のウシしかもっていない世帯は牧夫にかかる労働負担を軽減するために，他の世帯とウシ囲いを共有し，牧夫も輪番制で共同放牧していた．こうしたグループもスクマからウシを借りていて，そこに含まれている去勢雄を共同で利用している．

　ウシを所有している世帯のうち畑の面積を聞けた世帯は21世帯で，2.5〜5エーカーの畑を所有するのが12世帯，6〜10エーカーが6世帯，11エーカー以上は3世帯だった．いっぽう，ウシを所有していない3世帯は3エーカーが2世帯，4エーカーが1世帯だった．この地域ではトウモロコシのほか，シコクビエ，モロコシ，インゲンマメ，ラッカセイ，ヒマワリ，サツマイモ，ゴマなどを栽培している．世帯によって育てている作物の組み合わせは若干ちがうが，どの世帯もトウモロコシは必ず栽培している．タンパク質源や換金用にインゲンマメをつくる世帯も多く，役牛と広い畑をもつ世帯は酒造用や換金用にシコクビエを栽培している．対照的に，ウ

シをもたない世帯は作物の種類が少なく，作柄がトウモロコシだけと答える世帯もあった．ウシをもたない場合，4エーカーの畑を夫婦2人で手鍬で耕起すれば11月から1月までかかるというので，牛耕に依存したくなるのも無理はない．

かつてはミオンボ林に焼畑をつくってシコクビエを栽培してきたM村も，林の矮化・縮小にともなって焼畑耕作だけでは食料や生計をまかなえなくなり，収量の高いトウモロコを基幹作物とする常畑耕作へ移り変わっていった．しかし，地力が落ち生産性が低下するのにともなって作付面積が拡大し，牛耕が農業の基本的な労働力となっていったのである．村人の多くが繁殖用の雌牛よりも去勢雄をほしがるのは，毎年低下していく収量を補うための逼迫した事情による．そのようななか，2016年に村内のウシが突然大量に死んでしまったのである．

この大量死の原因は，2015/2016年の干ばつ被害を補填しようとした農民たちが役牛を酷使したためと考えられるが，その背景には農牧民スクマが導入したウシ貸与制度クビリサが深く関係している．M村周辺地域では，干ばつで凶作になると借金をしてその年の食物を確保しつつ，次年度に向けて畑をひろげ，農産物を余剰生産して借金を返済するのが一般的である．2015/16年度が大凶作であったために，農民たちは乾季のはじめ（4〜5月）に次作に向けた第1回目の牛耕をおこない，同時に換金用のインゲンマメの畑も拡大した．ウシの持ち主は自分のウシが1日に1ホムを超えて耕さないよう注意しているが，預けられたウシの過労にまで気を遣う余裕はなかった．ウシ囲いを共有する複数の世帯がスクマから預かっている去勢雄を平等に使おうとしたことで，スクマのウシに大きな負荷がかかってしまったのである．たとえば，表3-3aの9番目のウシ囲いには当時37頭のウシがいて，そのなかにはスクマの去勢雄が2頭含まれていた．しかし，役牛を1頭しかもっていない世帯がそれぞれ，自分のウシとスクマのウシをペアにして牛耕したために，スクマの去勢雄には休む暇が与えられなかった．そのことは，9番目のウシ囲いを共有する複数の世帯が証言している．

9番目のウシ囲いで飼育されていたウシのなかで最初に咳をし始めたのはスクマから借りていた2頭の去勢雄であった．結局，9番目のウシ囲いの被害は他のどれよりも大きく，80%以上のウシが死んでしまった．スクマのウシの過労が引き金となって慢性的なダニ熱もしくは牛肺疫を発症し，ウシ囲いのなかで咳をすることで周囲のウシに暴露してしまったとわたしたちは考えている．ただし，ホムのルールが反故にされたわけではない．2019年8月の調査では「ホムを超えてウシを働かせ

ることはない」と彼らは断言していた．そのわりには，貸したウシが酷使されない
ように，ウシに牧夫を付けて貸すようにしていた．スクマ社会にもホムと同じよう
な概念があり，貸したウシが酷使されていないか確認するためにときどきスクマの
牧夫が視察に来ていたというが，休養日までは気が回らなかったのだろう．

　ホムの広さは厳密に決められているわけではなく，畑の状態や土壌の性質を見な
がら話し合いで広さが調整される．木の根が多い土地や粘土質の土地ではホムは狭
くなり，砂地では広くなる．また，ホムは牛耕を依頼するときの単位でもある．M
村で牛耕を頼めば，去勢雄2頭＋犁＋牧夫が10,000シリング/ホムで牛耕してくれる．
1エーカーなら20,000〜30,000シリングかかるが，去勢雄を1頭だけ借りる場合や，
犁の有無によって料金が変わってくる．去勢雄を1頭借りる代わりに，牛耕をして
労働で返すというのもよくみられる．金銭のやり取りは発生しないが，親のウシを
使って親と自分の畑を耕すこともあれば，ウシや犁を貸し合って相互に助け合うこ
ともよくある．畑のなかで耕作期にムラができないように，複数の知人と協力して
一気に牛耕を終わらせてしまうこともある．そういうときは労働のあとに酒宴を開
いて相互に労をねぎらう．

　M村に牛耕が導入されたのは独立前の1950年頃とされている．インド洋に面した
タンガ州のサイザル畑に出稼ぎに行っていたJ氏（わたしたちがよく話を聞かせてもら
うM村の古老）が，その帰り道にムベヤ州近郊の教会で牛耕を初めて見て，稼いだ金
をはたいてウシと犁を買い求めた．それから70余年が経って，牛耕は地域に欠かせ
ない耕作手段として定着した．ホムという概念がどのようにして生まれたかはわか
らないが，このルールのおかげで牛耕が存続してきたと言っても過言ではないだろ
う．ただし，1日に牛耕する面積は1ホムを超えなくても，人口が増え，畑がひろ
がることで，ウシが牛耕に駆り出される頻度も増える傾向にある．2015/2016年度の
干ばつのときはM村全体の耕起すべき畑の面積も大きくなっていたはずで，干ばつ
の年は出費がかさんで牛耕する機会も多かったにちがいない．ホムは厳守していて
も，牛耕の頻度が増えたことで疲弊したウシが体調を崩すことはあったのではない
だろうか．多くのウシが疲弊するなかで，1頭が病気を発症すれば病気がまたたく
間にひろがって大量死を引き起こしたのであろう．

　いずれにしても牛肺疫を疑う症状をまねいてしまった理由は今のところ推測の域
を出ない．では，村人はウシの疾病とその原因をどう考えているのだろうか．古老
のJ氏は病気の原因について「2016年にウシが大量に死んだきっかけになったのは

過度の牛耕だと思う．濡れた土壌からは病気の素が立ち上がる．牛耕で疲れたウシは息が荒くなり，この病気の素を大量に吸い込んでしまう．これが咳の原因だよ」と語っていた．ホムを厳守することから考えても，過度の牛耕とウシの体調に因果関係があると多くの村人も考えていることは間違いない．しかし，ウシの体内で起きている変化についてまでは考えが及ばない．さらに言えば，ダニの寄生が感染症の原因となりえると認識している村人はいなかった．

　獣医療の知識がないのはわたしたちも同様である．では，M村には獣医療の手が伸びていないかというと，そういうわけでもなく，表3-3a，b，cに記載したように，なかには抗生物質で治療されて回復したウシもいた．この地域の家畜飼養の普及員を目指しムベヤ市の専門学校で家畜管理について学んだという若者はバックの中に抗生物質や注射器を持っていた．タイロシン系の抗生物質を3日間筋肉注射すると半分くらいのウシは回復するという．この注射は1回2,000シリングなので3日間で6,000シリングの出費となる．彼は「2016年のウシの大量死のときには（彼は牛肺疫だと認識しているようだった），治療できるという認識が村人のあいだでひろがっておらず，自分は治療しなかった．2018年にもぽつぽつと発生したはずだ．今（2019年）は治療の効果が認知されるようになったのでほとんどのウシ囲いで治療している」と言っていた．治療していると彼が教えてくれたウシ囲いの数は12だった．抗生物質には耐性株出現のリスクはあるものの，彼の活動が奏功すれば牛肺疫で斃死するウシの数は減っていくかもしれない．また牛肺疫にはワクチンが存在している．1回1,000シリングで年に1回接種するが，ワクチンの効果を理解してくれる村人は少ないという．このような状況なので，この地域の家畜飼養の普及員に話を聞いたときは「ワクチンのことを周知させたい」ということだった．ワクチンについても品質や保管方法に懸念は残るものの，感染前の子牛に優先的にワクチン接種するといった工夫は有効かもしれない．

　しかしながら，経済的な理由から薬浴や薬散をほとんど実施できない状況のなかで，ウシたちはダニ熱を媒介するダニが蔓延している放牧地に毎日放たれていて，病気に感染させないようにするのはかなり難しいと言わざるを得ない．獣医療の対策を考えるいっぽうで，アフリカのウシに対する認識を新たにすることも大切であろう．灼熱の太陽のもとで砂塵を巻き上げて歩くウシの姿は勇壮で強靱なイメージを抱かせる．しかし，ほとんどすべてのウシがさまざまな感染症に感染していることは否定できない．そうであれば，ウシはじつにデリケートな家畜であり，とくに役

牛として利用するときには細心の注意と獣医師のような観察眼を備えていなければ
ならない．そして，役牛への負荷が高まるなかで，ホムには単なる空間的な制約だ
けでなく，時間的な制約も付け加えて，十分に休養させることが必要になってくる
だろう．

7　アフリカ農村でできること

　わたしたちが，2016年にM村で発生したウシの大量死は牛肺疫とダニ熱の複合感
染と考えていること，そしてその契機として過度の牛耕によるウシの体調不良を疑
っていることはすでに繰り返し述べてきた．牛肺疫とダニ熱という感染症はこの地
域に常在しているが，飼育頭数の20%にもおよぶウシが斃死するほどの流行に至っ
たことに「過度の牛耕」が関与しているとすれば，ある意味では人災と言っていい
かもしれない．タンザニアの農村にあってウシはもっとも重要な財産のひとつであ
る．伝統的にはおもに婚資としてその機能を発揮してきた．しかし，ミオンボ林で
の焼畑から常畑へ，シコクビエからトウモロコシへと，農法と主要作物が転換する
のにともなって耕作地の面積が拡大し，牛耕はこの地域の生活を支える基盤となった．
役牛としてのウシの機能が重要になったのである．大切な財産であり生活の基盤であ
るウシの大量死をこの生業構造の転換が招いたのであれば皮肉なことではある．

　ブタはどうだろうか．今でこそ日本を含めた先進諸国では愛玩用や医療用動物と
してブタを利用する機会が増えてはきたが，なんのためにブタを飼育するかと言え
ば，圧倒的に豚肉のためである．これはタンザニアの農村でも同様だ．少しずつで
も豚肉を食べる機会が増えれば，ブタ飼養は貴重な現金収入の機会を与えてくれる．
現金収入を求めてブタを飼い始める村人が増えつつあることもM村で垣間見ること
ができた．そこにアフリカ豚熱が流行してしまった．「病気のことが不安なのでもう
ブタは飼わない」という村人も散見された．牛肺疫はワクチンも治療法も存在する
が，アフリカ豚熱にはワクチンも治療法もない．きわめて深刻な感染症である．

　M村におけるウシとブタの大量死の関係についても簡単に触れておきたい．現在
のわたしたちが知るかぎり，ウシの大量死は2006年，2010年，2016年に3度起きて
いる．そして，ブタの大量死は2011年と2017年に2度起きていて，いずれもウシが
大量に死んだ翌年であった．ウシの大量死はきわめて局所的に発生していて隣村に

すらひろがっていないが，ブタの感染症はマラウィからタンザニア南部一帯の養豚を壊滅させた．これまでも述べてきたように，M村では牛耕が農耕を支えていて，役牛の大量死はただちに農業生産を低下させた．食料が減れば，人はトウモロコシの全粒粉を食べるようになってプンバ（種皮と胚）はなくなり，残飯もほとんど出なくなる．すなわち，ウシが大量死することでブタは食べるものがなくなり，栄養状態が悪化してアフリカ豚熱の被害をより深刻化したのかもしれない．定期的に発生する家畜の感染症が地域の発展や環境保全に暗い影を落としていることは言うまでもない．

　牛肺疫，ダニ熱，アフリカ豚熱．生活の基盤であるウシと貴重な現金収入源であるブタをこれらの厄介な感染症の常在地でどうやって飼い続ければいいだろうか．現実的には，感染症と付き合っていくしかないだろう．わたしたちにとってのウィズコロナと同じだ．今までよりも上手に付き合うためには獣医療は不可欠である．牛肺疫についてはワクチンによる予防と抗生剤による治療が普及することを期待したい．それと同時に，感染源であるマイコプラズマやウイルスをひろげないための行動規範——「発咳しているウシはむやみに移動させない」「発咳しているウシがいるウシ囲いに立ち寄ったらほかのウシ囲いには寄らない」「体調不良のウシをと畜したら必ず埋却する」「ブタは可能な限り舎飼いする」などのシンプルなものでいいかもしれない——を家畜飼養の普及員が周知する必要もあるだろう．そして，ホムを厳守することは当然としても，ウシにも休日を与えるなどの配慮が必要である．これらの規範を受け入れてもらうためにはマイコプラズマやウイルスについての知識も必要になる．Ngosomwileら（2021）はアフリカ豚熱の拡大にはブタの流通が関与していると指摘している．わたしたちはブタや豚肉をあつかう仲買人に会うことはできなかった．しかし，村内だけで流通しているわけでもないだろう．ブタや豚肉が移動すれば病原体も移動することも知ってもらわなければならない．流通が活性化し，農村部おける家畜は自給的な役割から供給源へと転換し，感染症の発生によるダメージは従来よりも大きなものになっている．獣医療に関する知識の普及や教育とともに，生産地域の事情を深く理解した対策の複合がこれからますます重要になってくるであろう．

　本章を読んでいただき，牛肺疫やアフリカ豚熱を日本国内に持ち込んでしまったときの深刻さがご理解いただけたはずです．そこで，日本国内では畜産関係者と自任している勝俣から最後にお願いがあります．読者諸氏の調査地でも家畜が飼育されている場合が多いでしょう．そして敷地内で家畜を飼育している職場に勤務して

いる読者諸氏もおられると思います．たとえば大学の農学部です．フィールドから帰ってからしばらくは（最低でも 1 週間）家畜を飼育している場所には近づかないでください．職場だけではなく，観光牧場の類も同様です．またフィールドで着ていた服はしっかり洗濯してください．できれば薬局でクエン酸を買ってきて pH 3 程度の酸性液をつくって漬けてください．服だけではありません．幸か不幸か COVID-19 により身の回りに消毒用アルコールが普及しています．カメラなども消毒してください．

参 考・参 照 文 献

明石博臣・内田郁夫・大橋和彦・後藤義孝・須永藤子・髙井伸二・宝達勉編（2019）『動物の感染症〈第四版〉』近代出版．

神田靖範（2011）「タンザニア・ボジ県ウソチェ村　1 半乾燥地における水田稲作の浸透プロセスと民族の共生」掛谷誠・伊谷樹一編『アフリカ地域研究と農村開発』京都大学学術出版会．371-410頁．

下村理恵（2011）「タンザニア・ボジ県の農村　3 水田稲作の発展プロセスにおける先駆者の役割」掛谷誠・伊谷樹一編『アフリカ地域研究と農村開発』京都大学学術出版会．174-212頁．

小林秀樹（2019）「牛肺疫」明石博臣・内田郁夫・大橋和彦・後藤義孝・須永藤子・髙井伸二・宝達勉編『動物の感染症〈第四版〉』近代出版．123-124頁．

泉直亮（2016）「富者として農村に生きる牧畜民——タンザニア・ルクワ湖畔におけるスクマとワンダの共存」重田眞義・伊谷樹一編『争わないための生業実践——生態資源と人びとの関わり』京都大学学術出版会．19-49頁．

農業・食品産業技術総合研究機構（2009）『日本標準飼料成分表（2009年版）』中央畜産会．

山川睦（2019）「アフリカ豚コレラ」『動物の感染症〈第四版〉』近代出版．164頁．

山本佳奈（2011）「タンザニア・ボジ県の農村　1 湿地開発をめぐる住民対立との折り合い」掛谷誠・伊谷樹一編『アフリカ地域研究と農村開発』京都大学学術出版会．123-146頁．

Bessire, Aimee and Mark Bessire. 1997. *Sukuma: Heritage Library of African Peoples Central Africa*. Rosen. p. 64.

Ngosomwile, Ngosomwile, Calvin Sindato, Erick V. G. Komba and Daniel W. Ndyetabula. 2021. "The role of pig production and market value chain in the occurrence of African Swine Fever in Songwe and Ruvuma regions, Tanzania." *East Africa Science* 3(1): 86-101.

Starkey, P. 2000. "The history of working animals in Africa. Roger Blench." In: Kevin MacDonald (eds) *The Origins and Development of African Livestock, Archaeology, Genetics, Linguistics and Ethnography*. pp. 478-502. Routledge.

家畜疾病図鑑 Web　牛肺疫 https://www.naro.affrc.go.jp/org/niah/disease_dictionary/houtei/k02.html

FAOSTAT https://www.fao.org/faostat/en/#home

反転するインナー・ワールドとアウター・ワールド

第 4 章

小 林　誠

つながりを維持し，葛藤を引き受ける

フィジー・キオア島における変化にたえることの歴史と現在

KEY WORDS

気候, 伝統, 変化, つながり

はじめに

　フィジー・キオア島の村落の中心，広場に面した教会の前に，白い記念碑が立っ
ている．銘板にはバイツプ島の人々によるキオア島到着50周年を記念し，1947年の
最初の移住者35名の名前が刻まれている．キオア島はそこから1,000 km北に位置す
るツバル・バイツプ島の人々が移り住んだ移民コミュニティの島である．初めて移
り住んだ時から現在に至るまで，人々は自然と社会・文化の大きな変化を経験して
きており，現在でも彼らは自らの「生／生活 (olaga)」が変化の中にあることを意識
せざるをえない状況にある．人々の語りに耳を傾けていると，海岸が侵食されるな
どの気候変動の影響を受けてきたことと，自らの伝統が先住系フィジー人の文化の
影響を受けてきたこと，すなわち自然と社会・文化の両面で変化を経験しているこ
とがわかる．本章では，キオア島の人々がたどってきた歴史と現在から，自然と社
会・文化の両方を含む多様な変化に対してどのように応答してきたのかを明らかに
し，今後予想されるさらなる変化にどのように応答しうるのかについて考えたい．

1 　自然の歴史と文化の歴史

　温室効果ガスの人為的な排出に起因して気候が変化し，世界中の多様な場所で，気温や降水量の変化，台風や干ばつといった極端な気象現象の頻発などの影響が出ると予測されている．そうした被害が最も端的に現れる場所の一つがキオア島のようなオセアニアの小島嶼社会であるといわれており，それに対する適応策が様々なレベルにおいて検討されている．しかし，自然は常に変化し続けてきたのであり，これまでも人々は変化する環境のなかで生きてきた．そして，変化するのは何も自然だけではない．植民地支配，近代化，グローバル化など外部からの影響によって社会・文化も変化し続けてきた．人々が自然の変化のみならず，社会・文化の変化の中に生きてきたことを考えるならば，気候変動も自然と社会・文化が複雑に絡み合いながら変化する中で人々がどのように生きてきたのかに位置づけて改めて問い直す必要があるだろう．

　歴史学者のD・チャクラバルティによれば，これまでは人間の歴史と自然の歴史が別々のものとして書かれてきたが，気候変動などに特徴づけられる人新世においてはもはや人間と自然の歴史を分けて考えることはできないという（Chakrabarty 2009）．人間の歴史について語られる時，自然は変化しないことが前提とされてきたが，現在では変化する自然が人間にも顕著に影響を及ぼし始めるだけでなく，人間が地質学的なエージェント（geological agents）として地球全体に影響を与えてきた．チャクラバルティにとって気候変動とは人間の歴史と自然の歴史との複雑な交差の中で考えることであり，それは自然と文化という近代的な二元論という既存の前提そのものの問い直しを迫るものである．

　哲学者の篠原雅武は，人新世をめぐる議論では「人間が人間だけで自己完結的に生きるのではなく，地球において生息している様々な人間ならざるものとの連関のなかで生きているという現実をどう考えるのか」が問われているとし，その議論は「感度の鋭い学者や作家が文系的な問題設定のもので議論を進め，考察を深めていくというように進展している」としている（篠原 2018: 16-17）．篠原は，G・ドゥルーズとF・ガタリの『千のプラトー』を引きながら，遊牧民（ノマド）的な開かれた空間における自然，あるいは人間ならざるものと人間との共存のイメージについて論じており，遊牧民的な空間は定住型の成立後も「人間存在の潜在的な水準」においては消えることなく残存するという（篠原 2018: 214）．そうであるならば，それは「感

度の鋭い学者や作家」に限らず，「人間ならざるものとの連関の中で」生きてきた人々のなかにも息づいているだろうし，まさにそれは人類学的な研究が明らかにしてきたことである．

　考古学者の山口徹は島の「景観は人為的に作られる（あるいは改変される）とともに，人々の経験を作る（あるいは規定する）」（山口 2019a: 16）と，人々と自然は相互に影響を与えてきたことを論じる．山口にとって島とは，人間を含む生き物，あるいは様々なモノやコトが「凝集」する「多様体」であり，島景観は自然の営為と人間の営力の「出会いと絡み合いの中で生成変化する」という（山口 2019a）．山口は発掘の現場で「島と同化したような妙な感覚に襲われる」，「自らが掘り下げたトレンチの中では地表上の全てを島の視点で眺め始める．そして，空に伸びるココヤシも，餌を漁りながら歩き回る仔豚も，そこに生きる人間も，すべてが島の外に由来しながら，なおかつ全体として島景観をなすという事実に思い至る」（山口 2019b: 351）．山口が地下に潜ることで「島と同化」し，「島の視点」でものごとをみているような感覚を得たというこのエピソードは，オセアニアの人々と島との関係性を考える上でも示唆的である．

　オセアニアの島々では，人と自然を二元論的にみる発想は存在しなかった．土地，海，すべての生き物は祖先，精霊，神々などによって創造され，そして生が吹き込まれていると考えられてきた（Jolly 2018: 23）．そこでは，自然と文化は相互に連関し，かつ相互に重なり合う．つまり，自然は文化でもあり，文化は自然でもある．そのため，人々の振る舞い，とりわけ社会的に誤った行為が，天気／天候，海や島に影響を与えるというように，自然は「道徳的な状態の指標」でもある（Crook and Lind 2013: 12）．土地と人々との関係に端的にみられるようにオセアニアの島々では人々は自然と系譜的なつながりを取り結んできており（Hofmann 2017: 82），それは人々同士の系譜関係と重なり合う．ポリネシア系の言語では，土地と胎盤はしばしば同一の単語である（Salesa 2014: 42）．土地と胎盤はどちらも命を育むものであり，人は土地との系譜的なつながりの中に生まれる．子供が生まれた後，胎盤は土地に埋められ，土に還っていく．また，土地とのつながりは祖先とのつながりでもある．死を迎えて土葬され，肉体が朽ち果てた後しばらくは骨となって土の中で祖先は安らかに眠る．ハワイではオイヴィ（'Oiwi）は（祖先の）骨という意味であるが，それが転じて土地の子ども，すなわちネイティブという意味になったという．プカプカ環礁では，「あなたは，どこに埋められるの」という問いかけがその人物を知る上で重要な事柄

であり，そして，「同じ墓に埋葬される（はずだ）という将来の期待」が現在の人間関係を形成し，個々人によって異なる「生」を「一気に節合する」（棚橋 2019: 330）。

　オセアニアの人々にとって，系譜とはまさに歴史そのものでもある（Salesa 2014）。ポリネシアの歴史は，神々が登場する創世神話に始まり，その後，文化的な英雄の時代が続き，最終的には現在にまで系譜関係でつながっていく（Gunson 1997）。独立して間もない1983年，初めてツバルの人々によって書かれた歴史書，その名も『ツバル──歴史（*Tuvalu: A History*）』（Laracy 1983）はそれぞれの島における神話の系譜関係が重要な位置を占めている。系譜という歴史は，神々や祖先と現在生きている人々を結びつけるものであり，それは数値化された時間に基づく歴史とは別のやり方で過去を秩序立てるものである（Salesa 2014: 40-42）。そして，系譜という歴史もまた土地に根づく。そのため，オセアニアの多くの社会において歴史が空間的にも表されてきた。オーストラリア・アボリジニにとって，川や丘といった景観そのものが歴史性を持って存在しているのであり，それは大地から生まれた精霊が移動することで創造され，そして，現在に至るまで精霊たちがそこを移動することで維持されるという。そこでは，歴史は「カントリー」という場所において空間的に表される（保苅 2004）。

　オセアニア世界において，土地という空間と，歴史という時間と，祖先あるいは親子という系譜関係が重なり合う。こうした世界観を表す興味深い言葉にポリネシア系の言語にあるヴァ（*va* あるいは *wa, vaha'a*）がある。ヴァは関係やその「あいだ」などを意味するが，これは時間にも空間にもそして人間関係にも使われる（Salesa 2014: 42）。土地と歴史と社会の重なりはいまここに限られない。広大なオセアニアの大海原に乗り出し，点在する島々を発見した祖先を持つポリネシアの人々にとって，そこから祖先が来たとされるはるかなる西方にある原郷ハワイキとはまさにはるかなる過去が空間的，系譜的な遠さで示されている（Salesa 2014: 43）。島は時間的にも空間的にもそして系譜的にも彼方にあるものがいまここへとつながる結節点である。

　土地，歴史，祖先とのつながりは，固定的なものではなく，実践によってつくり続けられる過程にある。この点を太平洋研究（Pacific studies）者で詩人でもあるテレシア・テアイワ（Teresia Teaiwa）の言葉を受けて「島する（islanding）」ととらえたい。テアイワは，島（island）を名詞ではなく，動詞としてとらえるように呼びかける（Teaiwa 2007）。「島する」とは島という有限の資源と空間において生きることであり，そのためには，他の人間，植物，動物，土壌，水をケアすることが必須となる。テ

アイワは別のところで，太平洋諸島民であることは環境との深いつながりの遺産をもつことであるとした上で，「私たちの祖先はそれ［太平洋（The Pacific Ocean）］をみつけ，住みついた．それは『ギフト』であり，『精神（minds）』，『心（hearts）』，『魂（spirits）』で世話をする責任がある」（日本語訳ならびに［　］内挿入，筆者）（Teaiwa 2015）といっている．テアイワにとって「島する」ことは「私たちの生を救うような生き方である（It is a way of living that could save our lives）」（Teaiwa 2007: 514）．島嶼学（island studies）者のG・バルダッチノら（Baldacchino and Clark 2013）は，テアイワの「島する」という視点により，創造と生成とのせめぎ合いの過程としての島，そして，未だ決定されていない複数の未来を持つものとしての島をとらえることが可能になるという．そして，「島する」やり方はたくさんあるが，それぞれが複雑な道徳的，社会的，政治的，文化的な側面を持つとも指摘している（Baldacchino and Clark 2013: 130）．

　詩人でもあるテアイワは「島する」ことについて詳細に記しているわけではないので筆者なりに補って説明すると，それは現在でも島の人々が日常的におこなっていることである．島で暮らしていることは島とともに生きていることであり，島の人々の日々の暮らしそのものが「島する」ことである．例えば，島を耕し，その恵みを食べることもその一つであろう．それは，単に食料を確保するための活動ではなく，同時に島を世話することでもあり，それ自体が倫理的，社会的，政治的，文化的な営みである．人々が「島する」ことにより，島が祝福され，豊かな実りをもたらすように人々と島とは互恵的な関係であるとともに，その土地の食べ物を食べることで，つまり島を食べることで人々が島になることでもある．人々は単に島の上で暮らしているだけでなく，島とともに，あるいは祖先とともに，そして歴史とともに暮らしているのであり，それは意味と記憶に満ち，歴史と祖先が宿る，かけがえのない場所である島をケアすることである．さらに，人々は島になりながら暮らしているともいえる．こうしたことこそが「島する」ことである．

　それではキオア島における「島する」ことの歴史と現在から，人々が変化にどのように応答してきたのかを明らかにしていく．

2 別の島へ

　キオア島はフィジー第二の面積の島ヴァヌアレヴ（Vanua Levu）の東のブザ湾（Buca）に位置し，行政単位としてはザカウンロヴェ州（Cakaudrove）に入る．第7章で風間が扱うバナバ人が住むランビ島は北西15 kmに位置する[1]．面積は約18 km²で，標高約280 mの山があり，村落以外は一面森に覆われている．唯一の村落サリア（Salia）は島の南側にあり，広場の周りに教会や集会所，島の開発を担うキオア島カウンシル（Kioa Island Council）の事務所が立地し，その周囲に家々が広がる．村落の中に小川が流れているが，飲用水は上流で採取してパイプで家々に配られる．2017年におこなわれたフィジー政府のセンサスでは島別の人口が確認できなかったが，サリアに359人とあり（Bureau of Statistics 2018），観光用のガイドブックには300人とある（Hajratwala and Stanley 2019）．島の牧師によると人口はおよそ400人から500人程度であるというが，生活拠点はキオア島にあるが，一時的に島外にいる者も含むと思われる．筆者による現地での巡回と衛星写真のデータから推定される世帯数は100前後である．先住系フィジー人とインド系フィジー人も暮らしているが，教員として派遣されている者を除けば，筆者が滞在した時には10人前後であり，人口の圧倒的な大多数はポリネシア系のツバル人で，島ではツバル語が話される．

　現在のキオア島は貨幣経済が浸透し，多くの商品とお金が流通している．個人の小規模な商店（canteen）がいくつかある他，水産センター（fishery）に漁で取れた魚を売ることもある．島を越えた人やモノの移動も頻繁で，サリアから船外機つきのボートに乗って15分ほどで対岸のナトゥヴ（Natuvu）にたどり着き，そこから1日に3本発着する路線バスに乗れば，2時間ほどでヴァヌアレブ島の第二の都市であるサブサブ（Savusavu）に出ることができる．買い物，医療，教育，親族訪問などの多様な目的で人々は頻繁にサブサブをはじめとするフィジー内の他の場所に行き来する．それでも島ではまだ自給自足的な生業が残っており，人々は日々，畑を耕したり，漁に出たり，ブタの世話をしたりしながら暮らしている．

　キオア島のツバル人年長者に移住の歴史を訊ねると，移住初期の大変な労苦の記憶が想起される．慣れない環境のなかで，住む家を自らの手で建て，畑を開墾しな

---

(1)　バナバ人が強制移住させられたのに対して，バイツプ島の人々が自ら島を購入したという差異はあるものの，同じ時期に近くに移住してきたこともあり，移住当初から現在まで両者の交流がみられる．

第II部
反転するインナー・ワールドとアウター・ワールド

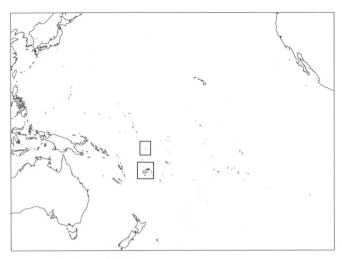

図4-1　フィジーとツバルの位置

［https://www.freeworldmaps.net/ocean/pacific/pacific-ocean-outline-map.jpgを改変］

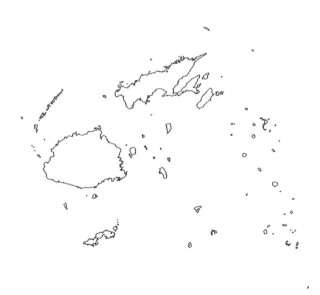

図4-2　フィジー

［https://d-maps.com/carte.php?num_car=3301&lang=enを改変］

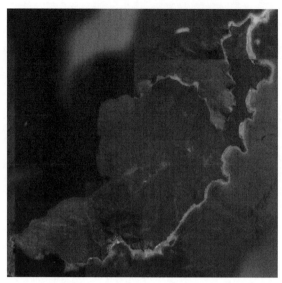

図4-3 キオア島［google 2022を改変］

ければならず，食料も不足がちであった．さらに，持ってきたお金もすぐに底をつ
き，現金を獲得する手段もなかったため，必要なものを購入することもままならな
かったという．そして，それは現在のキオア島の恵まれた状況と対比される．現在
は，食べ物に困ることもなければ，教育もしっかりしており，フィジーの他の場所
で賃金労働に従事する者も多い．現在は「とてもいい（*lei loa*）」というのである．

　現在では，島のある者によればここは「リトル・バイツプ（little Vaitpu）」である
というほどに，ツバル人の島へとつくりかえられてきた．それが端的に現れている
のが村落である．キオア島の村落はツバルのそれと基本的に同じで，集会所と教会
を中心に，その周りに家々が立地するという形になっている．集会所は伝統の象徴
で，社会生活の中心（Chambers and Chambers 2000）であるとされ，キオア島でも島の
重要なことがらを話し合う島会議（*fono ote fenua*）や各種の饗宴（*kaiga*）が開かれる．
集会所ではどこに座るかが社会的な重要性を持ち，内側にある柱の前に首長，牧師，
カウンシル長といった役職者や男性年長者が座る．キオア島の人口のほとんどがツ
バル・キリスト教会（Ekalesia Kelisiano Tuvalu）の信徒であり，ツバルから派遣された
牧師が常駐し，ツバル語の聖書が使われる．日曜日の礼拝には多くの人々が集まり，
毎日朝晩，教会の鐘が村全体に鳴り響くと，広場でのスポーツが禁止され，人々は

第 II 部
反転するインナー・ワールドとアウター・ワールド

図4-4　サリア村落

それぞれの家で祈りを捧げる時間になり，家々からツバル語の賛美歌が聞こえてくる．

　人々はキオア島にはバイツプ島の「伝統（*tuu*）」が生きていると語る．伝統が指す内容は多岐にわたるが，このように語る者の多くが「集う（*kau fakatasi*）」ことに言及する．人々が集まること自体よいことであり，饗宴などでは島の人々全員が集まることが理想である．また，多くの人々が集まって力を合わせて働く，つまり「共働（*galue fakatasi*）」することで大きな成果をあげるとされ，例えばキオア島にある小学校も，島の共同作業として多くの男性の作業によって建てられたという．島の饗宴などでは全員で準備する．冠婚葬祭などにも関係する親族がすべて協力して準備をする．人々は島コミュニティが「一つ（*tasi*）」になることを重視する．そして，ファーテレ（*fatele*）という伝統的な踊りでその「一つ」になることが体現されると言われる．ファーテレでは，多くの人々が集まり，一斉に手を叩き，歌を歌うことで音をつくり，それに合わせて踊り手らが同じ振りで踊る．

　他方で，バイツプ島民による移住以前の歴史をキオア島に見出すことは難しい．キオア島はもともとサリア（Salia）という氏族（*mataqali*）の先住フィジー人の島であった．フィジーの土地所有は複雑で，19世紀においてはそこに住む人々が使っている

図4-5　ツバル
［tuvalu map/Rainer Lesniewski/Shutterstock.comを改変］

土地であっても，大首長が処分することもあったという．1853年，当時の大首長トゥイ・ザカウ（Tui Cakau）が，パケット号（Packet）という船の船長であるオーウェン（Owen）という人物にこの島を売却してしまい[2]，さらに大首長の命令によって，キオア島の先住民であったサリア氏族の人々は自らの島を追われたという[3]．その後，キオア島はオーウェン島と呼ばれ，ココナツのプランテーションとして利用されてきたが，所有者が何度か変わったのち，1946年にオークションに出され，バイツプ島の人々によって購入されたのである．現在のキオア島には，サリアという氏族の名前が村落の名前として残っている他には，島の北にあるナンバと呼ばれる場所にプランテーションの名残があるくらいである．

　バイツプ島はツバルを構成する九つのサンゴ島の一つである．面積は5.6 km^{2}と，火山島であるキオア島の三分の一ほどしかなく，低平で陸上の淡水資源もほとんどなく，土壌もサンゴや有孔虫に由来するため，アルカリ性の有機物の少ない土地である．そのため，ココヤシ，タロイモ，プラカ，パンノキ，パンダナスなどは育つが，それ以外の作物を栽培することは難しい．バイツプ島には，国唯一の公立の寄宿制の中等学校（セカンダリースクール）があり，人口は2017年現在で1,061人（居住人口）と，キオア島の2倍以上ある（Central Statistics Division 2017）．バイツプ島の暮らしもまたキオア島と同様に貨幣経済が浸透しながらも，人々は伝統的な生業をしながら暮らしている．ツバルでは首都フナフチ環礁に全人口の半分以上が居住するなど，人口が一極集中しており，バイツプ島を含む離島から首都の島への人口流出が続いている．

（2）　トゥイ・ザカウが住むタヴェウニ島（Taveuni）のソモソモ村（Somosomo）の人々がバウ（Bau）に行くための船賃だったという（Derrick 1965: 256）．
（3）　サリア氏族の人々は湾を挟んでキオア島を眺めることができるブザ村落（Buca）に現在でも暮らしている．

　第Ⅱ部
　　　反転するインナー・ワールドとアウター・ワールド

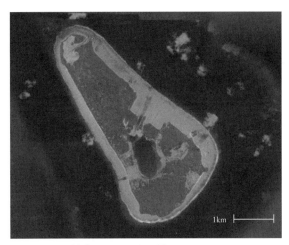

図4-6　バイツプ島［google 2022を改変］

　キオア島の人々が他の多くの移民コミュニティと決定的に異なるのは，この島全体がバイツプ島の人々の土地である点にある[4]．フィジーの土地の約8割強は売買することができないネイティブ・ランド（native land）である．他方で，キオア島は自由に売買されるフリーホールド・ランド（freehold land）に該当する．第二次世界大戦後，フィジーのスバで植民地行政官として働いており，かつてバイツプ島中等学校の校長でもあったケネディ（Kennedy）は，キオア島がオークションに出されるのを知ると，バイツプ島の人々にその購入を持ちかけた．人々は集会所で議論した末にまだ見たこともないこの島の購入に合意した．それを受けて，1946年におこなわれたオークションにて3000フィジー・ポンドで落札し，キオア島を手に入れた．

　バイツプ島は当時，ツバルの中で最も人口密度が低く，喫緊の土地不足はなかったが，将来的な人口増加に備えるためや，自らの島の威信（prestige）を他島に示すために購入を決断したという（Bedford 1968）．第二次世界大戦中，ツバル（当時はエリス諸島）には米軍が駐留しており，バイツプ島を含むツバルの人々は彼らの下で働くことで多くの賃金を得ていた．戦争が終わると，バイツプ島の人々はそうした賃

---

(4)　ただし，厳密にいうと，法的な所有者は「バイツプ島の人々の代わりに（on behalf of）フィジー総督」（Bedford 1968: 50）と登録された．

金を集めて病院を建設する計画を検討していた．そんな時に，島の購入という話が舞い込んできたのであり，人々は急遽，そちらを選んだのである[5]．

キオア島は購入資金を出資したマタヌイ（*matanui*）たちのものであると考えられている．マタヌイとは饗宴のために食べ物を供出する単位である．バイツプ島をはじめツバルでは，島の饗宴などには欠かさず食べ物などを供出することが求められる．この食べ物の供出は世帯単位でおこなわれることが多いが，必ずしもそれに限らない．例えば，老人がひとりで暮らしている場合は，家（*fale*），つまり世帯と認識されるが，自らが名乗り出ない限りマタヌイには含まれない．反対に一つの家で暮らしていたとしても，働き手が多ければ，自ら望めば二つのマタヌイを出すこともできるが，その分，二つ分の食べ物を供出しなければならない．ツバルでは大小様々な饗宴が年間を通して頻繁におこなわれており，それらにすべて応えていくことは時に自らの世帯を犠牲にせざるを得ないほど負担が大きい．ただし，その分，マタヌイは，他島からの贈り物などの何らかの利益があれば，今度はそれが分配される単位にもなる．

キオア島を購入するために島の内外に居住するバイツプ島の人々の間で資金が集められた．資金集めの最後にマタヌイによる饗宴がおこなわれることで，集まった資金は人々のものではなく，マタヌイが管理するものとなった．また，島外からお金を寄せてくれた者に対しても，彼らが帰島する時に，同様にマタヌイによる饗宴が催された．そうして集まったお金にさらに，110人のマタヌイが一人7フィジー・ポンド出資し，キオア島を購入することになった（White 1965: 3）．その後，キオア島を購入する資金を出資したマタヌイは「キオア島のマタイ（*matai o Kioa*）」と呼ばれるようになった．マタイとは家長などの長や主人，支配者などといったように幅広い意味をもつ言葉である．彼らはバイツプ島に居住しているため，本論では以降，「キオア島のマタイ」ではなく，「バイツプ島のマタイ」と呼び，キオア島の土地の所有権を持つバイツプ島の出資者を指す．なお，現在では一般的に110のマタイがいるとされるが，バイツプ島出身者以外の出資者を後でマタイから外したり，また，マタイを子どもに継承したりする中で，誰がマタイであるのかやその正確な人数については当事者の間でも意見が分かれることもある（Teaiwa 1997: 145）．

---

(5) なお，1947年にツバル・ナヌメア環礁の人々も同じフィジーのワカヤ島（Wakaya）の購入を検討していたというが，こちらは実現しなかった（Bedford 1968: viiixl）．

第Ⅱ部
反転するインナー・ワールドとアウター・ワールド

バイツプ島のマタイたちは，キオア島に人々を送り込んで，いずれ自分たちが移住する時のために島の開拓を進めようとした．1946年に先遣隊を派遣して島を巡回し，翌年には最初の移住者35人がキオア島に上陸した．その後，1948年に48人，1951年の3月に30人，9月に10人，1954年に43人，1956年に33人，1959年に8人，1962年に9人の合計216人がキオア島へと渡った（White 1965）．最初の移住者は，新たな島を開発するための重労働を担うという期待から成人男性が多く選ばれた．とりわけ1940年代までは移住者の生活は困難の連続であったといい，その様子がバイツプ島に伝わると，キオア島への移住者を集めるのが難しくなったという．また，なかには理由をつけてバイツプ島へ帰り，二度とキオア島に戻らなかった者もいた．1950年代以降には次第にキオア島での生活も安定していき，現地で新たに生まれた子供も加わって，人口は1963年に235人，1967年に299人になった（Bedford 1968: 55-57）．当時は，バイツプ島が位置するエリス諸島（現在のツバル）とキオア島が位置するフィジーはともにイギリスの植民地支配下にあったが，異なる行政区分にあったため，フィジー政府との間で事前にバイツプ島から移住できるのは250人までと合意していたが，1962年を最後にキオア島への移住は終結した．

3　　新たなつながりと新たな葛藤

　移住した人々は新たな島「と」の，あるいは新たな島「で」のつながりをつくり上げていった．1947年の最初の移住当時の島の状況について人類学者のR・ベッドフォードは以下のように描写している．「キオア島は深い広葉樹の二次林に覆われていて，4280エーカーのうち，ココヤシが植えられているのは30エーカーにすぎなかった．そこはかつてプランテーションの名残があるナンバと呼ばれる地域で，バイツプ島の人々が購入した時，長らく放棄されていた．島では他に食料となる作物はほとんどなく，海岸沿いにタピオカが植えられた区画が点在しているくらいであった」（Bedford 1967: 85 ［筆者による訳］）．この島に初めて移住した時の様子についてある年長者は「到着するまで，大きな期待を抱いていた．しかし，到着したら，海岸沿いに一軒の小屋があるだけだった．大きな山を見るのは初めてであったが，後悔の思いしかうかばなかった．最初の祈りが呼びかけられた．賛美歌を歌い始めたが，2番目を歌っている時，船が出航する音が聞こえ，私たちはみな涙を流した．こん

なはずではなかった」と語っている（Paton 2009: 140 [筆者による訳]）．語りの中に「祈り」とあるように，移住者は神とともにこの困難に立ち向かおうとしていた．有力な年長者であり歴史家でもあるロト・フィアフィア（Loto Fiafia）によれば，そもそもキオア島への移住は，バイツプ島の古くからの言い伝えにある，いつか水平線の彼方の土地（Vai siku lagi：直訳すると水，土地，天）に行くという預言が実現したものであるといい，それは神による「約束の土地」であると読み替えられる（Edwards 2012）．

移住者たちは様々な困難に直面しつつも，コミュニティとしてこの島をつくりかえ，自らが住むに堪える場所にしてきた．彼らはキオア島の北に位置するナンバという場所にあった外国人商人によってプランテーション栽培がおこなわれていた時に建てられた小屋で寝食をともにしつつ，そこからサリアまで通ってその土地を共同で切り開き，村落をつくり上げていった．ナンバはココヤシやタロイモ栽培には適していたが，平野部が少なく，あまり居住には適していなかったため，平らな土地があり，砂浜から海へのアクセスも良いサリアに村落がつくられた．彼らはサリアに自らの家の他に，集会所（兼教会）を建て，それを新たな移住者が来た時に寝泊まりする場所としても使っていく．しばらくするとサリアに寝食の拠点を移し，家の建築，共有畑の開墾，旧プランテーションでのコプラ生産をおこなう三つの集団に分かれつつ，共同で島を開発していった．共有畑はサリア村落とナンバのそばの土地につくられた．移住者たちは，生活必需品やバナナなどの現地で取れた食べ物を共有し，共有の畑から収穫されたものは世帯ごとに分配したという．移住初期には不足する現金を得るためにキオア島の外へと出稼ぎに出るものもいたが，彼らの労働はキオア島のコミュニティのためのものであり，生活費を除いて彼らの賃金はコミュニティが受け取るものとされた（White 1965: 7-9）．

移住者のコミュニティは閉じたものではなく，最初から近隣のフィジー人とのつながりの中にあった．最初の移住者が乗った船は連絡の行き違いで，バイツプ島に到着後にすぐに出発せざるを得なかったため，十分な準備をすることができなかった．キオア島到着後，生業が軌道に乗るまでは，食料品を購入することで当座を凌いだが，2回目の移民団が持ってきたバイツプ島のマタイが用意した資金もすぐに底を尽いた．こうした中，彼らの生を支えていたのが，キオア島の対岸にある近隣のフィジー人の村とのつながりであった．彼らはフィジー人から根茎類をはじめとする食べ物の贈与を受け，環礁にはない植物の育て方を教えてもらっている．最初

の移住者が来たときはナウィ村（Nawi），2回目の移住の時はロア村（Loa）の人々から食べ物の贈与を受けたといい，移住者がくるたびに近隣の別の村との関係がつくられた．島での生活が落ち着いた後には，フィジー人に返礼することで，互酬的な関係として維持されていったという．1960年代にフィールドワークをした人類学者のG・M・ホワイトは，キオア島民と近隣の村落のフィジー人との友好な関係性が確立されていると記録している（White 1965: 7-8）．なお，フィジーへの植物の持ち込みが禁止されていたため，キオア島で植えられた植物はキオア島にすでにあったもの，あるいはキオア島に程近い近隣の村落のフィジー人から贈与されたものであったと考えられる．

　興味深いことに，故郷のバイツプ島で最も重要な食べ物はココナツ（ココヤシの果実）であるが，キオア島で真っ先に植えられたのはタピオカ（*tapioca*：キャッサバ）やサツマイモ（*kumala*）であった．それは火山島であるキオア島ならではの作物であり，さらにココヤシとは異なり，植えてから数か月で収穫することができるという点で移住初期にとりわけ重要であった（White 1965: 8）．1948年には早くも共同の畑の他にも世帯ごとの畑も開墾し，タピオカやサツマイモ，さらにはツバルの伝統的な作物であるタロイモ（*talo*）やプラカ（*pulaka*：ジャイアントスワンプタロ）も育てられた．1948年にはそうした畑がまだ実りを結ばず，また持ってきた資金も底を尽きて食料を購入できずに食糧難に陥ったが，翌年には共有の畑も世帯の畑も実を結び始め，以来，安定して食料を確保できるようになったという（White 1965: 9）．その後も，共有畑と世帯の畑の両方を拡大していき，新たな移住者が来た時にはまず共有の畑を利用し，やがて世帯の畑をつくっていった．移住直後からナンバの旧プランテーションで実を結んでいたココナツが利用されたが，それは日々の糧というよりは，乾燥コプラにして現金収入を得る換金作物としてであった．人々が，ココヤシを本格的に植え始めるのは，移住から数年後の1950年以降である．環礁であるバイツプ島ではココナツは植えれば勝手に大きく育っていくが，土壌が豊かな火山島のキオア島では，ツタ性の植物が繁茂してしまってよく育たない．そのため，あらかじめココナツを3～4か月ほど「苗床（nurseries）」で成長させてから移植したようだ（Bedford 1968: 56）．

　土地の開墾が一段落した後，移住者たちと故郷の島のマタイとの間に対立が生まれた．問題となったのは，キオア島の土地の権利であった．移住者たちは共同で土地を開拓し，共同で利用してきており，移住初期の段階ではこのやり方はうまくい

っていた．ただし，集会所や教会を共同で建て，個々の世帯の家屋を建設し，共有のタロイモ畑やココヤシ・プランテーションを整備した後，人々はバイツプ島のマタイたちに無断で世帯ごとに畑を切り開いていった．そして，食料が安定して手に入るようになると，人々は島の土地を世帯単位で分割して，移住者たちに土地の権利を分け与えるようにバイツプ島のマタイたちに求めたが[6]，バイツプ島のマタイたちはそれを受け入れようとしなかった．キオア島の土地は購入する資金を出資したバイツプ島のマタイたちのものであり，移住した人々は単にこの島を開発するために送り込まれたに過ぎないのであった．バイツプ島のマタイたちはキオア島にいる人々が共同で島を開発するべきという姿勢を崩さなかったため，移住者による開墾の意欲が低下しココヤシ栽培は思ったほど進まないなど，キオア島の開発はしばらくの間，停滞することになる．こうして，1960年代初頭まで，人々は日々の暮らしに困らない程度の生業を続けるだけであった（Bedford 1968: 55）．

1950年代には，島の購入をバイツプ島に持ちかけた張本人である前述のケネディがキオア島に移住し，独自の開発案を実施しようとした．ケネディはコプラを運搬するための道路の建設や，製材所を設置して材木を売却する計画を主張した．こうした計画が一部の人々のみとの相談によって進められたこと，彼の高圧的な態度，フィジー人に土地を開墾させてそれを自らの家族に継承させようとしたことなどから，多くの人々の反発をかった．それにより，ケネディを支持する者とそうでない者の間で対立が生まれ，島の共同作業がおこなわれなくなり，饗宴は別々におこなわれた．なお，反対する者によってココナツのプランテーションがつくられ，そこは「白人の追放（Tulipapalagi）」と命名された．最終的にケネディが島外へ追放されることで事態は収束するが，島の中の対立は，ケネディが追放された後もキオア島の人々に深い傷として残ったという（White 1965）．

1963年になるとフィジー政府の仲介によって事態が大きく動く．フィジー政府によるココヤシとカカオの植樹に対する補助金支給計画にキオア島も含まれることになり，同年に土壌の調査がおこなわれた．その結果，ココヤシとカカオの栽培に適

---

(6) バイツプ島にも島の共有地はあるが，人々が日々，利用しているのは彼らが所有する土地である．土地は個人で所有されることもあるが，多くは家族，親族で所有されている．土地は人々の生活の糧を得るための重要な場所であり，自分たちが何者であるのかを示すアイデンティティでもある．かつては自分たちの土地に胎盤を埋め，現在でも共有の墓地ではなく，自らの土地に死者を埋葬することも多い．そうして，人々は土地を系譜的に継承するだけでなく，土地と系譜的につながっている．

した土地を含んだおよそ25エーカーのブロックが54設定され，成人男性に一つずつ（世帯あたり最高二つまで）割り当てられることになった．ただし，こうしてキオア島で事実上，土地が分割された後も，バイツプ島のマタイたちはそれをなかなか認めようとはしなかった．しかし，フィジー政府がそれ以上の移住を認めないことが明らかになると，彼らも土地の分割を認めざるをえなくなった[7]．土地が分割された後，1964年8月から1967年1月までに，950エーカーのうちの374エーカーが切り開かれ，300エーカー近くが植樹され，それぞれに補助金が支給された．キオア島の人々は村落からそれぞれのブロックへと移り住み，そこで寝泊まりしながら作業を続けた．ブロックでは，タピオカ，タロイモ，サツマイモ，サトウキビ，パパイヤ，バナナなどの食用の作物がまず1〜2エーカーほど植えられ，その後，雨季がはじまる10月から2月にブロック内のそれ以外のエリアが切り開かれてココヤシが植えられた．なお，結局カカオは植えられなかった（Bedford 1967: 89-91）．

　このブロックはキオア島の人々にとって生業としてのみならず，社会的に重要な意味を持つことになった．それはブロックがイトゥアラ（*ituala*）と呼ばれる村落の双分組織にも取り入れられたことにもみてとれる．ツバルの伝統的な村落は教会や集会所を中心に二つに分かれており，饗宴の準備や踊りやスポーツの対抗の単位として重要な役割を果たす．ツバルでは村落のどちらに家屋が位置するのかによってどちらの双分組織に属するのかが決まるが，キオア島では村落外の森（*vao*）に割り当てられたこのブロックが島の東側か西側のどちらかに位置しているのかで分かれる[8]．

　ただし，人々はブロックに住み続けることはなかった．分割当時，キオア島で指導者（*takitaki*）にあったネリ・リフカ（Neli Lifuka）は，ブロックに住み着いて土地を開発し，コミュニティの行事のために週末だけ村落に帰るように呼びかけていた．

（7）　現在でもキオア島の土地はバイツプ島のマタイたちが所有権を持つとされるが，分割されたブロックはキオア島の人々の間で相続され，それはマタイも承認しているという．

（8）　なお，ツバルの伝統的な村落は，19世紀末あるいは20世紀初頭から始まるキリスト教の教会，イギリスの植民地支配の影響によって再編されたものであり，それまでは島の中で親族集団ごとに分散して居住していたが，全ての家屋が教会や集会所のまわりに集住する村落が形成された（小林 2019）．村落を二分する双分組織もその時につくり出されたものである．他方のキオア島では断続的に移住と島の開発がおこなわれ，火山島という地形に合わせて居住域が広がったため，集会所や教会を中心に村落を二分する双分組織を設定するのが困難だった．このために，島全体に比較的満遍なく分散するブロックの地理的な位置が指標になったのではないかと考えられる．

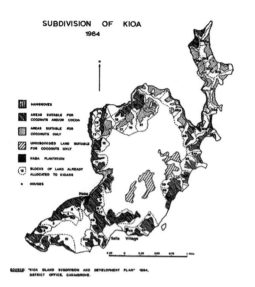

SUBDIVISION OF KIOA
1964

MANGROVES
AREAS SUITABLE FOR
COCONUTS AND/OR COCOA
AREAS SUITABLE FOR
COCONUTS ONLY
UNSUBDIVIDED LAND SUITABLE
FOR COCONUTS ONLY
NABA PLANTATION
BLOCKS OF LAND ALREADY
ALLOCATED TO KIOANS
HOUSES

Naba

Salia Village

SOURCE: "KIOA ISLAND SUBDIVISION AND DEVELOPMENT PLAN" 1964,
DISTRICT OFFICE, CAKAUDROVE.

図4-7　キオア島の分割［Bedford 1968より］

しかし，人々は村落に残って時々ブロックに働きに出ていくことを選んだ．ネリは，当時の年長者らは集会所の建設のために労働力を集め，度重なる饗宴によって浪費していることを非難しており，また，若者がブロックに行きたがらないと嘆いている（Koch 1978）．彼はコミュニティの重要性を認めるものの，世帯ごとに島を開発することを訴えたのである．こうしたコミュニティの共同作業や饗宴を重視するのか，それとも世帯ごとに働いて開発するのかという葛藤は現在のツバルにおいてもよくみられるものである（Chambers and Chambers 2000）．

4　ツバルとフィジーの間で

　現在，キオア島の人々を悩ます最も大きな問題の一つが伝統の「フィジー化」である．バイツプ島の人々がキオア島に移住し，キオア島民になっていく過程で，近隣のフィジー人とのつながりは不可欠であった．しかし，そうしたつながりによって，キオア島の伝統が変化してきたというのである．キオア島の人々は自らの伝統がバイツプ島のそれと全く同じであると語る一方で，近隣のフィジー人の影響を受けて，バイツプ島の伝統は変化してきたとも考えている．

　人々が伝統の変化の例としてまっさきにあげるのが，カヴァ（*yaqona*）飲みの習慣である．カヴァはコショウ科の低木で，根を乾燥させて粉末状にし，それを袋に入れて水の中で濾して飲む．広くオセアニアの島々で飲まれてきたが，環礁のツバルではカヴァは栽培できず，それを飲む慣習はなかった．ツバルの伝統的な嗜好品はココヤシの花芽から出る樹液カレヴェ（*kaleve*）を発酵させたヤシ酒（*kao*）である．キ

リスト教の教会は信徒の飲酒を禁止しているが，男たちは集まってこっそりとヤシ酒で酩酊する．最近では，首都のフナフチ環礁を中心にフィジーから持ち込まれたカヴァを夜な夜な嗜むことも増えてきているが，それでも一番の嗜好品はビールやラム酒などのアルコール系の飲料であり，離島ではヤシ酒が幅をきかせている．

これに対して，キオア島ではカヴァは男性たちの間で広く飲まれているだけでなく，葬儀や婚姻などの饗宴にも必要不可欠なものとなっている．ヤシ酒で酔っ払ってケンカをするのがツバルの若者の間でよく起こる「社会問題」であるのに対して，鎮静作用があり，眠気をもたらすカヴァは「安全な」飲み物と

図4-8　カヴァを粉にする

して，しばしば肯定的に評価されている．そのため，ツバルではヤシ酒がつくられるのも飲まれるのも（半ば公然ではあるが）こっそりとおこなわれるのに対して，キオア島でのカヴァ飲みはその製作過程を含めて大っぴらにおこなわれる．葬儀や婚姻の饗宴の準備でも夕方になればおもむろに人々は主催者側が用意したカヴァの根を砕いてパウダーをつくりはじめ，女たちが料理を続ける側で男たちが車座になってカヴァを飲み始める．カヴァはキオア島で栽培されており，時折，盗まれるというほどの人気を誇る．カヴァの根を天日干しにする様子も日常的に見られ，乾燥した根を粉状にするための鉄製の臼や棒などもある．飲み方もフィジーのそれと同様に，ホストが布で濾してつくり，ココナツの殻でつくったコップに入れて，参加者に平等に配る．参加者がコップを受け取る前に「タロファ（*talofa*）」と言って，拍手

を2回して受けとり，一気に飲み干してからコップを返し，3回拍手する，という手順を踏むところも，フィジー語のブラ（*bura*：こんにちは）の代わりにツバル語のタロファが使われている以外は，概ねフィジー流であるといえよう．一人で飲んではいけないという点も同様である[9]．

　他方で，キオア島ではヤシ酒やその他のお酒はつくられていない．ツバルでは，ココヤシの樹液を一日に二度，採取するとともに，樹液が出やすいように花芽をナイフで削るというのが男たちの日課である．樹液をそのままにしておくと勝手に発酵してヤシ酒になるが，樹液自体はそのまま，あるいは水で薄めて甘い飲み物になるし，煮詰めてシロップにすればカレヴェクラ（*kaleve kula*）という調味料になるなど，ツバルの伝統的な食文化に欠かせないものである．かつてはキオア島でもカレヴェの採取がおこなわれており，他のフィジーではみられないキオア島の伝統としてガイドブックにも取り上げられていた（Stanley 2000: 693）．しかし，2019年に筆者が滞在した時にはつくられていなかった．

　他の作物からも伝統の変化がみられる．ツバルでは，ココナツ，タロイモ，パンノキなどが重要な栽培作物であり，とりわけココナツを食べて生きているとされることが多い．確かに，ココナツは現在でも食べられているが，首都ではもはや輸入された米や小麦粉にほぼ取ってかわられ，離島でもそれらに押され気味ではある．しかし，やはり人々のアイデンティティはココナツである（Chambers and Chambers 2000; Falefou 2017）．他にもタロイモと，プラカなども広く食べられている．タロイモやプラカは饗宴用としても重要であり，その大きさが競われることもある．ところが，キオア島ではこうした作物はあまり重要な意味づけがなされていなかった．ツバルでは毎週肥料をあげるなどの手をかけないと育たないタロイモやプラカも，土地が豊かなキオア島では放っておいてもすぐに大きくなるという．そのため，饗宴において用いられることもあるが，日常食としてそれを食べるのは，怠け者として見られて，とても恥ずかしいことだという．他方で，働き者の男たちはタピオカなどの根茎類を栽培し，家族にそれを食べさせることが自慢であるという．

　キオア島の伝統が変化した原因としてあげられるのがフィジー人との通婚である．キオア島への移住者は1940年代まで若い男性に偏っていたが，近隣の先住フィジー人に結婚相手を求める事は少なく，妻の候補になる人がいないというのがバイツプ

（9）　なお，ヤシ酒も複数で飲むことが望まれるが，一人で飲んだとしても特に問題ない．

図4-9　タロイモ畑

図4-10　タピオカを植える

島に帰還するための口実になっていた（White 1965）．しかし，次第にフィジー人との婚姻も増えていき，現在でも数は少ないもののとりわけ珍しいことではない．先住フィジー人女性が婚入してくる例が若干多い印象だが，男性の婚入もある．筆者の滞在中に出会った先住フィジー人女性は全員が日常会話で問題なくツバル語を話すとともに，キオア島で主流のツバルの伝統にも従っており，彼らの多くがキオア島のコミュニティに参加していると感じた．少なくとも筆者が見たかぎりではフィジー人女性たちも等しく饗宴の準備をしており，島の中でツバル人女性の振る舞いと大きな差異をみることはできなかった．婚入してきた個々のフィジー人女性が否定的に言及されることもない．しかし，次第に進展するフィジー人との通婚の増加とその結果生じる混血の増加という一般的な傾向に対しては，人々は否定的にとらえている．

　近代国家であるフィジーの中にキオア島が位置していることもあり，キオア島の人々にとってフィジー化は近代化と重なる点も多い．島の小学校ではツバル語と英語が主に使われており，小学校の教員の中にもフィジー人が含まれる．中等教育を受けにキオア島を離れてタヴェウニ島（Taveuni）の寄宿生の学校に進学すると，そこではフィジー語と英語が使われる．また，生活必需品の購入などにはサブサブ市内まで出かける必要がある．市内では多くのインド系フィジー人が店を経営しており，必要な物品はそうした店で購入する．島外の賃金労働に従事するためには英語が欠かせないが，フィジー語も多少は必要である．ほとんどの者が多かれ少なかれフィジーの他の場所に居住した経験を持ち，多くの人が日常会話程度の英語と多少のフィジー語を話せる．若年層の間では，ツバルは母国であると考えられているが，自らのアイデンティティはツバル人というよりはキオア島民あるいはフィジー人と規定する者も多いという（Paton 2009: 144）．

　伝統の変化は，コミュニティの弱体化として現れると考えられている．ある女性年長者は，かつては島で葬儀や婚姻があれば，島のすべての人々が集まって，その準備をしていたという．しかし，今では人々は自分のことばかり考えており，島の饗宴があってもそれに参加せずに，自分のことばかりしているという．別の男性年長者もまたコミュニティの力が弱くなっているといい，かつては人々が共同で作業をしていたが，現在はそれも少なくなった．彼が若い頃は，学校や集会所，教会などの建物を島の人々総出で建てたり，あるいは修理を施したりしていたが，かつてのように島総出でおこなうことはできなくなったという．人々は自分たちのためだ

けに仕事をしているのだという．コミュニティの一体感を体現する島の饗宴もまた必ずしも島の人々全員が参加するわけではなくなってきたという．

5　さらなる変化

　さて，現在，キオア島の人々が直面するもう一つの問題に気候変動がある．人々は気候の変化や海面の上昇といった一般的な傾向について，身の回りの変化に引きつけてとらえていた．例えば，キオア島は一年中温暖で年間を通して降水量もあるが，５月から10月が乾季とされ，降水量が少なくなり，気温が多少下がり，反対に11月から４月までが雨季で，雨が多く，気温が多少高くなる[10]．しかし，筆者が滞在した2019年の８月末から９月頭は例年になくしとしとと雨が降り続いていた．人々に尋ねると，こうしたことは珍しく，気候が変化したからだろうという回答であった．

　多くの人々は，具体的な変化を日々の生活の中で敏感に感じ取っていた．雨季と乾季がそれまでとは異なることに加えて，台風が増加あるいは強くなっていること，さらには，村落前の海岸が侵食されていることなどを語ってくれた．例えば，筆者が村落の広場を通って海岸沿いを歩いて小学校の方向へと歩いていた時に，一緒にいたある男性は海岸線を見ながら，かつては海岸線に２つ家が建っていたが，どちらも1990年代には侵食でなくなってしまった，と語ってくれた．近年では侵食のみならず，海水の流入も深刻になってきた．火山島であるキオア島は，環礁島であるツバルとは異なり，島全体が「水没」するとは考えられていないが，海岸に面した低平な場所に村落が立地しており，11月から３月にかけて一年で最も潮位が高くなる時期の高潮の時に村落の広場は海水の流入で水びたしになってしまうという．

　村落が面している海岸の侵食や広場への海水の流入は島全体の関心ごとであり，それについての対策も島コミュニティでおこなわれてきた．例えば，2014年には島に駐在していたアメリカの平和部隊（Peace Corps）の男性の協力を受けつつ，島の人々

---

(10)　参考までに，フィジーの首都スヴァの状況に関して紹介する．１か月あたりの平均降水量は雨季では250～350 mmほど，乾季でも200 mm前後である．平均気温は雨季では最低摂氏22度，最高30度弱，乾季では最低20度前後，最高26度前後である（Climatestotravel n.d.）．

が総出で護岸堤防（seawall）を建設した．島の様々な場所から適当な大きさの石が集められ，それを金網でできた蛇籠に詰め，村落が面する海岸線に55 mに渡って，高さ1 m弱ほどの堤防をつくり出した．平和部隊から4,500米ドルの援助を受けたが，それらは主に蛇籠の購入や石を運ぶ際の燃料費に使われ，実際の労働はリマ・マーロシ（Lima Malosi）という若者グループが担ったという．彼らが島の共同作業として無償で重労働に従事した他，女性たちはそうした仕事を支えるために昼ごはんを提供したという．これにより，わずか10日間で堤防を完成させるなど，キオア島のコミュニティの力強さを平和部隊の隊員に印象づけたという（Doak 2014）．

護岸工事によって村落前の海岸侵食が多少は緩和されたものの，侵食や海水の流入は続いており，人々は細かい応答を迫られている．例えば，それはブタの餌やりといった日常的な行動の中にも現れる．キオア島では，村落外の海岸付近に豚小屋が設置されており，世帯ごとに数頭のブタが飼養されている．そのため，村落に程近い場所でブタを飼うものは，毎日，海岸線を歩いて餌やりに行く．干潮時には干上がった岩床や砂浜を歩いていくことができるが，大潮の満潮時には波がかぶるために，歩くこともままならない．大潮の時は朝と夕方の6時頃に満潮になるため，人々はそうした時間帯をなるべく避けることで，簡単に豚小屋まで歩いていく．多くの人々が生活の端々で潮位を確認し，人々のたわいのない会話の中でそうした情報が共有される．また，近年では掃除のしやすさなどから，豚小屋の床をコンクリートでつくることも多く，そうなると簡単には移動できなくなる．侵食によって海岸が後退している箇所があり，そうした場所で新たに設置される豚小屋は以前のものよりも少し内陸側に設置しているというが，海岸部に設置されたもののなかには海岸侵食によって崩落しそうなものもあり，大潮の時に豚小屋が潮をかぶっていた．

こうした気候変動の影響は純粋に自然の領域にあるものではなく，社会・文化と関連しているととらえられている．ツバル語で気候（climate）はタウ・オ・アソ（*tau o aso*）という訳語が当てられる．キオア島に滞在中，筆者はタウ・オ・アソの変化について聞き取りをしていると，人々は社会・文化の変化についても言及することに気づいた．例えば，ある男性は海岸の侵食や風の強さや向きが以前とは異なっていると言った後，若者が年長者に敬意（*ava*）を払わなくなったとつけ加えていた．かつては年長者が歩いていたら必ず道を譲ったのだが，今では若者はそうした伝統を守ることはない．他にもフィジー人との通婚が進んでおり，ツバルの伝統がフィジー化してきたという．ある女性は，現在，自分たちが食べるものの多くにフィジー

の影響が見られるといい，例えば，タピオカを食べ，香辛料で味つけをするようになった．男たちはフィジーのヤンゴナを飲んでいる．こうしたことが，すべてタウ・オ・アソの変化であるというのだ．

　同様のことはオセアニアの他の島々でも報告されてきた．ミクロネシアのチュークでは，人々は気候変動といった自然の変化よりも，社会の変化を問題視するという．というのも，島の人々にとって，気候変動を含む自然の変化は社会・文化的な変化に根本的な原因があるからである．チュークの人々の世界観では，人と環境が相互に影響を及ぼしており，人々が責任を果たさなくなると，環境に悪影響を及ぼす．例えば，ある植物が生えなくなったのはそれを食べるのをやめたからであり，ある土地が侵食されてしまうのは人々がそこで作物の栽培をしなくなったからであるというのである．気候が変化したのは人々と環境とのつながりが失われたからであり，自然の変化は社会・文化の変化を表している（Hofmann 2017: 91）．

　オセアニアの島々では自然と人／社会とが相互に重なり合う．キオア島でも人々の日々のおこないと自然は相互に連関しており，自然の変化によって人々が変化するだけなく，人々の変化によって自然が変化する．島に該当するツバル語のフェヌア（fenua）は物理的な島としての環礁に加えて，そこに住む人々やコミュニティを含む．物理的な島が変化することも，人々が変化することもともにフェヌアの変化である．そうであるならば，自然の変化への応答はコミュニティの変化への応答を伴っていたとしても不思議ではない．村落の広場の侵食や海水の流入がコミュニティの重大な脅威であると認識し，護岸工事を島コミュニティとしておこなったことはそれを端的に表している．それは侵食という自然の変化を食い止めるとともに，失われつつあるとされるコミュニティの力を取り戻す契機でもあったのである．自然の変化とコミュニティの変化は同時に食い止める必要がある．

6　　変化にたえる

　キオア島の例が教えてくれるのは，変化の中でどう生きるべきかについてである．人類学者のT・インゴルドによるとこの世界は変転する「気候―世界」（ウェザー・ワールド）である（2021）．哲学者の河野哲也の説明によると，天と地は「安定的に分離した領域」ではなく，「変転する大気と流動する大地とは，雲のように入り混じ

り，相互作用する」ため，世界は常に複雑かつダイナミックに変化・生成し続ける（河野 2013: 3）．そのため，ウェザー・ワールドにおいては固定的なものは，動的な運動性の結果として一時的にそのようにみえるだけだという．例えば，「大地が固定しているように見えるのは，海や風からの浸食に動的に抵抗しているからである」．このように「安定性は反作用と抵抗の結果」であり，「自己維持は積極的・創造的にしかなしえない」（河野 2013: 21）[(11)]．それでは，こうした世界でどのように振る舞えば良いのであろうか．河野は道徳実践を「人間の環境に対するレジリエンスを成長させること」と定義し，それが変転する存在に対応できるように「開かれ，動的でなければならず，道徳的な社会とは，そのような実践ができるように自らを改変できるダイナミズムを持っていなければならない」と論じる（河野 2013: 22）．

　河野は，インゴルドの「海を眺めれば，私たちは運動していて流動している世界，大洋と大空の世界，ウェザー・ワールドを見るのである」を引用しつつ，ウェザー・ワールドを「変転する大洋」としての地球「プラネット・オーシャン」と言い換えた上で，船乗りのイメージで説明している．「私たちは，空気と水という互いに流動的な存在が相互に働きあって，複雑な波形を作り出す海の上で，その力を利用しながら，同時にその力に翻弄されてもいる船乗りである」（河野 2013: 4）．荒れた海を航海中の船上で水の入ったコップを運ぶ例によって，荒れる船の上では早く運べるかではなく，「不意に大きく揺れる床の上で転ばないでいることの方が重要になる」という．そのために，膝を緩めて船の揺れに備える柔軟性や「ダイナミックな適応力」が必要になるというのである（河野 2013: 13）．

　河野の議論を単純にまとめると，自然は常に変化しており，変化する自然に動的に対応しうるように振る舞う適応力が重要である，ということであろう．河野が用いる航海やカヌーは，現在もオセアニアの人々の生活の一部であるだけでなく，重要な思考の道具であることもあり，彼の議論はオセアニアの人々にも当てはまる点も多い．ただし，オセアニアの人々は変化する自然に合わせて柔軟に応答する一方で，自然，あるいは周りの状況が変化すればするほど，確固たる伝統が重要になると語ってきた点にも注意を払う必要がある．ミクロネシアのチュークでも，人々は

---

(11)　「物は束の間『束ねられた（binding）』に過ぎない．それは運動のなかで縛られ，繋がったのであり，また解かれ，分離していく．束ねることとは，運動している素材を集め，全体として織り合わせる過程であって，静的素材を固定した型にはめ込む過程ではない」のである（河野 2013: 18）．

　第 II 部
　　　反転するインナー・ワールドとアウター・ワールド

すべてが変化する中で柔軟に生きていくべきだとは考えない．そうではなく，ものごとが変化しつつある中で，「知っているもの (what is known)」，「確固たるもの (fix)」を拠り所にするのである．この点に関して伝統的な航海術に基づいて人々は説明するという．出で立つ島々は未知の海原へ乗り出す際の「不動点」になる．そうでなければ，「馴染みのない海域を，記憶も不動点も導いてくれない中で漂流しなければならなくなる」．それは，彼らが最も恐れる状況である (Hofmann 2017: 93-94)．オセアニア的な関係の空間において移動は繋留を必要とし，離れた島はアンカーであり，いずれ帰還する場所でもあり，どんなに離れようとも故郷の島は心にある (Hofmann 2017: 80-82)(12)．また，インゴルドも別の箇所で「海上においては，液状の媒体の中に場所を見つけてしっかりと留まることが最大の課題」と論じている (インゴルド 2018: 37)．

　キオア島の例においても，新たな環境への適応と伝統を守ることという二つの側面をみることができる．キオア島の人々は新たな環境や変化に柔軟に適応しているといえる．故郷の島では文化的に重要な作物であったココヤシとタロイモの代わりにフィジーで一般的なタピオカに切り替える，といったものもその一つであるし，火山島での暮らしの中で栽培する作物の文化的な意味も変容した．また，社会組織も移住先の生態学的な条件，あるいは移民と開発の経緯によって柔軟に変化した．双分組織が村落内の居住地を二分する分け方ではなく，耕作地の位置による分類が採用されていたのがそれにあたるだろう．気候変動に対しては，ブタの餌やりの時刻を変更したり，豚小屋の場所を山側に設置したり，あるいは，海岸の護岸工事をすることも，彼らの適応力を示すものである．他方で，キオア島の人々は伝統を守り続けてきたことも確かである．人々はタピオカに代表されるフィジーの作物をつくる一方で，故郷のバイツプ島の作物もまたつくり続けている．ココヤシを植え，現在でも生で魚を食べる時のお供としてココナツを食べている．タロイモも普段はあまりみられないが，つくられなくなったわけではない．今でも饗宴の時に必要不可欠なので変わらずつくられているという．ツバルの伝統である集会所もキオア島に

---

(12)　もちろん，この「見知っているもの」，「確固たるもの」はその時々の状況によってかわり，例えば，エタック航法と呼ばれる航海術では，外洋での航海中において島々は動くものとして，動いているはずのカヌーを静的な参照点とされる．その場合，「動かない」カヌーが伝統であり，周囲の世界が動いているということになる(The Canoe Is the People n.d.)．そのため，伝統を失うと変化する世界の中で安定していられず，「暗黒時代」に漂流してしまうというようにも語られる．

つくられ，現在でも島の話し合いがそこでおこなわれる．集会所では他にも饗宴が開催され，ファーテレという伝統的な踊りが踊られる．

伝統を守ることの重要性について，ある女性年長者は以下のように語ってくれた．「現在では，フィジー人との結婚によってフィジーの伝統がたくさんキオア島にも入り込んできている．若者が恋をするのを止めることはできない．気候も変化する．しかし，なるべく変化しないように若い人々に訴え続けていくことはできる」．これは変化それ自体を否定するのではなく，変化を前提にしながらも，その変化に抗うことを目指すものである．この点に関して，C・レヴィ＝ストロースの「冷たい社会」との共通性をみることができるだろう（1976）．小田亮のまとめによると現代の資本主義社会は，歴史的変化を原動力とし，差異を絶えず創り出すことでさらに変化を生成しながら作動する「熱い社会」であり，それは変化を自己のうちに取り込むことで，あらゆるものを流動化させてしまっている．対照的に「冷たい社会」とは「可能な限り恒常化しようとする（そのためにわれわれが原始的と呼ぶ）社会」であり，小田によればそれは歴史的変化を「巧み」に手なずけるのであり，それこそが野生の思考のもつ巧みさなのであるという（小田 2011）．

そうであるならばオセアニアの島々において，変化がどのように手なずけられるのかを問う必要があるだろう．そのための鍵となるのが，前述の女性の語りである．彼女は「伝統を失うことは，大海原を漂流（*tapeapea*）するようなものである」と続けていう．大海原を航海する時に出発地という起点を想起しながら，それまで辿ってきたルーツとこれから進んで行く先を読む．出発地とのつながりを欠いた船が先に進めないように，伝統という過去とのつながりを欠いたコミュニティは荒れた海を生きていくことはできない．この女性は変化そのものではなく，変化によって過去とのつながりが断たれてしまうことに抗うのであり，切断に抗して過去とのつながりを維持することの重要性を主張したものであると読むことができるだろう[13]．

切断に抗してつながりを維持するというのは，オセアニアの島々で繰り返し論じられてきたテーマである[14]．その起点の一つとなっているのが人類学者で小説家でも

---

(13)　参考までに，変化の「変」という漢字は元々「變」と書き，上は「糸言糸」，下は撃つを表す「攴」が組み合わさってできたもので，「連続するものをたち切って，かえる」という意味であるという（鎌田・米山 1987: 228）．

(14)　この点に関して植民地支配が切断として捉えられていることは興味深い．歴史学者の保苅実（2004）によれば，オーストラリア・アボリジニのある年長者は「正しい道」，「大地の法」が西から東

あるE・ハウオファによる「島々の浮かぶ海」である．ハウオファは，外部者によるオセアニアの島々の狭小さ，隔絶性，それに起因する低開発という見方に対して，オセアニア全体のつながりを対置する．「太平洋を『遥かなる海に浮かぶ島々islands in the far sea』ととるか，『島々の浮かぶ海sea of islands』ととるかでは，越えがたい違いがある．前者の中央権力から隔たった広い海の中に浮かぶ土地という認識は，島々の小ささや隔絶性を強調する．他方で後者は，物事の関係性というものが，より全体的に把握されることを可能にするのである」(Hau'ofa 1993: 5 ［渡辺2011: 4 の訳を参照］)．ハウオファは，植民地支配，国家としての独立の過程で島々を分断する認識が押しつけられてきたが，この点在する島々に人々が移り住んでから現在に至るまで，伝統的な航海術を用いて，そして近年では近代的な技術を通して人々は交流してきたのであり，そうした広がりとつながりとしてオセアニアの島々を認識する必要があると説く．

　つながりは排他的なものではない．むしろ，オセアニア世界では多様なつながりを同時に維持することが重要である．そのため，伝統という過去とのつながりを維持することは，他のつながりを否定するものではない．先述の女性年長者は若い人々はフィジー人とのそれをはじめとする新たなつながりを形成することに長けているので，過去とのつながりを思い起こさせるのが年長者の役割であるとも説明していた．これは多様なつながりを保ち続けること，そして，多様なつながりの中でも彼女にとって重要なものが過去とのつながりであり，それを維持するのが彼女の使命であるということであろう．そう考えると，柔軟な適応と伝統を守ることは，どちらもつながりを維持することの二つの現れだと解釈しうる．適応とは，キオア島の人々にとって移住先で新たなつながりを獲得することである．彼らは，土地を開墾し，タピオカを育ててそれを食べることで，火山島であるキオア島の土地とつながっていった．村落をつくることで移住者同士がつながるとともに，周囲の村落のフィジー人とのつながりを得る機会に恵まれた．こうして，彼らはキオア島民になっていったのである．他方で，伝統とは過去，あるいは故郷の島とのつながりである．彼らは現在でもバイツプ島の人々と盛んに交流するし，しばしばキオア島から集団でバイツプ島を訪れるマランガ（*malaga*）が結成される．また，バイツプ島の伝統を

────────

へ の線として，「法を犯した」「白人入植者」はそれを「切断」する北から南への線として表すと論じている．

キオア島で実践し続けている．饗宴でタロイモを食べ，伝統的な踊りを踊ることで，過去とつながるのである．

　こうした多様なつながりを維持し続けることは，人類学者のM・シルバーマンがいう「選択肢の極大化（maximizing your options）」とも共通するものである．「選択肢の極大化」はバナバ島からフィジーのランビ島への強制移住の歴史を扱った研究（Silverman 1971）で論じられたものであり，バナバ人研究者であるカテリーナ・テアイワによれば，それは家族，出自集団，村落，教会，カヴァサークルなどの多層的な関係性の中で自己をつくりあげる際の「現実」であるという（Teaiwa 1999: 66）．「選択肢の極大化」はキオア島の生業にも見出すことができる．例えば，ココヤシの樹液であるトディーやそれからつくるヤシ酒も現在ではつくられていないが，かといってつくることを自らの意志でやめたわけではない．この点に関して，キオア島の人々も気づいていなかったようで，筆者の質問に対して「そういえば最近はつくられなくなった」と語っていたように，自然につくられなくなったようである．そして，彼は「つくろうと思えばいつでもまたつくれる」とも語っており，積極的に廃止しないことで，選択肢を残したままにしてあるといえる．

　ただし，新たなつながりは新たな葛藤を生むことになる（cf. Silverman 1971; Strathern 2013）．例えば，移住者と新たな島とのつながりは，故郷の島であるバイツプ島のマタイたちとのつながりとの間に，近隣のフィジー人とのつながりはバイツプ島の伝統という過去とのつながりとの間に，さらに，気候変動というグローバルなつながりに組み込まれることはキオア島の人々の「島する」こととの間に葛藤を生む．葛藤の一部は解消されたようにみえる．例えば，バイツプ島のマタイたちとの対立は，新たな移住の終了という切断を契機に，フィジー政府の仲介の下での土地の分割という結果として一応の解決をみたといえよう．しかし，フィジー人とのつながりによる伝統の変化という葛藤は解消されていないし，今後も解消される見込みすらなさそうにみえる．

　多様なつながりを維持することは多様な葛藤を引き受けることでもある．葛藤とは葛（かずら）と藤（ふじ）が絡み合ってなかなか解けない状態をいう．その比喩になぞらえていうならば，絡み合いを完全に解消するのではなく，それを緩め，時にほどきながら，束ねなおす知恵が求められる[15]．キオア島において内部の人々同士が，

────────

(15)　インゴルドは「土地と天候のあいだの関係」とは，「世界の結ばれとほどけのあいだの関係」（イン

そしてバイツプ島のマタイたちとも対立し，島の開発がおこなわれなくなった時期もあった．しかし，それを現在，人々の語りに聞くことは難しい．「キオア・デイ (Aso Kioa)」という初めての移住を記念する島最大の饗宴においても，人々はコミュニティとして力を合わせて働く．つまり「共働」することで困難を乗り切ってきたことが強調される．饗宴の時にかぶる花輪の冠はその象徴であるという．それは多様な花や葉をパンダナスの細長い葉を使って編み込んでつくるのであり，一人ひとりが異なることを前提にしつつも，一つのコミュニティとして束ねられるというのである (McAdam 2014: 317)．争いの過去を語るのを避け，時の流れに委ねて葛藤を緩めながら，長い時間をかけて饗宴などの実践を積み重ねることで，コミュニティを束ね直す．そう考えると，過去の対立について語らないというのは，葛藤を引き受けるための彼らの知恵だといえよう．

　葛藤を引き受ける知恵は村落の歴史にも伺える．ツバルの村落は「伝統 (tuu mo aganuu)」，「宗教 (lotu)」，「政府 (malo)」という社会生活の三つの領域に区分され，それぞれを代表する建物として，集会所，キリスト教の教会，島政府事務所が村落内に存在する．伝統，宗教，政府を代表する首長，牧師，評議員は島に上陸するたびに既存のものとの争いを起こしてきた．そもそもツバルの島々で首長の系譜を辿るとサモアやトンガからやってきたとする神話が多く，なかには土着の精霊を追い払って島を手に入れたとするものもある (Chambers and Chambers 2000)．集会所を示すマネアパ (maneapa) という言葉がキリバス語由来だったこともあり，集会所が外部から持ち込まれたものであるとも論じられている (Goldsmith 1985)．そう考えると現在，伝統とされる首長や集会所もまた，それが導入される過程で土着のものと争いがあったと想像することもあながち間違いではないだろう．19世紀にキリスト教を受け入れると，サモア人牧師を中心に信徒集団によって教会が組織され，彼らはキリスト教の神とのつながりを背景に，土着の神々を否定することで伝統的な首長と対立した．20世紀以降，イギリスの植民地支配下におかれ，各島にカウンシルが置かれるようになると評議員らが集会所での議論を取り仕切るようになった．彼らはイギリスとのつながりを背景に島の指導的な立場に立つと，伝統的な首長の権威がさらに失墜していく．ツバルが独立し，首長制が伝統として地方自治の中で見直されるようになると，今度は島では首長を中心にした集会所での話し合いが最も重要

ゴルド 2017: 186）と論じる．

な役割を果たすようになる．

　現在，首長，牧師，評議員に代表される伝統，宗教，政府の三つの領域が集会所，教会，島政府事務所として村落内に並存している．異なる起源を持つこの三つが時に葛藤をはらみながらも並存し，人々はその間を行き来して，使い分けている．伝統に関することは集会所で，宗教に関することは教会で，政府に関することは島政府事務所で話し合うべきだと言われる．今日では，当たり前のように首長や評議員も教会の礼拝に参加し，牧師も集会所の饗宴に参加する．また，集会所ではどこに座るのかが重要な社会的な意味を持つが，キオア島でもこの三者の座席が決まっており，三つの領域が並存する状況を示している．外来のものとつながるたびに，島の中に新たな葛藤が生まれ，そして，その葛藤が完全には解消されないものの，長い間かけてゆるやかな束として島に受け入れられていったのである．

　さて，象徴的なのが，集会所の隣の海岸に面した場所に建てられたフィジー語でブレ（*bure*）と呼ばれるコミュニティの建物である．これは，フィジー人首長やその他の外部から来る人々を迎え入れるカヴァ飲みの儀礼をおこなうために建てられたといい，カヴァ飲みに使うタノア（*tanoa*）という三本足の木の器も置かれているが，このツバルの島々にはみられないブレはキオア島の人々が新たに取り入れたものである．海岸線に程近い場所に建てられたのは，外部の人々を受け入れるカヴァ飲みの儀礼として外と内をつなぐ役割を果たすためであろう．実際に，外部から要人が来島する時はまずはそこで歓待を受けることになっている．あるいは，島から外に行く際の待合所の役割を果たす．さらに，外部の観光客が訪れたときにはここで人々がつくった工芸品が売られる．これが，集会所の隣にそれと併存する形でつくられたのは，フィジーのやり方がキオア島においてゆるやかな束として島に受け入れられたことを示すものであり，多様なつながりを維持し，葛藤を引き受ける彼らのやり方が端的に現れたものであると考える[16]．

---

(16)　その意味では海面上昇に起因すると考えられる広場への海水の流入もまた，葛藤を含みつつも，長い時間をかけて，村落の一部として受け入れられるのかもしれない．

おわりに

　チャクラバルティは『人類が消えた世界』というSF小説を思考実験として参照しながら，次のようにいう．「人間の経験のある種の連続性」によって現在，過去，未来は「つながって（connected）」おり，過去を思い描くのと同じ能力を使って未来を心に描くことができる．しかし，気候変動という未曾有の危機により，未来と過去が切り離された現在になり，歴史的な感性や現在によって未来をみることはもはや不可能になってしまうという（Chakrabarty 2009: 197）．彼が現代の危機を過去・現在・未来の切断としてとらえているが，危機を乗り切るためにはこのつながりを守ることが求められているといえないだろうか．

　オセアニアの島々は，人々の「生／生活」に重大な影響をもたらす自然と文化の急激な変化を経験し続けてきた．その変化は彼らの過去と現在，そして未来を切断し得たはずであり，外来者は西洋との接触以降の変化をそのように描いてきた．しかし，オセアニアの人々は島とのつながりを保ち続けてきた．島とのつながりは過去の歴史とのつながりであり，それは祖先とのつながりでもある．

　気候変動の未来において，海面上昇は人々を島から切り離すものである．島から切り離されることは，過去と祖先とのつながりを失うことであり，それは人々にとって耐えられないことである．そのつながりなしでは，人々は未来を生きることもできない．変化にたえるとは，多様な切断に抗し，葛藤を引き受けつつ，つながりを維持し続ける実践に他ならないだろう．人々とのつながり，過去とのつながり，祖先とのつながりであり，こうした多様なつながりが束になる場所が島である．だからこそそこから切断された「生／生活」など想像することすらできない．それこそがキオア島における「島する」ことである．島とともにある限り人々は生き続けることができるだろう[(17)]．

---

(17)　バイツプ島では気候変動への適応策への一つとしてキオア島の岩を運搬して，島の護岸工事をおこなうことを計画しているという．すでにキオア島の人々の合意が得られており，法的・技術的な問題が解決できれば，実施可能であるという．人々は気候変動というグローバルな海のつながりに起因する問題に対して海を越えた島々と人々のつながりによって応答しているといえるだろう．両方の意味で人々がつながりのなかで生きていることを示すものである．

謝辞
　調査に協力してくださったキオア島の人々に感謝申し上げます．また、この研究は科研費基盤研究
(B)「紛争後社会のレジリエンス：オセアニア少数民族の社会関係資本と移民ネットワーク分析」
(19H01399，代表：丹羽典生) ならびに2021年度東京経済大学個人研究助成費（研究番号21-12）の支
援を受けたものである．編者の伊藤詞子さんには原稿へのコメントと励ましのお言葉を頂いた．ここ
に記して感謝申し上げます．

参考・参照文献

インゴルド，ティム（2017）「大地、空、風、そして天候」古川不可知（訳）『現代思想 人類学の時代』
　　45(4): 170-191 (Ingold, T. 2007, "Earth, Sky, Wind, and Weather." *Journal of the Royal Anthropological
　　Institute* 13: 19-38.

インゴルド，ティム（2018）『ライフ・オブ・ラインズ——線の生態人類学』筧菜奈子（訳），フィル
　　ムアート社.

インゴルド，ティム（2021）『生きていること』柴田崇・野中哲士・佐古仁志・原島大輔・青山慶・柳
　　澤田実（訳），左右社 (Ingold, Tim. 2011. *Being Alive: Essays on Movement, Knowledge and Description.*
　　Routledge.).

小田亮（2011）「構造でシステムを飼い慣らすということ」出口顯（編）『読解レヴィ＝ストロース』
　　青弓社，263-279頁.

鎌田正・米山寅太郎（1987）『漢語林』大修館書店.

河野哲也（2013）「海洋・回復・倫理：ウェザー・ワールドでの道徳実践」河野哲也（編）『知の生態
　　学的転回 第3巻 倫理——人類のアフォーダンス』東京大学出版会，1-26頁.

小林誠（2019）「『陸』の景観史——ツバル離島の村落と集会所をめぐる伝統，キリスト教，植民地主
　　義」山口徹（編）『アイランドスケープ・ヒストリーズ——島景観が架橋する歴史生態学と歴史人
　　類学』風響社，293-309頁.

篠原雅武（2018）『人新世の哲学——思弁的実在論以降の「人間の条件」』人文書院.

棚橋訓（2019）「実践が村空間を紡ぐ——1995年，クック諸島プカプカ環礁社会の場合」山口徹（編）
　　『アイランドスケープ・ヒストリーズ——島景観が架橋する歴史生態学と歴史人類学』風響社，311-
　　332頁.

保苅実（2004）『ラディカル・オーラル・ヒストリー——オーストラリア先住民アボリジニの歴史実
　　践』御茶の水書房.

山口徹（2019a）「島景観をめぐる学際的対話」山口徹（編）『アイランドスケープ・ヒストリーズ——
　　島景観が架橋する歴史生態学と歴史人類学』風響社，13-32頁.

山口徹（2019b）「フィールドでの実感，そして歴史の島景観へ」山口徹（編）『アイランドスケープ・
　　ヒストリーズ——島景観が架橋する歴史生態学と歴史人類学』風響社，349-354頁.

レヴィ＝ストロース，クロード（1976）『野生の思考』大橋保夫（訳），みすず書房.

渡辺文（2011）「関係性としてのスタイル」*Kyoto Working Papers on Area Studies: G-COE Series* 119: 1-20.

Baldacchino, Godfrey and Eric Clark. 2013. "Guest editorial introduction: Islanding cultural geographies" *Cultural Geographies* 20(2), *Special Issue: Islanding Cultural Geographies*: 129-134.

Bedford, Richard. 1967. *Resettlement: Solution to Economic and Social Problems in the Gilbert and Ellice Islands Colony*. Unpublished M.A. Thesis in Geography. Auckland: University of Auckland.

Bedford, Richard. 1968. "Resettlement of Ellice islanders in Fiji." *Auckland Student Geographer* No. 5: 49-58.

Central Statistics Division. 2017. *Tuvalu Population and Housing Mini-Census 2017: Preliminary Report*. Ministry of Finance, Economic Planning and Industries, Government of Tuvalu.

Chakrabarty, Dipesh. 2009. "The climate of history: Four theses." *Critical Inquiry* 35(2): 197-222.

Chambers, Keith and Anne Chambers. 2000. *Unity of Heart: Culture and Change in a Polynesian Atoll Society*. Long Grove: Waveland Press.

Crook, Tony and Craig T. Lind. 2013. *EU-Pacific Climate Change Policy and Engagement: A Social Science and Humanities Review*. University of St Andrews.

Derrick, Ronald A. 1965. *The Fiji Islands: A Geographical Handbook*. Revised by C. A. A. Hughes and R. B. Riddell, Suva: Colony of Fiji, Government Press.

Falefou, Tapugao. 2017. *Toku Tia: Tuvalu and the Impacts of Climate Change*. PhD Thesis. The University of Waikato.

Goldsmith, Michael. 1985. "Transformations of the meeting-house in Tuvalu." In: Antony Hooper and Judith Huntsman (eds) *Transformations of Polynesian Culture*. pp. 151-175. Auckland: Polynesian Society.

Goldsmith, Michael. 2008. "Telling lives in Tuvalu." In: Brij V. Lal and Vicki Luker (eds) *Telling Pacific Lives: Prisms of Process*. pp. 107-116. Canberra: ANU E Press.

Gunson, Niel. 1997. "Great families of Polynesia: Inter-island links and marriage patterns." *The Journal of Pacific History* 32(2): 139-179.

Hajratwala, Minal and David Stanley. 2019. *Moon Fiji* (*Travel Guide*) (10th Edition). Berkeley: Moon Travel.

Hauʻofa, Epeli. 1993. "Our sea of islands." In Vijay Naidu, Eric Waddell, and Epeli Hauʻofa (eds) *A New Oceania: Rediscovering Our Sea of Islands*. Suva: University of the South Pacific.

Hauʻofa, Epeli. 2008. *We are the Ocean: Selected Works*. Honolulu: University of Hawaii Press.

Hofmann, Rebecca. 2017. "Experiencing environmental dynamics in Chuuk." Micronesia, In: Eveline Duerr and Arno Pscht (eds) *Environmental Transformations and Cultural Responses: Ontologies, Discourses, and Practices in Oceania*. pp. 75-101. New York: Palgrave Macmillan.

Jolly, Margaret. 2018. "Horizons and rifts in conversations about climate change in Oceania." In: Warwick Anderson, Miranda Johnson and Barbara Brookes (eds) *Pacific Futures: Past and Present*. pp. 17-48. Honolulu: University of Hawaiʻi Press.

Koch, Gerd. 1978. *Logs in the Current of the Sea: Neli Lifuka's Story of Kioa and the Vaitupu Colonists*. Canberra: Australian National University Press.

Laracy, Hugh (ed.) 1983. *Tuvalu: A History*. Suva: Institute of Pacific Studies and Extension Services, University of the South Pacific/Funafuti: Ministry of Social Services, Government of Tuvalu.

McAdam, Jane. 2014. "Historical cross-border relocations in the Pacific: Lessons for planned relocations in the context of climate change." *The Journal of Pacific History* 49(3): 301-327.

Mullane, Thomas James. 2003. *Spiritual Warfare and Social Transformation in Fiji: The Life History of Loto Fiafia of Kioa*. PhD Thesis. University of Pittsburgh.

Paton, Kathryn Louise. 2009. *At Home or Abroad: Tuvaluans Shaping a Tuvaluan Future*. Master's Thesis to the Victoria University of Wellington.

Salesa, Damon. 2014. "The Pacific in indigenous time." In: David Armitage and Alison Bashford (eds) *Pacific Histories: Ocean, Land, People*. pp. 31-52. Basingstoke: Palgrave Macmilla.

Silverman, Martin G. 1971. *Disconcerting Issue: Meaning and Struggle in a Resettled Pacific Community*. Chicago: University of Chicago Press.

Stanley, David. 2000. *South Pacific Handbook* (seventh edition). Berkeley: Moon Travel.

Strathern, Marilyn. 2013. "The disconcerting tie: Attitudes of Hagen migrants towards 'home'." In: Murray Chapman and Mansell Prothero (eds) *Circulation in Population Movement (Routledge Revivals): Substance and Concepts from the Melanesian Case*. pp. 247-266. Canberra: Australian National University Press.

Teaiwa, Katerina. 1999. *Tirawata Irouia: Re-Presenting Banaban Histories*. M.A. Thesis University of Hawai'i at Manoa.

Teaiwa, Teresia K. 1997. "Rabi and Kioa: Peripheral minority communities in Fiji." In: Brij V. Lal and Tomasi Rayalu Vakatora (eds) *Fiji in Transition. Fiji Constitution Review Commission Research Papers, Vol. 1*. pp. 130-152. Suva: University of the South Pacific.

Teaiwa, Teresia. 2007. "To island." In: Godfrey Baldacchino (ed.) *A World of Islands: An Island Studies Reader*. p. 514. Malta: Agenda Publishers; Charlottetown: Institute of Island Studies.

Teaiwa, Teresia. 2015. "Story from SunPix Awards 2015." Tagata Pasifika. (https://www.youtube.com/watch?v=lipupbIZb6U　2022年8月16日閲覧)

White, G. M. 1965. *Kioa: An Ellice Community in Fiji*. Oregon: University of Oregon.

資料

Bureau of Statistics, Fiji. 2018. 2017 *Fiji population and housing census: administration report*. Suva: Bureau of Statistics, Fiji.

Climatestotravel. n.d. *Climate-Fiji* (https://www.climatestotravel.com/climate/fiji) 2021年12月27日閲覧.

Doak, Timothy. 2014. "What can you do in 10 days?" *Cast Away Peace Corps* (https://peacecorpsfiji90timdoak.blogspot.com/search?q=sea+wall) 2020年11月24日閲覧.

Edwards, Julia. 2012. *The Bulla bulletin* August-September 2012 (https://www.methodist.org.uk/media/5864/wcr-julia-edwards-newsletter-augsept-2012.pdf) 2020年11月24日閲覧.

"The Canoe Is the People: Indigenous Navigation in the Pacific." n.d. *Etak System* (http://www.canoeisthepeople.org/navigating/etak_system.php) 2020年11月27日閲覧.

竹ノ下祐二

第 **5** 章

霊長類の社会変動にみるレジリエンス

KEY WORDS

ニホンザル, 順位交代, ゴリラ, 人工哺育

はじめに

1 ········ 霊長類は安定して持続的な群れをつくる

わたしたちヒトが社会的動物であることは万人の認めるところだが，社会性はヒトに特有というより，ヒトを含む分類群である霊長類に共通する性質である．現在地球上に生息する霊長類の種数はおよそ500種あまりであるが（IUCN 2021），ごく一部をのぞきほとんどの種が群居性，すなわち群れ生活者である．群れをつくらない種はほぼ夜行性の原猿類に限られ，真猿類では唯一の例外がオランウータンである．ただし，群れをつくらない種とて個体は孤独ではなく，日常的に他個体と出会いかかわりあいながら暮らしている．

霊長類の群れの構成は種ごとにいくつかの類型に分けられる．テナガザルはペア型の群れを，ゴリラやハヌマンラングールは一夫多妻型の群れをつくり，ニホンザルやチンパンジーは複雄複雌の群れをつくる．ただし群れの構成には種内や種間で変異もみられる．マウンテンゴリラの群れには一夫多妻型と複雄複雌型が混在する．

マーモセット類はペア型を基本とするが，オスがもう一頭加わって複雄単雌型の群れにもなる.

　霊長類の群れのかたちは多様だが，類型間で共通する特質もある．それは，群れが生殖と育児の単位となる，メンバーシップの安定した持続的な両性集団であることである．どの類型であろうと，群れには性成熟に達した雌雄がそれぞれ少なくとも一頭以上おり，繁殖の大部分は群れの中でおこなわれ，子は性成熟に達するころまでは生まれた群れで過ごす．霊長類以外の動物分類群ではメスが単独で出産と育児をおこなう種がめずらしくないことを考えると，両性集団が繁殖と育児の単位となることは霊長類社会の特徴といえるだろう．このような生殖と育児の単位となる群れを伊谷（1981）は基本的単位集団と呼んだ．

　ただし，すべての個体が一生涯を基本的単位集団の中で過すわけではない．一方または両方の性の子どもは性成熟に達すると生まれた群れから移出する．移出した個体は時をおかずに他の基本的単位集団に移入することもあるが，中には，基本的単位集団に属さず単独で遊動したり，オスの場合はオスグループ，すなわち若いオスだけの集まりを形成することもある．しかし，それらは個体の生活史上の一時期に限定されている．また，基本的単位集団を含まない地域個体群は存在しない．オスグループや単独オスという存在は，基本的単位集団があってこそ生じる構造である．以下，本章で「群れ」と呼ぶのは，この基本的単位集団を指す．

　霊長類の群れのメンバーシップは「安定して持続的」であるが，「固定的で永続的」であるわけではない．群れは外部に開かれており，すでに述べたように群れ間，もしくは群れの内外で個体の移出入がある．長期的な移出入だけでなく，群れのメンバーでなかった個体が一時的に遊動をともにするようになったと思ったら再びいなくなる「短期滞在」も多くの種でみられる．短期滞在は「メンバーでない個体が一時的に混じっていた」のか，「一時的にメンバーになった」のかの見極めが難しい．いずれにせよ，霊長類の群れは地域個体群に対して半開放系である．

　言いかえると，霊長類の群れの安定と持続性は動的に保たれる構造である．こうした動的な安定状態は，それを維持する何らかのはたらきなしには成立しえない．群れを構成する各個体が相互に他個体の行動に関わりなく自由に遊動していては群れは安定しないだろう．逆に，誰と群れるかがあらかじめ決定づけられていたら，半開放系にはならないはずだ．霊長類の個体は日頃は安定した群れの中で大過なくすごしているようにみえるが，他個体と関わりあうなかで，「ともにいよう」「わかれ

よう」という意思決定を不断におこなっている．そうした多くの個体の意思決定の積み重ねが，他から区別されたまとまりとしての群れを成立させており，さらにその群れのかたち（群れサイズや性年齢構成など）を決めているはずだ．

2⸺群れのかたちを決める理論

個体の意思決定の積み重ねが群れのかたちを決めると述べたが，霊長類の群れの基本構造は種や系統の制約をうける．冒頭で述べたようなペア型，一夫多妻型，複雄複雌型といった類型や，出自群を移出する性，群れの継承の有無などはおおむね種によって一定している．さらに，近縁の系統の種は似た構造を示す．もっとも，群れのかたちが種ごとにガチガチに決まっているわけではなく，相当な種内変異がみられる．「群れのかたち」は思いのほか可塑性がある．

霊長類の「群れのかたち」を決定する生態学的プロセスに関する研究は，霊長類社会生態学とよばれる．霊長類社会生態学のモデルについては，中川尚央と岡本暁子による詳細かつ優れたレビュー（中川・岡本 2003）があるので，ここでは要点のみかいつまんで説明する．

まず，社会生態学における社会構造とは，ある地域個体群における個体の時空間的な分布様式を指す．そして，個体の分布は，かれらの生存や繁殖に不可欠な資源の分布に応じて定まると考える．このとき，最優先されるべき資源が性によって異なる．すなわち，メスにとっては食物が，オスにとっては繁殖機会が最優先の資源とされる．よって，メスの分布はもっぱら食物の分布によって，オスの分布はそれに加えて受胎可能なメスの分布によって影響される．したがって，まず食物分布に応じてメスの群れかたが決まり，それに応じてオスの群れかたが決まる，と考える（どのような食物分布がどのようなメスの群れかたを導き，それがどのようなオスの群れかたを導くのかは本章の目的から外れるのでここでは割愛する）．

社会生態学の基本的考え方は，ひとことでいえば社会は環境が決めるということだ．これは，少し前に述べた社会は系統によって決まるという事実と一見対立する．しかし，系統進化じたいが環境への適応の帰結であることを考えれば，これらは必ずしも対立しない．一定の系統的（＝遺伝的）制約のもと，環境条件に応じて実際の群れのかたちが実現すると考えればよい．

F. アウレリらは，系統的制約と生態的制約の相互作用によって社会が決まるとい

う考えかたを極限まで単純化し，「離合集散ダイナミクス (fission-fusion dynamics)」としてモデル化した (Aureli et al. 2008)．離合集散は，伝統的にはチンパンジー属やクモザル亜科の社会「構造」をあらわす用語として用いられてきた．しかし，アウレリらは，「離合集散」は社会の類型ではなく，さまざまな類型を生み出す群れ方のダイナミクスだと考える．かれらは，まず霊長類の各個体には進化の過程で獲得された環境応答（ここでいう環境は，食物等の資源や捕食者だけでなく，同種個体も含まれる）に関する生得的かつ単純な「行動ルール」が備わっているとする．一方，生息地には食物や泊まり場の好適地などの資源や捕食者などが分布している．その分布様式は当然地域によって異なる．サルたちは，そうしたさまざまな環境勾配をオーバーレイした「環境マップ」の中を「行動ルール」にしたがって遊動する．すると，その結果として，あたかも地上に降り注いだ雨が地形にしたがって流れ，窪地に水たまりをつくるように「群れ」が実現する．このモデルに立脚するなら，チンパンジーの頻繁にサブグルーピングする群れとゴリラのまとまりのよい家族的な群れの違いは，離合集散するかしないかではなく，離合集散の程度の違いだといえる．

　アウレリらが描く「離合集散ダイナミクス」は極めて機械論的なフレームワークである．かれらの理論にしたがうならば，個体の意思決定とは単なるアルゴリズムにすぎない．すなわち，食物の分布や量などの環境条件に関する情報と他個体の行動を変数として行動ルールに入力し，戻り値として行動が発現するだけだ．

　ここで，群れの安定性や恒常性が本当にそのような機械論的プロセスから生成されるのかという疑問が生じるのは当然である．生息地の環境は常に変動しており，安定的でも恒常的でもない．ならば霊長類の群れも他の分類群と同様にもっと流動的で捉えどころのないものになるはずではないか．

　かれらは行動の可塑性という概念でこれを説明しようとする．Amici ら（2008）は，飼育化での行動実験にもとづき，より「高レベルの離合集散ダイナミズムを示す」チンパンジー，ボノボ，オランウータン，クモザルは，そうではないゴリラ，オマキザル，カニクイザルなどと比べ，目の前の状況変化に応じた行動の可塑性が高いと主張した．そこから，行動の可塑性の高い種の個体は，環境条件の変化に機敏に対応して群れかたを変化させるが，行動の可塑性の低い種では，多少の環境変化では集まりかたを変えないと考察している．いいかえると，安定した凝集性の高い群れをつくる種は変化への対応力が弱いというのである．

　しかし，これは欠点の多い主張である．第一に，安定して持続的な群れをつくる

のは霊長類全般に共通の特長であるが，霊長類は他の分類群とくらべ行動の可塑性が高いことが特長ではなかったか．霊長類以外の動物分類群を視野にいれたときに同じ論理が通用するか，はなはだ心許ない．第二に，「行動の可塑性」を単一の尺度のように用いている．かれらが実験室でおこなった課題は，並べられたいくつかのカップのどれかに報酬となる餌が入っているが，その餌のありかが急に変わったときに柔軟に対応できるか，という，きわめて人工的に設定されたものだ．それで一般論としての「行動の可塑性」を測ったことになるとは思われない．野生下における環境変化に対応した行動変容は集まりかたの変化だけではない．食物選択を変えるというやりかたもある．中部アフリカの低地熱帯林にはチンパンジーとゴリラが同所的に生息しているが，季節性の強い環境で，森林内の利用可能な食物の量や分布，種類は季節的におおきく変動する．こうした食物の季節変動に対して，チンパンジーは限られた種類の果実に執着しつつ，果実の豊富な時期は群れの多くの個体が遊動をともにし，少ない時期は小さなサブグループにばらけて遊動するというように，群れのまとまり方を変えて対応する．一方，ゴリラは季節にかかわらず群れの凝集性を維持しつつ，その時々に利用可能な食物をあまりより好みせずに利用する（Kuroda et al. 1996）．つまり，群れ方についてはチンパンジーの方が可塑的だが，食物選択という観点からみれば，ゴリラのほうがよほど行動の可塑性が高いのだ．

　アウレリらの機械論を辛辣に批判したのが，霊長類学の重鎮であるH. クンマーである（Kummer 2008）．クンマーの批判は以下のように要約できる．現実のサルたちの離散や集合は社会的，生態的な動機をもつ個体の動きによって成立する．個体を動かす動機にはさまざまな種類があり，なかには相互に対立するものもあり，機械的に最適解が導けないこともあるだろう．さらに，そうした動機は個体間でも対立するであろう．最終的に実現する「群れのかたち」が社会生態学的に整合性をもっていたとしても，サルたちは日々個体間，個体内の葛藤に直面し，その都度意思決定しているはずだ．アウレリらの議論には個体の意思決定という観点が完全に欠落している．

　この批判は正鵠を射ていると筆者は考える．社会生活に際して必然的に生じる個体間・個体内での葛藤を扱うことを必要としない社会構造論が「社会」を論じているとは言い難い．なにより，アウレリらの議論には「社会関係」がまったく見えないことである．個体間のインタラクションは生じるかもしれないが，その際各個体は自身に内在する「行動ルール」にしたがっているにすぎない．かれらの理論が正

しいとすれば，霊長類の群れはいわば吹き溜まりのようなものである．持続性のある安定した実体のように見えるのは観察者の思いこみにすぎず，風向きが変われば群れの位置も構成もあっけなく変わってしまう．

3 ……… 本章の目的

　筆者は，霊長類の「群れのかたち」はアウレリらの言うような機械論的プロセスだけではなく，クンマーが指摘した個体の主体的な意思決定の連鎖によって保たれていると考える．そこで，本章では，霊長類の群れが動的に維持されるにあたり，そのメンバーである各個体がどのような振舞いをしているかに着目する．後述するように，霊長類が群れを形成することには適応的意義がある一方で，複数の個体がともにいる以上，相互の利害対立もまた不可避である．

　霊長類における群れのような安定した持続的な両性集団が霊長類以外の動物で一般的でないのは，ひとつにはメンバー間の利害構造が状況によって変化するためであろう．たとえば，キジ目やツル目などの鳥類の一部では，オスが繁殖期にのみ多数集合する（レック繁殖）．また，アフリカゾウの地域個体群は血縁にもとづくゆるやかな社会関係が存在するものの，恒常的なグループは作らず，食物と水の分布の季節変動に応じてグルーピングパターンを変化させる（Fishvok and Lee 2013）．もうひとつには，性や発達段階，体サイズの異なる個体は同種であっても栄養要求に違いがあるからであろう．動物の群れが凝集性を保って遊動するには，同じ群れの個体が活動を同調させる必要があるが，個体間で栄養要求や移動能力等に差異があると，理想的な遊動ルートや活動時間配分にも違いが生じてしまい，活動の同調が困難になるからだ．そのため，偶蹄類などでは，同性や同じ発達段階の個体からなる集まりができやすい，social segregation と呼ばれる現象が起きる（Conradt and Roper 2000）．

　多くの霊長類の種で環境の季節変化や個体の異質性にもとづく利害対立にさらされながらもメンバーの安定した恒常的な両性集団が維持されているということは，霊長類には進化の過程で獲得された，群れのメンバー間に生じる軋轢や葛藤を乗り越えて集団構造を安定させる安全装置のような何かが存在するだろう．ただし，本章で注目したいのは，そうした安全装置がどのようなものかというよりは，そのような安全装置に何らかの不全が発生したり，安全装置では対処しきれないほどの大きな環境変動が生じた状況における個体の反応である．環境や社会の変化によって安

定が脅かされた際に，一部の個体が日常ではあまり見られない行動変容を示すことがある．そのような行動を見るとき，そうした個体が「たえている」と感じられることがある．そうした，サルたちが「たえている」姿を，具体例とともに示したい．

1　群れの「危機」と個体の葛藤

ところで，サルたちはいつもいつも葛藤しているわけではなかろう．安定した環境のもと，安定したメンバーシップが維持されていれば，利害対立は次第に調整，解消され，集団の成員どうしは大きな争いをすることなく「平穏」（菅原 2003）に過ごすことができるだろう．サルたちの意思決定には一定の合理性があるにきまっているのだから，そういう状態のときの「群れのかたち」は，社会生態学モデルや離合集散モデルから予測される通りのかたちに落ち着いているだろう．サルたちの葛藤は，そのような安定が揺らいだときに顕在化するはずだ．

社会生態学の理論に即して考えるならば，安定が揺らぐのは，環境または社会の変化によって，環境条件と群れのかたちのミスマッチが大きくなるときだ．環境が変動すれば最適な群れサイズ，構成もかわり，実際の群れサイズ，構成と乖離する．環境だけでなく，群れサイズ，構成もまた，個体の出生，発達変化，死亡や群れへの移出入によって日常的に変動する．こうした社会変動もまた，最適な群れサイズ，構成と実際の群れサイズ，構成との乖離を生じさせる．

最適な群れサイズ，構成と実際のそれとの乖離は，群れのメンバーのあいだに社会的コンフリクトの増加として顕在化し，群れの安定性を脅かすであろう．それに，そもそも社会生態学的に合理的なサイズと構成の群れのメンバーのあいだでも，日常的に大なり小なりコンフリクトが生じるものだ．つまり，霊長類の社会集団は環境や社会の変動によって常にその安定性を脅かされているといえる．

そのため，霊長類の多くはコンフリクトを調整する和解や慰めといった行動レパートリーを持っており，それらを駆使して社会関係を調整している（de Waal 1989）．つまり，霊長類の群れの安定性は風向き次第の吹き溜まりなどではなく，群れのメンバーの日常的な行動実践によって維持されているということができる．

ただし，こうした観点は必ずしもアウレリらによる集団観と対立するわけではない．環境や社会の変動が小規模であったり，予測可能であったり（たとえば食物量の

季節変動），頻繁に起きるような場合（たとえば出生）は，それらはいわば日常的な「揺らぎ」である．このような「揺らぎ」に対しては，進化の過程で獲得してきた，生得的な行動レパートリーを活用することで対応可能であろう．個別場面ではクンマーが指摘したような個体内の葛藤と意思決定がなされるとはいえ，そのような意思決定にはある程度一定の傾向がみられるはずで，それをマクロな視点で見れば，アウレリらによる機械論的モデルで十分「近似」できるかもしれない．

しかし，環境や社会の変動は時として「揺らぎ」では片付けられないほど大きいことがありうる．たとえば，感染症によって一度に多くの個体が消失するとか，数年に一度の生息地の不作などである．その最たるものは人為的な環境改変や社会への介入であろう．そうした大変動をかりに「危機」と呼ぶことにする．危機においても，霊長類の個体は「揺らぎ」に対するのと同様に，手持ちの行動ルールを発現させることによってのみ対応しているのか，私には疑問である．そうした危機に際したら，霊長類個体はそれを察知し，通常とは異なる創造的な行動をすることによって，積極的に「安定」を目指すこともあるのではないだろうか．

しかしながら，霊長類の行動が「創造的」なのかどうかを実証的に示すのは困難である．したがって，こうした立論に対する根拠は，逸話的な現象に頼らざるをえない．次節において，私自身の観察を中心に，「危機」に対する創造的対応と思える二つの事例を紹介する．

2 　「危機」における個体の創造的行動

1⋯⋯餌付けニホンザルのアルファオスの交代

最初に紹介するのは，私がまだ学部学生だった頃に観察したニホンザルの事例である．1992年，京都の嵐山のニホンザル餌付け群において，短期間にたてつづけに第一位オスが交代するという事件が起きた．その際に，第一位のメスが，それまで見られなかった行動を示したのである．この事例については過去に詳細に報告した（竹ノ下 1993）ので，本章ではそれを振り返りつつ新たな考察を加えることにする．

2 ⋯⋯⋯ ニホンザルの社会について

　事例を紹介する前に，ニホンザルの社会について簡単に説明する必要があるだろ
う．一般に，ニホンザルは母系の複雄複雌群を形成する．すなわち，複数のオスと
メス，およびその子どもたちからなる群れを作る．そして，メスは生まれた群れで
生涯を過ごす一方，オスは性成熟に達すると生まれた群れを離脱し，ヒトリザルに
なるか，隣接群に移入する．オスは数年で群れを出てゆくが，餌付け群ではオスの
滞在期間が長期化する傾向が見られる．

　群れの個体間には明確な優劣関係が存在し，それが直線的順位序列を生成する．オ
スの順位は群れの在籍年数によって決まる．メスの順位には血縁の影響が強く働く．
母親は娘より優位であり，妹が姉より優位となる．これを末子優位の原則という．末
子優位は野生群では相当数の例外があるが，餌付け群では比較的顕著に見られる．オ
スもメスも，順位はかなり固定的で，力による順位交代はまれにしか発生しない．た
だし，屋久島では群れ外オスが力によって群れの第一位オスの座を奪うことがある．
だが，これは群れ外オスによる「乗っ取り」であり，群れ内での順位の入れ替わり
とは異なる．オスは先に群れに移入したオスが移出することでエスカレーター式に
順位を上げる（Suzuki et al. 1998）．

　ニホンザルの社会関係の特徴は「血縁びいき」「専制型」である（中川 2015；中川・
岡本 2003）．「専制型」とは，資源（食物，異性）などをめぐり，優位個体が劣位個体
に非寛容であることである．「血縁びいき」とは，やはり資源（食物，異性）などを
めぐる競合に際し血縁個体に対しては相対的に寛容性が高いこと，血縁者間での連
合形成が顕著であることをいう．特筆すべき点として，配偶関係を契機としてオス
メスに長期的な親和的関係が形成されることが知られている（Takahata 1982）．配偶
相手（交尾相手）の選択においては，「新規な個体」が好まれる傾向がある．配偶関
係を通じてオスメスの社会関係が構築される．よって，群れに長期間在籍している
オスほど多くのメスと親和的関係をもつことになる．在籍期間の長いオスの方が多
くのメスと配偶関係を結んだ経験があるためである（Takahata et al. 1999）．

　嵐山のニホンザルは，1954年に餌付けと調査が開始され，以来現在まで，嵐山モ
ンキーパークの管理の下，個体識別に基づく継続研究がおこなわれている．当初の
群れは1966年にA，B二つの群れに分裂し，A群は全頭捕獲されアメリカのテキサ
スに送られた．B群は1986年にさらにE，F二つの群れに分裂し，1992年当時は二

つの群れが餌場を利用していた．E群はF群より優位で，餌場の訪問頻度も高かった．観察対象としたのはE群である．E群の1992年当時の個体数は184頭だった．

3……… 順位交代の経緯

　1992年11月時点でのアルファオスは，Deko-64（以下，De）という28歳の老齢オスであった．DeはE群の母体である嵐山B群生まれのオスで，B群がE群とF群に分裂した1986年にE群のアルファオスとなった．つまりDeはE群の初代アルファオスである．在位期間は6年で，これは野生群におけるアルファオスの平均的な在籍期間に相当する．

　第二位のMomo-6777（Mo）は15歳，第三位のGlance-647178（Gl）は14歳であった．彼らは比較的若いオスであった．つまり，1992年11月の時点でアルファオスと第二位，第三位オスとの間にはかなりの年齢差があったのである．

　最初の順位交代は11月2日から11月6日にかけて起きた．まず，11月2日にDeが大怪我をして餌場に現れた．そして，Glに対してグリマス（泣きっ面）と呼ばれる表情を見せた．ニホンザルが相手に対してグリマスを見せるのは劣位の表象である．このことから，DeとGlとの間で激しい攻撃的交渉があり，Deが怪我を負ったと推定され，かつ，GlとDeの優劣は逆転していたと思われる．しかし，この時点では第二位のMoは依然としてDeより劣位であった．よって上位3オス3頭の直線的順位序列がくずれ，三すくみの状態になったのである．MoはたびたびDeに攻撃的交渉を仕掛けたが，Deは劣位の行動を取らなかった．そしてDeはアルファメスのMino-636974（Mi）と近接するようになり，MoがDeに攻撃を仕掛けると，MiはDeをサポートし，交渉はDeの優位に終わった．しかし，Deは次第に衰え，とうとう11月6日にMoがDeにマウンティングし，その際DeはMoに対してグリマスを見せた．これにより，三すくみ状態が解消し，Mo，Gl，Deという新しい直線的順位序列が成立した．

　Deはその後もしばらく群れにとどまっていたが，11月17日に餌場に姿を現さなかった．公園スタッフが餌場の周辺を探したところ，山中の沢沿いで瀕死の状態でいるのが見つかり，スタッフに見守られながら息を引きとった．余談であるが，これは私にとって「知っているひと」の臨終に立ち会う初めての経験だった．

　2回目の順位交代は12月10日に起きた．Moが突然口腔の病気にかかり，その日

のうちにあっけなくGlとの間に順位交代が起きた．餌を食べられなくなったMoは
どんどん弱っていった．そして1993年1月3日を最後に群れからいなくなり，再び
観察されることはなかった．

4 ⋯⋯ 順位交代の余波

　観察していた私は，この順位交代事件の前後で群れ全体の雰囲気が変わったよう
に感じた．Deが怪我をしてからMoに屈するまでの間，群れの中心部にいるメスた
ちは一様に落ち着きをなくしているようであった．Moが群れを去り社会変動が一
段落してからは，そわそわした雰囲気はなくなった．ただ，その代わりに，なんと
なく群れがバラけているような印象を受けた．同様の印象は，野猿公園のスタッフ
の方も感じていたようで，Deがいなくなって群れが締まらなくなったね，というよ
うな会話をした記憶がある．

　ニホンザルの社会研究の初期には，群れの中心部にいる壮年のオスたちは「ボス」
と呼ばれ，群れのまとまりの中核を担う存在とされた．伊谷純一郎（1955）は，ボス
のいないところでのサルたちの集まりはまとまりを欠いていると述べ，それを「核
のない細胞」にたとえていた．ボスたちのなかでも，第一位のオスは群れのリーダ
ーとみなされた．

　自然群での研究がすすむにつれ，そうした見方は修正されてきた．白山の野生群
を観察した伊沢紘生（1982）は，自然群には群れを統率するリーダーとしてのボスは
おらず，各個体が，自分の周辺にいる同じ群れの仲間たちと相互に「頼り頼られる」
関係を築いており，そうした関係が群れ全体のまとまりの維持に寄与していると述
べている．そして，そうした観点に立って観察してみると，餌付け群でも「ボス」
たちが群れを統率するような行動をとることはほとんどないことがわかってきた．実
際に嵐山で観察していても，DeにせよMoにせよGlにせよ，群れを統率していると
いえるような行動を観察することはなかった．

　だが，Deにはそれなりの風格を感じることがあった．老齢であまり動きまわらな
かったから，という面もあるとは思うが，本人の行動だけでなく，メスたちがある
程度Deを信頼，尊重しているように感じられた．伊沢の言葉を借りれば，Deは多
くのメスに「頼られる」ことの多い存在だったように見えた．それに対して，Mo
やGlは「ほんとに何もしない」第一位オスだと感じられた．

もっとも，こうした印象はあくまで印象である．実際に De と Mo，Gl に貫禄の違いがあったかどうかはわからない．だが，そうした個体の「資質」や行動はさておき，De と Mo，Gl では，同じ第一位オスといえども，かれらを取りまく社会関係には大きな違いがあったことは事実である．

　上述のように，ニホンザルの群れにおいて，長期的に形成，維持されるオスとメスの親和的関係がある（Takahata 1982; Takahata et al. 1999）．交尾を契機としてオスとメスに非性的な親和的関係が形成され，非交尾期や，交尾期でもメスが発情していない期間は近接してすごすのである．

　De は1986年に分裂によって嵐山 E 群が誕生して以来 6 年間にわたって第一位オスとして群れの中心部にいた．そのため，多くのメスと親和的関係を築いていたと考えられる．それは，De が Mo に第一位の座をあけわたしてから死ぬまでの間も維持されていた．ケガをして衰えた De が餌場の隅にじっと座っていると，彼のまわりを複数のメスが囲うように近接していた．新たな第一位オスである Mo が De に接近して威嚇すると，メスたちは De の後ろにかたまって Mo に対抗した．

　De は自ら群れを統率するようなことはなかったものの，複数のメスとの個別の親和的関係によって，結果的にメスどうしも近接するような，社会関係のネットワーク上のハブとして機能していたのである．第一位オスとしては 6 年のテニュアだが，彼は当事の E 群で最高齢でもあり，すべてのメスと長いつきあいであった．それに対して，跡を継いだ Mo と Gl は De より 10 歳以上若く，群れの中心部にいた期間はだいぶ短い．同じ第一位オスではあっても，その社会的な立ち位置には大きな違いがあった．

　ここで，群れ全体の社会関係に着目して一連の経緯を捉えると，それは第一位オスの「交代」というより，社会的ハブの「消失」だったと言える．そのために，第一位オスの交代は，当事者以外の群れの他のメンバーの社会関係にも直接間接に影響をおよぼしただろう．観察者が感じた落ち着きのなさやバラけているという印象は，そこからもたらされたと考えられる．

　本章の趣旨から若干はずれてしまうが，順位交代の影響をはっきりと目に見えるかたちで被ったのは Ra-5979（以下，Ra）という低順位のメスであった．Ra はメスたちの中でも際だって De と親和的関係にあり，ほとんどいつも De の近くにいた．野猿公園のスタッフによると，2 頭の親和的関係は De がまだ B 群のワカオスだった頃から続いていたのだそうだ．高順位のメスと喧嘩になると De が Ra の味方をして介

入するので，Deがいるときは高順位のメスに混って餌場の中心を我が物顔で闊歩していた．しかし，Deのいないところでピーナツテスト（2頭のサルのあいだに餌を置き，その反応で優劣関係を判定するテスト）をするとやはり順位は低いままであった．2頭のあいだでは明確に劣位な個体が，第三者の存在下で一時的な優劣の逆転がおきることを河合雅雄は「依存順位」と呼んだ（Kawai 1958）．Raは人間に対しても攻撃的で，私もよく威嚇されたものだった．

Deの死後，後ろ盾を失なったRaは，何がきっかけになったかわからないが，高順位のメスたちに激しく攻撃され，背中に大きな傷を負ってしまい，やがて消失した．Raには3頭の娘がいたが，悪いときには悪いことが重なるもので，一番上の4歳の娘は山中で大けがをして片腕の手首から先を失い，母親のあとを追うように消失した．偶然のできごととはいえ，権力者の寵愛を得てなりあがった貧者の一家が転落するドラマを見ているような心持ちになった．ちなみに，2歳と0歳の2頭の娘は孤児となったが，オトナになるまで生きのびて，繁殖し子を残し，いまもRaの家系は群れに残っている．

5⋯⋯⋯第一位メスの毛づくろい相手の変化

GIが第一位になってしばらくした頃，野猿公園のスタッフの方がたと雑談をしているとき，誰かが「最近，メスガシラががんばっている」というようなことをお話しされた．メスガシラとは当事の第一位メスのMiのことである．がんばっている，とは，第一位メスがリーダー的に振る舞っているということだ．言われてみると，私にもそのような気がしてきた．Deという社会関係のハブが消失した穴を埋めるかのように，Miがそれまでよりも多くのメスたちとかかわりをもつようになっているようであった．

そこで私は，第一位オスの順位交代の前後で，Miの毛づくろい相手の変化を分析してみた．まず，順位交代の前後を以下の四つの時期に分けた．第I期：私が嵐山で観察をはじめた1992年10月27日からDeが群れからいなくなる前日の11月16日まで．第II期：11月17日から二度目の順位交代がおきた12月10日まで．第III期：12月11日からMoが群れからいなくなる前日の1993年1月2日まで．第IV期：1月3日から，観察をやめた1月16日まで．そして，各時期において，Miが毛づくろいした相手を，ムスメ，ムスメ以外の血縁個体（母系の3親等以内），非血縁メス，オトナオスにわ

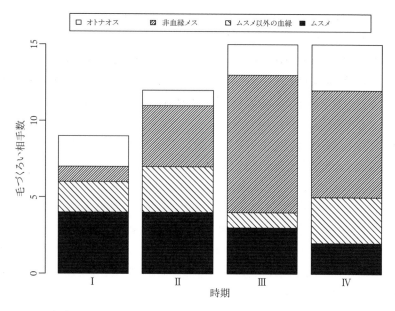

図5-1　順位交代期におけるMiの毛づくろい相手数の推移（竹ノ下［1993］をもとに作成）

け，それぞれについて，その時期のあいだに毛づくろいをした，またはうけた相手
の数と毛づくろいに費した時間が観察時間中に占める割合を求めた．すると，非常
にクリアな結果が得られた．それを示したのが図5-1および図5-2である．

　まず相手数をみてみよう（図5-1）．Miが第Ⅰ期に毛づくろいするのを観察した個
体は9頭だったが，時期がすすむにつれて相手の数は増え，第Ⅳ期には15頭になっ
た．その増加分は非血縁メスであった．Miには9.5歳，4.5歳，2.5歳，0.5歳という4
頭のムスメがいたが，第Ⅰ期にはすべてのムスメと毛づくろいしていたのが，第Ⅳ
期には年長の2頭としか毛づくろいをしていない．それに対して，第Ⅰ期にはたっ
た1頭の非血縁メスとしか毛づくろいをしていなかったのに，第Ⅲ期と第Ⅳ期には
それぞれ9頭，7頭と，多くの非血縁メスと毛づくろいしていた．毛づくろいに費
した時間割合でみると，この変化はよりはっきりする（図5-2）．第Ⅰ期と第Ⅳ期は観
察時間に占める毛づくろい時間の割合はほぼ同じだが，第Ⅰ期ではそのほとんどを
ムスメとの毛づくろいに費していたのに対し，第Ⅳ期ではかなりの時間を非血縁メ
スとの毛づくろいに費している．これらの結果をまとめると，第一位メスのMiは，

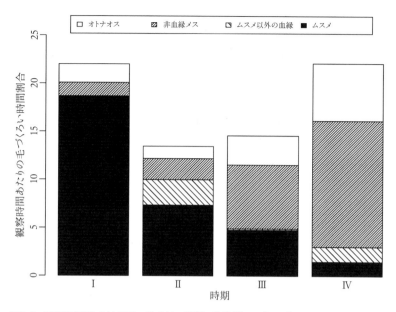

凡例: □ オトナオス ☑ 非血縁メス ◧ ムスメ以外の血縁 ■ ムスメ

図5-2　順位交代期におけるMiの毛づくろい時間の推移（竹ノ下［1993］をもとに作成）

群れの社会関係のハブであったDeが消失したのち，ムスメとの毛づくろいに費す時間を減らし，そのかわりに多くの非血縁メスと広く浅く毛づくろいをしたということができる．

6 ……… メスたちの協調による群れの「危機的状況」への対応

ここから何が言えるだろうか．私は以前この事例を報告した際，Miの毛づくろい相手の変化は，社会関係のハブであったDeの消失によって生じた社会的空白を埋める行動であり，第一位メスという存在がニホンザルの群れの統合維持に重要な役割を果たしうるものだと考察した（竹ノ下1993）．本章では基本的には当時の考察を踏襲しつつ，そこに若干の修正を加えたい．

まず，第一位メスが若くて頼りない第一位オスのように振る舞ったという解釈であるが，これは明確に否定できる．第一に，MoもGlも二者間の順位序列においては完全にMiより優位であった．第二に，上述のようにそもそも第一位オスはリーダ

ーシップを発揮しない．Deが一見多くのメスに慕われているようにみえたのは，彼の資質によるものではなく，単に第一位オス（もしくは中心部オス）としての在籍期間に負うている．長期間中心部にいて多数のメスと配偶関係を結ぶことによって，多くのメスと近接関係が成立し，結果として社会関係のハブとなったにすぎない．

　しかし，第一位オスのリーダーシップが主体的なものだったかどうかは本筋とは関係ない．大事なのは，在籍期間の長い第一位オスという存在が，ほかの個体どうしの社会関係の形成や維持に影響していたということである．したがって，Deの消失は，群れの個体，とくにDeと近接関係を形成していたメスたちにとっては，単に1頭のサルがいなくなったということにとどまらず，残された他のメスたちとの関係にも影響するような，社会的インパクトの強い事件だったといえる．

　上述のRaの事例は，Deの消失のもつ社会的インパクトが顕在化したできごとだといえる．Raが他の高順位メスに集中攻撃された理由はわからないが，もしもDeが健在だったらそこまで攻撃されることはなかったであろう，という意味において，Raにとって，Deの消失は結果的に自分の命に関わるほどのできごととなったといえよう．それはRaとDeが特別な関係にあったからだが，他のメスも大なり小なりDeと関わりを持って生活していたに違いない．よって，Deの消失は多くのメスにとって自分をとりまく社会関係を大きく変化させるものであったはずだ．メスたちにとっての困難は，Raのケースのように，群れ内の庇護者の喪失という個別的なものだけではない．一般的に，環境の急激な変化は個体にとってコストである．変化に対応する必要が生じるからだ．その意味で，Deの消失によりメスたちはある種の困難（危機）に陥ったと言ってよい．

　実際に，第一位オス（や，群れの社会的ハブとなる個体）の消失がニホンザルの群れを崩壊させてしまうことが知られている．伊沢（2020）は宮城県金華山島のニホンザルの群れで第一位オスが群れを離脱したことを契機として群れがばらばらになった事例を報告している．また，現代の猿害対策においては，「群れ管理」が標準となっているが，猿害個体群の群れ構造に配慮せず単に個体数調整をおこなうと，たまたま除去した個体が群れの社会関係のハブとなる個体であった場合に群れの分裂や遊動域の変化によってかえって猿害が増加することが経験的に知られているためである．こうしたことから，Deを失った嵐山E群が分裂や崩壊の危機にあった，と考えても必ずしも大げさではない．そこで私は，こうした群れ崩壊の危機に際して，第一位メスは「第一位オスのかわり」をしたのではなく，自分のやりかたで，あくま

第Ⅱ部
反転するインナー・ワールドとアウター・ワールド

で「第一位メス」としてのリーダーシップを発揮して群れをまとめたと考察した．

しかし，今考えると，それは言い過ぎであった．社会的毛づくろいはひとりでは
できない．かりにMiが非血縁メスのだれかを毛づくろいしたい（または，毛づくろい
されたい）と思ったとしても，相手が応えてくれなくては成立しない．毛づくろいは
順位の高い個体が低い個体に強要できない．無理強いしようとしても逃げられてし
まうからだ．

したがって，図5-1, 2に示したような第一位メスの毛づくろいの変化は，第一位
メスのリーダーシップというよりは，群れのメスたちの「共同行為」として捉える
のが妥当であろう．すなわち，Deという在籍期間の長かった第一位オスの消失によ
って生じた社会的空白を埋めるため，群れのメスたちは第一位メスをハブとして選
択し，第一位メスもその役割を引き受けたのだ．複数のメスがそれぞれ自分自身が
直面した危機的状況への対応をおこなった結果，それが調和的にはたらいて第一位
メスがハブとなるという形が生み出されたと考えるほうが，第一位メスがリーダー
シップを発揮したと考えるより公平に思われる．

いずれにせよ，社会関係のハブであった第一位オスの消失に際して，メスたちは
その社会環境の変化にただ流されるのではなく，自律的な努力を重ね，相互行為の
連鎖を通じて群れ崩壊の危機をたえぬいたのである．

7 ⋯⋯⋯ 非血縁メス間の主体的な「まとまり」維持

ここで，この事例でみられたメスの対応が「創造的な」ものなのか，つまり，ニ
ホンザル社会において革新的なできごとなのかと問われるならば，必ずしもそうと
はいえないだろう．そもそもニホンザルの群れは母系集団であり，メス同士の血縁
関係を基盤とする群れ，すなわちfemale-bonded group（Wrangham 1980）であり，社
会生態学の論理に照らせば，メスたちはオスを介在せずに群れとしてまとまりを保
つものだからである．

ただし，嵐山に限らず，ニホンザルの群れの中には互いに血縁関係にないメスが
多く含まれているということには注意が必要である．血縁関係を「基盤」とする，と
いう表現によって見過ごされがちだが，母系（またはfemale-bonded）の群れであって
も，内実は血縁のない（もしくは薄い）メスがまとまりを維持して暮らしているので
ある．

そして，ニホンザルのメスにおいて，血縁関係のない（または薄い）者どうしが社会関係を維持するための何らかの行動を示す例は本事例のほかにもある．たとえば岡安直比（1988）は屋久島では，個々の家系の要となる「母家長」どうしが頻繁に鳴き交わすことで，遊動の際に群れ全体のまとまりが維持されていることを報告している．屋久島ではオスの在籍期間が嵐山のような餌付け群と比べて短く，入れ替わりの頻度が高い．そのため，オス—メス関係よりもメス—メス関係のほうが強固で信頼できるものなのだろう．

　また，嵐山のサルが血縁関係にないメスどうしが主体的に社会関係を維持していることを示す研究がある．B. S. Grewal（1980）は，出産にともなうメスの行動変化を調査し，出産によって毛づくろいの相手が大きく変化することを示した．出産すると新生児の世話に多くの時間をかけなくてはならないため，その分，他個体との社会行動に費やす時間が削られる．そのとき，削られるのは非血縁者ではなく，血縁個体との毛づくろいであった．私たちの日常感覚では，出産であれ他の事情であれ，忙しくて社交を切り詰めなくてはならなくなった場合は，よりかかわりの薄い，疎遠な人とのかかわりを減らしてゆきそうなものであるが，出産直後のニホンザルのメスにとっては逆なのだ．Grewalの考察の要点は次のようなものである．血縁に基づく関係は毛づくろいを減らしたところで疎遠になってしまうことはないが，血縁関係にないメスとの関係は，それを維持するための明示的な行動がなければ消えてしまう．そのため，メスたちは出産後のしんどい時期であっても，「不義理」が許されない非血縁個体との関係を主体的に維持しているのだ．

　本章で紹介した事例も，メスがオスを介さず血縁関係を超えた社会的ネットワークを維持し群れのまとまりを保つという意味では，岡安やGrewalの報告と同様の現象である．私が観察した嵐山のメスたちが新規な行動を創造したというよりは，メスはもともとニホンザルの群れのまとまりを維持するさまざまなオプションをもっており，状況に応じて適切な手を打っていると考える方がよい．順位交代がおきる前の嵐山E群では，在籍期間の長い第一位オスが多くのメスと構築した親和的関係が群れのまとまりをつくっていた．屋久島では「母家長」どうしの連携が遊動の際に群れがちりちりになることを防いでいた．そして順位交代後の嵐山E群では，第一位メスを中心とした毛づくろいネットワークを形成することでメスたちの離散が起きなかった．そして，Grewalが示すように，その基底には，血縁のないメスどうしが疎遠になってしまわないよう日常的におこなわれている社会交渉がある．こう

した多様な行動を個体に内在する「行動ルール」の発現とするのは無理がある．メスたちは日々変化する環境に主体的かつ柔軟に対応し，互いの行動を協調させつつ新たな行動を創造し，主体的に群れというものを維持していると考えられる．

　サルたちは環境の変化にただなびくのではない．集まるにせよ，離散するにせよ，群れかたの変化はサルたちの主体的な意思決定によってなされる．そして，変化に対するサルの第一義的な反応は，変化にたえてまとまりを維持する方向に働く．

3　　人工哺育された飼育ゴリラの群れ復帰

　次に紹介するのは，私が2013年以降観察をさせていただいている，名古屋市東山動物園のゴリラに関する事例である．嵐山のニホンザルの事例は，環境の変化にたえて「共にいる」ための行動であったのに対し，この事例は，否応なしに「共にいなければならない」状況をたえぬくための行動である．

1……ゴリラの社会について

　はじめに，ゴリラの社会構造の概要を記す．ゴリラの単位集団の典型は一夫多妻型の家族的な群れである．成熟し背中の毛が白くなったシルバーバックと呼ばれるオスが核オスとなり，核オスと配偶関係にある複数のメスおよびその子どもたちによって群れが構成される．ゴリラの群れは非母系（Wrangham 1980; 伊谷 1987）である．オスもメスも性成熟に達すると生まれた群れから移出する．移出したオスはヒトリゴリラになる．ヒトリゴリラが集まってオスグループを形成することもある．オスはやがて他の群れを移出したメスを獲得し，新たな群れをつくり核オスとなる．メスは移出と同時に他の群れに移入するか，ヒトリゴリラと配偶関係を結んであらたな群れをつくる．メスの二次的移籍はふつうにみられる．すなわちメスは一生涯に複数の群れを渡り歩く．マウンテンゴリラでは，オスが性成熟に達しても群れを移出せず残留することがある．そのような場合は複雄群になる．また，残留したオスが，父親である核オスの死後群れを継承することもある．近年，マウンテンゴリラでは複雄群がかなりの割合で見られることがわかってきて，「ゴリラの群れは一夫多妻型」と断定的に述べるのが困難になっている（山極 2015）．

2 ⸻ 東山動物園のゴリラ

2021年現在，東山動物園のゴリラの群れは，シルバーバック1頭，メス2頭とその子どもたち2頭の合計5頭からなる単雄群である．シルバーバックのシャバーニは1996年生まれで，オーストラリアのタロンガ動物園から2007年に来園した．2頭のメス，ネネ（野生由来，推定1972年生，1973年来園）とアイ（2003年生）は親子であるが，アイの父親はシャバーニではない．2頭の子どもはいずれもシャバーニの子で，母親はそれぞれネネとアイである．ネネの子がオスのキヨマサ（2012年11月生），アイの子がメスのアニー（2013年6月生）である．一夫多妻型の単雄群ではあるが，オトナのメスが母子関係にある点は変則的である．

3 ⸻ アカンボウの人工哺育と群れ復帰のプロセス

キヨマサは自然分娩で生まれ，群れの中で育った．アニーは母親アイの授乳行動が不十分だったため，生後すぐに人工保育に切り替えられた．ゴリラの飼育の国際的なスタンダードでは，何らかの事情で母子分離と人工哺育をした場合，1歳半までに母親もしくは群れに再導入することが勧奨されている．そこで東山動物園では，1歳半までの再導入をめざして，母子分離の直後から慎重にプロセスを踏んでいった．

まず，アニーのみを隔離して人工哺育している時期から，他のメンバーたちと檻越しに対面する時間をとり，互いの存在に慣らしていった．そして，アニーが満1歳になろうとする2014年5月末に，まず生みの親であるアイとの同居を始めた．そして，アイとアニーの関わりが安定してきた10月下旬にシャバーニを加え，11月初旬にネネとキヨマサの母子を合流させ，完全同居を果たした．しばらくは夜間のみアニーを分離していたが，2015年1月以降終日同居となった．

私自身はこの群れ復帰のプロセスに関与していないが，その時期に動物園で観察をさせていただいていたこと，野生ゴリラの調査経験があることから，時折意見を求められることがあり，その際に一般観覧客に公開されていない寝室での様子を見せていただくことがあった．また，一般公開エリアからは自由に観察させていただいた．以下，それら断片的な観察をつなぎ合わせながら，アニーがどのように群れのメンバーに受け入れられていったのか，私自身の主観的解釈を交えながら再構成

してみる.

4 ⋯⋯ 居場所のないアニーとの接し方に困惑するアイ

　当初，実母のアイがアニーの群れ復帰にあたって保護者となることを期待されていた．しかし，周囲の人間たちの期待にもかかわらず，アイとアニーが同居を始めた当初，アイはアニーを抱いたり運搬したりといった，人間たちが思うような「母親らしい」行動を示さなかった．出産 1 年後，自分で子育てをしているならばまだ授乳期間だが，母子分離がなされたことで母乳の産生も停止していたのだろう，授乳もみられなかった．アイがアニーを自分の子と認識していたかどうかは知り得ないが，少なくとも行動的には母親として振る舞うことはなかったといえる．

　しかし，だからといってアイがアニーを攻撃することもなかった．とはいえ無視を決め込むわけでもなかった．一言でいえば，アイはアニーの存在にとても困惑しているようにみえた．1 歳のアニーはすでに自力で歩行できる．アイはきままに動くアニーを避けよう避けようとしているようだった．寝室でアイは落ち着きなく動き回り，アニーが多少動いても接触しなくてすむ場所を探していた．自分が通りたい場所にアニーがいると，どうにか迂回しようとしていた．

　このような，アイがアニーを忌避する行動は日がたつと減ってゆき，2 頭が接触することも増えてきた．寝室のようすをみていると，アニーがきままに動いてアイに触れてもアイはあまり気にしなくなり，時には自ら足を軽く引っ張るなど積極的な行動もみられた．しかし，やはり抱いたり運搬したりくすぐったりといった明瞭な親和的行動は，私が観察している際にはほとんどみられなかった．むしろ，アイはアニーに近接・接触しているときは緊張しているように見えた．アニーが不測の動きをするとすぐに離れた．逆に接触が突発的な攻撃を引き起こすことはあったようだ．私自身は観察していないが，放飼場に出ていた時に，アイがアニーを放り投げるのを常連のお客さんが見たという話をスタッフの方からうかがった．しかし，想像するに，それは意図的な攻撃というよりは，緊張のあまり突発的にとってしまった行動であったと思われる．

5········ シャバーニに黙殺されるアニー

10月20日，シャバーニがキヨマサ，ネネから分離され，アイとアニーと同居となった．私は同居の翌日の10月21日と，その1週間後の10月28日に観察をした．

10月21日の時点では，シャバーニとアニーの直接的な関わりはほとんどみられなかった．シャバーニはアニーを避けるでもなく接近するでもなく，その存在を無視しているかのように振る舞っていた．アニーの方は，シャバーニを怖がるような行動はみせなかったものの，大きな体のシャバーニが接近したり近くを移動したりすると，居室の隅に移動して避けていた．アイは，シャバーニが入ったことで二人きりの状態を脱して緊張が解けたせいか，それまでより落ち着いてみえた．以前からアイとシャバーニはよく取っ組み合いをして遊んでいたが，アイがさかんにシャバーニに接近してじゃれていた．しかし，そこにアニーが参加することはなく，離れたところで，お気に入りの布きれにしがみついたり，一人遊びをしたりする，といった様子であった．

アイもシャバーニも，キヨマサがアニーと同じくらいの月齢だった頃は，アカンボウのキヨマサに興味しんしんで，さかんにキヨマサにちょっかいを出して遊びに誘っていた．アニーに対する黙殺のような態度とは対照的である．当面アニーが攻撃されるような心配はなさそうだったが，アニーがこのまま孤立した状態でいると，ネネ，キヨマサとの同居にも支障を来すかもしれなかった．スタッフ曰く「過保護」なネネはキヨマサが他の個体と諍いをおこすと，それがどんなに軽微なものであっても，問答無用とばかりに諍いの相手を攻撃するからである．私が観察していたとき，キヨマサとシャバーニが追いかけっこをして遊んでいたとき，興奮したキヨマサが思わずシャバーニのお尻に噛みついてしまったことがあった．かまれたシャバーニが「ガッ」と声を上げるやいなや，シャバーニはキヨマサを攻撃するそぶりなど全くみせていなかったにもかかわらず，ネネはシャバーニに突進し体当たりをして追いかけ回した．子どもにお尻をかまれた上にその母親に突き飛ばされたシャバーニに私は同情を禁じ得なかった．ネネがアニーを攻撃したとき，実母のアイなり，父親のシャバーニはちゃんと守ってくれるだろうか，というのが動物園の方の心配事であった．

図5-3　シャバーニと分離された翌日，「赤ちゃんがえり」したキヨマサが鳴き声をあげてネネに甘える

6 ⋯⋯⋯ シャバーニの不在を「悲しむ」キヨマサ

　一方，シャバーニから分離されたネネとキヨマサのほうにも異変がおきていた．キヨマサが，シャバーニの不在に対して激しい不安の行動を示したのである．屋外放飼場で口をとがらせてさかんに鳴き声を発し，シャバーニのいる居室につながる通路の入り口をバンバンとたたいた．そして，母親のネネが少しでも離れるとまた鳴き声をあげて追従し，お腹に抱きついて運搬してもらっていた．まさに「赤ちゃんがえり」であった（図5-3）．

7 ⋯⋯⋯ シャバーニによるアニーの抱擁とマウンティング

　シャバーニと同居して1週間たった10月28日には，アニーとシャバーニの態度に大きな変化がみられた．朝から，アニーはシャバーニに接近しては離れることを繰り返していた．しかし，シャバーニが手をのばせばアニーに触れられるほどには近づかなかった．シャバーニはアニーが接近しても平然と餌を食べていたが，私には彼があえてアニーを無視しているように感じられた．なぜなら，アニーが接近すると，必ずシャバーニはアニーに背をむけるように体を動かしていたからである．アニーはシャバーニが背をむけると，シャバーニの前方に回り込むように移動した．そ

図5-4　シャバーニがアニーを抱擁したのちマウンティングする

のうち，アニーが接近するとシャバーニもアニーを見つめるようになった．見つめられるとアニーは逃げるように離れた．まるで「だるまさんが転んだ」をしているかのようであった．

そのようにして，観察開始から50分ほどが経過した時である．シャバーニが餌を食べるのをやめ，立ち上がって後ろを振り返り，アニーを見つめながら2，3歩接近した．このときアニーはシャバーニから逃げず，腹ばいに寝そべり，じっとシャバーニを見つめ返した．数秒の見つめ合いののち，シャバーニはさらにアニーに接近して，アニーの横に腰を下ろした．するとアニーがシャバーニの腹に抱きつき，シャバーニはアニーを優しく抱擁したのち，やおらマウンティングしたのである（図5-4）．

シャバーニがキヨマサを抱擁したりマウンティングするのを観察したことはなかったので，私は非常におどろいた．アニーはメスではあるが，1歳半のアカンボウである．霊長類の性行動をどう定義するかは難しい問題だが，少なくとも性的な興奮をともなっているようにはみえなかった．このとき，シャバーニはアニーを優しく保定し，2度マウンティングをしたあと，離れてゆくアニーを片手でひっぱってくすぐり，そのままじゃれ合いと追いかけっこが始まった．するとアイもじゃれあいの輪に入ってきた．このようにして，3頭の関係は同居から1週間で穏やかで安定したものになった．

8 ……… 大団円

　ネネとキヨマサを含めた全員同居は，ゴリラたちのストレスになる要因を少しで
も減らすため，休園日に非公開で実施された．だから私も立ち会うことはできなか
ったが，2015年1月24〜25日に上野動物園で開催された「ゴリラ来日60周年記念イ
ベント」の際に，当日のようすを録画したビデオを拝見する機会があった（また，こ
の動画は椙山女学園大学と東山動物園が共同制作したドキュメンタリー映像の一部として
Youtube に公開されている：https://www.youtube.com/watch?v=FnrhSMFsdRE）．

　心配したとおり，同居の当日に事件は起きた．すでに檻越しに互いに慣れ親しん
でいたキヨマサとアニーはさっそく活発に遊びはじめた．半年早く生まれたキヨマ
サはアニーよりひとまわり大きく活発で，アニーのお気に入りのタオルを引っ張っ
て奪おうとした．アニーは軽く口をあけながらキヨマサに反撃しようとした．動画
で見る限り，それは遊びのなかで起きたちょっとした諍いである．しかし，それを
見ていたネネは大きく吠えながら猛然とアニーに突進して突き飛ばしてしまった．

　ところが，その瞬間，シャバーニが飛び出してきて，ネネをつきとばし，キヨマ
サをつかまえて持ち上げお尻を軽く噛んだ．噛んだといっても怪我をするようなや
り方ではない．いかにも「こらしめる」という感じの噛み方であった．

　野生ゴリラの群れにおいて，核オスのシルバーバックが群れ内でのけんかの仲裁
をすることはごく普通にみられる．その際の原則が，「負けている方の味方になる
(looser-support)」である（Yamagiwa 1992）．シャバーニの対応はまさしくそれであった．
飼育下に生まれ，核オスとしてはまだ若いシャバーニがしっかりと核オスの役目を
果たし，よるべない"みなしご"のアニーを守ったことはなかなか感動的であった．

　その後も同様の諍いはしばしばみられたが，慣れるにしたがい次第にネネの攻撃
も少なくなり，同居から3か月もするころにはアニーもすっかり群れになじんで，ネ
ネに見られていても気にせずキヨマサと積極的に遊ぶようになった．加えて，アイ
が「ひこうき」（人間もよくやる，大人が仰向けになって両脚を上にあげ，足の裏で赤ちゃ
んを持ち上げてゆらゆらと動かす遊び）をして遊んであげるようにもなった．常連のお
客さんの中には「ようやく母親の自覚が出てきた」と言う人もおり，動物園スタッ
フの方からも「あれは母性と考えてよいのか」と尋ねられもした．しかし，それが
「母性」なのか，単に群れの子どもと遊んでいるつもりなのかは，アイ本人に尋ねる
ことができない以上，知るよしもない．アニーの方がどう思っているのかはもっと

わからない．とはいうものの，アイとアニーがはじめて同居した際の困惑した振る舞いを思えば，彼らが安定した良好な関係を構築したことはうれしく思えた．

9⋯⋯⋯「共にいる」ことの葛藤

　東山動物園のゴリラのアカンボウの群れ復帰をめぐるできごとは，ゴリラにとって，なじみのない個体と「共にいる」ことそれ自体が決して簡単なことではないことを示している．アニーは生物学的にはシャバーニとアイの子であるが，生まれた日に群れから分離され，1年間を別々に過ごした．実母のアイを含め，群れのメンバーにとっては，檻越しに対面する機会があったとはいえ，「導入された1歳のアカンボウ」であったと考えられるからだ．

　飼育されているかれらには，必要にして十分な食餌が与えられる．社会生態学が想定する環境条件の縛りは存在しない．動物園においては，飼育者がどのような群れを形成したいかに応じて環境条件を設定する．そこには施設の限界はあるが，少なくとも生存と繁殖に関する個体間の利害衝突が起きないようにすることはできる．だが，ゴリラたちにとってそれでは十分でないのだ．

　ここでおもしろいのが，なじみのない個体の存在が緊張をもたらすからといって，それが即排除とはならなかったことである．アニーと同居させられたアイの「困惑」は，考えてみると不思議である．同居の相手はたかだか1歳すぎのアカンボウである．「共にいる」ことが気に食わなければ攻撃して排除すればよいはずだ．積極的に排除しないとしても，力関係において圧倒的な差があるのだから，アニーの存在など無視して自由に振る舞えばよい．じっさい，私たちが心配していたのは，アイがアニーをいじめ，アニーがアイを恐れて縮こまってしまうことであった．しかし現実には逆のことが起きた．狼狽と困惑を示したのはアイのほうであった．

　深読みがすぎるかもしれないが，アイが示したこの困惑を，私は次のように解釈したい．ゴリラにとって「なじみのない」個体とは，その時点において，何らの社会関係も存在しない相手だと言える．そして，何らかの社会関係がない相手は，無視して共にいることもできないし，問答無用で排除することもできない．受容か排除かを決めるには，それに先だって「なじみになろうとする」ことが必要なのだ．そのためにさまざまな社会交渉を交わし，最終的に「なじんだ」ならば共にいることができ，「なじめなかった」ならばどちらかが排除される．だが，1歳になったばか

りのアニーには，まだアイとそのような社会交渉を交わす力がなく，アイのほうも1歳のアカンボウとの交渉のもちかたがわからない．それが，困惑を示す振る舞いとして現れたのではなかろうか．このように考えると，アイの困惑は「圧倒的優位にもかかわらず」ではなく，むしろ「圧倒的優位だったからゆえに」生じたものだったのかもしれない．

この解釈は，シャバーニがアニーにマウンティングしたことにも援用できる．利害対立ということでいえば，シャバーニにとってアニーはいてもいなくても構わない取るに足らない存在であったし，アニーにしても，シャバーニに黙殺されている限りは何も困らないはずである．だが，アイとの同居から4か月経過し，1歳4か月をすぎたアニーは，シャバーニと「なじむ」ために自ら行動を起こした．シャバーニの後方からゆっくり接近し，振り向いたシャバーニと目が合うや尻込みをし，しかしすぐにまた接近を試みるアニーを観察しながら，私はアニーが「腹をくくった」と感じた．そして，シャバーニも，明らかにアニーの意図を理解していた．アニーが十分に接近するまで，不用意にアニーに接近して怖がらせないよう，1時間近く，「辛抱強く」待ち続けた．接近してからも，アニーを抱き寄せるのではなく，アニーが自ら懐に入ってくるのを待ち，穏やかに抱擁してからマウンティングした．マウンティングは一瞬で，（動物行動学的な意味で）儀式化されたものであった．私には，みつめあいから抱擁，マウンティングという一連の相互行為が，両者の関係を確認するディスプレイのように思われた．シャバーニがアニーの保護者であり優位者であることを確認した，といったところであろうか．

ゴリラだけでなく，チンパンジーやオランウータンなどの大型類人猿の飼育において，人工哺育された個体を群れに（再）導入するのは多大な苦労をともなうとは聞いていたが，私はスタッフの皆さんの大変なご尽力を見て，ほんとうに大変であることを実感した．しかし，苦労しているのは飼育者だけではない．わずか1歳の小さなアカンボウ1頭を受け入れるために，群れのオトナゴリラたちはずいぶん大変な思いをしているのだ．また，アカンボウ本人の努力も忘れてはならない．ゴリラとヒトでは発達様式に大きな違いがあり，単純比較ができないことはわかっているが，私は，果たして1歳4か月のヒトのアカンボウにアニーと同じことができるだろうかと考えずにはいられなかった．そして，そこにはゴリラとヒトの発達様式の違いだけでは回収しきれない，彼女自身の勇敢さ，自分の人生を自分で切り開く力強さがあるように思われて，拍手を送りたい気持ちになった．

まとめ

　嵐山のニホンザルの事例と東山動物園の事例とは，一見，まったく種類の異なる現象にみえる．しかし，私の中では，二つの事例は対をなしている．前者は，なじみのある個体どうしが離散する危機を親和的な社会交渉を通じて回避した事例である．それに対して，後者はなじみのない個体と「共にいる」ことを強いられた状況で，どうにか安定した関係を形成することで同居の破綻を回避した事例である．

　二つの事例には重要な共通点がある．嵐山のニホンザルは餌付け群であり，東山動物園のゴリラは飼育されている．よって，いずれの群れも，採食上の利害対立を免れていた．繰り返しになるが，嵐山のメスザルたちも，東山のゴリラたちも，社会生態学のモデルにのっとって考えれば，「ただ共にいる」ことが可能なはずである（逆に，ただ離散したり排除しあったりすることも可能である）．

　しかし，二つの事例が示すのは，サルやゴリラたちは，真に「ただ共にいる／離散する」ことはできないということである．誰かと共にいるためには，互いに相手が自分と共にいることを受け入れていることを了解しあわねばならない．他方，そのような相互の了解によって成立している者どうしは，環境条件が変化したからといって，「ただ離散する」こともできない．共にいる個体どうしは，なるべく共にいつづけようとする．おそらく，離散する際にも，もはや共にいることはしない，という了解が必要とされるのではないだろうか．

　霊長類も動物である以上，環境条件の変化に適切に応答し，包括適応度を最大化するように振る舞う行動傾向を備えていることは否定しえない．社会生態学のモデルは，時間軸を輪切りにして並べたときに，個々の瞬間における群れの構成とその変遷をよく説明できるだろう．しかし，連続した時間の流れのなかで，（社会環境も含めた）環境の変化にたえてメンバーシップの安定した群れを維持するという霊長類特有の性質は，環境応答における利害調整を超えた，「共にいるからには互いに関わりあおう，互いに関わりあう者とは共にいよう」とする個体の振る舞いによって支えられている．こうした，いわば本来的な社会性とでも呼べる志向性が霊長類において進化した要因は，最終的には環境への適応として社会生態学に回収しうるのか，それとも，環境とはある程度独立した社会のレベルに求めることができるのか，今後慎重に検討してゆきたい．

参 考・参 照 文 献

伊沢紘生（1982）『ニホンザルの生態——豪雪の白山に野生を問う』どうぶつ社.

伊沢紘生（2020）「金華山のサル・かつてのB2群崩壊について——B1群の事例からわかったこと」
『宮城県のニホンザル』34：39-52.

伊谷純一郎（1955）『日本動物記2——高崎山のサル』光文社.

伊谷純一郎（1981）「心の生い立ち——社会と行動」藤永保編『講座現代の心理学1——心とは何か』
小学館，91-115頁.

伊谷純一郎（1987）『霊長類社会の進化（平凡社 自然叢書）』平凡社.

岡安直比（1988）「クー・サウンド・コミュニケーション——野生ニホンザルの遊動と関連させて」『季
刊人類学』19（1）：12-30.

菅原和孝（2003）「感情の進化論」西田正規・北村光二・山極寿一編『人間性の起源と進化』昭和堂，
31-62頁.

竹ノ下祐二（1993）「政権交代とαメス——群れの統合維持にかかわるαメスの役割」『モンキー』
250/251：4-11.

中川尚史（2015）『"ふつう"のサルが語るヒトの起源と進化』ぷねうま舎.

中川尚史・岡本暁子（2003）「ヴァン・シャイックの社会生態学モデル——積み重ねてきたものと積
み残されてきたもの」『霊長類研究』19（3）：243-264.

山極寿一（2015）『ゴリラ』（第2版）東京大学出版会.

Amici, Federica, Fillipo Aureli and Josep Call. 2008. "Fission-fusion dynamics, behavioral flexibility, and
inhibitory control in primates." *Current Biology* 18: 1415-1419.

Aureli, Fillipo, Colleen M. Schaffner, Christophe Boesch, Simon K. Bearder, Josep Call, Collin A.
Chapman, Richard Connor, Anthony Di Fiore, Robin I. M. Dunbar, Henzi, S. Peter et al. 2008.
"Fission-fusion dynamics: New research frameworks." *Current Anthropology* 49(4): 627-654.

Conradt, Larissa and Timothy J. Roper. 2000. "Activity synchrony and social cohesion: A fission-fusion
model." *Proccedings of the Roal Society of London. Series B: Biological Sciences* 267(1458): 2213-2218.

Fishlock, Vicki and Phyllis C. Lee. 2013. "Forest elephants: Fission-fusion and social arenas." *Animal
Behaviour* 85(2): 357-363.

Grewal, B. Singh. 1980. "Changes in relationships of nulliparous and parous females of Japanese monkeys at
Arashiyama with some aspects of troop organization." *Primates* 21(3): 330-339.

IUCN. 2021. *The IUCN Red List of Threatened Species. Version 2021-3.* https://www.iucnredlist.org/.

Kawai, Masao. 1958. "On the rank system in a natural group of Japanese monkey (i)." *Primates* 1(2): 111-
130.

Kummer, Hans. 2008. "Comment on "Fission-fusion dynamics: New research frameworks."" by Aureli, et al.
Current Anthropolology 49: 644-645.

Kuroda, Suehisa, Tomoaki Nishihara, Shigeru Suzuki and Rufin A. Oko. 1996. "Sympatric chimpanzees and
gorillas in the Ndoki forest, Congo." In: William C. McGrew, Linda F. Marchant and Toshisada
Nishida (eds) *Great Ape Societies*. pp. 71-81. Cambridge: Cambridge University Press.

Suzuki, Shigeru, David A. Hill and David S. Sprague. 1998. "Intertroop transfer and dominance rank structure of nonnatal male Japanese macaques in Yakushima, Japan." *International Journal of Primatology* 19(4): 703-722.

Takahata, Yukio. 1982. "Social relations between adult males and females of Japanese monkeys in the Arashiyama B troop." *Primates* 23(1): 1-23.

Takahata, Yukio, Michael A. Huffman, Shigeru Suzuki, Naoki Koyama and Juichi Yamagiwa. 1999. "Why dominants do not consistently attain high mating and reproductive success: A review of longitudinal Japanese macaque studies." *Primates* 40(1): 143-158.

de Waal, Frans B. 1989. *Peacemaking among Primates*. Cambridge: Harvard University Press.

Wrangham, Richard W. 1980. "An ecological model of female-bonded primate groups." *Behaviour* 75(3/4): 262-300.

Yamagiwa, Juichi. 1992. "Functional analysis of social staring behavior in an all-male group of mountain gorillas." *Primates* 33(4): 523-544.

第 6 章

竹川大介

「互恵」と「共感」にもとづく正義の実現

共同体ガバナンスと葛藤解決における普遍的道徳基盤のはたらき

KEY WORDS

正義, 葛藤, 紛争, 互恵, 共感, 道徳, 人間性の進化, ソロモン諸島

1 はじめに 葛藤をのり越える

ヒトが住むところに葛藤があり，ヒトが交わるところに紛争がある．群れの中で集団生活をしなければならない生物であるという点において，ヒトは根源的に社会的なコンフリクト（紛争・葛藤）から逃れられない．しかし同時に，こうした葛藤状況に耐え，それをのり越えるために，ヒトはさまざまな協力行動を進化させてきた．複数の家族からなる共同体を維持し，さらに共同体同士が連携してより大規模で複雑な社会関係を形成している点も，他の動物と比較した際にヒトという種の性格を際立たせるものである．

こうした人間の特質を考えるうえで，本章では「互恵」「共感」という 2 つの情動を手がかりとする．互恵とは正義や公平性を理解する能力に関連があり，共感とは思いやりや同情にとどまらず相手の心を推察する能力に関連が深い．

ここで検討するのは，ソロモン諸島の小さな共同体でフィールドワークをする筆者が実際に体験した 3 つの葛藤事例である．こうした事例の中には参与観察をしている筆者自身も，村人たちに裏をかかれ，誘導され，混乱し，のちに彼らから説明

されてようやく状況を理解したものも含まれている.

　葛藤の現場では当事者たちの思惑や解釈が錯綜する. こうしたさまざまな解釈は完全に一致するものではないだろうし, 複雑な意図を読み取るためのソーシャルスキルには個人差がある. しかし, 文化的文脈を理解し, 社会的な経験を積むことによって, そこに一定の共通理解が生まれることもまた確かである. いいかえれば相手の心を適切に読み取り, 気持ちを了解しているという「一致の感覚」がそこにはある. よくよく考えてみれば, これは不思議な現象である.

　本論では, 文化や社会を越えたヒトという種に共通する道徳性の普遍について, こうした「共通理解の可能性」を手がかりに考えてみたい. おそらくヒトの互恵や共感の能力は, いまだ進化の途中であり, 不完全なものである. しかし私たちが「人間性」と呼ぶ現象の, そのわずかなきざしを, この「互恵」「共感」の2つの柱の間に, 垣間見ることができるのではないかと筆者は考えている.

　さて, 本来であればここで, 本論で扱う用語や概念について先に書いておかなければならないだろう. 普遍的道徳基盤に関する先行研究や,「互恵」と「共感」とはいったいどのような情動であるのかを示すこと, さらに, こうした普遍的道徳基盤の根拠となる協力行動や利他性の進化を明らかにした生物学からの知見を整理し, 互恵に関わる「互恵的利他行動」と, 共感に関わる「心の理論」とは, どのような学説であるのかについて説明しておく必要がある. しかし, 先行研究の位置づけや本論における解釈についてあまり紙面を割いてしまうと, 肝心の事例の分析や考察になかなかたどり着くことができなくなる. そこで別に［補論］として『普遍的道徳基盤とその生物学的背景——互恵的利他行動と心の理論から生じる「互恵」と「共感」』の項をたて, そちらで先行研究をレビューしながら本論であつかう諸概念を整理することにした.

　以下の節では, これらの先行研究をもとにソロモン諸島のF村で起きた紛争の事例を分析し, 普遍的道徳基盤の働きによって, いかに正義が実現されるのかについて考察していきたい.

　ここには疑い, 嫉妬, 負い目, しっぺ返し, そして時には相手の裏をかく戦略など, やや大げさに言えば権謀術数, 穏やかに言えば人間関係の政治力学を見ることができる. しかしもう一点留意してほしいのは, こうした権謀術数は必ずしも, 報復や競争による打ち負かしなどの応報的な正義ではなく, むしろ継続的な関係維持のための修復的な正義として機能しているという点である.

これらの考察をもとに，実際の葛藤解決の現場においては，両者の互恵性や等価性の成立よりも「互恵性の崩れ」による別の文脈的意味の付与に注目すべきであることを示す．そして，この章の結論では，交渉におけるこの「互恵性の崩れ」こそが，社会における信用や関係性の形成に寄与していることを論じる．さらに，こうした彼らの戦略の中には，深刻な社会的葛藤を解決するための優れた知恵があることを明らかにし，ここには異なる文化に属するわたしたちにも理解できる，ひとつの普遍性があることを述べておきたい．

2　　調査方法と地域概要

　本章で取り上げる 3 つの事例はすべて，ソロモン諸島のマライタ島のF村のものである．F村はマライタ島南部にあるラグーンの砂州の上に作られた集落で，筆者が調査を始めた1990年には， 8 氏族の約50世帯，150人ほどが暮らしていた．村へはガダルカナル島にある首都ホニアラから，週に一度の定期船が12時間ほどかけて通っている．周辺は焼き畑農耕をおこなうサア語を使う人びとの村であり，その中でこのF村と北に10km離れたW村だけが，漁業に特化したラウ語話者たちの移住村となっている（Akimichi 1978; Fox 1974; Meltzoff 1983）．このふたつの姉妹村の人びとは海の民（wane asi）と呼ばれ，彼らはさまざまな漁労技術を持ち，山の民との交易によって生活の糧を得ている．とくに毎年 1 月から 3 月にかけて貿易風が止む季節におこなわれる伝統的なイルカ漁を継承している地域として知られている（Ivens 1902; Dawbin 1966; Takekawa 1996a, 1996b）（図6-1）．

　取り上げた事例は，筆者自身が滞在中に実際に見聞きした出来事を中心にあつかっている．筆者は1990年にこの地でフィールドワークを開始し，以来30年近く経過した現在にいたるまで，計10回にわたり現地に滞在してきた．村ではチーフの家族のひとりに位置づけられており，海外に在住する共同体のメンバーの一員として，一定の社会的役割を与えられるまでの関係を築いてきた．したがって著者自身が濃密な関係性に巻き込まれながら，葛藤解決に関与しているケースも含まれている．本章ではこうした当事者性が強いデータをあつかう，いわばアフェクトゥス（情動・影響・作用）（西井・箭内 2020）による分析であるということを了解してほしい．このことは後に述べる考察においても意味を持つものである．

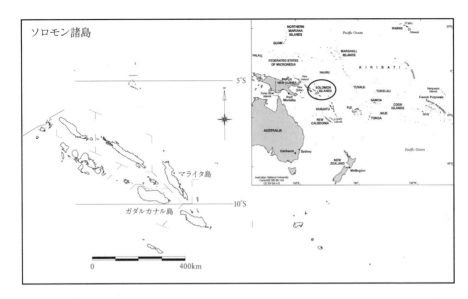

図6-1　ソロモン諸島の地図

3　葛藤の事例

1┄┄事例1　チーフの葬儀をめぐる贈与儀礼

　最初の事例は，筆者にとって父親がわりであったチーフN1-1の死を巡る一連のや
りとりである．この贈与儀礼には筆者自身も深く関与しており，強く記憶に刻まれ
たエピソードであった．

【背景】

　メラネシア地域ではビッグマン制度とよばれる緩やかなチーフ制がしかれている．
一般的にメラネシア社会におけるチーフは，ミクロネシア社会やポリネシア社会に
おける首長ほど大きな権力をもたない．また，統括がおよぶエリアもほぼ小さな村
落共同体に限られている．チーフはもっぱら村内でトラブルがあったときの相談役
であったり，村間の交渉事の代表を務める顔役にすぎない．実際の村のガバナンス
は，おもに寄り合いによる村民たちの合議や，教会での話し合いによって進められ
ている（図6-2）.

図6-2　村の合議の様子

　調査地域では，チーフは基本的に土地を所有している氏族の長男が世襲で継ぐことになっていた．しかし，親族の合議の上，長男以外の男性がチーフにえらばれることもある．一般にチーフとしての資質は，鷹揚さと気前の良さだと言われている．さらにチーフは村に常駐することが求められるので，現金収入を得るための経済活動が十分にできない．冗談めかして，「村で最も貧しいのは，チーフである」と言われることがあるが，その背景には私財を蓄えたり自分の利益を優先させたりするような振る舞いは，ビッグマンとしてのチーフにふさわしくないものだという考えが根強くある．

　さてF村のチーフ氏族はN氏族である．F村には，姉妹村のW村のチーフ氏族であるS氏族の親族たちも住んでおり，N氏族とS氏族は互いに姻戚関係を結び，協力しながら村の運営を進めている（図6-3）．

　これから記述するF村のチーフN1-1は，1990年に日本からやってきた筆者Dを自分の息子として受け入れた人物である．ソロモン諸島ではじめて海外航路の航海士のマスター免許を取ったことで知られており，キャプテンとも呼ばれていた．長男であった彼は父の死去に伴い航海士の仕事を退き，チーフとして村に戻っていた．

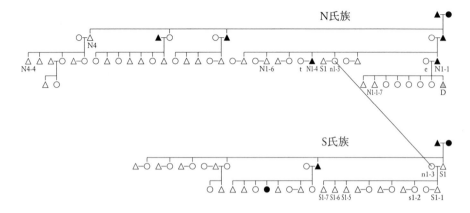

図6-3　氏族の家系図

　1996年にこのＦ村のチーフN1-1, 翌年の1997年にその弟N1-4が相次いで病気で死
去するという, 大きな事件が立て続けに起こった. ４番目のキョウダイであるN1-4
もまた若い頃から学校での成績がよく, ソロモン諸島ではじめてオーストラリアの
タスマニア大学で修士号をとったという知識人であった. 死去した当時はソロモン
諸島国の総理大臣主席秘書官を務めていた.

　ふたりのあいだの３番目のキョウダイである長女n1-3は, 小学校の教員だったＳ
氏族の長男Ｓ1と結婚していた. Ｓ1とn1-3には７名の子どもがおり, 多くは高等教
育をうけて, 街で働いていた. とくにふたりの長男であるS1-1は首都で貿易商を営
んでおり, 経済的にも余裕があった.

　Ｎ氏族のふたりの有力者の死去の際には, 大きな葬儀が催された. その葬儀の費
用をＮ氏族だけではまかなうことができなかったので, Ｓ氏族のＳ1と街で貿易商
をしているその息子のS1-1が多額の支援をおこなった. N1-4が病気治療のためにオー
ストラリアに渡航し入院した際の費用の一部も, S1-1が負担している.

【事実経過】

　キリスト教化した現在では, 教会での葬儀のあとに遺体は棺に入れられて墓地に
土葬され, ２年あまり後にセメントなどで正式な墓を作るのが村の通例である. こ
の際に, 墓碑を建てるための贈与儀礼ダロ (daro) がおこなわれる.

　1998年12月31日深夜10時, 元チーフN1-1とその弟のための贈与儀礼が開かれるこ
とになり, 村人全員がＳ1の家の前に集められた. 贈与儀礼がこの日になることは,

　第Ⅱ部
　　　反転するインナー・ワールドとアウター・ワールド

図6-4　5本の貝貨が贈与された

図6-5　並べられた贈与の品

図6-6　長老による演説

図6-7　おびえた顔で演説を聞く

開催のわずか4日前まで公には伏せられていた．この贈与儀礼は，遺族であるそれ
ぞれの妻eとtが主催者とされ，S1とS1-1に対する援助への感謝のためであると説
明された．表向きは，両氏族間の紐帯を深めるための儀式とされていた．

　まずS氏族に対して5本の貝貨が用意された（図6-4）．ここまでは通常の贈与儀礼
であると思われていた．しかし大量の贈答品が並べられていくにつれS氏族の人び
とは，明らかに驚いているように見えた．集まってきた村人全員に対して，豚9頭，
ウミガメ・魚・芋・米・缶詰など，通常の贈与儀礼の相場をはるかに越える品が提
示されたのである（図6-5）．

　さらに当時70歳を越えていたN氏族の長老であるN4の古語による演説が始まっ
た（図6-6）．このときS氏族の家長のS1は，家の中から出ず窓の向こうからこの演
説を見守っていた．S氏族の三男であるS1-6が，おびえた顔をして家から出て演説
者の前に立った（図6-7）．

【さまざまな思惑】

　筆者であるD自身もこの儀礼がおこなわれるまで，この贈与儀礼はN氏族側からのS氏族に対する感謝を示すものであるという家族たちの説明を信じていた．しかし実際の儀礼は，そうした事前の説明とはまったく異なり，緊張した雰囲気の中で進行していた．筆者は儀礼の途中ではじめて違和感を覚え，当初の説明は建前であり，実際には謝礼とは別の目的があるのではないかと疑った．

　以下の説明は，この儀礼が終わった直後に，筆者が複数の関係者から聞き取りをしたこの一連の出来事の背景と，人びとの思惑に関するものである．

　N氏族とS氏族には経済的な力の差があり，S氏族の親族は首都に有力な経済基盤を持っているのに対して，チーフ氏族であるN氏族の多くは村に住んでいた．チーフの葬儀に対して経済的な支援をおこなったS氏族の長男S1-1や，同じく街に住む次男S1-5と4男S1-7が，チーフ氏族が無事に葬式をおこなえたのは，自分たちのおかげであると吹聴していた．

　そうした噂を耳にしたN氏族の人びとはそれを恥じ，吹聴をやめさせたいと考えていた．さらに，新しいチーフであるN1-6はまだ若く，それまで村を離れていたため，氏族としての政治力を示しておく必要もあった．ただし贈与の主催者を現チーフであるN1-6ではなく，あえて遺族の妻であるeとtにしたのは，氏族間の衝突を回避するためだったと説明されている．そこには，「チーフ自身が氏族の恥を贈与で解決しようとしている」と村人たちに思われてしまうような，露骨な応酬はさけたいという，N氏族内の判断がはたらいていたという意見もあった．

　村に帰省中の人が多いクリスマス期は，儀礼をおこなう絶好の機会であるが，実際にはクリスマスの時点ではまだなにも明らかにされていなかった．そしてクリスマスの終了後に突然開催が告知された．これにも理由があった．墓碑を建てるための贈与儀礼であるダロには，S氏族の家長であるS1自身も妻のn1-3を通じて儀礼の主催者側に加わることができた．しかし，儀礼の開催の日程を伏せ，準備を秘密裏にすすめることで，それを回避したというのがその理由だ．そのためS氏族は，この儀礼の主催者側ではなく，逆に贈与の受け手側となった．

　おりしもチーフN1-1の息子としてあつかわれていた筆者Dが，この時期に滞在することが村に伝えられ，筆者自身も知らないうちにN氏族側に「政治的」に利用されることになっていた．筆者の滞在は，この儀礼のために息子がわざわざ日本から帰ってきたものだと説明されていたのだ．

さらに筆者はこのときビデオカメラをもってきており，儀礼の演説の一部始終を撮影していた．このことが後に儀礼の中での貨幣の贈与と同様に扱われ，S氏族に対する贈与行為の材料のひとつとされた．このあたりの複雑ないきさつは『外在化された記憶表象としての原始貨幣』の論考で詳細に分析している（竹川 2007）．

【その後の経緯】

　人類学の世界では贈与に対する反対贈与は，互恵性の論理で説明されることが多い．いわゆる返礼や負債の精算がそれにあたる．たしかに一連のやりとりを互恵性の観点からみれば葬儀の際の負債を解消し，権力関係のバランスをとり戻すための儀礼といえるだろう．過剰な贈与をおこなうことによって，相手を恐縮させ負い目を与えることはできたし，村人たちもそう説明していた．儀礼の背景を聞いた直後には，筆者自身も一連の儀礼を，N氏族が仕掛けた攻撃的な反対贈与のように感じていた．

　しかし，そのあと数年間の両氏族の関係をみていくうちに，かならずしもこうした理解が十分ではないことがわかってきた．儀礼の直後にN氏族の人から噂話の吹聴に対するS氏族への非難を聞いた筆者は，両氏族の関係はこの後さらに険悪になるのではないかと懸念していた．しかし，それは杞憂に過ぎず，むしろ両氏族の関係は良好であった．

　たしかに当初のもくろみ通り，噂はぴたりと止まった．儀礼の効果はあったのだ．しかしそうした互恵による負債の返済にとどまらず，そこにはもうひとつ言葉にはされていない意図とその読み取り，つまり共感を基盤にした戦略があった．

　長老のN4の演説の中では，S氏族の息子たちの吹聴に対する非難めいた言及はまったくなく，むしろ感謝の言葉が強調されたという．さらに，わざわざ首都に住む長男S1-1のための贈り物が用意されていた．「これで彼らは儀礼の意図がわかるはずだ」とN4は言った．村人を全員集め，伝統的なしきたりにのっとった正式な演説を開くことにより，この儀礼がおこなわれたことを人びとの記憶にとどめる．それだけで演説の目的は十分に達成されているのだと言う．

　そもそも息子たちが広めたとされる噂話も，軽い自慢話に端を発したものであり，N氏族をおとしめるためになされたものではない．すくなくともS氏族の家長であるS1自身には，N氏族に対する対抗心や悪意はまったくない．噂が広まったのは，むしろ前のチーフの死去以降，ふたつの氏族の力関係の変化を感じ取った村人たちの潜在的な意識からきているのかもしれない．そう考えると，あの儀礼はS氏族へ

の対抗の返礼である以上に，チーフの権威が落ちたと考えているかもしれない村人たちに対する，暗黙のメッセージだったと考えた方がより的確である．

互恵性による解釈では不十分な理由がもうひとつある．もしある贈与とその返礼に互恵性がみられるというのであれば，交換の等価性を検討しておかなければならない．N氏族からの返礼はたしかに墓碑を建てるための贈与儀礼の相場としては，破格な返礼品をともなっていたかもしれないが，実際にS氏族がおこなった支援にかけた費用からみれば，決してそれに見合う金額にはとどかない．儀礼は文字通り儀礼的なものであり，そこにみられる過剰さはあくまでも儀礼の相場としての過剰さである．

ソロモン社会に限らず，私たちの社会関係においても，返礼が実際の経済的な負担の埋め合わせにならないことはむしろ普通だ．贈与を金銭の価値ではかる行為は野暮なことであり，贈与にとって大切なことは，贈られたものの価値や金額よりは，贈与をおこなったという行為そのものにある．ここでは過剰な返礼という「行為」を通じてチーフ氏族は矜恃を示し，S氏族に対する感謝の意を伝えたのである．

儀礼の際に，噂には関与していなかったS氏族の家長S1や三男S1-6が，おびえた表情をし，非常に恐縮をしているように筆者には見えた．しかしこれすらも，もしかするとそうした振る舞いを見せることで，N氏族の意図を受け入れたことを村人たちに示す演技だったのかもしれない．たとえ演技ではなく本心であっても，S氏族としてはここでN氏族の贈与に驚き恐縮している様子を村人たちに示す必要があった．もちろんこれは，筆者が後になって思い至った推論であり，ここまで書くとやや深読みが過ぎるかもしれない．しかし，いずれにせよ本音と建て前を使い分け，たくみに口実をつくり，相手の思惑を先回りして口実を与えないという点において，実際に見えていることや語られていること以上に，両者の間で深いやりとりが交わされていたということはまちがいない．

真の意図は，簡単には語られない．いや，語られず隠されている意図こそが，本当に読み取られなくてはならないものなのだ．言葉で説明されたことの裏にさまざまな思惑が見え隠れする．研究者だけではなく村人たちもまた，状況的な証拠を積み重ねることで，当事者たちの意図を読み取るという作業をそれぞれの頭の中でおこなっていたはずである．こうした作業では，儀礼の後に変化した両氏族の関係性や村人たちの状況をもとに過去にさかのぼりながら，あらためてそこにあったはずの隠された意図が解釈されるのである．

2 ······ 事例2　イルカ漁をめぐる村内の確執

次の事例は，さらにそれから10年以上が経過し，もういちどチーフの代替わりが
おこり，筆者の同年代の者たちが村の政治の中心的な役割をになうようになった2010
年代の頃のものである．

【背景】

すでに述べたように，海の民が住むF村とW村は，日常的な漁労のほかに，季節
的にイルカ漁をおこなう村として知られていた．漁で捕獲されるイルカは年間100頭
程度であり，肉は食料として近隣の村むらで消費され，歯で作られたビーズはソロ
モン諸島の特定の地域で婚資や謝礼などで使われる原始貨幣として利用されている
(Takekawa 1996a, 1996b)．おもな捕獲対象であるハシナガイルカやマダライルカは，大
洋の広域に生息する中外洋性の普通種で資源量的には問題がなく，カヌーを使い石
の音でイルカを追い込む独特な漁法は，技術的にも伝統捕鯨のひとつとして認めら
れるものだった．

しかし国際的な反捕鯨運動が高まる中でこのイルカ漁に注目が集まり，欧米の環
境保護団体からの圧力が増していた．インターネット上で多くの捕鯨地域とともに
F村も紹介され，ソロモン諸島のイルカ漁が海外に広く知られるようになっていた
(Oremus et al. 2015)．

2000年以降の同じ時期に，地球温暖化による海面上昇によって，ラグーンの砂州
の上に建築されたF村の半分は満潮時に海水に沈むようになり，対岸のマライタ島
本島への移住が進められていた（図6-8）．そのための基金として村に事業を導入し，
現金収入を得たいという考えが村人の中に生まれていた．

【事実経過】

2010年4月アメリカの国際的環境保護団体の活動家たち6名が，別の島に出自を
持つソロモン人の交渉代理人をともなって，ヘリコプターでF村にやってきた．こ
の訪問は急なものであり，首都に住む村出身の知識人たちも知らされていなかった．

この時，先の事例の際にチーフとなったN1-6は，脳溢血による麻痺のために役割を
退き，儀礼の際に演説をした長老N4の次男であるN4-4が，新しいチーフとなってい
た．本来はN1-1の息子であるN1-1-7がチーフを継ぐべきだという意見もあり，これは
交代ではなく代行だという主張もあったが，まだ若く首都で仕事を始めたばかりのN1-
1-7ではなく，村に住むN4-4が事実上の共同体のガバナンスに関わっていた（図6-3）．

図6-8　海面上昇で倒壊した古い教会

図6-9　環境保護団体との契約更新の会議

　対外的な交渉もN4-4がおこなっており，この環境保護団体が村を訪れる前からこの新しいチーフは，団体側の交渉代理人と接触をしていたと言われている．活動家たちが滞在した数日の間に交渉がまとまり，村に対して2,400万円（240SBD: 2010年1 SBD=10JPY）を支払う代わりに以降2年間イルカ漁を中止するという契約がむすばれた．

　こうしてチーフを巻き込むかたちで2011年から2012年の2年にわたりイルカ漁が中止されることになった．中止されている間も，このまま契約を更新し中止を続けるか，契約が終わればイルカ漁を再開するかで，村の意見は二分していた．N氏族の中では，チーフ以外の親族の意見はむしろ漁の再開が主流だった．

　2012年9月，契約の更新の期日となり，村で環境保護団体の代理人も交えて会議が開かれた（図6-9）．このときの会議には筆者も参加している．環境保護団体と村人たちの主張はいくつか食い違っているが，村人たちの多くは最初の契約の際に十分な情報をあたえられず，世界中から非難されているという言葉によってだまされたこと，伝統的な生存捕鯨は法的に禁止されていないと知らされていなかったことなどから，契約は無効であるとしてその見直しを考えていた．とくに首都に住む村出身の知識人たちは，自分たちの頭ごしに契約が結ばれたことを快く思っていなかった．

　また，環境保護団体は約束の2,400万円を払ったと言うが，村側は700万円しか受け取っていないと主張している．仲介役として間に入った別の島出身の代理人が，残りを持っていったのではないかという噂が流れていた．チーフの懐にも一部が入っているのではないかと疑う人もいた．

　そして，このときの会議で最終的に，村は契約を更新せずイルカ漁の再開が決定

された．環境保護団体にしたがいイルカ漁の中止を支持していた人たちは信用を失った．契約にサインをしたチーフN4-4も，村をはなれ首都に移住した．お金を懐に入れたとされる交渉代理人は，エイズのような病気を発病し，自分の島に戻ったという噂が流れた．

【さまざまな思惑】

　チーフの父N4はこのとき90歳に近い高齢であり，首都に移住した息子N4-4の帰村を強く望んでいた．N4-4は解任されないまま，村ではチーフ不在の状況が続いた．そのため2012年12月にN氏族の親族たちを中心に，はじめて関係修復のための会合が開かれた．そしてその直後の2013年1月にイルカ漁が再開され，漁の中止を支持していた村人たちも含めて，総出で出漁することになった．

　話し合いがはじまってもチーフは首都で生活し，村に戻ることはなく関係修復は難航した．会合はおもに首都に住むN氏族の親族たちを中心に，時間をかけて進められた．首都にはもともとイルカ漁の中止に反対している者が多かったので，チーフであるN4-4の責任を問う声も強く，N4-4も当初はかたくなな態度をとっていた．

　2年後の2015年に，村の氏族の家長たちに呼びかけがあり，和解のための贈与儀礼が開かれることになった．和解の内容は事前には知らされず，筆者を含めおおかたの村人たちは，チーフが責任を認め，いくらかの賠償の品を贈ることで決着をつけるのではないかと考えていた．ただ，それまでチーフ自身はなかなか話し合いに応じず強固な姿勢を変えていなかったので，和解の儀礼がうまくいくかどうかは未知数であった．

　チーフN4-4と村の代表7名が参加したこの贈与儀礼では，村側からは賠償として，2本の貝貨と1匹の生きた豚がわたされ，チーフからは返礼として別の1本の貝貨が返された．つまり事実上，村からチーフへの賠償の支払いをすることによって和解が成立したのである．

　筆者が最初にその報告を受けたときに，「逆ではないのか」と聞き直した．しかし，村がチーフに賠償を払った事実に間違いはなかった．筆者だけでなく多くの村人の予想を裏切るかたちで贈与儀礼がおこなわれていた．

　イルカ漁の中止の事例では，チーフが誤った判断をしており，通常であればチーフに村に対して賠償をおこなう責任がある．しかし，実際には逆の賠償がなされたのである．この時の儀礼に参加し経緯を説明してくれた人は，「これはチーフ自身も予想していない結果だっただろう」と，楽しそうに語った．この判断は，村側のメ

ンバーで相談し戦略的に決めたことだという．表向きはチーフの顔を立てるためという説明がなされていたが，内実はそう単純な話ではなかったようだ．

　贈与儀礼の後になってこの和解を計画した複数のメンバーから，チーフの性格と彼が置かれている状況の解釈とともに，背景となった思惑の説明をきいた．

　チーフに賠償を請求したところで，彼は自分の判断が悪かったとは認めず，十分な賠償をおこなわないかもしれない．場合によっては賠償が拒絶され，和解の交渉がさらに長引く可能性もある．仮にたとえ賠償をしても，過ちを認めた結果，チーフはかえって村に戻りづらくなるし，チーフ派とそれ以外の村民の確執が，その後も続くかもしれない．

　それに対して，もし村側から謝罪を持ちかけ実際に賠償をおこなってしまえば，チーフはそれを断ることができない．つまり互恵的な形式や建前をあえて逆手にとることで，チーフが和解を受け入れざるを得ないようにことを運んだのである．わたしたちの言葉で「おとしどころ」と呼ぶような，腹の探り合いと駆け引きが，この贈与儀礼の背景にはあった．

　村人たちのこうした意図や思惑は，おそらくチーフ自身も気づいているだろう．贈与を受け取ることでチーフは新たな負い目を背負うことになる．しかし，たとえそれに気づいても拒むことはできないし，むしろ便乗する方がチーフにとってメリットがある．チーフの父親が高齢化しており，決着を急ぎたいという考えは，村側もチーフ側も同じであった．また，たとえチーフの判断に過ちがあったのだとしても，もともとの原因は，国際的な環境保護団体という村の外からの圧力で村が分裂させられたことによる．そうした外部の人たちとの関係性によって，みずから対立してしまうような構図が残ってしまうのは，村人たちのだれもが望むことではなかった．

　村のことは村で決める．外圧に対する違和感は村側もチーフ側も同じ考えだった．環境保護団体の活動家たちは，目的を果たせばアメリカに帰ってしまい，この先も村に住む人ではない．村で生まれた人は，これからも村でともに暮らさなければならない．そんな思いが，この和解儀礼に込められていたように思う．すなわちこれもまた，過ちに対する「応報」ではなく関係性の「修復」を意図した判断だったのである．

【その後の経緯】

　2015年6月に元チーフN4-4は帰村し，教会による祝福がおこなわれた．N4-4は演説の中でイルカ漁への再参加を表明した．

図6-10　ラグーンの砂州の上の古い集落

3 ········ 事例3　不可解な事故と呪術

　地球温暖化による海面上昇によって，ラグーンの砂州の上に建築された集落は水
没が進み（図6-10），2011年におきた日本の津波のニュースを聞いて不安を感じた村
人たちの多くは，対岸のマライタ島本島に移住を始めていた（図6-11）．村の教会が
対岸に移動したことにともない，共同体の中心となる集落も移動し，あたらしい土
地の所有者である別の氏族がチーフ氏族となった．

【事実経過】

　2015年12月，夜間の潜水漁時に水中ライトにむかって飛んできたダツ（魚）が胸
にささり，30代の若者Aが死亡した．

　Aの氏族たちは，別の氏族の長老Bが呪術をかけたためだと糾弾をはじめた．長
老Bは否定し，身の危険を感じて村から離れた．その後Aの甥がBの家に火をつけ，
警察に逮捕される．Bが呪術をかけたとされる直接的な理由については，だれの話
を聞いてもはっきりしない．それ以前から両家には別の確執があったのかもしれな
いが，公にはあきらかにされていない．ひとつ明確なことは，死亡したAの父はイ

図6-11　対岸のマライタ島本島の新しい集落

ルカ漁の指導者的立場であり，Ｂの氏族はイルカ漁の中止派だったということである．ＡもＢも新しい集落に移動した家族だった．

　使われたという呪術に関しても，あいまいな説明しかなされない．Ｆ村はマライタ島の中でも早い時期にキリスト教化された地域なので呪術に関する話は少ない．また表向きは村人たちも呪術の存在を否定している．しかしＢの妻は今でも呪術が盛んな地域の出身のため，夫であるＢも呪術が使えるのだと噂された．

【さまざまな思惑】

　若者Ａの不可解な死については，村人たちの多くがさまざまな噂話をしていた．夜間の潜水漁においてダツが危険な生物であることは知られており，ライトに向かって水面を高速で飛んでくる様子はしばしば見かける．しかし，実際に人に刺さり，死にいたらしめるというのはまれな出来事である．

　Ａの親族たちは若者の死を悼むあまり，事故の原因としてＢの名をあげた．しかし村人のほとんどは，こうしたＡの親族たちの主張を受け入れなかった．当初は事故で亡くなったＡに同情していた人たちもいたが，Ｂが村から離れ，Ｂの家が放火されるにいたって，加害者であるＡの氏族がＢに対して賠償すべきだという考えが

主流となった.

　放火の罪でAの甥は逮捕され国家の法に基づいて裁判にかけられているが, それとは別に共同体内における謝罪の形式がある. その内容はケースに応じて当事者同士の間で決められることが多いが, 村人たちも含めた全体の話し合いの場が開かれることもある. 村人のひとりは個人の意見として, 今回の一連の出来事について, 謝罪は貝貨1本が妥当なところであり, Bの家族が村に戻れるように家も建て直す必要があると述べていた.

【その後の経緯】

　筆者は係争の途中で村を離れたため, 最終的にどのように決着したのかその詳細を確認できていない. この後の2016年1月にイルカ漁はおこなわれ, 漁の中止の中心人物であった元チーフのN4-4も和解をうけて, ほかの村人とともにイルカ漁に参加していた. しかしB氏族は全員この年の漁に参加せず, イルカ漁の再開を支持していたA氏族の若者の多くも漁に参加しなかった. 結果的に十分な人があつまらず, イルカ漁の実施は困難な状況となっていた. A氏族とB氏族の確執の背景に, イルカ漁の中止をめぐる村の中の社会的葛藤がまだ残っていることが, ここからうかがえる.

4　　葛藤解決あるいは正義の実現

　ここまでのまとめとして, 互恵と共感による普遍的道徳基盤から, いかにヒトの信頼関係が形成され, 正義が実現されるのかについて, 事例をもとにもういちど整理していきたい.

　多元的な価値を認める文化相対主義的な立場からいえば, 正義とは個別の文化に属する道徳や倫理に根ざすものである. たとえば西洋哲学の領域で道徳の要素とされてきた真・善・美は, 地域や時代によって相対的に価値の基準が変わる. したがって, たとえそれぞれの価値基準に優劣がないことを認めたとしても, その違いを乗り越えて相互理解にいたるには, おのずから限界がある. 文化相対主義は, たしかに文化人類学のひとつの偉大な到達点であるが, ここから普遍的な正義を想定することは困難であるという批判はまぬがれない.

　しかし, 相対主義と普遍主義は, かならずしも相反するものではないと筆者は考

える．もし相反するものならば，そもそも異文化に属するはずの人類学者にとっての「わかる」という感覚は，どこから生じるのだろうか．ここでいったん個別の文化の価値基準から離れ，ヒトに共通する情動にもとづく普遍的道徳基盤までさかのぼれば，個別の規範の中に文化的な違いを越えた共通点が見えてくるはずだ．

ここまでの論考で筆者が示した事例は，たしかに私たちの文化的な文脈からはいくぶん奇異な方法で葛藤解決がはかられているように見えるが，その背景を知ったうえで詳しく当事者の説明を聞くと，彼らが意図しようとしている文脈は，異なる文化に属する私たちにとっても理解可能であり，彼らが語る相手の思惑に対する推論も納得がいくものである．

事例1のチーフの葬儀をめぐる贈与儀礼では，攻撃的な贈与によるしっぺ返しという点では，互恵の情動を利用した応報的な解決とみることもできる．チーフたちの葬儀に際して，過分な援助をうけたチーフ氏族が，今度は過分な返礼によって名誉や権力を回復している，というのが互恵に軸をおいた解釈である．

しかし，さらに詳しくみていくと，もう少し違う状況がみえてくる．攻撃的な贈与によってあからさまに対抗するのではなく，送り手として遺族である妻を代表とし，演説で感謝の意を表明することでたくみに相手の共感をさそい，関係性の修復をはかっている．これはチーフ自身を矢面に立たせないことで氏族同士の衝突を回避しているものだと説明されていた．実際にその後もふたつの氏族は良好な関係を維持している．

このように，事例からは互恵と共感の両方の情動が重要な働きをしていることがわかる．感謝のための儀礼だというのが表向きの建前であり，攻撃的な贈与が裏の本音だとすれば，さらに相手の意図を推察することによって，その本音がもう一回りして最終的に感謝の文脈にのせられるという，入れ子状に双方の思惑が転回していく．

当事者やその周辺の村人たちから，一連のやり取りをめぐるさまざまな思惑や意図が語られるが，それらの文脈と，実際に起きている状況を矛盾なくつなぎ合わせるためには，語られなかったことも理解していなければならない．むしろ表向きに語られないことにこそ真の目的があると考えるべきである．こうした際に心の理論による認知的共感が，語られなかったことに対するギャップを埋めていく．

続いて事例2のイルカ漁をめぐる村内の確執の事例をみてみよう．ここでは賠償すべきチーフ側と賠償を請求するはずの村側の立場が逆転しており，いわば正当性を持つ側が賠償をしている．

村側からの謝罪は，チーフの顔を立てたものだと説明されるが，この説明すら建前に過ぎなかった．チーフが村の申し出を断れないことを見越して，この戦略は立てられている．さらに賠償を支払われ謝罪された側は，もしその賠償を受け取ってしまうと，今後はこの決着に不服をいうことが難しくなる．

　過ちを犯した人を罰するのではなく，あえて謝罪を求めず，逆にこちらから許しを請うことで，相手に負債の感情つまり「負い目」を与え，交渉の中で意図した結果を手に入れているのである．しかも最終的にこの結果は，おとしどころとして両者にとって望ましいものとなっている．

　これらふたつの事例に比べると，最後の不可解な事故と呪術の事例は，稚拙で短絡的である．しかし，この事例の背景には，イルカ漁のリーダー的存在であったA氏族の，イルカ漁の中止を支持したB氏族に対するわだかまりがまだ残っていることを思わせる．元チーフとN氏族内での葛藤は氏族から元チーフへの賠償によって解決したが，逆にこのことによって，元チーフを支持していたイルカ漁の中止派に対する村人たちの不満はまだくすぶっているのかもしれない．放火をしたA氏族の若者は，その不満をアピールしているようにも思える．

　また事例の中では，村人たちを説得するための理由として呪術という言葉が使われている．ふたつ目の事例の中にも，呪術に近い言説があった．環境保護団体が支払ったお金を中抜きし，懐に入れたとされる交渉代理人が，エイズのような病気を発病したという噂である．

　ソロモンなどのメラネシア社会では，呪術は説明原理のひとつとして体系化されており，実態を持った効力のある力（暴力・権力）として理解されている．呪術による説明は，一定の納得を人びとにもたらすことは間違いないだろう．いいかえれば呪術はこの地域の宗教観や文化に依存した，相対的な正義となりうるものである．呪術といわれたら，それ以上深い原因を問う必要はなくなるため，不可解な事件や事故，納得できない出来事に直面したときに，しばしばその説明として呪術が使われる．

　しかし，呪術が語られる文脈をさらに詳しくみていくと，人びとが無条件で呪術をうけいれ，すべての原因を呪術に帰しているわけではないことがわかる．むしろ呪術とは邪気や嫉妬や怨嗟などの情動を背景とした，ひとつの社会的な共感の表現手段と考えられる．

　人びとは呪術そのものを信じているわけではなく，その背景にある情動を信じている．つまり関係者が持つ情動の正当性を，呪術という言葉でそう呼んでいるので

ある．しかし事例3で，Aの親族が提示した呪術という主張は，村人たちの共感を
得られず，正当性を持ちえなかった．

　呪術に限らず，特定の文脈に依存した道徳・宗教・倫理などの相対的な正義には
決まった作法があり，応報的な価値の「相場」が共同体の中で共有されている．互
恵はその価値に従って進められる．しかし実際の共同体ガバナンスは，こうした作
法に則って価値の相場を理解しているだけでは実現しない．互恵にもとづく応報的
な正義は，しばしば当事者同士の正義の応酬におちいる．事例では，正義の応酬を
回避するために，相手の思惑を推察し，きわめてたくみにことを運んでいることが
みてとれた．相場とされた価値を意図的に少しずらすことで，そこに別の意味を付
与し，葛藤が解決する方向に文脈をすり替えていく．これこそが本論で注目する「互
恵性の崩れ」である．

　こうした共感を利用した正義は，相手が自分と同じ感情をもっているということ
を前提に実現する．そのためには，相手を理解し，ときにはその裏をかく心の理論
が不可欠である．いいかえれば正義の実現とは，絶対的な価値の追求の結果ではな
く，互恵と共感にもとづく文脈の探り合いによって，当事者たちの間でそのつど社
会的に構築され続けるものなのである．

　繰り返すが，村におけるこうした交渉は，報復や競争による打ち負かしではなく，
もっぱら修復による継続的な関係性の維持のために機能している．とくに，葛藤を
抱えながらも共に生きなくてはならない小さな共同体においては，互恵を重視した
応報的正義よりも，共感にもとづく修復的正義が重要となる．そのために，当事者
同士のたえまない話し合いや交渉がおこなわれ，互いの思惑を読み合うことで，妥
協できる一致点を探るのである．これがヒトの社会における協力行動や葛藤解決に
おけるひとつの特徴であることをあらためて強調しておきたい．

5　　人間性のきざし

　このようにヒトの社会では，固有の文化的文脈を利用しながらも，互恵と共感を
使い分けながらより普遍的な正義を実現してきたと考えられる．そこでは互恵にも
とづく安定した平等主義が基礎にありながら，共感にもとづく不安定な心の探り合
いによっておとしどころを構築する交渉が欠かせない．高度な他者認知とソーシャ

ルスキルを身につけた人類は，群れで生きるために必要な利他行動や，避けること
ができない葛藤問題を，こうした普遍的道徳基盤を利用しながら乗り越えてきた．本
稿の主旨である，相対的な個別の価値観を越えた普遍的な正義の実現とは，まさに
そういう意味においてなのである．そして，これは小さな共同体のガバナンスの話
にとどまらない．

　人間性のきざしは，いわゆる「人のよい性格」からだけでは生まれない．共感と
いう認知能力は同情とは異なり，単純に他人を思いやり信じるだけでは実現できな
いからだ．むしろ同情によってつくられた社会的連帯には限界がある．

　相手の意図を読みとく能力である心の理論の進化によって，甘い言葉を使って相
手の行動を操作し，だしぬき，だますことすら可能になる．一方で，そうした悪意
を持つ相手の意図を見抜き，だまされないように疑う能力も同時に進化していく．

　皮肉なことに，私たちは他人を疑わないいわゆる「お人好し」な人を十分に信頼
することができない．別の人の甘言にそそのかされ，長いあいだ築いてきた信頼関
係を簡単に捨ててしまう可能性があるからだ．疑わない人間よりも，疑う人間の方が
信頼される．他人もまた嘘をついたり，だましたりすることを前提に，他人を信頼す
る．矛盾しているようにも思えるが他者を疑うことができる知性と能力の働きによっ
て，はじめて相手とのより深い信頼関係を形成することができるということになる．
疑うことを前提とした上で，互いの記憶と共感によって構築される信頼関係は強固
である．こうしてヒトの社会は，国家のレベルまで幻想の共同体を拡大してきた．

　しかしながら進化の過程で培われてきた私たちの心の理論には多くの生物学的な
バイアスがかかっており，理性よりも情動に依存する不安定な認知能力である．さ
らに，これらの能力には個人差も大きく，社会的な経験による学習も欠かせない．

　相手に対する負い目の感情もまた，そんな心の理論の発達によって生じる高度な，
しかし不完全なソーシャルスキルのひとつである．事例からみてきたように負債の
意識や，相場を外した返礼は，相手との人間関係を形成するために利用される知恵
である．一方で，貨幣を用いた等価交換によって即座に決済される近代社会では，他
人との深い人間関係を構築することなく物の交換が可能となった．どうやら私たち
の社会は，他人と関わるスキルが低くても，それなりに生活できる方向に進んでい
るようだ．もしかすると，人間の行為を規定するさまざまな法や道徳などの規範や
あるいは宗教も，こうした個人の共感能力のギャップを埋めるために作られている
互恵を軸にした社会装置といえるのかもしれない．これはいわばルールを用いたソ

ーシャルスキルのバリアフリー化である.

　ひるがえって問おう.ルールはそれ自体で正義となりうるだろうか.これ以上の深い理由を拒絶している点で,わたしたちに馴染みのあるこうしたルールもまた,ソロモンの人びとにとっての呪術と同格の説明原理にすぎないのではなかろうか.ここまでみてきたように実際の共同体ガバナンスは,こうしたバリアフリー化が進んだ現代社会のような素朴なソーシャルスキルだけではとうてい実現しえない,高度で複雑なものであった.

　群れ社会の葛藤に耐え,それを乗り越えるために進化を続けてきたヒトの協力行動には,この先どんな淘汰圧がかかるのだろうか.私が本稿で「人間性のきざし」と呼ぶ現象は,互恵と共感のふたつの普遍的道徳基盤の柱の間にあり,他者とのたゆまざる交渉と妥協によって動的に実現する終わりのない正義そのものなのである.

参 考・参 照 文 献

竹川大介(2007)「外在化された記憶表象としての原始貨幣——貨幣にとって美とはなにか」春日直樹編『貨幣と資源・資源人類学05』弘文堂,189-227頁.

西井涼子・箭内匡編(2020)『アフェクトゥス——生の外側に触れる』京都大学学術出版会.

Akimichi, Tomoya. 1978. "The Ecological Aspect of Lau (Solomon Islands) Ethnoichthyology." *Journal of the Polynesian Society* 87(4): 301-326.

Dawbin, William Henry. 1966. "Porpoises and porpoise hunting in Malaita." *Australian Natural History* 15: 207-211.

Fox, Charles Elliot. 1974. "Lau Dictionary." *Pacific Linguistics Series C*, No.25. Canberra: The Australian National University.

Ivens, Walter George. 1902. "Porpoise Hunting." *The Southern Cross Log*, 1 July: 21-23.

Meltzoff, Sara Keen. 1983. *Custom versus Civilization: A Japanese Fisheries Multinational in Solomon Islands Development: 1971-1981.* Ph.D thesis, Michigan University Microfilms International.

Oremus, Marc, John Lequata and C. Scott Baker. 2015. "Resumption of traditional Drive-hunts of dolphins in the Solomon Islands in 2013," *Royal Society Open Science* 2: 140524.

Takekawa, Daisuke. 1996a. "Ecological knowledge of Fanalei villagers about dolphins: Dolphin hunting in the Solomon Islands 1." *Senri Ethnological Studies* 42: 55-65.

Takekawa, Daisuke. 1996b. "The method of dolphin hunting and distribution of teeth and meat: Dolphin hunting in the Solomon Islands 2." *Senri Ethnological Studies* 42: 67-80.

竹川 大介 [補論]

普遍的道徳基盤とその生物学的背景

互恵的利他行動と心の理論から生じる「互恵」と「共感」

　ここで述べる［補論］は，『「互恵」と「共感」にもとづく正義の実現——共同体ガバナンスと葛藤解決における普遍的道徳基盤のはたらき』（以下［本論］と呼ぶ）が論拠とする先行研究にあたるものである．ここでは［本論］であつかう諸概念を説明し，それぞれの学説を紹介しながら，筆者の解釈に従って再整理している．本来は［本論］の前提であり先に読むべき議論であるが，［本論］を読んだ後で思索の背景を確認しながら読んでいただいてもかまわない．

普遍的道徳基盤の二つの柱,「互恵」と「共感」

　文化人類学はこれまで，個別の制度や宗教などに依拠した人間社会の多様な「道徳」のあり方を明らかにしてきた．文化相対主義的な視点からみれば，たとえば道徳を構成している真・善・美などの価値は，地域や時代によって異なる基準を持っている．ここでとりあげたい普遍的道徳基盤の議論は，それぞれの文化が持つこうした価値を否定するものではなく，むしろこの多様性の中から進化論的な根拠を探り，それぞれに通底する合理的な行動規範をみつけだそうという試みである．

　この試みを言語にたとえて説明してみよう．人間社会には多様な言語があるが，文法を持ち分節化された意味記号を操作するという点では，すべての言語に共通する普遍性がみられる．ここにはノーム・チョムスキーが生成文法と呼ぶような構造や法則があり，個別の言語研究をもとにこうした普遍特性まで視野を広げれば，ヒト

の言語行為を可能にしている認知能力の進化論的な根拠や生物学的な基盤を検討することができる（チョムスキー 2014）．チョムスキーはこうした特性を深層的普遍特性とよび，個別の文化として表層に現れる実体的普遍特性とは区別している．しかしドナルド・ブラウンは，著書『ヒューマン・ユニヴァーサルズ』の中で，社会や文化や言語が，個人と環境の相互作用から生み出されることを明らかにし，こうした普遍特性は，生物学から社会科学の領域に敷衍できるものだと主張する（ブラウン 2002）．

　この点について倫理学者のフィリッパ・フットは，『人間にとって善とは何か』の中で「徳」という概念を用い，物に結びつく善さではなく，行為に結びつく善さから道徳を論じている．そしてこの行為の善さは，実践的合理性に適っている必要があることを指摘している（フット 2014）．これはいわば道徳や倫理の基盤を，物に付随する相対的な価値から，行為に付随する普遍的な合理性へと転換をもとめる考え方であるといえる．

　道徳の誕生は言語の誕生よりもさらに進化的起源が古く，言語を持たない動物との比較が可能である．動物の行動原理には，その生物の生存や繁殖に寄与する複数の価値判断や選択が作用している．ヒトの協力を可能にする普遍的道徳基盤も，そうした行動原理が複雑に作用して形作られていると考えられる．この視点からの研究は，まさに「人間性の起源」につながるものとして，近年多くの知見があつめられている．

　西田利貞は著書『人間性はどこからきたか』において，霊長類の非血縁者間の援助行動をもとに人間性の起源を説明する．同時に，ヒトの社会には互恵的利他行動やそれと関連する制度が非常に多いことを指摘している（西田 1999）．霊長類の中で系統上もっともヒトに近いのは類人猿である．ゴリラやチンパンジー，ボノボなど類人猿の社会性研究の多くは，人間社会との比較を視野に入れている．たとえば古市剛史は，争いに象徴されるチンパンジー的要素と，融和に象徴されるボノボ的要素のふたつを比較し人間社会を論じている（古市 2013）．この対比は後で述べる応報的正義と修復的正義の議論と重なるものである．

　また最近では行動経済学など，社会科学の分野でも生物学や脳科学の成果をもとにヒトに特有の行動バイアスがしばしば論じられている．これらの議論においては，人間は必ずしも常に合理的な選択をしていないことを指摘し，従来の理性主義への批判がなされ，人の行動特性を知ることが社会科学においても重要であると主張さ

れている（セイラー・キャス 2009；モッテルリーニ 2008）．

　また人類進化を視座に入れた理性主義に対する類似の批判は，倫理や道徳をあつかう哲学や社会心理学に対しても向けられている．たとえば社会生物学の影響を受けた道徳心理学者ジョナサン・ハイトはベンサム流の功利主義やカント流の義務論への批判として，すべての文化に共通する政治道徳の基盤を以下の 5 つの要素に分類している．これらは，ケア/危害，公正/欺瞞，忠誠/背信，権威/転覆，神聖/堕落のマトリクスである．さらに彼は「象と乗り手」のモデル，すなわち乗り手が象を動かしているのではなく，動いている象に乗り手が乗っているに過ぎないというたとえを用いて，ヒトの道徳判断は理性によるものではなく，むしろ理性に先立つ情動の役割が重要であることを強調する（ハイト 2014）．

　マイケル・ガザニカはこの 5 つの道徳をモラルコンパスとよび，これらは狩猟採集生活に起源を持つ脳のモジュールとして説明している（ガザニカ 2010）．同様にクリストファー・ボームは著書『モラルの起源』の中で環境と人類との相互作用について考察し，狩猟採集生活をおこなってきた進化の過程の中で，獲物の分配における初期の平等主義の秩序をもたらした強力な社会統制が，われわれ人間の良心を進化へ導いたと述べている（ボーム 2014）．

　霊長類学者であるフランス・ドゥ・ヴァールは『共感の時代へ』と『道徳性の起源』の 2 冊の著書の中で，霊長類などの動物の社会的な行動を形作る情動の柱として特に「互恵」「共感」に注目し，このふたつがヒトのモラルの基礎になっていると考えた（ドゥ・ヴァール 2010, 2014）．

　ヒトの社会を形作る分配と平等性については，黒田末壽と寺嶋秀明による一連の論考が参考になる．寺嶋によれば，ヒトの平等には公平という基準が含まれる．この公平には，第三者の視点からみた「他者と同じである」という理解が含まれる．「同じ」と「公平」が重なり合うことによって，ヒトの平等への指向は，他の霊長類と比べてより強力なものとなると指摘している（寺嶋 2011）．

　黒田はチンパンジーやボノボとヒトの社会化された食行為を比較し，両者に共通するものとして他個体の欲求を自己の欲求と同じレベルで感じていることがあるのではないかと推論する．こうした欲求は分配行為に際して，他者の欲求を取り入れた自己と，自己自身の欲求との対立を生み出す．しかし同時に，こうした自己と他者のあいだで矛盾する葛藤を，自己自身の中で共存させることができる能力もまた進化する．他者の欲求と自己の欲求を同等にみることによって生じる自己の客観視，

いいかえれば間主観性が成立する状態を，黒田は「一致の感覚」と呼ぶ．制度として言語化される以前のヒトの社会や関係性の考古学は，こうした分配行動にみられる一致の感覚が基本となっていると黒田は考える（黒田 1999）．ふたりの論考を筆者なりに整理すると，寺嶋の平等論は「互恵」，黒田の一致の感覚は「共感」にそれぞれ軸足を置きながら，人間社会を考察しているようにみえる．

　ドゥ・ヴァールのモデルである「互恵」「共感」というふたつの情動の柱は，ヒトの道徳の普遍特性を考える上で，さまざまな文化に通底する社会的な道徳行動の基本的な要素となっている．いいかえれば，それ以外の道徳基盤はこのふたつの柱の上に形成されているということになる．

　この互恵と共感とは，いったいどのような情動なのだろうか．まずは両者を対比しながらそれぞれの特徴を簡単にまとめておこう．

「互恵」Reciprocity

　互恵は，互酬性ともよばれる公平や公正さに関わる情動である．ここでは相手と自分のどちらが得をしているか，どちらが多くの資源を手に入れたのかという利害の判断と同時に，それを等しいものにしたいという心の力学が働く．

　進化論的な起源は古く，魚類でも確認できる比較的原始的な情動と考えられている．自分のものと他人のものを区別し，両者の差異を理解し，もし自分に不利益がみられる時には不満の表情や要求の表明をし，相手と同等であることを求める．こうした情動は，ヒトでは24か月ごろの分配行動ですでにみられている（Dunfield et al. 2011）．

　互恵が成立する前提として所有の概念の獲得が必要となるが，この時点ではまだ相手の意図を想定する能力は求められない．短絡的には，不平等に対する不満や罰，しっぺがえし戦略などの行動が引き起こされる．さらに公平性の意識が高度化し相手の気持ちを考える共感と結びつくと，対等性に基づく協力行動や贈与分配，あるいは相手に対する負い目や負債の意識につながっていく．

　次に述べる共感と比較すると，互恵はより応報的であり利己的であり，競争や攻撃に結びつきやすい傾向を持つ．そうした点から経済学者のポール・ザックは，公平性の意識の中に暴力と競争を司るホルモンであるテストステロンの働きを指摘し

ている（ザック 2013）.

　互恵の情動は一般には，報酬・評判・自己主張などの外発的動機付け，いわゆる
インセンティブによって評価される．その点からみれば，私たちになじみ深く現代
社会の根幹となっている法や経済は，この互恵の感情を特定の価値や評価軸をもと
に制度化することで，個人の行動をコントロールしているといえるかもしれない．ま
た公平性は相手と対等で客観的な関係を維持するように働く．ボウルズとギンタス
は，ヒトの利他性が，文化装置である制度と共進化して形成される協力行動のモデ
ルを示している（ボウルズ・ギンタス 2017）.

　［本論］の最後で検討しているように，人間の行為を規定する道徳やマナーなどの
さまざまな文化装置や社会制度は，いわばこの互恵的な手段を用いたソーシャルス
キルのバリアフリー化をめざしているものと考えることができる.

「共感」Empathy

　共感とは，おもいやり・信頼に関わる情動である．共感には，あくびの伝染など
の反射的な同調からはじまり，ミラーニューロンが関わる模倣，他者の視点の獲得，
同情や身びいきによる感情的共感，人の気持ちや意図を読む認知的共感までが含ま
れる（ドゥ・ヴァール 2010；金井 2013）．よく誤解されるが，ここで論じられている共
感という語は，一般に使われているような単なる同情を意味しているわけではない
ことに注意しておかなければならない（ドゥ・ヴァール 2010）．認知的共感は，相手
の心をまるで自分の心のように認知し，相手の意図を読み取ろうとして働く情動で
あり，場合によっては相手を騙したり，裏をかいたりする際にも有効である.

　共感は進化論的には互恵のあとに進化した情動で，利他行動や協力行動と関わり
が深い．類人猿では食物の分配などで共感に基づく行動がよく観察される．ヒトで
は反射や模倣から段階的に発達し，相手の心を読み取る高度な認知的共感は 4 歳以
降に獲得されると考えられている．共感には，脳と血液の両方でみられるオキシト
シンという愛着形成ホルモンの働きが関与している．このオキシトシンは人間を利
他的な行動に駆り立て，他者に対する信頼を高める効果があるといわれている（金
井 2013；ザック 2013）.

　認知的共感が成立するためには，心の理論の存在が必要となる．そのためには相

手の意図を想定し，相手が自分と同じ心をもっていると再帰的に認知できる能力が前提となる．こうした共感によって社会的な信用や信頼が生まれ，そこから見返りを期待しない利他行動・協力行動・自己犠牲が引き出されるが，一方でうらぎり戦略や排他的な仲間意識も醸成される．

　共感の情動は，一般に誠実さや信用など行為者自身の内発的動機付け，いわゆるモチベーションによって評価される．共感は互恵に比べるとより主観的な情動である．相手の信頼を勝ち取るためには，時には自己欺瞞も含んだ高度で複雑なソーシャルスキルが必要となる．こうした社会的なスキルの能力には個人差がおおきく，文化依存的な文脈理解や個人的な知識や経験の違いによる多様性がみられる．実際の人間社会では，こうした個人差を前提とした上で，たくみに互恵を交えながら，共同体における利他行動や協力行動を成立させている．また共感の特徴を，先で述べた互恵と比較すると，より修復的であり，利他的であり，忠誠や排他に結びつきやすい情動であるといえる．

　さて，最後にこれらの普遍的道徳基盤をもとにした共同体ガバナンスと葛藤解決についての説明を加えておこう．こうした規範による正当性の主張を，本稿では正義（justice）と呼ぶことにする．justice は司法と訳されることもあるが，ここでは法や道徳などの明示された規範以外の，自然法や自然制度（黒田 1999）など，より普遍的な規範をふくめた正当性に対して，正義という訳語を当てたい．

　大津留香織は一連の修復的正義（RJ）研究の中で，バヌアツ共和国における紛争事例をあつかいながら，応報的な正義と修復的な正義を対比させている．そこでは罪に注目し相応の刑罰をあたえることでその罪を贖わせる応報的正義に対して，害に注目し当事者の関係性の修復を主眼とする修復的正義の重要性を，近代司法が抱える問題を起点に論じ，「物語」実践という概念をもちいて共感をもとにした物語の共有による関係性の修復メカニズムを分析している（大津留 2015, 2020）．

　［本論］ではこの大津留の議論をさらにすすめ，深刻な社会的葛藤を解決するために，応報的正義と修復的正義がどのようにもちいられ，それぞれが互恵と共感というふたつの普遍的道徳基盤にどのように対応しているのかを述べた．

互恵的利他行動と心の理論

　順序が逆になってしまったが，普遍的道徳基盤の根拠となる協力行動や利他性の進化を明らかにした生物学からの知見として，互恵にかかわる「互恵的利他行動」と，共感にかかわる「心の理論」という，ふたつの学説についてあらためて説明しておく．

　ウイリアム・D・ハミルトンは，血縁淘汰説と包括適応度の概念を提唱し，利他的な協力行動の進化を証明した．子孫に受け継がれる自分の遺伝子を包括的にみれば，利他行動も進化に寄与しうるという新しい進化理論の視座がここから開かれた．さらにジョージ・プライスは利他行動の進化が非血縁関係でも成り立つことを示した（ハーマン 2011）．ヒトの集団の特徴として，血縁者のみならず非血縁的な関係においても互いに協力し利他的な行動をとることが知られている．そうしたヒトの協力行動の進化に関する先駆的な研究のひとつが，ロバート・トリヴァースによる互恵的利他行動の理論である．トリヴァースは，著書「生物の社会進化」の中で以下のように述べている．

　「洪積世もしくはそれ以前に，人類は互恵的利他行動を進化させるための必要条件を満たすようになった．長い寿命をもち，あまり分散せず，安定した小さな社会集団を作って互いに依存しあって生活する．さらに，親が子の世話を長期間するため，親戚との親密な付き合いが長く続くようになっていった．また，順位関係は非常に複雑なものになり，他人の助けや，武器を誰が優先的に使用するかによって逆転がしばしば起こるようになったと思われる．種内の闘争の際には，他人，なかでも親戚により助力が与えられ，このことが原始人類間の順位の直線性を弱めるように働いたこともほぼまちがいない（トリヴァース 1991）」

　ここではヒトの大脳の発達に伴った記憶力や社会関係の認知の高度化が鍵とされている．こうした高い知能と，長期にわたる集団での社会関係が，他人による援助が受けられる個体の生存をより有利に導いた．また援助や協力などの恩義に対する見返りと，それに反した場合のしっぺがえしによって，集団内の協業が促進された．こうした社会では，その場限りの利己性に依拠するよりも，将来を見越した利他性によって協力行動をとることが，最終的に自己の生存にとって利益が大きくなる．

　ヒトの非血縁者間の協力を可能にしている互恵的利他行動の議論では，このように罰と報酬による応報的正義に主眼がいく．『協力と罰の生物学』の中で大槻久は，

ヒトはうらぎり者検知が得意であり，また自分が検知されることに敏感であることにふれ，報酬と罰はともに協力関係を促進するが，それらの役割は必ずしも対称ではないと述べている．さらに彼の考察は，罰することの快感にもふれている（大槻 2014）．

いずれにせよヒトは取引相手との長期の関係性を築き，常に探りを入れながら，相手に対する行動が将来的に自分の利益にみあうものかどうかを判断しているといえる．受け手には利益になるが，行為者には犠牲を伴うこうした利他行動は，将来的な見返りが条件となる．

文化人類学の領域では，社会における人の営みを所有とその贈与交換に還元し，異なる文化で繰り広げられる贈与行為やその背景にある構造について論じてきた．ヒトの社会性の原理を，贈与交換という行為に求めた先人たちの卓見に，こうした互恵的利他行動を基盤とした協力行動とその進化の視点を加えることで，その理論的な視野はさらに広がるだろう．筆者はソロモン諸島で使われている原始貨幣に焦点を当てた貨幣論の中で，貨幣の起源を「記憶の外在化」であると論じた（竹川 2007）．ここでは脳による記憶の能力をさらに補う道具として，貨幣や文字の起源を説明している．つまり「意味」を外在化させる装置としての文字と類比させ，貨幣とは「価値」を外在化させる装置であるというアイデアである．これら外在化された記憶は，世代を超えて長期にわたって保持される．そして，こうした個人の一生を越える記憶の継承こそが，人間社会における関係性形成の基本原理となっていることを指摘した．

リチャード・リーキーは著書『ヒトはいつから人間になったか』の中で，霊長類の群れに見られる協調関係ネットワークの複雑性について記述している．こうした複雑な関係性を理解するために知性が向上し，自意識がとぎすまされ，そこから真の意味での自我の感覚と内省的な意識が発生したと考え，リーキーはこの知性を社会的知性と呼んでいる（リーキー 1996）．

またマイケル・トマセロは著書『ヒトはなぜ協力するのか』の中で，ヒトの行動の進化に関して現在おこなわれている研究の中心的問題は，利他性がいかに成り立つかであると述べている．その上で洗練された協働的スキルへの選択圧がわれわれの祖先集団に生じうるには，まず何らかのかたちで寛容と信頼が生まれる必要があると指摘する（トマセロ 2013）．トマセロは，この寛容と信頼は，他者と自己を深く同一視し，他者の意図を理解しながら，その行為を模倣することによって生まれる

と述べている.

　ヒトは，さまざまな情報から，他者の心の状態，知識・願望・意図・信念などを推測しようとし，その推測をもとに自分の行動を決定する．これは「心の理論」とよばれる脳の認知機能である.

　デイヴィッド・プレマックとガイ・ウッドルフは，霊長類の行動研究から心の理論の仮説をたて，他者の行動を予測するための認知システムの働きを分析した．大人のチンパンジーにさまざまな問題に悩む俳優の一連のビデオ映像を見せた結果，チンパンジーはその目的を理解し問題解決に適合した行動を選択した（Premack and Woodruff 1978）．しかしこれが，ヒトが他者の意図を読み取る能力と同様のレベルのものであるかどうかについてはまだ議論がのこる．おそらく，むしろこの違いこそが重要で，ここからヒトと類人猿の認知能力の質的差異が説明できるだろう.

　ヒトであっても4歳以下の子どもでは，こうした心の理論は限定的か未発達で，多くの動物にはほとんど見られないことが知られている．また心の理論の研究は，近年では特に自閉症スペクトラムなど発達障害の臨床分野で注目されている（コーエンほか 1997）．心の理論に関連するテストとして，ハインツ・ヴィマーとジョゼフ・パーナーは誤信念課題を提案した．誤信念課題とは，行動予測の中に相手の意図の読み取りが存在していることを確認するために，他人が自分とは違う誤った信念をあたえられていることに気づくかどうかを検査するものである（Wimmer and Perner 1983）.

　またこうした認知能力は，先に述べたうらぎり者検知モジュールにも密接に関係している．相手の裏をかいて相手をだますことと，さらにそのうらぎりを検知することは，どちらも心の理論による働きである．二者が「相手はこう考えているだろうから，自分はこう動く」というかたちで互いの意図をさらに深く探り合うことによって，他者の思惑に対する推論は，多重の入れ子構造を形成する（ヤーデンフォシュ 2005）．このようにヒトは，相手の意図の裏の裏を読む再帰的な作業を重ねながら他者を理解していく．そしてこうした心の読み合いの駆け引きにおいて，もし相手よりもひとつ上のレベルまで意図を読み取ることができれば，結果的に自分の推論は優位にたつだろう.

　トーマス・ズデンドルフは『現実を生きるサル空想を語るヒト』の中で，心の理論の発達には終わりはないと指摘している．「誰もがそれを知っているものとあなたが考えていると私は思う」というような入れ子構造の認知の獲得には年齢差や個人差がおおきく，大人でもそのような入れ子構造を5次か6次までしか扱えないのが

普通である（ズデンドルフ 2014）．またロビン・ダンバーは複雑な心理劇の例として
シェイクスピアの「オセロ」を取り上げる．まず自分の意図を認識することが1次
志向水準，その上で相手の意図を見透かすのが2次志向水準とすれば，この物語全
体を理解するためには5次志向意識水準が必要だと指摘する．ダンバーはまた霊長
類の大脳新皮質のサイズと群れの集団サイズに相関があることを明らかにし，人類
の基本的集団サイズは約150人（ダンバー数）であるとした．これが関係性を維持で
きるヒトの認知的限界なのである（ダンバー 2011）．心の理論もふくめ，人間性を形
成するヒトの社会的知性には，さまざまな認知的限界やバイアスが残っており，い
わば今でもヒトは霊長類から連続する長い進化の途上にあることがわかる．

　心の理論は，ヒトどうしの場合だけではなく，ヒトが他の生物を理解する際にも
機能しているのかもしれない．『慣れと狩りの心の理論』という論考の中で筆者は，
狩猟採集生活や農耕牧畜における心の理論の働きに注目している．たとえば狩りに
おいて，獲物の行動を推測したり，罠に向けて誘導したり，動物を手なずけたり，調
教したりする時にも，ヒトは対象を擬人化し，心の理論によって相手の意図や思惑
を推測しようとする．さらにいえばヒトが他者を理解するときの「わかりあえた」
という感覚もまた，情緒的共感やその感覚を説明する際の擬人的表現の中に顕著に
現れている（竹川・南 2021）．人と動物の関係を考える上で，人類史のエポックメイ
キングである一万年前の定住革命を成し遂げたドメスティケーション（家畜化・栽培
化）にも，心の理論は大きく関わっていると筆者は考えている．

　いずれにせよ心の理論を持つことによってヒトは，他個体の行動に合わせて自分
の行動を変えることや，他個体を意図的に操作することが可能になった．こうした
他者理解は，知識や理論による知性的な類推によるものだけではなく，他者の行動
を自分の行動と等しくあつかおうとする脳の機能によるものだと考えられている．し
たがってすでに述べた認知的共感は，この心の理論の存在を前提としている．

　こうした社会的知性によって，特定の他者に対する過去の恩義は，一種の負い目
として継続的に記憶され，心の負債を返済しなければならないという互恵性への情
動が生じ，それがヒトの社会関係の形成に重要な役割を果たすようになる．

　贈与と互恵に関する問題については，さらに興味深い指摘がある．『贈与論』を著
したマルセル・モースは互恵に注目し，贈与を「与える義務・受け取る義務・返す
義務」という3つの義務によるものだと述べている（モース 2008）．しかし先に平等
性の議論でとりあげた寺嶋によれば，人間社会で頻繁にみられる贈与の形式である

分配においては，要求を必要とせず，相手から感謝もされない一方的な譲渡がもっとも多いという（寺嶋2011）．つまり贈与にとって，互恵は必ずしも前提とはならないという指摘である．これは何を意味するのだろうか．

互恵性の崩れと信用形成

　ここで人間社会の関係性は，贈与を交わすことによる互恵性や等価性の成立，すなわち互いの利益一致だけではなく，むしろその「崩れ」から生まれているという，もうひとつの重要な側面を押さえておかなければならない．贈与と見返りの間には一定期間のタイムラグがある．それどころか，そもそも返済は明確に約束されておらず，さらに分配においては，受け取ったことに対する返礼の義務すらない．

　しかし現実には，ヒトの社会で他者から一方的に受け取りつづけることはできないし，他者に対してまったく分配をおこなわないという選択もできない．むしろすぐには返済されない負債，この負い目を感じている状態の時にこそ，他者に対する信用がより強く求められ，人間社会において互いの関係性を築く基礎となっている．さらに，たとえ互恵的な見返りがない分配であっても，分配行為そのものが人びとに記憶され，それが新たな信用の形成をうながすのである．

　たしかに一般的な経済行為にとっては，互恵の原理によって負債がすみやかに精算されることが重要かもしれないが，逆に人間関係にとっては，遅延された負債状態や過去の分配を互いに記憶することで，共感の原理によって長期にわたる信頼や信用を形成していくことが重要なのである．すなわち人間社会で他者との関係性を深めるためには，互恵性や等価性の成立だけでは不十分で，むしろ一方的な分配や，過剰な贈与や負債による「互恵性の崩れ」が重要であるという点を最後にもう一度強調しておきたい．

参 考 ・ 参 照 文 献

大槻久（2014）『協力と罰の生物学』岩波書店．
大津留香織（2015）「RJ研究における文化的側面と人類の普遍性に関する考察——初期RJ研究を手がかりとして」『北九州市立大学大学院紀要』28：61-84．
大津留香織（2020）『関係修復の人類学』成文堂．

ガザニカ，S・マイケル（2010）『人間らしさとは何か——人間のユニークさを明かす科学の最前線』
　　（柴田裕之訳）インターシフト．

金井良太（2013）『脳に刻まれたモラルの起源——人はなぜ善を求めるのか』岩波書店．

黒田末寿（1999）『人類進化再考』以文社．

コーエン，バロン・フラスバーグ，ターガー・コーエン，ドナルド（1997）『心の理論——自閉症の視
　　点から（上・下）』（田原俊司訳）八千代出版．

ザック，ポール（2013）『経済は「競争」では繁栄しない——信頼ホルモン「オキシトシン」が解き明
　　かす愛と共感の神経経済学』（柴田裕之訳）ダイヤモンド社．

ズデンドルフ，トーマス（2014）『現実を生きるサル空想を語るヒト——人間と動物をへだてる，たっ
　　た2つの違い』（寺町朋子訳）白揚社．

セイラー，リチャード・サンスティーン，キャス（2009）『実践 行動経済学』（遠藤真美訳）日経BP．

竹川大介（2007）「外在化された記憶表象としての原始貨幣——貨幣にとって美とはなにか」春日直木
　　編『貨幣と資源・資源人類学05』弘文堂，189-227頁．

竹川大介・南香菜子（2021）「慣れと狩りの「心の理論」——鷹猟における関係性の構築と葛藤」卯田
　　宗平編『野生性と人類の論理』東京大学出版会，109-130頁．

ダンバー，ロビン（2011）『友達の数は何人？——ダンバー数とつながりの進化心理学』（藤井留美訳）
　　インターシフト．

チョムスキー，ノーム（2014）『統辞構造論』（福井直樹訳）岩波文庫．

寺嶋秀明（2011）『平等論——霊長類と人における社会平等性の進化』ナカニシヤ出版．

ドゥ・ヴァール，フランス（2010）『共感の時代へ——動物行動学が教えてくれること』（柴田裕之訳）
　　紀伊國屋書店．

ドゥ・ヴァール，フランス（2014）『道徳性の起源——ボノボが教えてくれること』（柴田裕之訳）紀
　　伊國屋書店．

トマセロ，マイケル（2013）『ヒトはなぜ協力するのか』（橋彌和秀訳）勁草書房．

トリヴァース，ロバート（1991）『生物の社会進化』（中嶋康裕・福井康雄訳）産業図書．

西田利貞（1999）『人間性はどこから来たか——サル学からのアプローチ』京都大学学術出版会．

ハーマン，オレン（2011）『親切な進化生物学者——ジョージ・プライスと利他行動の対価』（垂水雄
　　二訳）みすず書房．

ハイト，ジョナサン（2014）『社会はなぜ左と右にわかれるのか——対立を超えるための道徳心理学』
　　（高橋洋訳）紀伊国屋書店．

フット，フィリッパ（2014）『人間にとって善とは何か——徳倫理学入門』（高橋久一郎監訳，河田健
　　太郎・立花幸司・壁谷彰慶訳）筑摩書房．

ブラウン，ドナルド・E（2002）『ヒューマン・ユニヴァーサルズ——文化相対主義から普遍性の認識
　　へ』（鈴木光太郎訳）新曜社．

古市剛史（2013）『あなたはボノボ，それともチンパンジー？——類人猿に学ぶ融和の処方箋』朝日新
　　聞出版．

ボウルズ，ミュエル・ギンタス，ハーバート（2017）『協力する種——制度と心の共進化』（竹澤正哲
　　監訳，大槻 久・高橋伸幸・稲葉美里・波多野礼佳訳）NTT出版．

ボーム，クリストファー（2014）『モラルの起源——道徳，良心，利他行動はどのように進化したの

か』（斉藤隆央・長谷川真理子訳）白揚社.

モース，マルセル（2008）『贈与論（新装版）』（有地亨訳）勁草書房.

モッテルリーニ，マッテオ（2008）『経済は感情で動く——はじめての行動経済学』（泉典子訳）紀伊国屋書店.

モッテルリーニ，マッテオ（2009）『世界は感情で動く——行動経済学からみる脳のトラップ』（泉典子訳）紀伊国屋書店.

ヤーデンフォシュ，ペーテル（2005）『ヒトはいかにして知恵者となったのか——思考の進化論』（井上逸平訳）研究社.

リーキー，リチャード（1996）『ヒトはいつから人間になったか』（馬場悠男訳）草思社.

Dawbin William Henry. 1966. "Porpoises and porpoise hunting in Malaita." *Aust. Nat. Hist.* 15: 207-211.

Dunfield, Kristen, Valerie A. Kuhlmeier, Laura O'Connell and Elizabeth Kelley. 2011. "Examining the diversity of prosocial behavior: Helping, sharing, and comforting in infancy." *Infancy* 16（3）: 227-247.

Premack, David and Guy Woodruff. 1978. "does the chimpanzee have a theory of mind?" *Behavioral and Brain Sciences* 1（4）: *A Special Issue on Cognition and Consiousness in Nonhuman Species*: 515-526.

Wimmer, Heinz and Josef Perner. 1983. "Beliefs about beliefs: Representation and constraining function of wrong beliefs in young children's understanding of deception." *Cognition* 13: 103-128.

混沌を生きる

第 7 章

風 間 計 博

国境を越えた集団移住と「環境難民」

歴史経験が生み出すバナバ人の怒りと喪失感

KEY WORDS

気候変動, 環境難民, 集団移住, サンゴ島, キリバス, フィジー

はじめに

　人間の諸活動は，大気海洋汚染，熱帯雨林の大規模伐採等，地球環境に対して多大な負の影響を及ぼしてきた．「人新世（Anthropocene）」とよばれる時代になって，大気への人為的な炭素排出により地球温暖化が進行してきたといわれる．深刻な環境問題のなかでも温暖化に伴う地球規模の気候変動は，重要な主題として捉えられている．本章では，とくに気候変動と海面上昇によって発生すると想定されるいわゆる「環境難民（environmental refugee）」の集団移住が，いかなる潜在的な困難を抱えているのかについて論じる．

　具体的には，第二次大戦後に集団移住を余儀なくされたバナバ人の先行事例を俎上に載せる[1]．バナバ人は，中部太平洋の隆起サンゴ礁バナバ（Banaba）島（キリバス

---

(1)　本章は，2001〜2019年まで断続的におこなってきた，フィジーの首都スヴァ（Suva）およびランビ（Rabi）島，キリバスの首都タラワ（Tarawa）における実地調査資料，歴史や法律に関わる文献に基づく．ランビ島の実地調査資料は，2001年，2002年，2006年に収集したものである．

図7-1　対岸から見たランビ島（2001年7月）

領）を故郷とする人びとである．現在，そのほとんどが，数奇な運命に翻弄された
挙句，遠く海を隔てたフィジーのランビ（Rabi）島や都市部に居住している．

　私がバナバ人の再定住地であるランビ島に初めて足を踏み入れたのは，2001年7
月のことだった．ヴァヌア・レヴ（Vanua Levu）島のサヴサヴ（Savusavu）という小さ
な町から1日1便出るバスに5時間揺られ，ランビ島対岸の小さな集落に向かった．
バスを降り，先住フィジー人の船外機付ボートをチャーターし，波飛沫をあげてラ
ンビ島を目指した（図7-1）．ランビ島の狭い砂浜に上陸すると，数人の男性が座った
まま遠巻きに私を眺めているのに気づいた．そのとき私は，これまでの経験と比べ
てぼんやりとした違和感を覚えた．

　突然上陸してきたよそ者に対して，人びとが不気味なほど静かに，警戒感と猜疑
心をもって注視しているように感じられた．私が長期間滞在したキリバスのタビテ
ウエア（Tabiteuea）環礁であれば，子どもが大声をあげて騒ぎ立て，大人たちが屈託
なく笑いながら近寄ってきて，風変わりなよそ者の持ち物や挙動を，興味津々に眺
めたはずである．一方，バナバ人のよそよそしい態度はきわめて対照的だった．お
そらくバナバ人の苦難の歴史経験が，不審な外来者への警戒心を喚起させたものと，
私は直感的に解釈した．

また，キリバス系の人びとが，緑豊かな島の急な坂道や斜面の階段を上っている光景が私に不思議な印象を与えた．キリバスの島々は低平な環礁島（atoll）であり，急勾配の地形は存在しない．また，タビテウエア環礁では，白いサンゴの砂礫に覆われた地表から貧弱なココヤシや耐塩性の灌木が生えている程度の植生である．一方，ランビ島の光景は緑が濃く，一瞥してサンゴ島（coral island）とは異質の植物が繁茂していた．

　本章では以下，サンゴ島の過酷な環境条件について説明し，気候変動による海面上昇の可能性を論じたうえで，太平洋島嶼部の「環境難民」について記述する．つぎに，燐鉱石を産出するサンゴ島から全く異なる生態環境の島へ集団移住させられた，バナバ人の歴史経験を提示する．バナバ人の集団移住は，水没の危機にあるとされる「低平なサンゴ島国家（low lying atoll states）」の将来的なモデル・ケースといわれている．サンゴ島国家の集団移住の模範となる「成功例」として，一部の研究者はバナバ人の事例を肯定的に評価している．

　それに対して本章では，バナバ人の過酷な歴史経験の特異性について，新たな生態環境への経済的順応，ホスト国における社会文化的順応，法的問題や軋轢等，様々な視角から分析する．本章の目的は，バナバ人の事例を通して，「環境難民」が国境を越えて集団移住した場合に生じる諸問題を考えることである．

1　　サンゴ島の環境条件と集団移住

1 ⋯⋯ 人間居住の限界域としてのサンゴ島

　太平洋小島嶼国は，気候変動による深刻な被害を受けるといわれてきた．小島嶼国政府は，温室効果ガスを排出する先進工業国の負うべき責任を主張してきた．この問題をめぐって，科学的知見や政治的主張，メディア報道，地域住民の語り等が，複雑に絡み合って世界中に流布している．こうした言説を受けて，国際的プロジェクトやNGOの活動が促され，多様な複合的反応が生み出されてきた（Pascht and Dürr 2017; Rudiack-Gould 2013）．

　低平なサンゴ島は，海面上昇が引き起こす浸水により居住不可能になると予測されてきた．サンゴ島のみから構成される小島嶼国において，国家を丸ごと高く安全

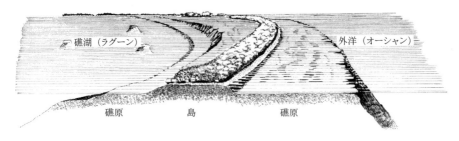

礁湖（ラグーン）　　　　　　　　　　　　　　　　　　　　　　　　外洋（オーシャン）

礁原　　　　　島　　　　　礁原

図7-2　環礁模式図
出所：Catala（1957）より改変

な場所に移転させるという突拍子もない計画が真剣に論じられている．計画の実現
性はともかく，仮に国家全体の移転という事態を想定した場合，どのような問題が
生じるのだろうか．大規模な集団移住について類似事例をふまえて検討することは，
現時点において有用と考えられる．

　ここでまず，太平洋島嶼部における，人間居住に関する基本的な環境条件を押さ
えておきたい．地理学において，人間の居住域（oecumene）の限界地点として，極
地等の寒冷地，寒冷に加えて酸素濃度の低い高山地帯，淡水確保の困難な砂漠，さ
らに高温・高湿度の熱帯雨林があげられている．大まかにいえば，身体に過酷な生
理的ストレスを与える気候条件に加え，生業活動による動植物由来の食料確保，河
川や地下水の飲料水確保といった生存条件が人間の居住可能性を決定する．これら
諸条件を考えると，寡雨のサンゴ島もまた，人間の居住域と非居住域（anoecumene）
の境界線上にあると見なすことができる．

　通常，太平洋の熱帯域に浮かぶ島々は，地質学的性質の違いにより，「高い島（high
islands）」と「低い島（low islands）」に区分される．「高い島」とは，玄武岩や安山岩
の岩盤から構成される，陸島や海洋火山島を指示する．「高い島」の海抜は数十から
数百メートル以上あり，土壌が堆積して多様な植物相（flora）が発達する．一方「低
い島」とは，造礁サンゴの形成した石灰岩から成る，狭小な環礁島を指示する．

　環礁は，複数の小島（islet）が途切れ途切れのリング状に連なった集合体であり，
波の穏やかな遠浅の礁湖（lagoon）を内に囲んでいる（図7-2）．一方，礁湖を背に島
の反対側に目を向けると，サンゴ由来の岩盤からなる礁原（reef flat）の先に，波の
荒く深い外洋（ocean）が広がっている．島の幅が狭い地点に立つと，右を見ても左
を見ても海が見える．海抜は最高地点でも3〜4m程度しかなく，山も川もない．陸

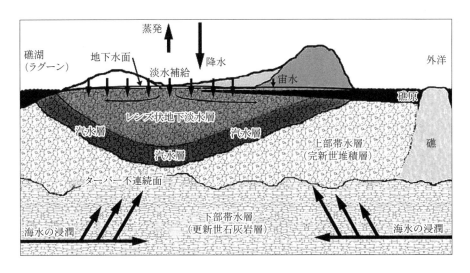

図7-3　サンゴ島における地下淡水層の形成
出所：Bailey, Jenson, and Olsen（2009）より改変

　地はサンゴ由来の砂礫から成るため，土壌は一般に貧弱である．とくに寡雨のサン
ゴ島では，塩分や乾燥に耐性のある海浜性の植物群落が発達する程度であり，人間
の食用になる植物種は少ない．また，隆起サンゴ礁（raised reef）は，地殻変動によ
り環礁全体が海面から離水して形成された台地状の島である．
　サンゴ島において，凸レンズ状の地下淡水層の形成が，人間居住の必須条件とな
る（図7-3）．サンゴ島の岩盤は多孔質であるため，地下深くに海水が浸透している．
雨水は，砂礫の表土から瞬く間に地下に吸収される．地下では，この淡水が比重の
大きな海水の上に混じりあうことなく浮かび，凸レンズ状の淡水層を形成する．降
雨量，島の面積と形状の関数により，地下淡水層が形成されるか否かが決定される．
　中部太平洋のキリバスやツバル，マーシャル諸島は，国土が「低い島」のみから
構成されるサンゴ島国家である．なかでもキリバス諸島南部は[2]，年間降雨量が不安
定であり，しばしば旱魃に襲われてきた．キリバス諸島の東方に点在する島は，20

（2）　本章では，「ギルバート（Gilbert）諸島」について，基本的に「キリバス諸島」の語を使用する．か
　　　つての英国植民地を明示する場合，ギルバート諸島の語を使う．なお，キリバスとは，ギルバートの現
　　　地語読みである．「ツバル」に対する「エリス（Ellice）諸島」の場合も同様である．

世紀以降のココヤシ・プランテーションへの出稼ぎ労働者の導入，さらには，人口増加と土地不足を見越した政策的な国内移民が定着するまで無人島だった．また，ヨーロッパ人が初めてクリスマス島に上陸したとき，人間居住の痕跡は発見されたが，不思議なことに住民の姿は確認できなかった．いわゆる「謎の島（mystery island）」のひとつに数えられている．住民は，旱魃時に死に絶えたか，島外に逃亡したと推定されている．

　ハリケーン等の発達した熱帯低気圧がサンゴ島に来襲し，強風に乗って運ばれた霧状の海水粒子（salt spray）が内陸部まで到達すると，塩分耐性のない作物は壊滅的な被害を受ける．ただし，赤道高圧帯に位置するキリバス付近では，幸いにも熱帯低気圧は発生しない．代わりに降雨量は不安定であり，ときに厳しい旱魃に襲われる．キリバス諸島の西380kmに位置するバナバ島も，後述のようにしばしば旱魃に襲われてきた．19世紀後半の大旱魃に襲われたとき，人びとは「渇きのあまり，トビウオの目の中の水を奪い合った」という壮絶な逸話が残されている．さらに現在のサンゴ島は，人為的な温室効果ガスの増大に起因する，気候変動という新たな脅威に晒されているといわれる．

2……… 気候変動による海面上昇とサンゴ島国家

　「気候変動に関する政府間パネル（IPCC: Intergovernmental Panel on Climate Change）」は，20世紀中葉以降，地球温暖化が従来に比して極端な速度で進行しており，将来的に人類の生活に多大な影響を与えると警鐘を鳴らしてきた．こうした情報が流布し，地球温暖化が世界各地で異常気象を引き起こしているという認識は，広く一般に共有されている．確かに日本で生活していても，未曽有の気象現象が，語義矛盾ながら毎年のように起こっている．夏の異常高温，大雨による土砂崩れや河川の氾濫，台風の強風による被害，異常な暖冬や大雪等，喧しいメディア報道のみならず，私たちの生活実感とも合致しているだろう．また，地球温暖化が引き起こすとされる海面上昇は既成事実として扱われる一方，実際に起こっているかどうかについて様々な議論がおこなわれてきた．

　1990年にIPCCは，気候変動に起因した暴風雨の頻発や海面上昇によるサンゴ島の浸水の危険性，さらに住民の移住の可能性を指摘した．また2009年，「移民に関する政府間組織（Intergovernmental Organization for Migration）」は，環境変化の結果とし

て，将来的な移民の増加を示唆した（Tabucanon 2012: 343）．

　一方，ツバルを対象とした慎重な検討をみると，特定海域で海面上昇が起こっていることを潮位記録から立証するのはきわめて難しい（吉岡 2010）．報道番組等において，海面上昇の証左として，ツバルのフナフチ（Funafuti）環礁の家屋が浸水している衝撃的な映像を目にすることがある．しかし，浸水した家屋が建つ場所は，かつて人間が居住できない沼地だった．第二次大戦中，米国軍は，キリバスのタラワやブタリタリ（Butaritari），マーシャル諸島のクワジェリン（Kwajalein）といった，中部太平洋に進出した日本軍の拠点を空爆するため，突貫工事によりフナフチの低湿地帯に滑走路を造成した．

　フナフチは，1978年に独立したツバルの首都である．雇用や教育機会，近代的な生活設備を求めて，離島の人びとは首都に集中的に移住してきた．フナフチのような狭小な環礁において，土地なしの新参者が居を構えることの可能な空き地は限られている．その結果，移入者の新たな定住場所として滑走路近傍の土地が選択された．数十年前に埋め立てられた地盤の緩い元沼地の地下から水が滲み出して地表にあふれ出した．すなわち，この現象は，必ずしも海面上昇の証拠といえるわけではない．その土地固有の歴史的背景や社会的経緯を等閑視して詳細な検討を経ないまま，地球温暖化による海面上昇の具体的被害例として衝撃的な映像が世界中に配信されてきたのである．

　サンゴ島に長期間滞在すれば，沿岸部は常に波に洗われており，大潮時に低地が波を被る現象を観察することができる．常に侵食される沿岸部に対して，住民は人為的に防御する必要がある．一方，小島間を結ぶ埋め立て堤道（causeway）の建設によって潮流の変化が起これば，沿岸部のある地点が削られると同時に，別の場所には新たな砂の堆積が起こる．ただし，海面上昇はともかく，気候変動によって高潮や高波の頻度が増す可能性は充分にある．キリバスの首都タラワに住んでいる私の友人は，四半世紀にわたって潮汐データを見続けてきた．彼によれば，大潮の潮位がかつてに比べて上昇し，高潮位の頻度が増加しているという．

　海面上昇によるサンゴ島水没の可能性については，詳細な検討が必要である．一方，サンゴ島国家の政治リーダーは，国土消滅の危機を国際的に訴えてきた．そして，水没危機に瀕した土地に住む自国民を集団移住させるために，地球温暖化に責任を負う先進工業国に対して，移住用の土地提供を求めてきた（吉岡 2010; Campbell 2010）．こうした政治的主張の背景には，狭小なサンゴ島国家の人口増加が引き起こ

す生活環境の悪化や脆弱な経済状況という，切実で現実的な側面が見え隠れしている．

3 ⎯⎯ 太平洋島嶼部における「環境難民」と集団移住

　環境変化により移住を余儀なくされる人びとは，「環境難民」とよばれる．しかし，この語の厳密な定義は困難である．本章では，政治的弾圧を逃れて亡命を図る政治難民や，否応なく戦争・紛争から逃れてきた戦争難民とは異なり，何らかの環境要因によって居住地を追われた人びとを指示するものと大まかに規定しておく．

　世界を見わたせば，多様な環境変化により移住を余儀なくされた数多くの集団がある．サハラ以南のアフリカにおける砂漠化の進行による移住者や，米国の核実験によって汚染されたマーシャル諸島のビキニ (Bikini) 環礁を追われた人びとは，「環境難民」に当てはまる．日本国内でも福島原発事故により故郷への帰還が困難となり，離散を強いられた人びとがいる．また集団移住の例として，津波の頻発する東北地方の太平洋沿岸から内陸への集落移転や，中山間地域におけるダム建設に伴う村落移転がある．こうした集団の定着に伴う問題は多岐にわたる．

　太平洋島嶼部においても，核実験のみならず，火山の噴火等による「環境難民」と呼びうる集団移住の事例は数多い．しかし，いずれも新たな居住地にうまく定着できていないという．ここで，集団的な国内移住の2事例を示す．まず「低い島」から「高い島」への移住，つぎに比較のうえで人口規模の大きな移住をとりあげる．

　パプアニューギニアのカーターレット (Carteret) 環礁から，ソロモン諸島内で最大面積を誇るブーゲンヴィル (Bougainville) 島への移住例がある (Campbell 2010: 68-70)．2009年，この移住は，史上初の「気候難民 (climate refugee)」としてメディアに取り沙汰された．しかし実際には，初めてではなく二度目の移住だった．なお，この環礁は気候変動というよりも，地質構造的な原因により島の沈下が進行し，高潮被害にあってきたと考えられている．

　移住の端緒は1960年代末，浸水による耕作地の荒廃と食料不足を原因として，住民が転出を希望したことである．その後，1979年にようやく計画が立案され，1984年にブーゲンヴィル島への移住が実現した．移住先では，新しい作物栽培が試みられ，故郷とは異なるトタン屋根の家屋に住み，環礁とは異なる海の全く見えない日常生活を送ることになった．新たな居住地は深い森林に囲まれ，見慣れないヘビへ

の恐怖感もあった．学校は住居から 6 km 先にあり，子どもたちは不便な通学を強い
られた．ブーゲンヴィル島は広大なため，ときに慣れない自動車を利用した移動が
必要であった．移住者たちは，全く異なる生活環境への順応を余儀なくされたので
ある．

　1987年までに，移住した10世帯中 2 世帯がカーターレット環礁に戻った．移住先
では，永住に必要な土地の獲得が遅延していた．また，長期間の不在によって，故
郷の環礁における土地使用権を喪失する不安もあった．移民に対する政府からの適
切な公的支援もなかった．こうした悪条件のなか，止めを刺したのは，パプアニュ
ーギニアからの分離独立をめぐるブーゲンヴィル紛争（1988〜1997年）の勃発である．

　紛争が始まると，何とか踏みとどまっていた残りの世帯も環礁へ逃げ帰った．や
がて紛争が解決して治安が落ちつき，しばらく経った2009年 4 月，再び 5 世帯がブ
ーゲンヴィル島に移住した．しかし，短期間のうちに故郷へ戻り，二度目の移住の
試みも失敗した．定着失敗の原因は，全く異なる生活環境への順応不全，移住先の
新たな土地取得の困難，公的補助の不在，さらには政情不安等が考えられる．

　つぎに，火山の噴火（2004年）によるマナン（Manam）島からニューギニア本島へ，
9,000人が移住した事例を取り上げる（Connell and Tabucanon 2016: 94-95）．政府は，噴
火数年後の2007年になってようやく定住用の土地を工面した．しかし，移民に対し
て，最低限の補助しかおこなわなかった．故郷の島から分離され，人びとは意気消
沈して喪失感が残された．移住先では犯罪率が上昇し，地域住民との緊張関係が生
じて，教育水準も低下したという．

　このように，多様な問題が再定住を阻害する．新興国の政府は財政が不安定であ
り，効果的な定住計画の策定や実施能力を持ち合わせていなかった．マナンでは，オ
ーストラリア統治下の噴火（1957年）とは異なり，2004年の噴火時にはパプアニュー
ギニア政府による再定住計画も作られず，住民はしばらくの間，放置された点が指
摘されている（Connell and Tabucanon 2016）．公的補助制度の不在や土地取得の困難が
住民を苦しめた．上記の 2 例をみるだけでも，太平洋島嶼部における「環境難民」
の移住と定着には，個別に異なる困難を伴うことがわかる．

　さて，気候変動によるサンゴ島国家からの「環境難民」の場合，地震や火山噴火
等の突発的な惨事により急に故郷を捨てざるを得なかった人びととは，おかれた状
況が少し異なる．サンゴ島国家の集団移住では，長期的展望に立って移住場所を確
保し充分な準備期間を取ることが可能である．また，家族や個人単位の移民とは異

なり，村や島，あるいは国家規模の集団移住となる．さらに，国境を越えた公的な移住計画の策定が想定される．

　ただし，生態環境や地理的・気候的条件において，故郷に類似した適地を確保するのは至難の業である．同じ環境条件の環礁へ移住しても，水没の危機からは逃れられない．サンゴ島からの「環境難民」の移住は，生態環境の全く異なる「高い島」あるいは大陸を必然的に選択するしかない．また，島や国家という，大規模な人口が定着できる広大な土地を確保する必要がある．小規模な人口のツバルでも1万人，キリバスでは12万人の生活を維持できる土地が必要であり，さらに将来的な人口増加を見通した適地を探さなければならない．

　太平洋島嶼部において，土地は生産手段としての経済的必要性に加えて，人間の存在基盤を構成する，文化的な重要性を考慮しなければならない．例えば，ポリネシアとメラネシアでは，土地と胎盤の密接な儀礼的関係が顕著に見られるという．マオリ語のフェヌア（*whenua*）という単語は，土地と胎盤の双方を意味する（Campbell 2010: 63）．太平洋島嶼部では，常態的に土地をめぐる争いや裁判が起こっている．こうしたなか，移民に対して在地の人びとが，自身の存在基盤に関わる重要な土地を簡単に譲渡するとは考えにくい[(3)]．

　地球温暖化に伴う海面上昇によるサンゴ島国家の集団移住が問題化するなか，モデル・ケースとして注目を集めた2つの事例がある．第二次大戦終了後に実施された，中部太平洋のバナバ島からフィジー諸島のランビ島への移住，ツバルのヴァイトゥプ（Vaitupu）環礁からランビ島近くのキオア（Kioa）島への移住である（Campbell 2010; Tabucanon 2012; McAdam 2014; Connell and Tabucanon 2016）．キオア島の検討は未だ少ない一方（本書第4章小林論文参照），G・M・タブキャノンやJ・コンネルは，ランビ島への集団移住を「成功例」として肯定的に評価している．

　本章では以下，バナバ人のランビ島への集団移住をとりあげる．まず，ランビ島への移住前後の歴史的経緯を追い，つぎに移住後の諸問題を仔細にみる．さらに，バナバ島の帰属をめぐる国際的対立や，ホスト国側の政治的混乱を射程に収めて分析する．そして，バナバ人のランビ島移住が，安易に「成功例」とは見なせないこと

---

(3)　一方，太平洋島嶼部の男性たちは，かつて生地を離れて遠洋航海に出た．島を離れた移動と定住は併存している．根源（roots）と経路（routes）の双方が表裏一体となり，人びとの土地への高い価値を規定している（Campbell 2010: 63）．

を示す．最後にバナバ人の歴史経験および現状分析をおこなったうえで，集団移住のもつ解決困難な諸問題を明らかにする．

2　バナバ人の歴史経験 ················· 島の荒廃と強制移住

1 ······· 大旱魃とキリスト教化

　隆起サンゴ礁のバナバ（旧オーシャン）島は，中部太平洋の赤道直下（南緯 0 度53分，東経169度32分）に位置する．周囲10km，面積6.5km^{2}の小さな島である（図7-4）．かつて，良質の燐鉱石を産出する島として有名だった．台地状であり，海抜は79～82mある．最も近いナウル（Nauru）島まで西に260km，キリバスの首都タラワまで北東に380kmの距離がある．文字通り絶海の孤島である (Silverman 1962: 429; Tabucanon 2012: 346)．

　ヨーロッパ人との接触が始まる19世紀まで，バナバ人が外部と交流する機会はめったになかった．しかし伝承によれば，人びとは遠洋航海用のカヌーを操り，キリバス諸島との間に往来があったという (Maude and Maude 1994: 17-28)．バナバ人は，ミクロネシア系の人々であり，少なくとも現在，形質的にも言語・文化的にもキリバス人と大きく変わるところはない．そして1801年，ディアナ（*Diana*）号の乗組員が，ヨーロッパ人として初めてバナバ島を「発見」した．オーシャン島の名は，1804年に再び島を見つけた船名（オーシャン号）に由来する．

　1840年代以降，バナバ島は捕鯨船の寄港地となった．ココヤシ果実や薪との交換により，外来物資が島に導入されるようになった（Macdonald 1982: 94）．また，太平洋各地の島嶼と同様に，麻疹等の外来の疾病がヨーロッパ人によって持ち込まれ，免疫がない多くの住民が死亡した．さらに19世紀後半，バナバ島に社会的な大転換をもたらしたのは，大旱魃による極度の人口減少とキリスト教への改宗であった．

　1870年代中葉，中部太平洋では厳しい旱魃が起こり，バナバ島でも多くの餓死者が出た．バナバ人は，飢餓から逃れるために外国船に乗り，ヨーロッパ人の経営するココヤシや綿花プランテーションの労働者として，ハワイやタヒチ，オーストラリアのクイーンズランドへ流出した．一般にブラックバーディング（blackbirding）と呼ばれる詐欺まがいの労働力徴集である．しかし大旱魃下のバナバ島では，詐欺や

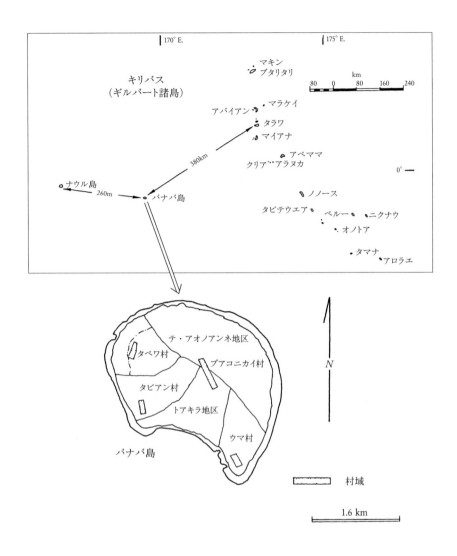

図7-4　バナバ（オーシャン）島
出所：Silverman（1962: 429）より改変

強制というよりも飢えと渇きから逃れるため，人びとは自ら望んで外国船に乗り込み島を脱出した．バナバ島からの流出人口は，過剰の推計と思われるが，1,000～1,500人という記述が残されている（Silverman 1971: 85-87）．

1875年，労働者徴集船フローラ（*Flora*）号で訪問したあるヨーロッパ人は，バナバ島の「王」による歓待を受けた．「王」は，旱魃で植物が育たず，多くの若者がすでに島を去ったことを涙ながらに訴えた．そして，年配者を漁師として雇用して欲しいと願い出たという（Silverman 1971: 86-87）．推定1,000～2,000人いた人口は，1900年時点で400～450人にまで激減していた（Kempf 2004: 161）．ただし，人口の推定値は定まっていない点に留意すべきである．1851年8月，英国船（*The Wanderer*）でバナバ島を訪れたJ・ウェブスター（John Webster）は，人口2,000～3,000人と推定している（Binder 1977: 17-19）．

1885年，ボストンの米国海外布教委員会（American Board of Commissioners for Foreign Missions）の宣教師A・C・ウォークアップ（A.C. Walkup）が，キリバス人の従者とともに初めてバナバ島に上陸した（Silverman 1971: 88）．1890年代になると，バナバ人は米国から来た宣教師と頻繁に接触するようになった（Macdonald 1982: 94）．

バナバ島では，外来の感染症や大旱魃による大量死，プランテーションへの脱出により人口が急激に減少した．ヨーロッパ人の到来と旱魃による社会的混乱状況のなかでキリスト教の布教を受け，島では大きな抵抗もなく改宗者が現れた[4]．キリスト教会は学校を建設し，聖書を通じて人びとに文字を教えた．聖書等の書物は現金で購入する必要があり，フカヒレ，手編みマットやココヤシ果実が交易者に売却され，人びとはわずかな現金を得るようになった．

2……燐鉱石発見からランビ島移住まで

バナバ島の命運は，1900年の出来事を契機に再び大転換を迎えた．この年，ニュージーランド人技師A・エリス（Albert Ellis）が，燐鉱石を産出するナウル島との地質学的類似性に着目し，バナバ島に来訪した．エリスは予想通り，島内陸部で純度の高い燐鉱石を発見した（Macdonald 1982）．そして間髪入れず，バナバ島の「王」との間に，999年の詐欺的な契約を交わした．ただし実際には，バナバ島を支配する「王」は存在しなかった．不慣れな通訳を介して彼と契約したのは，複数いる首長の

---

(4) その後，英国保護領から植民地への地位変更にともない，米国の教会組織は1917年，ロンドン伝道協会（London Missionary Society）に委譲された．第二次大戦後，フィジーへの移住により，プロテスタント組織は，フィジー・メソディスト教会の下に置かれた．

1人であった．彼は文字を読み書きできず，燐鉱石がどのようなものか，また契約という概念も理解していなかった．そして，この契約が将来的にいかなる過酷な災厄をもたらすか全く予期していなかった．

翌1901年に採掘が開始された．燐鉱石は，土地を改良して食料増産を進めるオーストラリアやニュージーランドへ農業用肥料として輸出された．そして太平洋燐鉱石会社（Pacific Phosphate Company）の政治的働きかけにより，英国はバナバ島をギルバート・エリス諸島保護領（Gilbert and Ellice Islands Protectorate）に組み込み，さらに1916年にはギルバート・エリス諸島植民地に併合した．その後，英国・オーストラリア・ニュージーランドの代表から構成される，英国燐鉱石委員会（BPC: British Phosphate Commissioners）が燐鉱石会社から業務を引き継いだ．採掘のために，英国支配下にあった近隣のキリバス人やツバル人，日本人や中国人等の労働者が多数導入された．鄙びた絶海の孤島は，短期間のうちに太平洋随一の近代的な設備を有する島に生まれ変わった．

キリバス人は，ヨーロッパ人との接触以前から，遠洋航海によりバナバ人と交流していた．燐鉱石採掘のために来たキリバス人労働者は，文化的・形質的に類似するバナバ人との間で頻繁に通婚関係を築き，養子縁組をおこなった．そのため現在のバナバ人は，すべてキリバス人との「混血（abakati）」といわれる．キリバス語を母語とし，文化的にキリバス人と変わらない．一方，元来のバナバ人は独自の言語・文化をもち，形質的にもキリバス人とは異なっていたという主張をしばしば聞くことがある（風間 2019）．

燐鉱石の採掘範囲が徐々に拡大するにつれ，バナバ島の土地は荒れ果てていった．現実を目の当たりにして，バナバ人はようやく採掘跡地が居住不可能になることを理解した．やがて，採掘用の土地提供交渉において，人びとは反発して強硬姿勢をとるようになり抵抗を強めた．しかし1930年代，燐鉱石委員会は鉱業法に則って土地の強制収用に踏み切り，人びとを強引に排除して採掘範囲を拡大した．

1940年代に入り，バナバ島の歴史は再び大きく転換する．第二次世界大戦が勃発して日本がハワイの真珠湾を奇襲攻撃し，太平洋まで戦火が拡大した．東進する日本軍は，1942年8月にバナバ島を占領した．侵攻に先立つ同年2月，ほとんどのヨーロッパ人は早々にバナバ島から海外へ退避し，中国人労働者も退去した．結局，島に残されたのは，少数の英国人，バナバ人500人やキリバス人等の太平洋島嶼出身者800人だった．占領後の日本軍は補給路を断たれ，島は極度な食料不足に陥った．食

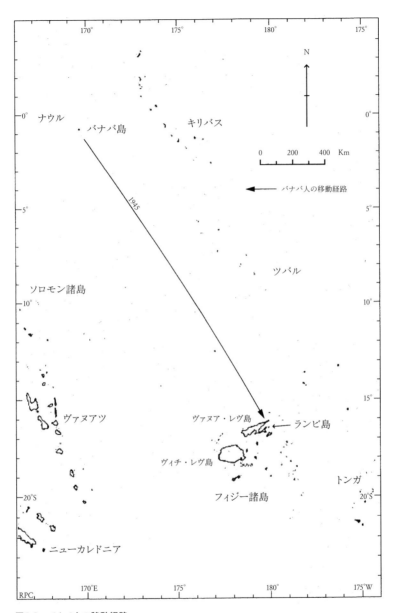

図7-5　バナバ人の移動経路
出所：Hindmarsh（2002）より改変

表7-1　1945年にランビ島へ移住した集団

単位：人

性・年齢	バナバ人	%	キリバス人[2]	%	計（%）
男性	185	54.9	152	45.1	337（100）
女性	200	67.3	97	32.7	297（100）
子ども[1]	318	86.2	51	13.8	369（100）
計	703	70.1	300	29.9	1003（100）

出所：Silverman（1971: 162）より改変
註1）子どもとは15歳未満
註2）キリバス人とはバナバ人の配偶者や友人

料難に窮した日本軍は，1943年初頭から7月までの間にバナバ人らを島外の3か所（タラワ，ナウル，コスラエ［Kosrae］）へ強制的に移送した（岡村2020）．1945年8月には，島に残されたバナバ人・キリバス人が虐殺されるという凄惨な事件が起こった（McQuarrie 2012）．

　戦後，3か所に強制移送されていたバナバ人・キリバス人は，キリバスのタラワへ集められた．人びとはバナバ島へ戻ることを望んだというが，燐鉱石委員会は，帰還したバナバ人が土地の明け渡しを拒み，採掘事業に支障を来すことを懸念した．そこで人びとを詐欺的に誘導して帰郷を阻止した．日本軍の爆撃により島は荒れ果て，すぐに戻ることはできないという虚偽の説明をおこなったのである．

　最終的に，燐鉱石の利益を一部積み立てた準備基金（Provident Fund）により，バナバ人の新たな居住地として予め購入していた，フィジー諸島のランビ島へ人びとを移送した（図7-5）．タラワからの途中ツバルに立ち寄った後，1945年12月15日，バナバ人とキリバス人の配偶者や友人を含む約1,000人の一団が，バナバ島から2,000km以上離れたフィジー諸島のランビ島に初上陸した（表7-1）．

　ランビ島到着後，新たな苦難が移住者を襲った．乗船前，人びとは瀟洒な住宅の建ち並ぶ写真を見せられていたという逸話が伝承されている．しかし実際には，準備された住宅など無く，軍用テント住まいを余儀なくされた．広場に立ち並んだテント群は，さながら難民キャンプのようだったという．

　同じ熱帯域の太平洋島嶼でありながらも，赤道直下の隆起サンゴ礁と，赤道から南下した「高い島」では気候が全く異なる．南半球の冬季，天気が悪い日には，ランビ島は朝晩かなり冷え込む．1946年の移住当初，初めて経験する冬季の間に，体

力のない年配者や乳幼児のなかから病死者が出た．ランビ島駐在行政官の手紙（1946年6月）によると，移住初期段階において，肺疾患，下痢，麻疹の流行で15人が死亡した．初上陸からわずか1年半の間に，27人が死亡した（Kempf 2004: 164）．気候の違い，劣悪な衛生状態，栄養不良，過度のストレスのために，死亡率は異常に高かった．

3 ⋯⋯⋯ 政治的対立と故郷からの分断

　ランビ島上陸から2年後の1947年，人びとはバナバ島に戻らずにランビ島に定住することを多数決の投票（270対48）によって決定した．この重大な決定の際にも，移住時と同様に植民地官吏や燐鉱石委員会から，バナバ島の現況や燐鉱石価格に関する適正な情報は伝えられなかった．さらにランビ島残留を人びとが決定したとき，バナバ島の残った未採掘地についてリース契約が締結された．

　人びとはランビ島において，タベワ（Tabwewa），ウマ（Uma），タビアン（Tabiang），ブオカニカイ（Buokanikai）という4つの村落を新たに作って居住している．移住初期段階にランビ島の自治組織が設立された．4年に一度の選挙により，島の4村から2人ずつ，8人の議員（1996年以降9人）が選出され，ランビ島議会（Rabi Council of Leaders）が構成された．人びとは，燐鉱石の採掘料や年金を得ながら，ランビ島の環境に徐々に順応し，新たな生活を築きあげていった．

　上記4村の名前は，いずれもバナバ島にあった村落名を踏襲したものである．しかし，故郷の旧村の住民が，ランビ島の同じ名称の新村に移住したわけではなく，直接的な連続性は失われている．また，ランビ島の土地は集団保有であり，ある土地と個別の親族集団との密接な対応関係はない．換言すれば，旧来からの地縁に基づく人間関係は希薄であり，「都市的な」集住地が形成された．日常的な活動において人びとを集団的にまとめているのは，キリスト教会の信徒組織である．ランビ島ではメソディスト派が主流である．ほかに，カトリック，モルモン，安息日再臨派，複数の福音派への改宗者やバハイ教徒等がいる．

　さて，1970年にランビ島を含むフィジーが英国から独立した．1970年代，太平洋島嶼部の脱植民地化の潮流のなか，バナバ島を含むギルバート諸島植民地が独立の準備を進めていた．同時期にバナバ人は，ギルバート諸島植民地と競うように，ランビ島とバナバ島を合わせたフィジーの自由連合国として独立する道を目指してい

た．そのためには，バナバ島の領有権を獲得する必要がある．そこで1968年と1974年，バナバ島をギルバート諸島植民地から分離したいという嘆願書を国連へ送った．しかし，人びとの要望は却下された．

　この頃，燐鉱石委員会および英国政府を相手取り，バナバ人はロンドンの高等裁判所で法廷闘争を展開した（Binder 1977）．結局，バナバ人は完全に敗訴した．しかし，太平洋の名も知れぬ小島の住民が，かつての大英帝国を訴えた椿事は，英国放送協会（BBC）によるドキュメンタリー番組の放映によって広く耳目を集めた．被害者であるバナバ人の存在や，英国の植民地暴力と倫理的不当性が世界に知られることになった．英国政府は，自国の市民から激しい批判を浴びた．結果的にバナバ人は，英国・オーストラリア・ニュージーランド政府から，法廷外の寄付金（1,000万豪ドル）と利子を受け取った．

　1979年，ギルバート諸島植民地はバナバ人の強硬な反対を押し切り，バナバ島を領有したまま新興国家キリバスとして独立した．こうして人びとは，故郷の島から国境線を隔てて分断され，バナバ島の領有権と燐鉱石の積立金の過半をキリバス政府に簒奪された．バナバ島の帰属をキリバスに決めた英国の裁定は，キリバス政府とバナバ人の間に現在まで深い禍根を残している（風間 2016）．また，キリバス独立年は，バナバ島の燐鉱石採掘が終了した年でもある．採掘終了は，故郷の土地の荒廃のみならず，ランビ島に住む人びとの現金収入源（採掘料や年金）の途絶を意味していた．

　キリバス独立に際する厳しい交渉の結果として，バナバ人はフィジー国籍を保持していてもキリバス国内で特異な位置と権利を獲得した．キリバス憲法（Chapter IX）では，バナバ人に対して，バナバ島の土地権，キリバス出入国とバナバ島への自由な出入りを保障している．また，キリバス国会では，バナバ島選挙区1議席のほかにランビ島政府からの1議席が特例的に与えられている．つまり，フィジーという外国籍をもっていても，ランビ島政府の代表は，キリバス国会に正式な議員として参加できるのである．

　さて，移住当初から現在まで，ランビ島には，ほぼバナバ人しか居住していない．ランビ島に住むバナバ人の人口は，1990～2000年代初頭の推定によると，3,000～4,000人である．ランビ島外を合わせた全体で，5,000～6,000人（2006年）あるいは7,000人（2015年）という推定値がある（風間 2019: 738）．バナバ人は，フィジーの首都スヴァ近郊に1,000～3,000人程度，居住していると推定できる．

フィジー国内でランビ島はバナバ人自治区の様相を呈しており，特異な政治的位置を附与されてきた．バナバ人は，フィジーの政治情勢が変化するなか島の自治体制をかろうじて保ちながら，自給的作物生産や換金作物生産，わずかな賃労働に従事して，ランビ島で生活してきた．しかし，経済的困窮が強まり，多くの青壮年層が，教育や現金収入の機会を求めて都市部へと流出している状況である（風間 2019）．また，フィジーからキリバスへ再移住する家族や，ニュージーランド等へ移住する家族もいる（風間 2022）．

3　移住後の経済生活 ⋯⋯⋯⋯⋯⋯⋯ 環境への順応と困窮化

1 ⋯⋯ 新たな生態環境への順応

　隆起サンゴ礁のバナバ島とは異なり，ランビ島は土壌も黒く肥沃であり，豊かな生態環境を擁している．海抜最高地点をみると，バナバ島の約80mに対して，ランビ島は463mある（図7-6）．面積もバナバ島の6.5km^{2}に対して，ランビ島は66 km^{2}と約10倍である（Tabucanon 2012: 346, 348）．バナバ島は，石灰岩からなる台地状の島であり，環礁のように井戸を掘って地下水を汲み上げることはできない．淡水を得るには，鍾乳洞（*bangabanga*）を這うように進み，水を汲む必要があった．これは女性のみが担う役割だった．しかし，既述の通り，旱魃時には淡水が枯渇して厳しい渇きに人びとは苦しんだ．一方，多雨のランビ島には，澄んだ川や新鮮な湧水もある．同じ熱帯の島だが，生態環境はきわめて対照的である．

　バナバ島において，かつて人びとは果樹（ココヤシ [*Cocos nucifera*]，タコノキ [*Pandanus tectorius*]，モモタマナ [*Terminalia catappa*] 等）に食料を依存していた．他の太平洋島嶼部の主食であるタロイモ（*Colocasia esculenta*）やヤムイモ類（*Dioscorea* spp.），多くのサンゴ島で利用されるミズズイキ（*Cyrtosperma chamissonis*）は，栽培していなかったという．加えてバナバ人は，燐鉱石採掘が始まって以降，採掘料や年金，賃金等の収入を得て，燐鉱石委員会経営の商店に依存した生活を送ってきた．採掘開始から約40年の間に，ココヤシ利用や外洋漁を除き，自給的な食料生産技術をほとんど忘却していた．

　農耕をおこなうには，サンゴ由来の砂礫からなり旱魃が襲うバナバ島よりも，降

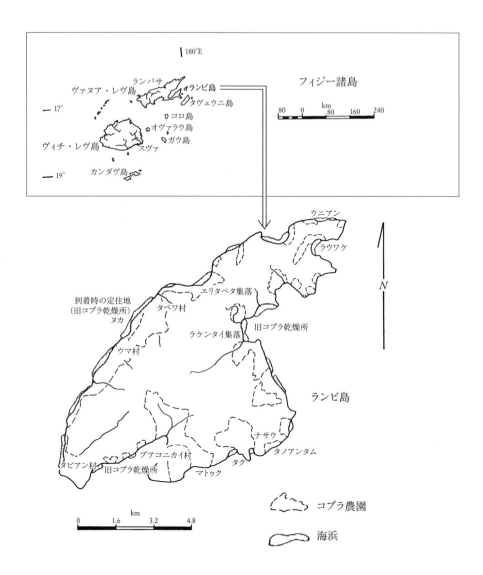

図7-6　ランビ島
出所：Silverman（1962: 431）より改変

図7-7　カヴァを飲む男性（2009年8月，スヴァ）

雨が多く土壌の肥沃なランビ島のほうが明らかに好条件である．新たな生態環境の
なかで，バナバ人は自給的に食料を得るため，タロイモ，ヤムイモ，キャッサバ
（*Manihot esculenta*）等の栽培法を習得する必要があった．植民地政府の仲介により農業
指導がおこなわれ，フィジー人から作物栽培法を伝授された．ほかに，手をかけず
ともパンノキ（*Artocarpus altilis*），バナナ（*Musa* spp.），マンゴー（*Mangifera indica*）等の
果実も収穫できる．

　また，現金収入を得るため，コプラ（乾燥ココヤシ胚乳）の生産に従事する者が現
れた（Macdonald 1982: 111）．かつてランビ島は，ココヤシ・プランテーションとして
リヴァーズ（Levers）社に所有されていた．バナバ人は当初，フィジー人を雇用して
コプラを生産していたが，自ら作業を始める者もいた．ランビ島では，晴天の続く
キリバスのように，天日干しによるコプラの乾燥は困難である．薪をくべて燻して
乾燥させる方法を習得した．

　おそらく1970年代以降，換金作物としてカヴァ（kava; *Piper methysticum*）の栽培が開
始された．カヴァとは，太平洋島嶼部の熱帯域で栽培されるコショウ科の灌木であ
る．フィジーでは，乾燥根を砕いた粉を布に包み，水中で揉みだす．この嗜好性飲

図7-8　タベワ村のメソディスト教会（2001年7月）

料が，儀礼や娯楽時に消費される[5]．移住当初，キリスト教の教義に反するとして，バナバ人はカヴァを飲まなかった．しかし先住フィジー人の習俗を取り入れて，1970年代頃から飲むようになったという（図7-7）．ランビ島は良質のカヴァ生産地として知られる．乾燥根はフィジー都市部やキリバス等へ輸出されてきた．めぼしい産業の無いランビ島において，貴重な現金獲得手段である．

　バナバ島の周囲には，浅瀬の礁原はなく沿岸のすぐ近くから急に深くなる．バナバ島では，カヌーを用いた外洋の釣漁が発達していた．一方，ランビ島移住後，男性たちは，サンゴ礁の浅い海での漁撈法を先住フィジー人から新たに習得した（Tabucanon 2012: 353）．

　バナバ島において，燐鉱石採掘料や賃金を得ていた人びとは，商品に依存した生活に長らく浸っていた．しかし，移住当初のランビ島には商店などなかった．人びとは食料獲得のために，イモ栽培等，自家消費用の食料生産や換金作物栽培をおこなうようになった．故郷の島とは全く異なる移住先の生態環境のなかで，バナバ人

---

(5)　カヴァは，フィジー語でヤンゴナ（*yaqona*），キリバス語でナンゴナ（*nangona*）とよばれる．ヴァヌアツやポーンペイでは，掘り出した生根をすり下ろしたり噛み砕き，絞って麻痺性の成分を抽出する．飲料自体もカヴァと称される．

図7-9　人生儀礼用の食事準備（2001年8月，ランビ島）

は新たな生業技術を習得して順応してきた．

　さて，2001年当時，私の寄宿したタベワ村の世帯には，バナバ島生まれの80歳代年配女性，フィジー人の夫と離別した40歳代後半の女性（年配女性の長女），未婚の30歳代の弟（三男），10歳代の二男の子ども3人が暮らしていた．年配女性の二男は，キリバスの首都タラワに住んでいた．キリバス人である父（年配女性の夫）の死去に伴い，タラワの土地を相続した．二男は，キリバス人の妻とともに，ランビ島からタラワへ再移住したのである．相続した土地の一部は，キリバス政府にリース地として貸し出されていた．

　この世帯の成員は，キリスト教メソディスト派の敬虔な信徒であった．毎週日曜日，タベワ村の中心部に建つ教会へ礼拝のため全員で赴いていた（図7-8）．平日の夜には，同一教区に住む誰かの家屋に集まり，カヴァを飲みながら，信徒集団の集会を頻繁に開いていた．聖書の勉強会や讃美歌の練習，食料等と引き換えの献金供出等，教会活動が人びとの生活の中心であった．

　世帯の家計は，長女がランビ島政府の経営するゲストハウスで働き，現金を得て支えていた．加えて年1度，タラワの土地のリース代がキリバス政府から支払われ，キョウダイ間で分配されていた．一方，日常的な食料は，弟が畑で栽培したキャッサバやヤムイモ等，生業経済による生産物が中心だった．ときに，潜水漁等によっ

て獲った魚介類が食卓に並んだ．ほかに，換金作物のカヴァ栽培によって現金を得ていた．弟を含むメソディスト教区の男性たちは，互いに協力して傾斜地を開墾していた．

ランビ島住民は，自給的な食料の消費に加え，カヴァの売却や仕送り等によって現金を得て，わずかな物品を購入して何とか生活を維持していた．そして，子どもの1歳の誕生日（*te reke ni bong*）等の人生儀礼開催，教会への献金が重要かつ大きな支出であった（図7-9）．

2ーーーー ランビ島の困窮化

2001年8月，ランビ島から離れる際，私は近隣のタヴェウニ（Taveuni）島へ渡った．そこに住むヨーロッパ系フィジー人の話によれば，ランビ島住民は「金持ち」と見なされている印象を受けた．しかし実際には，1979年にバナバ島の燐鉱石採掘が終了し，採掘料や年金が途絶え，ランビ島政府および住民の経済事情は次第に厳しさを増していった．2000年代になると，フィジー国内で「最貧のエスニック・マイノリティ」と評されるようになった（Kumar et.al 2006）．

ランビ島政府は，集団移住初期，燐鉱石基金や英国からの寄付金等を元手に，島の社会的基盤を整えた．また，島政府は，持ち株会社（Rabi Holdings）を設立し，傘下に不動産業，漁業，流通・物販業等の企業を置いた．詳細は不明だが，乱脈経営がおこなわれたらしく，事業はことごとく失敗した．こうして島政府の財政も立ち行かなくなった．

移住当初，ランビ島の住居は，島政府の資金で建設された．しかし，おそらく1990年代以降，家屋の建設や修繕は，私的な財力で賄うしかなくなった．私は，寄宿した世帯に保管されていた古い写真を見せてもらったことがある．家屋は新しく応接用ソファーがあり，内装も小奇麗だった．しかし，2000年代初頭，一部の窓ガラスは割れたりひびが入り，コンクリート壁が崩れ，天井に穴が開き，水洗トイレやシャワーも壊れていた．この世帯の家屋には屋内にトイレと水浴び場があったが，多くの世帯では屋外に建てられたトタン囲いで用を足し水浴びしていた．

また家屋の脇には，朽ち果てた冷蔵庫が打ち捨てられていた．室内に電灯を付けていた形跡は見られたが，壊れたままだった．その後，再び電気を通す試みがなされ，外国やフィジー政府からの援助により，2006年には朝晩だけ電気が使えるよう

第Ⅲ部
混沌を生きる

になっていた．ただし，村ごとに援助者と電気事情は，異なっていた．

　フィジー政府への依存は，人びとの生活に必要な水道や道路整備等のみならず，緊急を要する災害時の救出活動や復旧まで及んでいた．2002年5月，ランビ島の人びとは，経験したことのない豪雨に見舞われた．ブオカニカイ村では土砂崩れが起こり，数軒の家屋が潰されて7人の死者が出た．また，ウマ村では川が氾濫して床上浸水の被害が出た．カヴァやキャッサバの植えつけのための焼畑の拡大が，土砂崩れを起こした要因のひとつという可能性がある．焼畑では，十分な休耕期間をおかずに火入れを繰り返していた．この大雨により，島の各地で主要道路が土砂に埋まり寸断された．気候変動に起因するか定かではないが，その後も数度，島はサイクロンの上陸による大きな被害にあっている．

　2003年1月，記録的な規模のサイクロンがランビ島を襲い，中心地を含む複数の村で多くの家屋，店舗や学校の建物が倒壊し，屋根が吹き飛ぶ等の甚大な被害がもたらされた．ランビ島政府は，オーストラリア在住のバナバ人が管理するウェブ・ページを通じて被害状況を発信し，援助基金を創設した．災害復興を主に担ったのはフィジー政府である．ランビ島政府には，緊急時に対応するほどの財政的余裕がなかった．

　ランビ島を走る島政府のバスは老朽化し，頻繁に止まっていた．その度に，私の寄宿した世帯の中高等学校へ通う生徒たちは，2時間かけて徒歩通学していた．バスの料金を払わない者が多かったため，島政府は，前払いで料金を払うように義務づけるようになった．そして2003年，島政府のバスは完全に壊れた．個人経営のミニバスに島内の交通は委ねられたが，長続きしなかった．フィジー政府からバスを援助されたが，それもすぐに壊れた．2006年には，ニュージーランドから援助されたバスが動いていた．村所有のボートも老朽化し，2002年には壊れて動かなかった．また，島には飛行場跡があるが，草原と化していた．

　かつて，初等学校と中高等学校4年生までの学費は無料だった．しかし，あらゆる学年の生徒に学費がかかるようになった．島政府の職員の給料も2002年には大幅にカットされた．週5日だった勤務日が3日に短縮され，代わりに2週間ごとの給与日が毎週金曜日の週払いになった．給料額は職種による違いがあり，非熟練職の場合，週給30～50フィジードル程度という．フィジー政府管轄の道路事務所に勤務する男性によれば，昔は，ランビ島政府職員の給料は驚くほど高かった．しかし2000年代には，彼の週100フィジードル程度の収入が，島政府職員の給与を大きく上回っ

ていた.

　燐鉱石採掘終了後, ランビ島の困窮化が進行するなか, 1991年には公金の不正使用が
発覚して人びとは島政府に対して怒り, 騒乱が起こった. そのとき, フィジー政府の介入
によって混乱は沈静化した (Teaiwa 1997). 1994年, ランビ島政府の財政問題が深刻化した.
フィジー政府はランビ島の経済を補助するため, ランビ補助基金 (Rabi Subvention Fund)
を設立した. 1994年に30,000フィジードル, 2012年には94,000フィジードルを拠出した. 拠
出した基金の内訳として, 40%をランビ島政府の運営資金, 残り60%をバナバ人が経済
プロジェクトを立ち上げて自ら運用するよう目的別に分割した (Tabucanon 2012: 357, 360).

3 ……… バナバ人の怒り

　これまで見てきた通り, バナバ人は燐鉱石の島に住んでいたが故に, 歴史的に翻
弄されてきた. 複数の偶然が重なり, 運命は左右された. かつて, 大海原を乗り越
えて人びとが住み着いたのは, 図らずも燐鉱石が堆積した島だった. 人びとが島環
境に順応してしばらく経った19世紀以降, 世界各地で農業の近代化による食料増産
が進められ, 燐酸肥料の需要が高まった. 欧米列強が太平洋島嶼部を植民地分割し
ていたその時期, バナバ島で燐鉱石が発見された. 加えて, 英国の影響下にあった
地理的な位置もバナバ人の運命を大きく方向づけた.

　ここで近隣の島に住むナウル人の歴史経験を対比してみると, バナバ人の悲愴な
命運がよく理解できる. バナバ人は, しばしば自分たちとナウル人を比較して嘆息
する. ナウル島もまた, 燐鉱石が堆積する絶海の隆起サンゴ礁である. しかし, 両
者のたどった歴史は大きく軌道を異にして転回した (Macdonald 1982; McDaniel and
Gowdy 2000).

　ナウル島は1888年, 他の列強に遅れて太平洋に進出してきたドイツに支配された.
列強の勢力圏争いのなか, バナバ島とナウル島の間には, 英独の支配領域を分かつ
境界線が引かれた. その後, 第一次世界大戦が勃発した1914年, オーストラリアが
ナウル島を占領した. ドイツ敗戦後の1920年, オーストラリア・ニュージーランド・
英国の委任統治領となった.

　第二次世界大戦時, ナウル島もバナバ島と同じく日本軍の占領を受け, 人びとは
苦境に置かれた. 日本の敗戦後, 三国による委任統治の復活を経て, 1968年にナウ
ルは独立を果たした. 地理的には近接しているが, 初期条件がドイツ支配か英国支

配かという政治的地位の差がナウル人とバナバ人の命運を分けた．特筆すべきは，ほんの一時期ではあるが，ナウル人は独占した燐鉱石収入により世界一豊かな国民といわれていたことである．

バナバ人は，太平洋の小島であるバナバ島とランビ島を併せた，国家の樹立を目指した．いかにも非現実的で荒唐無稽な発想のようにみえるが，現に隣のナウル島は独立したのである．バナバ人は，世界一豊かな国民になるどころか故郷の島を追われた．さらに，燐鉱石の利益を英国燐鉱石委員会に吸い上げられ，資金は英領ギルバート・エリス諸島植民地の運営に当てられた．

キリバス独立までの過程において，バナバ島の領有権と燐鉱石積立金の帰属をめぐり，キリバスの政治リーダーとバナバ人の間に激しい対立が生じた．結局，領有権と燐鉱石の利益を得て，キリバスは独立した．キリバス国家は，燐鉱石の利益を積み立てた歳入均衡化準備基金（Revenue Equalization Reserve Fund）の運用益を歳入に組み込んでいる．資源も産業もないキリバスが独立するにあたり，英国が経済的な自立支援の一環として燐鉱石基金を与えた．先述の通り，土地と資金をめぐる両者の禍根は，現在まで続いている．

バナバ人は，「怒れる民」である．怒りの矛先は英国や英国燐鉱石委員会，そしてキリバス国家である．1900年の詐欺的契約，強制的土地収用，採掘による故郷の島の荒廃，採掘後の埋め戻し協定不履行，虚偽の情報提供とランビ島への追放，不当に低いバナバ人への利益配分，バナバ島の簒奪等，数々の裏切りや不当な扱いに対する怒りである．英国と燐鉱石委員会による不正の多くは，1970年代のロンドン法廷闘争において明らかにされた（Binder 1977; 風間 2016）．また，かつて海外公演をおこなっていたバナバ舞踊団の歌劇において，バナバ人がヨーロッパ人に騙された場面や土地の強制収用の様子が，寸劇を交えて表現されてきた（Kempf and Hermann 2005; 風間 2020）．

他方，バナバ人には，必ずキリバス人の親族がいるといわれる．燐鉱石採掘時，バナバ島に大挙して来たキリバス人労働者との間で数多くの婚姻関係が結ばれたためである．しかし，個別の友好関係とは別に，人びとは，キリバス人に対する怒りを顕わにすることがある．2002年，私はランビ島において，バナバ人の集合的な怒りの表出を目撃した（風間 2014）．怒りを引き起こした契機は些細な出来事だった．

キリバス政府は，友好の証としてランビ島政府に四輪駆動車を贈呈した．この自動車をめぐり，キリバス国会は紛糾した．あるキリバス人議員は，ランビ島への自

動車贈呈を批判する文脈において，バナバ人に対する屈辱的な発言をした．議員は，バナバ島はキリバスに帰属しており，バナバ人など存在せず，バナバ人はフィジー人だと挑発的に言ってのけた．

　キリバス国会に参加していたバナバ人議員は，ランビ島に戻ってから国会での状況を詳細に報告した．屈辱を受けたバナバ人たちは，キリバス人に対して一斉に激昂した．私の寄宿していた世帯の人びとも，興奮してキリバス人に対する激しい怒りの言葉を発していた．後の数日間，集落はその話題で持ちきりになり，異様な雰囲気に包まれていた．私が寄宿していた世帯の二男は土地相続のため，ランビ島からタラワに再移住していた．彼は，自宅で国会中継をラジオで聴いていたが，怒りのあまり壁に叩きつけてラジオを破壊したという．

　ランビ島に住むバナバ人は，自らの過酷な命運を歌劇によって表現し，嘆き，ときに加害者に対して怒りを爆発させる．しかし，人びとの苦難は，現在もなお過ぎ去っておらず，未来に暗い影を落としている．さらに新参の移民であるバナバ人は，ホスト国のフィジーにおいても政治的に微妙な立場に置かれている．

4　　フィジーにおける集団移住者の法的位置

1 ⋯⋯⋯ ランビ島における居住権・土地権の保護

　集団の移転と再定住の試みにおいて，当然ながら，ホスト社会側の対応は移住者の生活に大きな影響を及ぼす．バナバ人がランビ島に到着した1945年，フィジー諸島は英国植民地であった．1970年の独立後，フィジー政府は植民地期の法律を引継ぎ，バナバ人の自治への介入を最小限に留めてきた．

　バナバ人のランビ島居住については，「バナバ人定住法 (Banaban Settlement Act No.28, 1945)」によって保障されてきた．法においてランビ島の成員権は，「オーシャン島に住んでいた土着民であり，バナバ人の慣習に則って共同体成員と認められた者」と曖昧に規定されていた．また，「修正法 (Bnaban Amendment Ordinance No.15, 1957)」でも，「通常ランビ島に住んでいるミクロネシアとポリネシアの土着の血統の成員」と規定されている．

　既述のように1945年，バナバ人とともに，配偶者や友人のキリバス人300人がラン

ビ島に上陸した．法律では，キリバス人等の住む現状を考慮してバナバ人の血統を
厳格に捉えず，成員権を緩く規定したものと考えられる．同時に，ミクロネシア人
とポリネシア人の血統に言及することにより，形質的にメラネシア人とされる先住
フィジー人（*i-taukei*）を明らかに対象外に置いている．

　上陸から20年を経た「バナバ人土地法（Banaban Land Act 1965）」においては，「オ
ーシャン島土着の居住者の起源をもつ者の子孫，完全な血統または混血の者，嫡出
または非嫡出の者，バナバ人の慣習に則り共同体成員として受容された者」と規定
されている．これは，ランビ島生まれの新世代に対応させて改訂した表現と考えら
れる（Tabucanon 2012: 356）．

　居住とは別に，バナバ人の認定によって，ランビ島の土地使用権，燐鉱石関連の
分配金支払い，ランビ島議会選挙の投票権・被投票権，役職（office）の権利が附与
された．「バナバ人土地法（1965）」によれば，ランビ島の土地は，バナバ人に対し
て1人2エーカーまでリース地として割り当てられる[6]．ただし，各人の割り当て地
は担保（collateral）にはならない．また土地は，非バナバ人に対して貸与や譲渡する
ことはできない．

　法制度は，ランビ島の土地権を保障する一方，外部からの投資ができないように
制限している．1945年の上陸後，土地条項を設けて，ランビ島をバナバ人の個別的
な家産（property）にするという動きもあった．しかし，ランビ島政府の保有するフ
リーホールド地と規定したほうが，バナバ人の慣習に適合していると判断された．ラ
ンビ島内の道路も島政府の管理下に置かれている．フィジーの国有道路ではなく私
道扱いとされ，フィジーの道路法も適用されない（Tabucanon 2012: 357-359）．ただし，
ランビ島にはフィジー道路局事務所があり，実質的には道路局に管理を委託してい
た．

　このように，バナバ人の土地権や自治権は法的に保護され，必要がなければフィ
ジー政府は介入してこなかった．また1995年，バナバ人との友好の証として，フィ
ジー政府はランビ島上陸50周年記念切手を発行した（Tabucanon 2012: 357）．ただし先
述のように，ランビ島で政治的混乱が起こった1991年，フィジー政府が介入して指
導力を発揮した．

---

(6)　ランビ島裁判所（Rabi Island Tribunal）は，島政府の任命した役職者によって運営される．土地
　　裁判所の決定は，土地に関するランビ島の慣習に委ねられている．

1991年と同様，2013年にも島政府の金銭的な不正が発覚した．それを受けて，ランビ島議会は，フィジー政府により解散させられた．ランビ島はフィジー政府の管理下に置かれ，政府に任命されたバナバ人行政官（Rabi Administrator）と監督官（Executive Director）が，行政的な指揮を執ることになった．2013年当時の聞き取りによれば，ランビ島政府はすぐに復活するとの話だった．しかし，復活はついぞ実現しなかった．時期の符合を考えると，フィジー政府の介入は，2013年新憲法発布に関係する可能性がある．

2 ········ フィジー国内政治の流動化──頻発するクーデタと憲法改正

ランビ島政府は自治的に運営されてきたが，財政管理は杜撰であり経済政策は失敗続きだった．不正支出のみならず，様々な事業が破綻して燐鉱石から得た基金を縮小させ，ランビ島の困窮化を招いた．結果として，海外NGO等からの支援やフィジー政府への依存度を高めることになった．

一方，バナバ人の守護者というべきフィジー政府は，1987年から2006年までの間に4度のクーデタによる政治的混乱を経験し，憲法改正を繰り返してきた（丹羽 2013）．1987年に最初の軍事クーデタが起こり，2000年に国会占拠事件が勃発した．2006年12月には軍事政権が樹立し，2009年4月に当時の憲法は無効とされた．移住者であるバナバ人のホスト国において，インド系住民と先住フィジー人のエスニックな対立に拠るとされる，政治的に不安定な状態が続いてきた．フィジーの政治的流動化が，バナバ人の法的地位に大きな影響を及ぼしている．なお，インド系住民は，先住フィジー人に次ぐ人口規模である．英国植民地期のサトウキビ・プランテーションで雇用されていた契約労働者の子孫である．

フィジーでは英国植民地期から，先住フィジー人の保護政策が進められてきた[7]．1970年の独立後も，先住フィジー人はインド系等の移民とは差異化され，土地権の保護や政治的特権が与えられた．一方バナバ人には，独立時の「1970年憲法」において先住フィジー人と同じく，特権的な「フィジー人」資格が附与されていた[8]．優

---

(7) 正確にいえば，フィジーの先住民とは，先住フィジー人およびロトゥマ人である．本章ではロトゥマ人については省略する．フィジーの主要島から遠隔にあるロトゥマ島は，ポリネシアン・アウトライアー（ポリネシアの飛び地）である．

(8) ただし，ランビ島のキリバス国籍者に対して，フィジー国籍を積極的に附与してこなかった．ようや

遇政策には，バナバ人を懐柔してバナバ島への帰還を封じるという，英国側の意図があったと推察できる．

　しかし，1987年クーデタ後の「1990年憲法」および「1997年憲法」では，バナバ人の権利に関する差別是正措置（affirmative action）は弱められた．国民を区分する選挙人名簿において，バナバ人は特権的な「フィジー人」扱いから外され，一般投票者（General Voters）の範疇に変更された．一般投票者とは，先住フィジー人でもインド系住民でもない「その他」の扱いである．この範疇には，かつてソロモン諸島やヴァヌアツから連れてこられたプランテーション労働者の子孫や，華人といった移民マイノリティが含まれる（風間 2017）．こうしたなかで，土地権の保護や奨学金等に関する先住フィジー人の優遇政策は，強固に維持されてきた（Tabucanon 2012: 359）．

　総じていえば，従来のフィジー憲法（1970年，1990年，1997年施行）は，エスニック集団を分けたうえで，個別に権利を配当する基本方針をとっていた．法的に先住フィジー人を優遇し，人口規模の大きなインド系住民の権利を制御し，「その他」住民を等閑視するという差別的な傾向があった．ただし，バナバ人は移住の特殊事情が考慮され，植民地期から継承してきた法律の恩恵を受けて例外的に扱われてきた．ランビ島の土地権や居住権を保障する「バナバ人土地法」と「バナバ人定住法」は，「1997年憲法」まで有効であった．

　ところが，新たに発布された「2013年憲法」では，基本的にエスニック集団の区分を解除し，フィジーの市民権をもつ者すべてを「フィジー人（Fijian）」と規定した．あらゆる国民を「フィジー人」として差異を除去する措置は，先住フィジー人の特権を減じたうえで，インド系や「その他」住民に対する差別をなくすことを示唆しており，画期的な憲法にみえる．しかし，「フィジー人」の語は，「フィジー国民」を意味するのみならず，エスニックな「先住フィジー人」を色濃く含意している．この点を慎重に考える必要がある．

　フィジー憲法委員会への意見書（2012年）において，バナバ人の国会議員であるD・クリストファー（David Christopher）は[9]，「フィジー人とは血統（race）であり，フィジー土着の共同体である．一方，バナバ島は中部太平洋の島である．その土着共

〈2005年になって，フィジーの市民権を申請できる3ヶ月の特別期間を設ける措置がとられた（Tabucanon 2012: 360）．

（9）　クリストファーは2013年以降，ランビ島の監督官を務めていた．

同体は，バナバ人と呼ばれる．私は，バナバ島の土着共同体の子孫であり，バナバ人と自称する．私がフィジー人と自称するのは困難であり，とても居心地が悪い．私はフィジー人ではないし，今後もそうである」と述べている（McAdam 2014: 323）．彼の言明からは，「フィジー人」という国民を示す呼称に留まらず，国民統合の名のもとにエスニックな「フィジー人」への同化が強制されかねない事態に対する，深い懸念と疑念を読み取ることが可能である．

3......土地権および自治権喪失の可能性

「フィジー人」の語は，国民と同時に，特定のエスニシティを指示している．これは「ネイション（nation）」の語が，日本語で「国民」と同時に「民族」と翻訳できる概念であることに共鳴する．エスニックな差異を強調する「多民族主義」から「一国民（あるいは一民族）主義」への移行は建前上，新憲法においてエスニックな差別のない高邁な国民国家建設を高らかに謳っているように見える．しかし掲げられた理想の裏側には，移民マイノリティの「差異をもつ権利」を否定し，圧倒的に優位な先住フィジー人への社会文化的な同化を促進するという抑圧が隠蔽されている点を看過すべきではない．

バナバ人の処遇について，J・マクアダムも懐疑的に解釈している．表向きフィジーの国民統合を促進するように見せながら，バナバ人保護条項が除去された点に着目している．従来，憲法の178節で保障されていたバナバ人の地位は，他の法律と同様に修正・撤回されうる．その見解に対してフィジー首相は，新たな憲法が「以前よりも大きなバナバ人の保護と保障」を提供すると述べた（McAdam 2014: 323）．具体的にみると「2013年憲法」28節5項には，「バナバ人の土地所有権は慣習的所有者によって保持され，バナバ人の土地は売却・譲渡・移籍・交換によって，永久に移転されることはない．例外は，27節に合致した国家のみである」とある．

注意すべきは，条文に「慣習的所有者がバナバ人である」とは明確に規定されていない点である．マクアダムは，この不条理を喝破している．憲法の草稿作成時，慌しい文章の継ぎ接ぎ作業による誤った表現の可能性があるという，緩慢な釈明もなされている．しかし，フィジー政府による「公共目的」のための強制的な土地収用が可能な状況に対して，バナバ人へのいかなる保障も明示されていない．つまり「2013年憲法」は，バナバ人の地位を「国家意志に左右される借家人（tenants-at-will）」

第 III 部
混沌を生きる

に貶めてしまったのである（McAdam 2014: 323）．先述の通り，2013年に時機を見計らったかのようにランビ島の自治が停止された．

　1987年のクーデタ以降，先住フィジー人による排他的ナショナリズムが全国的に高まり，土地奪還を主張する「タウケイ運動」が隆盛した．タウケイとはフィジーの先住民を指示する語である．このとき，主にインド系住民が攻撃の標的にされたが，ランビ島にまで影響は波及した．ランビ島の土地返還要求をしたのは，元来ランビ島に住んでいた人びとの子孫を自称する，タヴェウニ島の先住フィジー人である．裏を返して，バナバ人によるバナバ島の土地への固執を考えれば，この動きは充分に理解可能である．

　仮に，「2013年憲法」に記載された「慣習的土地所有者」として，ランビ島の土地を購入したバナバ人ではなく，タウケイ運動を起こしたタヴェウニ島の人びとを司法が認めた場合，バナバ人は土地返還の要求を拒否できなくなる．さらにいえば，国家がランビ島の強制的土地収用をおこなうことも，合法的に可能である．「2013年憲法」が謳うフィジーの国民統合は，移民マイノリティのエスニックな差異とともに，従来保障されてきたバナバ人の権利を否定し，ランビ島の土地権と自治の喪失を決定づける強い潜在力をもつ．ランビ島のバナバ人は，英国鉱山法を根拠としたバナバ島における強制的な土地収用を受けた先祖の二の舞を，再び演じる危険性がある点に留意しなければならない．

　興味深いことに，インド系住民は，概して新憲法を好意的に受け止めているという．ただし，インド系住民は，減少したとはいえ人口比率も4割近くと大きく[10]，主にヒンドゥー教を信仰し，先住フィジー人とは異なる言語や習俗を保持してきた．同時に，フィジー・ヒンディー語と英語に加えて標準フィジー語を習得し，カヴァ飲み等の習俗を取り入れてきた．先住フィジー人と同等の「フィジー人」としての権利を享受しながらも，総じてエスニックな差異を保持することが可能と考えられる．加えて，これまで禁止されてきた，先住フィジー人から土地を取得する道が開ける可能性もある[11]．

（10）　フィジー全体の人口は約89万人である（2017年）．先住フィジー人が57%，インド系住民が38%，その他が5%である（2007年）．クーデタが起こった1989年当時，インド系住民の人口は先住フィジー人を凌駕しており，国政選挙でも優位に立っていた．クーデタ後，インド系住民のうち経済的に余裕のある人びとは，ニュージーランド等，海外へ大量に脱出し，人口は大きく減少した．

（11）　先住フィジー人は，バナバ人と同様，ほぼキリスト教徒であり，メソディスト派が主流を占める．イ

しかし，フィジーに住むバナバ人は，人口規模がきわめて小さく，太平洋島嶼部の大枠からみれば，先住フィジー人と文化的な近接性をもつ．悲観的に捉えるならば，バナバ人がランビ島を喪失した場合，「土地なし」の困窮した「フィジー人」の下層に吸収されていく可能性を完全に否定することはできない．

5 考察 ……………………………………………………………………………… 集団移住モデルの有効性

サンゴ島国家における大規模な人口移転のモデル・ケースとして，バナバ人のランビ島への集団移住は，近年あらためて注目されるようになった．サンゴ島国家と同じ太平洋島嶼部において，個人や家族単位ではなく，バナバ島民全体が国境を越えて集団移住したという顕著な特徴を備えているためである．さらに，初期移住から80年近い歳月が経過しており，長期的な再定住の過程と結果を検証できることもモデルとしての利点と考えられる．

既述のように，タブキャノンとコンネルは，バナバ人の集団移住を「成功例」と見なしている（Tabucanon 2012: 360-361; Connell and Tabucanon 2016: 102-104）．バナバ人の再定住が実現し「共同体」が破綻せずに維持された条件として，燐鉱石の利益を積み立てて移住用の準備基金を設立したこと，英国植民地の広大な領域内から肥沃な島を選んで購入できたこと，さらに英国植民地政府や独立後のフィジー政府がバナバ人への充分な法的保護を継続してきたことがあげられている．

タブキャノンは，バナバ人はカヴァ飲み等の在地習俗を先住フィジー人から取り入れながらも，従来からの社会文化的連続性を維持し，集団の帰属意識が明確に保持されているという．一方，経済生活はランビ島内で閉じており，島での現金獲得手段は少なく，困窮化が進行しているという問題点がある．しかし，先住フィジー人と比較した相対的貧困であり，飢餓に苦しむことはない．自家消費用のイモ類やバナナの栽培，換金用のコプラやカヴァの生産を考えれば，経済生活は潜在的に持続可能であると述べる（Tabucanon 2012）．

しかし，この肯定的評価は，複数の点において表層的である．第一に，バナバ人の帰属意識や過去との社会文化的連続性は，他のエスニック集団がほとんどいない

ンド系住民にもキリスト教徒はいるが，ヒンドゥー教徒やイスラーム教徒が主流である．

一つの島に共住してきたという特殊で幸運な条件によって維持されているに過ぎない．加えて，ランビ島外へ出たとき，多数派の先住フィジー人やインド系住民との差異を意識せざるを得ない．異質性の自覚が，集団的な帰属意識を維持させた側面がある（風間 2019）．

　さらにいえば，歴史過程において，近しい他者であるキリバス人との近親憎悪的な敵対関係の継続が，差異の強調と固有の自己認識を強化した（風間 2016; McAdam 2014: 324）．つまり，バナバ人の集合的な自己認識は，素朴に継続してきた独立事象ではなく，異質な他者の存在や政治的対立者への否定的感情をともなう諸関係のなかで，新たに成立し維持・強化されてきたものである．

　第二に，肯定的評価は，英国植民地政府やフィジー政府に迎合的であり楽観的過ぎる．バナバ人が英国側と厳しく対立した歴史や，先住フィジー人の排他的ナショナリズムを看過している．将来的に，「2013年憲法」による国民統合と均質化がいかに進むのか，その過程でランビ島の自治権や土地権がどのような命運をたどるのか，長期的予測は困難である．ホスト社会の政治情勢によっては，ランビ島を喪失する危険性が潜在する．したがって，バナバ人のエスニックな差異や固有性が，永続的に維持される保障は全くない．

　第三に，バナバ人の厳しい経済状況を軽視し過ぎている．ランビ島において，経済的困窮化を脱する方策は乏しい．多くのバナバ人は，自家消費的な生業活動に依存した生活を送っている．確かに，寡雨のサンゴ島に比較すれば，生態環境は豊饒である．しかし，ランビ島での生活は，現代フィジーにおいて経済的に取り残された状態と見なすのが妥当である．

　個々人が経済的成功を収めるには，都市で高学歴を得て安定した職に就くか，起業するしか方法はない．しかし，高学歴のバナバ人の多くは，首都スヴァで生まれ育ち，ランビ島生活をほとんど知らない．ランビ島出身者が就学や就業のために首都や海外へ出て経済的に成功した場合，短期間の帰省を除けば戻ってくることはほとんどない．

　また，比較的裕福なバナバ人の都市中間層がいる一方，困窮した都市生活者もいる．都市のバナバ人は，SNS等を通じてつながっているが，広範囲に分散居住している．多くのバナバ人の個人や世帯は，他のエスニック集団に囲まれて生活し，存在感は希薄である．バナバ人の集団移住を成功と見なす研究では，流動化する政治動向と経済的困窮状況を等閑視しながら，ランビ島のみに目を向けて「バナバ人共

同体」の一体性を過度に強調している．政治的文脈，ランビ島や都市での日常生活への注目を怠っているのである（風間 2017, 2019）．

　加えて，バナバ人の数奇な歴史経験は，ある時代状況のなかで起こった，特異な一回性のものと見なすべきである．サンゴ島国家の集団移住モデルとして援用可能かどうか，慎重に吟味する必要がある．まず，バナバ島の燐鉱石が莫大な富を生んだため，利益の一部を積み立てた準備基金の設立が可能となりランビ島購入に漕ぎつけた．他方，現在のサンゴ島国家には，領海内の海底に稀少鉱物でも発見されない限り，燐鉱石に匹敵する経済資源はない．

　また大英帝国の支配した時代とは異なり，脱植民地化以降，小規模な国家に分割された太平洋島嶼部において，移民の集団が購入可能かつ広く肥沃な土地を入手するのは，きわめて困難である．フィジー政府はキリバスが水没した場合の受け入れを表明したが，現実問題として，資源の限られた島嶼国家が安易に好条件の土地を外来者に明け渡すとは考えにくい．

　バナバ人のみならず，太平洋島嶼部における集団移住に共通の特徴があるとすれば，J・キャンベルが指摘するように，人びとにとっての土地喪失がきわめて不安定な生活や心的状態を作り出す点である（Campbell 2010: 78-79）．バナバ人が，ランビ島という「新たな故郷」の保有を正当化するためには，移住先における「土地と人間の一体化」を疑似神話的に創り出す必要があった（風間 2012）．しかし，長年にわたる正当化の試みも，先住フィジー人の土地返還運動や圧倒的な国家政策によって，容易に否定され転覆される危険性がある．敷衍していえば，太平洋島嶼部の集団移住において，在地住民と移住者の間で，土地問題が常に軋轢や緊張関係を生み出してきた．解決はきわめて困難というほかない．

おわりに ……………………… **過酷な「理想郷」の生成**

　サンゴ島国家の集団移住モデルとして，ランビ島の事例を成功と見なす研究では，土地購入の基金設立，充分な準備期間，適地の確保，政府からの公的補助，自治機構の確立といった政治経済的な条件のみに着目している．そのため，バナバ人の強固な帰属意識の維持や長期にわたる社会文化的連続性の背景について，掘り下げた分析をおこなっていない．

ここで見落とされているのは，個個人の生活実態や困窮化の問題に加えて，バナバ人の歴史経験を通じて生み出された，不当な土地の簒奪に対する怒りの感情と喪失感である．バナバ人の自己認識は，これらの感情と不可分に成立している．したがって，表層的な条件が満たされていても，人びとの怒りと喪失感が続く限り，集団的な再定住の成功という評価は，外部者による安易な解釈の一方的な押し付けに過ぎず空虚なものとなる．換言すれば，怒りと不可分な「バナバ人であること」は，「集団移住の成功」とは両立し難いのである．

　バナバ人は，英国植民地主義に翻弄されてきた．人びとは騙されて故郷の島を奪われ，土地は燐鉱石採掘によって居住不可能な荒地となった．さらに，人びとは再び騙され，強制移住によって故郷から分断された．現在の政治経済的な苦境を生み出した歴史的な根源である，理不尽な加害者に対する怒りを人びとは忘れていない．強権的に燐鉱石採掘を進め，ランビ島へ移住させた英国と燐鉱石委員会の不正や，戦時中にバナバ島から住民を強制退去させた日本軍の暴力を人びとは歌劇により表現し伝承してきた．さらに，バナバ島の領有権と燐鉱石基金の過半を簒奪して独立したキリバス政府に対する怒りは，人びとの識閾下に潜在しておりときに顕在化して表出される．

　さて，ここで19世紀後半のバナバ島の状況を振り返ってみると，きわめて過酷な旱魃があったことが想起される．大旱魃時，数多くの住民が，渇水や飢餓から逃れるために，ヨーロッパ船に自ら望んで乗船して故郷を脱出した．逃亡の状況を考えると，現在の気候変動とは無関係ながらも「環境難民」の条件を充分に満たしている．

　つまり，寡雨の隆起サンゴ礁は人間居住の限界域にあり，燐鉱石発見以前から「環境難民」を生み出していたのである．一方，現在でも多くのバナバ人は，故郷への帰還の希望を切々と語る．しかしその故郷は，かつて旱魃時に多くの餓死者を出し，多くの祖先が自ら望んで脱出した過酷な環境条件下にある島である．バナバ島から逃げ出してタヒチへ避難した者が，豊饒な移住先からの帰郷を望まなかったという記録が残されている．悲劇的な歴史経験がもたらした怒りと喪失感により，バナバ人は多くの餓死者と「環境難民」を生み出した隆起サンゴ礁さえも，ロマン主義的に永遠の理想郷と見なさざるを得ない．こうしたバナバ人の捻じれた心情を直視すべきである．

＊謝辞：本章に関わる資料は，いずれも著者が代表の科学研究費補助金「基盤（B）太平洋戦争激戦地における歴史記憶を創出する「場」の人類学的研究（20H014044）」「基盤（B）太平洋島嶼部における強制移住経験者の共感による連帯と排他性の生成に関する研究（16H05688）」「基盤（A）太平洋島嶼部におけるマイノリティと主流社会の共存に関する人類学的研究（23251021）」「基盤（B）太平洋島嶼部における強制移住経験者の歴史認識構築と未来への投企に関する研究（19401038）」「若手（B）強制移住後半世紀を経た民族集団の生活戦略に関する人類学的研究（14710217）」によって主に収集したものである．関係各位に感謝申し上げる．

＊本章の内容のうちバナバ人に関する記述の一部は風間（2022）と重複する．

参 考 ・ 参 照 文 献

岡村徹（2020）「第二次世界大戦下のナウル島で起きた「島民移送事件」をめぐって──オーシャン島の事例を援用して」日本オセアニア学会『NEWSLETTER』128：26-45.

風間計博（2012）「バナバ人ディアスポラによる二つの故郷の同一化──集合的記憶の操作による先住性の領有」風間計博・中野麻衣子・山口裕子・吉田匡興編『共在の論理と倫理──家族・民・まなざしの人類学』はる書房，149-172頁.

風間計博（2014）「バナバ人とは誰か──強制移住の記憶と怒りの集合的表出」『コンタクト・ゾーン』6：60-81.

風間計博（2016）「脱植民地化過程における軋轢の胚胎──バナバ人とキリバス人の境界形成」丹羽典生編〈紛争〉の比較民族誌──グローバル化におけるオセアニアの暴力・民族対立・政治的混乱』春風社，241-270頁.

風間計博（2017）「『その他』の人々の行き交う土地──フィジー近郊に生成する『パシフィック人』の共存」風間計博編『交錯と共生の人類学』ナカニシヤ出版，55-80頁.

風間計博（2019）「フィジー都市部に居住するバナバ人のエスニシティと自己認識の複相性」『国立民族学博物館研究報告』43（4）：729-777.

風間計博（2020）「共感と感情的高揚からみる応援・支援──キリバス人・バナバ人の歌と踊りの事例にもとづいて」丹羽典生編『応援の人類学』青弓社，38-60頁.

風間計博（2022）『強制移住と怒りの民族誌──バナバ人の歴史記憶・政治闘争・エスニシティ』明石書店.

丹羽典生（2013）「フィジーにおけるクーデタの連鎖──先住系フィジー人との共存の行方」丹羽典生・石森大知編『現代オセアニアの〈紛争〉──脱植民地以降のフィールドから』昭和堂，123-148頁.

吉岡政徳（2010）「ツバルにおける海面上昇問題」『国際文化学研究』34：47-70.

Bailey, Ryan T., John W. Jenson and Arne E. Olsen. 2009. "Numerical modeling of atoll island hydrogeology." *Ground Water* 47(2): 184-196.

Binder, Pearl. 1977. *Treasure Islands: Trial of the Ocean Islanders*. London: Blond and Briggs.

Campbell, John R. 2010. "Climate induced community relocation in the Pacific: The meaning and importance of land." In: McAdam, J. (ed.) *Climate Change and Displacement: Multidisciplinary Perspectives.* pp. 57-79. Oxford and Portland: Hart Publishing.

Catala, Rene L. A. 1957. *Report on the Gilbert Islands: Some Aspects of Human Ecology. Atoll Research Bulletin* 59. Washington D. C.: Smithsonian Research Institute.

Connell, John and Gill Marvell Tabucanon. 2016. "From Banaba to Rabi: A Pacific model for resettlement?" In: Susana Price and Jane Singer (eds) *Global Implications of Development, Disasters and Climate Change: Responses to Displacement from Asia and Pacific.* pp. 91-107. London and New York: Routledge.

Hindmarsh, Gerard. 2002. *One Minority People: A Report on the Banabans.* Apia: UNESCO.

Kempf, Wolfgang. 2004. "The drama of death as narrative of survival: Dance theatre, traveling and thirdspace among the Banabans in Fiji." In: Toon Van Meijl and Jelle Miedema (eds) *Shifting Images of Identity in the Pacific.* pp.159-189. Leiden: KITLV Press.

Kempf, Wolfgang and Elfriede Hermann. 2015. "Reconfigurations of place and ethnicity: Positionings, performances and politics of relocated Banabans in Fiji." *Oceania* 75(4): 368-386.

Kumar, Sunil, Teata Terubea, Vincent D. Nomae and Andrew Manepora'a. 2006. "Poverty and deprivation amongst ethnic minority in Fiji: The case of Ni Solomoni and Rabi Islanders." *Fijian Studies* 4: 125-142.

Macdonald, Barrie. 1982. *Cinderellas of the Empire: Towards a History of Kiribati and Tuvalu.* Canberra: Australian National University Press.

Maude, Henry Evans and Honor C. Maude. 1994. *The Book of Banaba.* Suva: University of the South Pacific.

McAdam, Jane. 2014. "Historical cross-border relocations in the Pacific: Lessons for planned relocations in the context of climate change." *The Journal of the Pacific History* 49(3): 301-327.

McDaniel, Carle N. and Johon M. Gowdy. 2000. *Paradise for Sale: A Parable of Nature.* Berkley: University of California Press.

McQuarrie, Peter. 2012. *Gilbert Islands in WWII.* Oakland, CA: Masalai Press.

Pascht, Arno and Eveline Dürr. 2017. "Engaging with environmental transformation in Oceania." In: Eveline Dürr and Arno Pascht (eds) *Environmental Transformations and Cultural Responses: Ontologies, Discourses, and Practices in Oceania.* pp.1-17. New York: Palgrave Macmillan.

Rudiak-Gould, Peter. 2013. *Climate Change and Tradition in a Small Island State: The Rising Tide.* London and New York: Routledge.

Silverman, Martin G. 1962. "The resettled Banaban (Ocean Island) community in Fiji: A preliminary report." *Current Anthropology* 3(4): 429-431.

Silverman, Martin G. 1971. *Disconcerting Issue: Meaning and Struggle in a Resettled Pacific Community.* Chicago and London: The University of Chicago Press.

Tabucanon, Gil Marvel P. 2012. "The Banaban resettlement: Implications for Pacific environmental migration." *Pacific Studies* 35(3): 343-370.

Teaiwa, Teresia K. 1997. "Rabi and Kioa: A peripheral minority in Fiji." In:Brij V. Lal and Tomasi Rayaln Vakatora (eds) *Fiji in Transition vol.1.* pp. 130-152. Suva: University of the South Pacific.

第 8 章

内 堀 基 光

個の死と類の亡失をめぐる人類学的素描

KEY WORDS

死の「恐怖」, 死者の存在論, 不死欲望, 種の存続, 進化と歴史, 反出生主義

1　個の死と類の存続

　哲学的思弁の領域であれ生物学的実証の領域であれ, 個体の死と種の存続とは, 互いに分かちがたい一組の対照項として語られてきた. その手前にある日常生活においても, こうした観点のとり方に異なるところはあまりない. 分かちがたさを前提とするこの対照が意味するところは, 相互に相手を必要とするということであるが, たいていの場合, そのことは相克とか対立のようなものとして言い表されてきた. この論文が出発するのも, まずはこの対照性にある. だが到達点はかなり異なる. 種, あるいは類という集合体のあり方に考えを向けるとき, その存続よりも, その亡失の局面に関わろうとするのが本論の射程だからである.

　ここで死を問題とする個体は, さしあたっては人間の個体である. ふつうに「死ぬ」と呼ばれる生の局面は多くの生命体に共通するが, 人間の死はこの限定された生の局面をはるかに超えた領域で展開する事象である. 共通する要素と人の特異性の要素を切り分けつつ人間の死を論じることが「死の人類学」の課題である. これを書名にとった旧著では, 「死の文化領域」という言葉でこれを表し, 特定の個別文

化におけるその現出を描写した（内堀・山下 1986/2006）．本論では，やや一般的になりすぎる危険を冒しつつも，死についての表象や観念，死にまつわる習俗，制度といった個別の文化を発現させる人の行動と観念形成の基礎について語る．「生態的」という語にふさわしいほどの微視的観察は用いないが，文化の手前の人の行動と観念のあり方に注目するという志向においては，「生態人類学」がカバーする領域の一端を占めるということが許されるだろう．

　種，あるいは類の亡失という主題の探究にどこまで同時代性を求められるかという点について，あらかじめ一言を付しておきたい．死という主題との対比でいうと，この主題はねじれた位置づけを与えられている．個体の死は，それが人間に関わるときに切実さ——それがどんな意味であろうとも——をもって迫ってくるのに対し，今日の状況下で種の亡失が疑いなく切迫した意味をもつのは，それが人間以外の種に関するときだということである．多様な種の存続の危機という現実をとおしてのみ，ヒトという種の潜在的な存在様態（ポテンシャリティ），さらには種的（類的）な存在者としての個体の実体性（エッセンス）の輪郭を垣間見ることができる．「死すべき存在」であることが人間の唯一のエッセンスであるはずはないが，個体の存在の終わりを，永続する種（類）との絡みではなく，亡失すべき種（類）との絡みで見直すことによって，その今における重さあるいは軽さをより大局的に秤量することが期待できるのではないか．本論全体はそこに至る道筋の概略的な存在論としての見取り図である．

　個々人が死ぬことは，その社会的脈絡に関わりなく個にとってかけがえのない「悲劇」である．しかし，そうしたかけがえのなさが他者によって前景化される死にしても（真鍋 2014），あるいは「統計」に回収されかねない大量死（のなかでの死）にしても，どちらも意味を付与されうる個別独自の「出来事」である．ここでは死をそうした「出来事」の地平を超え，死そのものが「あるもの」として生成される存在の地平でみてゆく．存在論といっても，人類が存在論的に多数の世界に生きていると想定する「存在論的転回の人類学」のそれとは逆の方角を指向している．

2　死ぬことの人称性

　ここでは人間についての「死」と「死ぬこと」を概念として区別する．人間以外

については，基本的にはこれらを区別する必要はない．これが本章で弁証する最初の一組の命題となる．「死ぬこと」とは生理的な意味で端的に生きていることが終わることである[(1)]．この際，厳密な生理学的（生物学的）な定義はさほど意味をもたない．人間についても動物についても――場合によっては植物にも――，人間集団（文化集団，職能集団など）によってこの生理的な「死ぬこと」の定義の根幹は共有されていて，しかも日常の生活実践ではあいまいなところのある定義が必要十分な効力をもっているからだ．「死」は「死ぬこと」を含みもつ人間特有の，あえて言えば「拡大された」領域である．

　ある個体が「死ぬこと」は他個体によって直接経験されうるが，その経験は当事者の「死ぬこと」への反応であり，いわば二次的な「死ぬこと」である．当たり前だが，本来の一次的な「死ぬこと」は経験として蓄積されない．蓄積されるのは「二次的な死ぬこと」である．「二次的な死ぬこと」は，言い換えれば，個体間関係のなかでの「死ぬこと」であり，生理的というよりもむしろ生態的な「出来事」の文脈に入る．これに対して，「死」は「死ぬこと」，正確には「二次的な死ぬこと」に由来する，単複の個体の観念作用，およびそれと連鎖する行為の全体である．「死」は，したがって，生きている人間の営為である．留意しておく必要があるのは，人間の「死ぬこと」は常にこの意味での「死」の脈絡からの逆照射にさらされてあり，無垢の「死ぬこと」はありえないということである．人間の見る人間以外の生命体の「死ぬこと」へのまなざしも，その延長とはなりうるが（以降，基本的に死と死ぬことから鍵括弧をはずすが，二つは正確に使い分ける）．

　自己意識が生成する前の，あるいは自己意識と死ぬこと――他者の，であるが――の経験を結びつけない個体（たとえば幼児）は，自己の死ぬことにあたっても死の脈絡に置かれることはない（川村・岡本 2011）．これが死の脈絡に置かれるのは周囲の他者によってである．人間における死ぬことの人称性の問題はここから始まるといってもよい．ある個体にとって，死ぬことはすべて，私，あなた，近い第三者（彼／彼女），遠い第三者といった，異なる人称の主語によって異なる意義と作用力をもつ．上に述べたことに立ち戻っていえば，死と呼ばれる事象の領域はこれらの異なる意義と作用力の複合であり，しかもそれは「二次的な」レベルでのさまざまな人称の死ぬことを大きく含むものである．すこし議論を先走らせていえば，二次的な

---

(1)　これは，英語のdying（「死に瀕していること」，「死にゆくこと」）とは意味範囲が異なる．

多数の死ぬことからなる個体にとっての複合としての死は，時空間的な伝播と堆積によって，一定の集団に共有される死にまつわる表象の集合と，それに対する心的作用（想像）と身体的作用（実践行為）のさまざまな層を形成する．これが「死」という領域である．

人称がつく死ぬことのうち，私（自己）の死ぬことだけは，その実体験は原理的に不可能である．一人称の死ぬことは，なんらかの仕方で構築されたものであり，またその構築物のなかでの自己の様態に関する予期にほかならない．自己の死ぬことについての考察が何にもまして難しく，またそれゆえに特権性をもつのは，ひとえにこの当たり前の事実のせいである．その考察とは，したがって，この構築がどのようになされているかを探ることになるが，そのためには人類学というよりも心理学的に響く用語を使うことにもなる．考察としての重要性は人間が生きていくうえでの重要性ではもちろんない（人の死ぬことへの思想的洞察としてはN. エリアス［1990］が透徹している）．これから語ってゆく内容は，むしろ後者の重要度を下げるようにみえるかもしれない．だがこの迂回によってこそ，一人称の死ぬことの内包する意味が，人類史全体を視野に入れる議論のなかでより鮮明なかたちで照射されるはずである．

1970年代の前半，アメリカの精神分析家で人類学も修めたE・ベッカーは，今日に至るまでの人間の死と死ぬことの理論的研究に決定的な影響を及ぼすことになる『死の拒絶』（1989［原著1973］）を著した．中心的な命題は，死——彼はこの一言で死ぬことも含めているので，ここではそれに従う——の「恐怖」をさまざまなかたちで克服し，死を拒絶，否認することが人間の社会的・文化的営為の核にある，ということである．彼はこうした営為の代表を，虚構としてであれ自己の永続性を求めるヒロイズムのなかにみる．これについては後でもう一度立ち帰るが，確認点は，ベッカーのいう「死の恐怖」は一人称の死ぬことに関わるということである．彼は，自己の死ぬことと，他者とりわけ汝（二人称）の死ぬことを弁別し，そのどちらを人間の根源的実存の問題にするかによって，精神分析の潮流を，他者の死ぬことを問題とする「健やかな心」派と，彼自身が与する一人称の死ぬことを問題とする「病んだ心」派とに分ける．だが人間の文化的営為は，彼の言うように，ヒロイズムによって克服されるべき一人称の死ぬことを淵源とするものなのか．問いたいのはこのことである．

ベッカーの議論は今日では「恐怖管理理論」（TMT: Terror Management Theory）の名

の下にアメリカの社会心理学の一潮流として蘇っている．装いは新ただが，その内容の軸はベッカー流そのものである（Sheldon et al. 2015）．要は，人間の社会と文化は，生物的な意味での自己保存の本能を基礎とし，自己を破壊するさまざまな契機を乗りこえるための諸装置を作り出すものとして機能するものであり，さらに突き詰めれば，社会と文化はこうした死（死ぬこと）の超克機構そのものだということにある．私としても，文化が直接には死の文化領域をとおして，また間接には他のさまざまな分野における装置をとおして，死ぬことへの対応であることは否定しない．むしろ旧著ではこのことを強く主張してもいたのだが，対応すべき死ぬこととははたして一人称か，あるいは他の人称なのか，すべての人称を含むものなのか（恐怖というよりも，希望と可能性をなくすものとしての死というT・Nagel［1979］の発想は極度に現代的な自我観に基づくものである）．

　一人称の死ぬことも「二次的な」死ぬことであることを前提とし，それが否認の対象として本源的であるならば，その論理が依拠できるのはTMTの主張するように生物的な自己保存本能のみである．だが本能としての自己保存はおよそ人類限定的なものではない．議論を後戻りさせることになるが，やはり必要なのは一人称の死ぬことが二次的に構築される過程そのものを探ることなのである．そしてその出発点は，死ぬことの経験だけに関していえば，他者の死ぬことに求めざるをえない．我われの見る他者の死ぬことへの直接的な反応は幅広い範囲を覆っている．この直接性が死ぬことにまつわる具体的な「生態」を形づくっているわけだが，個別の反応を相互に関連づけてまとめると以下のようになる．まずは厳密に物質的，身体的な側面での反応からみていく．

　この側面での死ぬことは単純に言えば身体の劇的な変化であり，生体から死体への一定の時間経過のなかで生起する．変化が進む局面と最後の局面としての死体の存在の両方を知覚的に経験しつつ反応する個体として，人間も動物も同じように観察対象となりうる．かつて「死の人類学はありうるが，死の霊長類学はありえない」（内堀・山下 1986/2006）と断言したことがあるが——その見解は今でも変わっていない——，この局面での「死ぬことの霊長類学」は当然成り立ちうる．大型類人猿と人類は，おそらくは他のある種の動物とともに，この局面でいくつかの反応を共有するとすらいえるかもしれない．そうだとすれば，この点は人間の死ぬことの最深の岩盤をなすものである．人間に特異な死ぬこと（というよりも死）の重みを量るための天秤の支点は確かにここにある．

この方面での研究は最近盛んになってきている．たとえば文化人類学者が書いた『死を悼む動物たち』（キング 2014）では，それまで立っていた隣の個体が急に倒れて動かなくなったとき（激変），あるいは動かず息をしなくなった身体がそこに横たわっているとき（停止体）など，異変を示す身体への反応が数多くあげられている．チンパンジーであれば，死体に触ることが稀なこと，パントフートをあげることがあること，また幼児の死体の場合，母親が長きにわたって抱き続けることがあることなどが報告されている．だがこれまでのところ，死体に対して他の異変あるいは異常時と決定的に異なる態度をとったと断言できる事例はない．死ぬことにまつわる報告の多いゾウの場合には，仲間あるいは近親のゾウの死体に対して，生体に対するのとは異なる特別の関心を示すことが明らかな観察結果がある．ややくどい言い方になるが，ゾウは死んだ個体が生きていたときの記憶とそこに今ある死体とを結びつけるということである．私を含め読者はこうした事例から，相矛盾するイメージを描くことになる．それは，そこにある死体が死んだ特定の個体であることをどこまで認識しているのかという問いに帰することなのだが，チンパンジーとゾウのあいだの差異はどう考えるべきなのか．

　観察例の少なさ，という指摘もある（Anderson 2011; Petit and Anderson 2020）．だが，より本質的には人類以外の霊長類の，死体に対する不思議なほどの──と言っても相対的なものだが──無関心，あるいはより正確には死体であることに対する無関心，無配慮ではないか．霊長類の多くは群居的な動物だが，そのことと死体への無関心（のように見えること）とのあいだにある距離の意味を考える必要がある．確定的なことは言えないが，ここには群居的とはいっても，個体と個体を結ぶ社会性のあり方に有意な違いがあることを示唆している．もちろん死体への無関心（と見えること）は，死体への関心の一つとしての死体の忌避と矛盾はしない．もしTMTの前提とする「死の恐怖」が外在的に死体への恐怖として現われるとすれば，その忌避反応は個体認知に基づく生活をする動物に共通する基底的行動であろうし，その場合，死体への特別な関心こそが説明を要するものとなる．

　こうした関心が観察されることをもって，動物もまた「死を悼む」という言表がなされることがある．先の著作もその典型（原題は How Animals Grieve）なのだが，ほんらい「悼む（悲しむ）」という心理状態とその身体的発現は，死体を前にした上述の反応とは実態として部分的には重複しながらも，論理的には異なる範疇に属する事象である．死体やその一部である骨や牙への関心とみえる反応が，悲嘆あるいは

第 III 部
混沌を生きる

別の動機によるものなのか，懐疑的になることは十分にできる．逆にある個体が仲間の死体に無関心にみえても，その死体も消え去った後に，その喪失に悲嘆を感じていないと断言することもできないのである．確定的に言えない以上，ここで心すべきは，悲嘆と行動（態度）を安易に結びつけて語ることを控えることであろう（人間についても同じようなことが言えるが，その理由は異なる）．

　遠回りしてしまったのかもしれない．実際のところ，死体という実体だけを鍵にするかぎり，人間以外の動物の反応の観察からはその感情の機微はわかりにくい．霊長類が社会的情動をとりわけ顔の表情によってコミュニケーションをとっていることはよく知られた事実であり，またマントヒヒのメスの例では，近親者の死んだことが心理的ストレスをもたらすこともホルモン研究から明らかになっている（Platt et al. 2015）．この場合でも親しい他個体の死ぬことによる心理的変化はより持続的なものであり，死体という物理的な実在よりも，かつてあったものの喪失に関わる非在を認知することに関わっている．そしておそらく，ここから進んで，非在のなかに死ぬことを読み込むこと——つまり過去の死ぬことの結果として今の非在があると認識すること——が，死（という領域）が成立する最初の契機となるのである．

3　「死者」の誕生

　死ぬことだけに関して言えば，二人称のそれと三人称のそれとのあいだには，存在論的に本質的な違いはない．そもそも二人称と三人称の違い自体が，その時々で自己とのやりとりの場にいるかどうか，またどのような形で話題の対象になるのかという状況依存的な事柄だからである．死ぬことの結果としての非在の様相もまた同様に状況依存的に人称が変化しうる．この人称変化は連続的であり，親密な「あなた」からかろうじて識別しうる「だれそれ」に至るまで，幾多の他者の非在がある．そのまた遠い極には個体として識別できない多数の——それこそ「統計上の」——他者がありうるし，場合によってはこうした無名の他者もある種の非在の「あるもの」という様態をとりうることになる．これらすべてを含めて，死ぬことによる非在を認知された人間が「死者」である（以降「死者」も鍵括弧をとる）．

　これによって前節最後で述べた命題を一歩すすめる．物理的には実在しない死者がなんらかのしかたで「ある」ことが死の領域の成立だということである．「ない」

ものを「ある」という以上，この「ある」は会話のなかで言及される対象（客体）として，認識のなかで記憶として，想像のなかでイメージとして「ある」こと，あるいは何かの信念体系のなかで別の実体として「ある」とされていることまでを含む，存在論的には多様な様相の「ある」である．この意味で死者は非在から多様な存在様態をとるなにものかへと転換されている．

　この転換を可能にする基盤は，個体にとって近いか遠いかは別にして二―三人称の他者の死ぬことについての一次的体験の記憶である．この特定の記憶をその個体にとっての認識世界のなかに位置づけるのが，二次的なものとしての他個体からの伝承ないし学習である．伝承（学習）のおそらく大部分は時に伝統と呼ばれ，文化と呼ばれたりする個別の人間集団が共有する生活習俗と生活知識の集積体に由来する．特定の死んだ他者ではなく死者一般という存在は，これによって一次的経験なしでも疑うことなく受け入れられることになる．ここで言いたいのは，個体が過去のある時に死んだ他者を死者という範疇の存在者であると認知するのは，その個体の記憶と伝承集積体の結合によるということである．個体の記憶と文化的範疇の結合は，すべての存在物の同定についていえることだから，このことは当たり前のことを死者に当てはめただけにすぎないが，あえてここで確認しておくのは，これから語ることが記憶の質と文化的範疇の存在論とに二面的に関わるからである．

　死者とは非在の原因を死ぬ（死んだ）ことに求められる人のことだが，ここから発して議論は，死んだことの記憶のありように踏み込む．死んだ他者を覚えていて，同時にその人がもはや物理的な世界にいないことを認識することの核心には，過去からの不可逆的な持続と断絶に関わる時間感覚があり，そうした感覚に伸縮の変化を与える人間関係の親密性に関わる記憶の濃淡がある．ここでの時間感覚というのは，死んだ後に過ぎた時間が長く感じられるか短く感じられるかということとは別問題である．あくまでも記憶の持続に関わる感覚であり，またその記憶は死ぬこと以前の時間に関わる記憶であって，記憶の再生の記憶を除けば――これ自体は重要なのだが――ふつうは死んだ後の記憶ではない．深い反省的思考なしに生活しているかぎり，遠い他者が死んだこととそれ以前の存在の記憶の持続は短く薄い．近い死者の場合には長く濃い．生きている時に二人称で呼びあった他者であれば，特殊な抑圧がないかぎりなおのことである．これが，二次的死ぬことの一次体験のみに基づく死者の記憶のありようである．

　こうした一次体験に基づく死者の記憶とは異なり，歴史的過去――十分に遠い過

去であり，かつその知識がある程度一定の集団で共有されている——に存在した人物を死者とするのは，上の観点からは，拡張された観念である（たとえば内田［2004/2011］が言う歴史上の先行者という時代を超えた「死者」）．その死ぬことについての臨場性がそこでは欠如しているからだが，この点では歴史上の人物はフィクションの登場人物に近い．であれば，ほぼ同じことが民俗的な概念である「先祖（祖先）」についてもいえる．これらの存在の意味内容については後段でふたたび論ずることにして，ここでは形式的な議論にとどまろう．臨場性の欠如という点からいえば，距離的にも社会的にも遠い場所に今現在生きている他者についても同様である．往古であればうわさ（伝聞），今日であればさまざまなメディアに乗ったニュース（報道）によってのみ知られるような他者とはどのような存在なのか．こうした他者についても人は語り，その存在を疑うことにあまり関心を払わない．存在を固く信じているというのとも違う．存在していることにして，特に軋轢を生じることなく，ふだんの生活を続けられるというだけのことである．歴史的な過去に生きていた他者，あるいは系譜上の先祖として過去に位置づけられた他者とは，論理を逆にたどって繰り返せば，存在論的にはこうした空間的に離れた他者と同じ所に位置する．異なるのは，経験できない時間の距離が設定され，経験されていない死ぬことがそこに観念として挿入されていることである．前節で言った非在のなかに死ぬことを読み取るということはこのことにほかならない．

　これまで単に記憶という語で語ってきた．だがそれはどのような記憶だろうか．その場の事態に対する反応ということでは，二―三人称の死ぬこと自体にはそれほど長く保存される記憶は不要であろう．驚きと嘆き，あるいは忌避といった臨場の反応そのものはほんらい長期の記憶によって喚起されたり保持されたりするものではない．しかし，死者の非在性とそれがある種の存在に転換することについては，長期にわたって保持され，しかもその喚起にあたっては多くの出来事が一連の時間的連鎖として表出されるような記憶が必要である．社会心理学で陳述的記憶とされるもののうち，出来事に関わるエピソード的記憶（episodic memory），あるいはその下位範疇で自己のエピソード的想起に関わる自伝的記憶（autobiographical memory）と呼ばれるものがそれに当たる（佐藤ほか 2004）．

　生活史における時間の体制化に関わるこうした記憶のなかで，死ぬことの直接的・間接的経験，および伝承の受容という社会的学習によって，死ぬことをへて今は非在である人間の概念化が形成される．ここではそれを死者と呼んだが，呼び方は「死

んだ人」でも「亡くなった人」でも「故人」でも，なんでもよい．概念化は言語化と同時であるとはかぎらない．要は，そうした概念（らしきもの）で指示される個別の対象とその集合としての範疇が生成するということである．死者なるものはこうして個人のレベルにおける意味体系のなかで記憶される．あえて心理学の用語を使えば，意味記憶（semantic memory）として確固とした位置づけをもつものとなる．

　個人レベルの記憶において死者がこのように定立されるということは，別の見方をすれば，人類に普遍的な属性としてこの定立が意味をもつということである．死ぬことの定義内容は個別の文化集団によって多少の変異幅はあるとしても，生きていることと死ぬこととの境界設定と，死者——故人という語のほうが適切かもしれない——という観念をもつこと自体は普遍なものとなる．そしてこれこそが「死の領域」が成り立つための論理的初源であり，またかなりの蓋然性をもってその進化的初源でもある（これについては内堀［2013］を参照）．

4　　自己の死の生成と不死

　上述した意味での個体レベルでの死ぬことの記憶と死者の誕生は，死の領域全体の入口にすぎない．むしろ前者は後者の成立のための前提的な必要条件だといったほうが良い．「死の意識」が人類と他の生物を分ける閾だという命題は，言い方としても内実としても曖昧な常套句であり，それを実証することは難しい（E・モラン［1973］はこの常套句に依拠する代表的著作である）．だが，死の意識なるものの初源が今述べたことを指すとすれば，何が人類に特殊であるか，より正確には，人間的であるとはどういうことかについて，いくぶん分析的な用語で語れることになる．

　死者は本来的に二―三人称的な存在として立ち上がってきた非在の存在である．人間的な死の領域で占める意味合いもこうした死者に関わるところが大きい．死体の処理から服喪の規制に至る葬制の習俗，霊魂観から他界観などを含む死者の存在論——死者がどのように存在するか——に関わる終末論といった，個別人間集団が共有する実践と観念の軸心も基本的にはここにある．死の領域の広大さの理由もまずはそれである．死者の本源的な他者性はどこまでも強調されなければならない．

　だが，人間の死はそこにとどまらない．死の意識という言葉で意味される事柄の中心に「自己の死ぬこと」が立ち現れるからである．これが歴史的・社会的に構

築されたものであることはすでに述べた．立論の筋道から言えば，これは死ぬこと
の経験が自己の未来に予期として投影されるということである．自己の死ぬことは
他者のそれからの帰納であり，かつ死の領域からの演繹である．他者の死ぬことと
異なり，自己の死ぬことは原理的に死の全領域のさまざまな構成要素からなる複合
事象であり，そのために「自己の死」という語句を誤解の余地なく使うことができ
ることになる．あるいはこれを逆に見て，自己の死の出現によって初めて，死の領
域が完全に人間的なものとして成立するのだといってもよい．これによって個体の
レベルでは，死ぬことの意義が二―三人称のそれから一人称のそれへと転換するこ
とが蓋然性としても能力としても可能になる．

　自己の死は形而上学の永遠の主題のようにみえる．一人称から二―三人称の死ぬ
ことのすべてを掬いとることを本分とする宗教についても，それが歴史的で啓示の
由来を主張する性格のものであればあるほど，自己の死とその救済が訴求力をもっ
て前面に打ち出される．どちらかというと他者，とりわけ二人称の死（ぬこと）を中
心に扱ってきた心理学や社会学でも，問題としての自己の死は自殺という形でつね
に潜流していたし，今日ではより日常的な生活意識と結びついたものとしても頻繁
に取り上げられつつある（近現代における自己の死の成立については，中筋［2006］など
が参考になる）．一方，人類学では，理想的には存在論的な――コスモロジカルな，と
言ってもよい――方向，つまり形而上学と社会学の双方に関わる死の全体論的な視
野を目指していたといえるが，不思議なことにそこでは自己の死はかなり遠くに追
いやられていたようにみえる．この事実は意味のないことではない．民族誌の対象
となってきた人間社会の大方が一人称の死をそれとして主題化することなく，二―
三人称の死ぬことのなかに溶解させているからである．このことを読み解くかぎり，
真剣な問題としての自己の死は歴史的な生成であり，けっして人間の「自然」では
ない．

　自己の死は現在から未来へと向かう時間軸に沿って予期される．二―三人称の死
ぬことが過去の記憶であるのと対照的ではあるが，二人称・三人称の他者の死ぬこ
とも予期のなかでは体験としての死ぬことではなく，死の領域のなかで立ち上がっ
てくる死性をおびるという点で，自己の死と同じ存在論的属性をもつ．つまり予期
としての死は人称性による差異を弱めるか，無化しさえする．死ぬことを含みこん
だ死なるものが普遍化され，未来のなかで不可避とされるのはこのことの帰結であ
る．

普遍性や不可避性という想念はいかにも確固とした現実に基づくようにみえる．だが死に関していえば，この想念は対象が無限定であることや，それゆえに空虚であることを含意することになる．内実のなさと言い換えても良い．人間あるいは人格の「死後」の存在形態にしても，そうしたものの存在のあり処にしても，どのようにでもイメージできるのはそのためだし，そこから死の領域にはさまざまな倫理要素を注ぎ込むこともできるのである．死——正確に言えば多くは「死後」なのだが——についての民族誌的研究が示してきた際限のない変異幅を考えれば，このことは誰しも納得することだろう．こうした事柄のあれこれの細部にここで触れることはしない（大林［1965/1997］の簡にして要を得た民族学的事例と解説を参照）．それにかえて，自己の死との関わりとして死の領域のなかで際立った意義をもつ「不死」の観念を掘り下げていこう．

　不死の観念は死の領域の完成を画すものであり，そうした完成態においては死ぬことと不死は解きがたく結びついた一体のセットとして現われる．ここであらためて確認する必要があるのは，不死の希求は原理的に自己の死に関わるものであって，他者の死に関わるものではないということだ．ときにはたとえば愛着の対象や崇敬の対象に不死を願うことがあるかもしれない．だがこの不死はそれを願うものが死ぬことの手前にいる以上，どのような意味でも永遠の不死ではなく，厳密にはせいぜいある種の「延長」でしかありえない．たとえこの延長の観念がきわめて重要で，またそれが生みだす多岐なイメージ——霊魂，あの世，転生などなど——がどれほど豊かなものだとしてもである．

　ベッカーが自己の死を「拒絶（否定）」の営為という観点から語ったとき，その力動の根源を不死への欲望に探ったのは，あくまでも彼の目が「歴史社会」における個人に向いていたからである．歴史社会とは，ここでは人類が遊動的な狩猟採集活動から転じて定住化して以降の社会のあり方を指す．必ずしも農耕・牧畜への転換と一致しているわけではないが，定住化は人類社会の構成関係に決定的な変化をもたらした．西田正規はこれを「定住革命」と呼んだが，それが生んだものは人口の集中，交易網の拡大，富の格差，祭祀構造物の建設，そして後には一定の権力をもつ支配者（支配層）の形成などがあげられる（西田 2007; Scott 2017）．個々の人間のあり方に生じた根本的な変化は，それぞれが社会内の地位（位置取り）の差異によって修飾されるようになり，自我の意識がその差異に基づくようにして肥大化したことである．他者に対して物質的・社会的に優越した位置にあること，その結果として

図8-1　発掘途中の始皇帝陵兵馬俑1号俑抗（岳南著『秦・始皇帝陵の謎』28頁より）

より有利な生活を営めることが，「際立った自我」，英雄化した自我を作り上げるのである．

　こうして歴史社会に現出した不死への欲望は，TMTが前提とする「生命・生存を脅かす恐怖」の一般性，非歴史性と同じ地平で展開する事象ではない．今日の市民社会のなかでも個々人レベルでの自己の「死の恐怖（不安）」が語られることがある．死んだ後に残される他者との関係に関わるならば，それは自己の死ぬことの予期に仮託した社会的インタラクションにほかならず，死の恐怖（不安）の語はそれには不適切である．そこに介在する死者としての自己のおぼろげな存在自体は考察に値する現象であるにしてもである．一方，一部の現代人に見られる真正の死の恐怖と漠とした不安——この二つはほんらい別ものだが——は，病理の面からみるのでないかぎり，近現代の歴史における自我の「小英雄」的肥大の帰結の顕在化であるといってよい．

　大小の英雄的自我がはらむ不死欲望とその具体的現われとして解釈される現象の変異は，現代を含む歴史社会で幅広い範囲に及ぶ．自我の卓越とその永続性の追求のためには，日常的実践と対置される特異な営為のあらゆるものがその候補になりうるからである．これらの変異はかならずしも連続的スペクトラムをなすものでは

図8-2 永遠の生命を求めてさまようギルガメシュ（祭儀用壺装飾）．ギルガメシュはメソポタミア・ウルクの神話的な王（矢島文夫『ギルガメシュ』22頁より）

なく，整合性のあるタイポロジーにも当てはめにくい．だが，そこに欲望の強度のある程度段階的な差異をみることは可能である．富（財貨）の集中が可能になった定住社会においては，富者や首長は自己英雄化の可視化として，生前あるいは死後の予定として巨石や巨柱の建立（多くは大宴会と祭りをともなう）事業に人びとを動員した（典型例は北西部アメリカ先住民におけるポトラッチとトーテムポール［Kan 1989］）．

歴史的範例として最強度のものは秦始皇帝の遺した物理的構築物と彼の不老不死追求にまつわる伝説であり，また最古の人物像は叙事詩に語られた永遠の名声と身体的な不死を求めて惑うギルガメシュ王であろう（図8-1〜2）[2]．いずれも長期の人類史のなかでは王権の誕生期（ギルガメシュ）ないし確立期（始皇帝）に生まれた（とされる）画期的な人物であることは，死の拒絶としての現実的な不死欲望の発生基盤をはっきりと物語っている．定住革命から王権の発生までの時間は短くはないが，ここに至ってようやく名声と権力という社会的構成関係，そして死の拒絶による自我の永遠化という企図が強固に結びつくことになる．歴史上の英雄たちの遺すさまざまのモニュメント，それに刻印された征服や統治といった世俗的とされる業績なども，より隠されたかたちでの永遠化＝不死欲望のしるしだと言ってよい（図8-3）．

王侯ならぬ民衆のあいだで，また現代社会の市民のあいだで現れる事例は，これに比べてはるかにつかみにくく，解釈にゆだねられるところが大きくなる．そこでは芸術家や学者の営為も未来に残る名声をとおしての自我の永遠化とみなすことが

---

(2)　始皇帝陵の発掘については岳（1994），ギルガメシュ王の神話的叙事詩とその意味については矢島（1998）を参照．

可能である．伝記の書き方も多くはそのようなものになろう．かりにこの解釈が妥当性をもつときに問われるべきなのは，これを可能とした自我的個人の心理的根拠である．いったい芸術家（あるいは学者）と過去の征服王は同じ死の恐怖にさらされているのか．

実のところ文化的な創造の営為と支配あるいは統治的営為という二つの生の分野に通底するものを見出すのは，そう難しいことではない．ともに自我の極度な能動性によって駆動される領域であり，そこでは個人の卓越を目指すことは有意味であり，ときには目的にもなるからである．その点では生の積極性そのものが死の否定となりうる．名声とか概念化された自我の永遠

図8-3　ボルネオ島西部に住むイバン人のあいだでは，ふつう遺体は土葬される．だが英雄的な戦士やリーダーなどの遺体は，まれに台上に留め置かれる．こうした死者は「カミになった」とも言われる．この写真の場合，肉体の残滓を闘鶏についばませて，その勇猛さを獲得させたりもしていた（1976年，筆者撮影）

性などをそこに介在させるのは一種の冗長ではあるが，アイロニカルな言い方をすれば，実は死の領域はこうした冗長（過剰）によって豊饒な内実を成り立たせているのだ．それが「空虚」であることの逆説的な一面である．精神分析家たるベッカーがこの面に執着しているのは無理もない．

だが，今日の地球上の人類のほとんどはこのような生と不死の劇的プロットのなかで生活しているのではない．市民社会における個人の自我の肥大化によって，自我の消滅への不安は確かに強まっているだろう．この不安への対処のしかたをベッカー風に解釈し，不死欲望の弱い度合いとみなすこともできないではない．しかし，不安はけっして対象の明確な強度の恐怖などではない．たいていの人は自分の死ぬ

ことが明白な切迫とならないかぎり，恐怖心を抱くようなことはない．そこで，ベッカーとは違った方向でこの漠とした不安への対処について考えてみよう．

そのためにふたたび死者なるものに立ちもどる．結論からいえば，自己の死（ぬこと）ののちに，生き残った人の記憶のなかに死者として「存在」することの予期だけで，不安に対処するには十分なのである．既に述べたように，この記憶のなかの存在は永遠ではなく延長にすぎないが，ほんらい二―三人称の「存在者」である死者たちの共同性を自己もまた帯びうるという，未来の可能性を根拠としてこの対処はなされる．一人称，二人称，三人称からなる生きる人の世界と同型のものがそこに予期されるからである．いうまでもなくここでいう共同性は，生きる人の世界にあるものと同様の実在を前提にしてはいないし，それどころか想像上の世界，つまり「あの世」であることも内包しない．未来の死者である私と生き残っているあなた（と彼ら）が，後者の記憶とそれに基づく思念のなかで交信すると，いま生きている私がおぼろげに予期するだけがその内実である．そのことから導かれる系として，死者と死者との交信さえもが，かすかな期待感とともに自分に対して，あるいはときには他者に対して語られることにもなる．

こうしたいわば緩い対処のあり方は，世俗化された社会に生きる人間にふさわしい．死後に関するさまざまな想像とその表象なしに成立しうるものだからである．とはいえ，おそらくこれは多くの民俗社会の習俗の奥底にもひそむものである．死後の審判や極楽と地獄という強烈な道徳的コントラストをともなうイメージが強迫観念として支配的な社会においてさえ，愛着対象者とのあの世か来世での再会といったより穏便な期待は人びとの心のなかに底流していただろう．こうした期待は不死や永遠性の希求ではなく，記憶の延長の想像に基づくものである（今日の自然葬・散骨葬もこの想念との関係で生成する習俗である [金 2019]．葬送儀礼の意義については [内堀1996] を参照．また平安期の俗信に見られる，亡き女性があの世への川渡りをする際に生前初めて交わった男に背負われてゆくという想念もしかりである [服藤 1995]）．

死後のあり方として生成された死の領域はいくつかの方向に広がっている．それは，この世での物質的・社会的生活の穏やかな延長，名声と社会的記憶の存続願望，さらには極度な不死欲望によって衝き動かされた文化的達成，善悪の道徳の審判をともなう介入など，ときには互いに相克し，ときには共振しあう想像と理念の領域である．その空虚で豊饒な領域での存在の単位は一貫して，能動的な主体としても受動的な客体としても死ぬことを不可避の契機とする，あくまでも個別にとどまる

単複の個体であった．だがここで，こうした個体のレベルから離れて，死ぬことを必然的な前提としない存在のレベルに移行しよう．この移行によって，個体の死ぬことの位置づけがより鮮明になるはずである．

5　　個体の向こうと手前

　死ぬことはとりあえず個体の属性である．だが個体とは何か．抽象一般レベルでは個体性はもちろん自明からはほど遠い．具体レベルにおいても，社会文化人類学では，分けられない（individual）個体ではなく，分けられるもの（dividual）としての個体という見方は今や常識になっている．個体，というか「個人」という西洋近代において歴史的に形成された観念について，民族誌から得られる人間観の多様な変異によってその相対性と特異性があばかれたともいえる．それにかぎらず，人間の認識機能における個体＝個人の優位性の解体は，心理学では「エゴ・トンネル」（メッツィンガー 2015）といった視点によって，また生物学の分野においてすら「生命共生体」という視点の人間への拡大によって（Margulis and Fester 1991），滔々とした勢いですすみつつある．そうした意味では議論を個体に限定して死ぬことを語るのは旧弊の責をまぬかれない．では個体を超えたところ，あるいは逆に個体の手前においては，死ぬことは概念としてどのように作用するのか．というよりも，個体レベルにおいて成立したこの現象と概念が別のレベルでどのように意味をもちうるのか．
　個体を超えたものは生態学的にはなんらかの個体集団か概念範疇であり，小さいものはたとえば共住の小集団（家族やバンドなど），大きいものは種としてのヒト，最大のものとしては生命体の全体である．個体を超えた存在で，死（死ぬことではなく）を領域としてもつ認識や動機の共同体というべきものも，最大のものを除けばおおよそそれと一致する．一方，個体の手前の生物学的存在は，遺伝子，細胞，身体の各部分，および体内で個体と共生する微生物などであり，それぞれに段階的な層をなして統合されている．同様に個体の認識を構成する要素的な存在は記憶と情報の小さな単位であり，これがおそらく何段階もの層にかけてまとまりを作っていく．
　上にあげたすべてのレベルあるいは要素について，個体の死ぬことに類似の現象がみられることは確かであり，しばしば死ぬこととの類比で語られる．家族や群れ，

「法人」，国家にいたるまで社会的に存在したもの，種，属，その上位分類群にしても，すべてはいつか消滅する．これら上位存在者にとっての消滅は，個体にとっての死ぬことと論理的にほぼ同値である．だが，個体にとっては上位存在者の消滅は自分の死ぬことと同値ではありえない．それが類比であるということを別にしても，消滅の可能性はスケールの極度の落差によって現実には見えなくなってしまうのである．尺度のバイアスが働くわけだが，これにより上位存在者はあたかも永遠のもの，死すべきものとの対照でいえば不死のもののように扱われる．

　個体を下位から構成する存在者は上位存在者とくらべてはるかに実在的なものであるから，同じような類比とバイアスの対象となるにしても，その内容と程度は本質的に異なる．個体は上位存在者を日常的にも意識しているが，下位存在者を意識することは学知的に反省する例外的な場合だけである．個々の下位存在者の生成と消滅は，それが構成する個体の生死と直結はしているが，それぞれが自律的な生の履歴をもつ度合いも大きい．ここで典型的に思い浮かべられるのは遺伝子であり，また文化伝承単位としてのミームである（ドーキンス 1980）．これらもいずれは「死ぬこと」になるにしても，それは個体が死ぬときとはもちろん一致しない．個体の生死の時間との対照でこれらもまたより永続的なもの，原理的には——外生的な事故がなければ——不死のものとなる．ここで留意することが2点ある．一つはこの下位存在者の永続性（不死性）は単に個体がそうみなすのではなく，実在的にそうだということであり，もう一つはこの永続は個体を超えて上位存在者の存在地平で保証されるということである．こうして個体をはさんで下位と上位の存在地平は連結する．これが意味するのは，個体の存在はその連結の一時的滞留点あるいは回路だということである．言い換えれば，個体が時限的であることによって，下位（極ミクロ）と上位（極マクロ）の永続性が具体のレベルで可視的になるのである．

6　　類の存続

　個体の属する上位存在者は個体の死ぬことを超えて存続する．この当たり前のことを言ったマルクスの言葉——「かくして死は個に対する類の冷酷な勝利であり，個と類の統一に矛盾するように見える．しかし，個は一つの類的存在であり，かかるものとして死をまぬがれえないのである」（マルクス 1964）——は，生命体としての

個体の限界と延長について哲学の用語法で的確に表現している[3].

　個体の死ぬことと類＝種の存続をいったん対比関係――あるいはもっと強く対立関係――におき，これを見かけ上のもの，あるいは限定的なものとしてより高次の論理段階で統合する．さらにはより一般的に，死ぬという契機だけでなく，生命個体の生死の全過程について類＝種のありようという文脈でみていく．この流れで，今日の生物哲学では，それを「性と死」――つまり生殖することと死ぬこと――という二項目によって語るのが常道である（ステレルニー・グリフィス 2009）．この二つは，一方は個体の外部への延長の可能性をひらくものとして，他方は個体の限界を時間的に区切るものとして，逆の方向を向いている．だが，前者では他の個体と交接する自己の個体としての同一性を，後者では死後の個体の物理的解体としての開放性を前提にすることによって，ともに個体存在が有限と無限とを同時に含みもつものであることを証している．この二つは相互間の時間的懸隔によって，生の経過に応じて同一性と開放性を入れ替える．

　こうした組み合わせからみると，生殖することと死ぬことは不可分のもののようにみえる．だが言うまでもなく，この不可分性は生殖が完遂され，そののちに個体が死んだときにだけ完成形として当てはまるものである．類全体なるものを外側から俯瞰的にみるのでないかぎり――マルクスはそうしているのだが――，個体にとってこの時間的懸隔と完成条件に関わる非対称のもつ意味合いはことのほか重いものとなる．個と類の統一はやはりここに大きな亀裂が生じているといわなければならない．以下に考えていくのは，この亀裂を前提にしたうえで，まずは，類＝種が存在――理念上の，または現実上の――として個体に働きかける機能――直接的な，あるいは理念という媒介をとおしての――であり，さらには問題の質は異なるが，類＝種の永続性といわれるものの程度についてである（以降，類は総括概念として，種は生物種の意味として区別して用いる）．

　上で理念と現実といったが，類は基本的には理念である．それが個体にとって現実のようにみえ，しかも現実としてふるまうことになる仕組みがある．それらの仕組みは，具体的な他個体との関係のあり方として作動する．多くの動物にみられる

（3）　ここで類と訳されたドイツ語のGattungは生物分類学では「属」を指すが，この文脈ではよりあいまいなカテゴリーであり，現今の議論の文脈におくならば「種」程度に理解しておいたほうが良さそうである．

利他的行動はそのようなものであって，この場合の類は直近的な近親（kin）の一定の範囲である．人間の場合にはこれに歴史的に構築されてきたいくつかの社会的制度と習俗・慣例が重層的に加わる．こうした歴史的構築物が類としての大小さまざまな集団と個体を結ぶ回路を提供する．日常と非日常を含む人間の生活のおおかたは，この回路に沿って集団内にある自己と集団から距離をおいたところにある自己とのあいだとの往復運動である．死ぬことを核心的な契機とする死の領域が展開するのも当然この回路上のことである．

　このことを具体的に実現しているのが，東アジアにおける宗教としての（道徳としてではなく）儒教である．加地伸行（1994/2011）は中国古代における儒教の本質をきわめて厳格な理念と形式をもった「祖先祭祀」であると規定する．あからさまに教義を言い立てない「沈黙の宗教」であるが，本質は祖先として定立される死者の「霊魂」とそれへの尊崇のための祭祀である．祭祀の執行者である当代の主は祀られた歴代の祖先を通じて過去と，そしてみずからの死ぬことと祀られることの予期をとおして未来との結節点に立つ．過去から未来への時間は永続を前提にしており，これによって儒教における個体は個体としての有限性を乗りこえる，と加地は説く．乗りこえた先にあるのは父系の親族集団（「家」）である．個体はこの集団の一員として個体なのだ．加地はここにある種の個の救いを見出してもいる．また，この古い中国のイデオロギーがR・ドーキンスの遺伝子の自己複製による永続という現代進化生物学の理論を時代的に先取りしたものだと力説する．氏にとっては，これもまた我われを個の救いの方向へと導くものとなるようである．

　マルクスから儒教さらには利己的遺伝子へと，思想と理論のあいだをさすらっていくと，確かにそこに論理の明白な同型性がみえる．だがその共通の出発点である個体に対置される類のカテゴリーは互いに異質である．それは儒教の場合には近親とみなされる親族の集合であったのに対し，マルクスの場合にはおそらく生物種なのだが，これを類比的に拡大解釈して民族や階級といった社会的な集団をイメージすることも可能である（Van den Berghe［1987］は自己の親族に対する諸関係をほぼ継ぎ目なく「民族集団」から「人種」にまで拡大したことで悪名高い）．そしてドーキンスの語る遺伝子の場合には，無限定複数の段階における大小さまざまな集合を経て，究極的には地球上の生命系全体にまで至る．この利己的遺伝子理論の文脈では個体そのものがある段階での集合なのだが，その場合でも世界のなかで生き，選択圧を受ける表現型としての個体の意義は変わることはない．

言うまでもなく，三つの論理展開のなかで，個体が確実に一定の意識をもってみずからの乗り越えを類のなかに追求しているのは儒教的祖先祭祀だけである．霊魂と死者を語る宗教ではあっても，祭祀の執行を通じて現実世界の行為がその世界観を推進する．それゆえに，ここからは意識ある個々人の行為に関わる規範と評価がうまれる．宗教が道徳化するといってもよい．このことと並行して個体を超える上位存在者が父系親族という具体性をもった集団から拡大し，たとえば漢族世界全体を覆うようになったとき，親族の系譜に刻まれている世代という時間の実在感覚は歴史の時間に転化する．漢文明が世界の古い諸文明のなかでもきわだって明晰な歴史意識を示していたこと，しかも歴史に対する個人の役割・責務といったものを強調する性格を帯びていたことはよく知られている（川勝 1986）．こうした歴史意識の生成は，祖先祭祀の文脈における個人の位置どりによるところが大きい．その極致では，歴史が具体的な人間の生と人間関係の外部に現実化し，その最終的な審判者にもなる．ここでは集合ならぬ歴史こそが永続する類になる．

　歴史を人間の意識的・無意識的行為を駆動力とする出来事の経緯であり，時間のなかでの累積だとすれば，進化の過程は，同じように時間のなかで起きるものだとしても，歴史ではない（進化生物学の一方の泰斗グールド［2000］は進化を歴史であると主張するが，彼の歴史とは時間の継続のなかでの生物種の変化を意味するにすぎない）．人間以外の生命体についてこのように言うのはトートロジーだが，人間にとってもその歴史と進化には本質的な相違——重複部分はあるにしても——がある．表現型としての人間個体のレベルでの「選択圧」が進化の駆動力ではあるとしても，それは個体の行為以前の生得的な差異を究極の基準とするはずだからである．これが意味するのは，歴史が人間の生の外部に現実化することと平行する形で進化も現実化することがあるとしても，その現実化は歴史とは異質なものであるということである．進化は歴史と異なり，そのものが実体として永続する類になることはない．進化はなんらかの表現型単位のなんらかの集合（個体群）を前提としているわけだから，そうした集合の属性こそが一定の時間尺のもとで永続する類として働く．集合の属性にその変化を通じて永続をもたらすのが遺伝子と表現型としての個体の相互作用である．人間個体は歴史意識あるいは歴史感覚のもとに生きることはありうるが，進化意識や進化感覚などというものは存立しえないのである．ここからは，したがって，人間の主観から離れた存在の地平にまで入っていくことになる．

7　類の亡失

　類の存続を個体の時間尺にてらして永続であるかのように語ってきたが，むろん事実としてそのようなことはありえない．いかなるレベルの類であっても，いずれは亡失することを避けられない．常識では類の亡失と個体の死には類比がある（オコーナー2018）が，あくまでも類比であって，直線で結べるような関係ではない．類の亡失がいかなる事態であるのか，人類の種およびそれより下位レベルの集合でこれを考えてみたい．レベルのとり方により進化か歴史のどちらかに関わるものとなる．

　かつて類（集合，集団）の亡失を概念的に二つに分けたことがある（内堀2020）．一つは「実在の亡失」であり，もう一つは「範疇の亡失」である．前者を絶滅，後者を消滅と呼び分けもした．人間にとって，この二類型に対応する現実は明らかにある．類に属するすべての個体が死に絶えたときは前者であり，個体は残るものの類の境界がぼやけ，さらには消失した場合は後者である．例えば，進化の物差しにおいては非鳥類型恐竜の属・種は実在の亡失（絶滅）をこうむったが，のちに鳥類へと進化することになる恐竜種は，それまでの種境界を規定する属性が別の属性に置き換えられたことで範疇的に亡失したことになる．人間に関わる歴史の物差しでは，規模の大小を問わなければ，飢餓や疾病による集団絶滅や全面的ジェノサイドによる絶滅もなかったとはいえないが，実在の亡失はむしろ少なく，滅亡と呼ばれてきたもののほとんどは範疇の消失によるものであろう．「無視するに足る」少数の個体は生き残り，あるいは最悪でもその遺伝的末裔が，他集団に由来する者との交配によるものであるにしても，後代に遺されるからである．

　ここで注意しておかなければならないが，実在の亡失と範疇の亡失とは存在論的には対等の関係にはない．範疇には実在に基づいてそれを構築する主体が介在するからである．より正確には，ここでの実在もより下位の層では構築されたものといえるが，だとすれば範疇は二重に構想されていることになる．中途半端な集合論の類比を使えば，実在の亡失は特定の集合の元がすべてなくなった結果として集合がなくなる事態であり，範疇の亡失は特定の集合の定義がなくなることである．範疇が構築されているとは，この集合の定義のことを指しているといってよい．

　集合論では個々の元の属性はそれが属す集合の定義による．だが歴史の尺度における人間の集合——範例的には「民族集団」——にあっては，元そのものが属性を

変えることがある．これによって別の集合に移動することもあり，複数の元が参集して新たな集合を作り上げることもある．形式的な集合を論じることが中途半端であることの所以だが，こうした事態が起きることが人間の集合において範疇が内部的に構築されうること，それゆえ当然，その亡失も内部的に構築されうることを如実に示すものである．

　目を自然種に転じると，集合（種）に属する元（個体）に所属の自由がない以上，自然種では亡失に関して錯綜は生じないはずである．だが，ほんとうにそう言い切ることができるのか．この問題は，種を設定する人間の認識作用，範疇化（分類）作用から完全に切り離せない．言い換えれば，種をいかなるものとみなし，どう定義するかに依存する．

　生物学的な種の定義については，専門家のあいだでもいくつかの異なる見方がある（河田 1989）．ここでは極論だけを抽象論レベルで取り上げてみる．三中信宏（2013）による解説に依拠して考えよう．一つの極にあるのがギゼリンの理論で，種はそもそも集合ではなく，実在とみなせる「個物」——individual，つまりここでの「個体」——である．個物（個体）として時間的に変化しうるもの，進化の単位となるものだとするのである．個体は種から切り離せない，あたかも生物個体の身体を構成する細胞のような部分である．こういってしまえば確かに，集合における元の所属移動に関係する錯綜は原理的に生じようがない．だがこれを認めるにはさらに深い問題，先に引用したマルクスの箴言的命題が含んでいる個体の死ぬことの意味に立ち戻らなければならない．マルクスのように言い切られて納得してしまうならそれでよい．だがこう考えると，そこにより根本的な問題が残る．というよりも，起きてくる．すなわち，いつかは起こる種の亡失とは何か．個体の死のようなものだといっても，それではふりだしに戻るだけである．

　種の亡失は究極的には無限定の数の個体の死ぬことを前提とする．さもなければ，無限定の数の個体がいっきょに種の境界を超えて別の種へと浸潤し，もとの種にとどまる個体がいなくなってしまうかだ．前者は種を「個物」と考えた場合にも成り立つが，後者は種を「集合」と考えた場合にのみ成り立つ．いずれの場合も，限定的な数の個体の死ぬことや種間の移動と比べて，相対的に長い時間の経過が必要とされるプロセスである．

　生物分類学の一般的見解では，種は分類の単位である以上，「集合」である．その点では，外側から観察したときの——つまり政治的活性状態のもとにない状況での

――「民族集団」に近い．しかし人間の集合とは異なり，自発的に集合の境界を超えることは，異種間の交配による境界のぼやけといった現象を除けば，素人の目にはやはり考えにくい．種の境界が実在に近いところにあるかぎり，種の亡失とはそこにいる個体のすべてが死に絶える，つまり子孫を残すことなく死ぬことにほかならない．こう考えれば，種は集合か「個物」かという問いは，二者択一の答えを要求する問題ではない．生物個体の身体的構成部分を有機共生体の一定程度の自律性をもつ成員としての元とみることが可能なように，逆に，種を「個物」とみて，その種に属する元である生物体個体を，その「種＝個物」の構成部分とみることも可能だからである．その構成部分が再生産なしに滅失するときに，「個物」としての種は亡失する．集合としてみるのと同じことである．議論の焦点によって適切なほうを話題語として選べばよいだけだということになろう．

　種が亡失する存在であるのは，それが集合のレベルであるにせよ「個物」のレベルであるにせよ，そのレベルにおいてのある存在者として定立されたものだからである．したがって種は，時間的に個体を凌駕して存続するが，あくまでも時間に限定された存在者である．そのありようは死ぬことになる個体と同型であり，けっして個体に対する冷酷な勝利者などではない（マルクスもそれだと確言しているわけではない）．にもかかわらず，種，あるいは類的なものを永久化しようとする欲求のくすぶりはどこか否定しがたいものがある．それでは，それはどのようなものか．

8　　保存される種

　「社会生物学」をその名の基に確立したE・O・ウィルソンは，最近の著作（2000）で人類を真社会性の動物であると言い放っている．しかも彼は人類が真社会性を獲得したのをかなり古い段階，チンパンジーの祖先との分岐年代に近い所においている．これは生物学の素人をもびっくりさせる異端説だが，ほんらいの真社会性動物であるアリの研究の権威ウィルソンはどういうつもりでこのようなことをいったのだろうか．

　その根拠は，ウィルソンによる真社会性の定義に照らせば，いちおうは推察できる．彼によれば，真社会性の動物とは「繁殖における分業」が成立している種のことである．アリのように繁殖が女王アリと雄アリによってのみ担われ，女王アリ以

外の雌アリがハタラキアリとして交尾（繁殖）に関与しないことをもってそういうのだが，同様のことが人類にも当てはまるということだろう．人類の場合，繁殖に関わらないのは雌ではなく，ある種の雄と考えるよりほかないのだが，ウィルソンはどういうわけかこれについて特定していない．繁殖に関われないハタラキ「男子」が人間社会にいると言いたいのなら，なかなかのブラックジョークであり，社会批判でもあるのだが．

　ウィルソンの考えを真に受けると，この問題は我々を人類の社会性のあり方についてもう一歩踏み込んだ議論に導く．主流の進化理論からすれば真社会性動物にのみ条件付きで適用されうる集団選択（群淘汰）の作用についてである．もし人間が真社会的な動物として行動し，自己の生存機会を犠牲にしてまで集団の利益，集団の存続，場合によってはその拡大に貢献することがあるとすれば，集団は選択の単位となる．そのような属性をもつ個体からなる集団が，集団間競争をへて種のなかに広まることになる．この場合，種は個体の直接の集合ではなく，このような集団の集合とみなされなければならないことに着目しよう．

　この発想には二つの類比への志向が透けてみえる．一つは先述したような集団を個体に比するものとして扱うという，それ自体は論理的な内容をもつ志向であり，もう一つは一般的な意味での人間の集団を戦争（暴力的抗争）単位としてみる，現実の人間社会，とりわけ国際社会に合致させるという志向である．前者は進化理論の脈絡で真否が問われるべき類比だが，後者はむしろ政治思想として語られるべき類比で，現実の政治のあり方を進化的に基礎づけようとする，人によっては「進化政治学」の名を使う分野での評価をまつものである．アイロニカルな言い方になるが，個々の人間の死ぬことと集団，さらには種の存続との価値観をともなった関係性を論じるには，後者の，学術的には二つのなかでより危うい類比のほうに向き合う必要がある（Van den Berghe前掲書などの問題でもある）．

　永遠でないものを永遠と見てしまう誤認，あるいはそれを永遠としたいという欲望は，本論の前半部においては基本的には自己の作り上げていくもの——そこには自我そのものも含まれる——についての誤認であり欲望であった．そのために自己を破壊することを要求するようなものではなかった．対照的に，残るべき単位として集団（集合）がその前面に出てくるような場合には，強弱さまざまな程度の個体の自己犠牲をともなう．集団選択の理論は，集団の外側からの観察がその価値（効果）を確認できるとする．だがそこには内側，つまり所属する個体の側から自己犠

性ないしその可能性を積極的に維持する動因もまた必要とされるはずである．こうした内側の維持メカニズムについては，歴史学をはじめとする人文学や政治学などの社会科学の領域で多くの事例と議論が蓄積されており，下手な理屈をつけ足すこともない．ここで語りたいのは誤認のもう一つの帰結，行き着く先のことである．

　誤認という言葉で言い表したように，我われが直面しているのは「集団選択」説の進化の理論における客観性というよりも，その思想的な意味である．考えたいのは，現代世界におけるより自明とされる事柄，多くの人がそこにいかなる偏向も疑義も認めないだろう課題の微妙な意義についてである．それは何かといえば，集団選択が究極的にたどり着く種なるものの維持と保存が内包する問題性のことである．

　まず確認しておくことは，集団選択がじっさいに作用するならば，それは第一にミクロなレベル，原理的には種内で働くということである．種間で働くマクロなレベルでの選択は，進化理論における選択とはほんらい異質のものである．種間の差異はさまざまの位相と度合いで見られるが，種が変化するのはミクロの変化の累積効果であり，種間の競争があるという場合，そうした累積効果間の環境適応度の差によって異なる結果が生じていることを意味する．種間の競争が種の変化，つまり種間の差異を直接生じさせるわけではない．種間関係の動きのなかでとりわけ顕著な意義をもつモメントは二つある．一つは種分化が起きようとするとき，もう一つは種間競争の結果としてある種が生存資源の獲得に失敗し，最終的に亡失するときである．端緒と終局という対極のあいだの期間は，空間的「棲み分け」となんらかのかたちでの「共生」によっていわば安定的な状態であり，そこでは種間の競争と集団選択のメカニズムとのあいだに連動関係はない．種分化の進行過程のさなかは種間の競争ではなく種内の競争であり，種の終局局面で起きることは，棲み分けや共生を維持可能にしていた生態系そのものが外生的に大小の破損を受けることである．生態系の破損には，そこで生きていた生き物たちのあいだの内生的な関係は関与しない．

　生態系——個別の生物群にとっては生存環境——の外生的破損が引きおこすことは，本質的にはミクロレベルからの変化の過程としての進化ではなくて，亡失のふるい分けのようなことである．選択ではあっても，廃棄することになる選択であり，まさしく「淘汰」の語感にふさわしい．こうした「理不尽」（吉川 2014）な不運たる淘汰による亡失（といってよいだろうか）を避けられた幸運な種が，破損を受けた新たな生態系のなかで，個体間と小さな遺伝集団間の資源利用競争をとおして新たな

進化過程に入っていくことになる．更新される段階での進化過程はここでの議論の対象ではない．考えるべきは生存環境の外生的破損と種の亡失の可能性，そしてそれを防ぐこと，つまり種の保存の意義についてである．

　一人称のそれであれ二―三人称のそれであれ，個体の死ぬことをなんらかの受けとめ装置をとおして甘受できるならば，種（類）の亡失についても同じような装置をもって受け入れることは難しいことではない．問題を錯綜させるのは，個体の死ぬことと種の亡失に対する人間の向かい合い方は逆方向を向いているにもかかわらず，あたかも同じ方向であるかのように錯覚するところにある．個体の死ぬことに対しては，喪失感をはじめとして情動面で受ける衝撃が大きく，これを広義での文化的な装置，知性的な補填で緩和しつつ受け入れていくことになる．種に対しては，その喪失は理性的，思想的な反省によって構築され，意識される．死の意義が死ぬことを核として広い領域に膨らみ拡散していくのに対し，種の亡失の意義は種の実体的外延を論じること自体がその核となり，そこから種のおかれた生態空間を考えて初めて，亡失が喪失としても感得されうるものとなっていく．単一種の亡失というよりも，多くの種の亡失の可能性が議論されるのはこのためである．

　こうして種の亡失は一方では個体の死ぬこととの類比で，他方では典型的には生物多様性保全の関連でその意義が探られることになる．どちらの脈絡でも，消えゆくものへの悲嘆を発することはできるが，それは個体・個物の喪失への胸をきざむような悲嘆というよりも，諦念を含んだ知的な嘆息に近い．そこに悲嘆から回復へという，個体の死ぬことにまつわる心の動的な過程を見ることはおそらくできない．種の亡失が意味ある事態となるのは，地球上の生命活動の全体を俯瞰的に――ということはその外側から――眺めやることのできる知性にとってのみであり，言い換えれば，こうした知性の獲得によって初めて，種の亡失を避け，その保存に向かう企図の意義をもつことができるのである．意義はそこに生まれる，ということである．

　死の領域が空虚であると何度か言ってきた．この空虚な領域のなかに不死の欲望とその虚構的な構築がある．比喩的に言って，この欲望のあり方とその実現企図が領域のどの部分――中央か周辺部か――にあるとみなすのかによって，この領域の全体の形姿が変わってくる．これと同様のことが種の亡失と保存，つまり種の永続への願望にも当てはまる．だがこの場合，空虚なのは亡失ではなくて保存のほうである．意義がそこにあるから語るというよりも，保存を語ること自体が意義を生み

だすのであって，そこにあるのは思念には満ちているものの，実体としては空虚な，いかようにでも形を作ることのできる領域である．その点では，これは死の領域とは反転的な相似関係にあるともいえる．死ぬことという現実に対して死の領域という虚構と現実の複合体が対置されるように，種の実在性に対して亡失の危機認識と保存への希求という知の構築が対置されているからである．

9　生まれること

　死ぬことの対極にある事象は生まれることである．だが，このことはいかなる疑問詞もつけずに断言してよいことだろうか．生と死のあいだの時間にある人間の暮らしを観察し，そこから弁別・確定された人間活動の内的な要素の記載と，それら要素間の関係，およびそれらと人間活動を取り巻く環境の諸要素との相互作用を分析するのが人類学の仕事であれば，この時間の連続体のほうが死ぬことよりも意義深い研究対象である．このことを十分に念頭においたうえで言うのだが，死ぬことが死の領域へと拡張されることによって，それは人びとの意識のなかで生（生活，生命）の時間，つまり生活史の総決算的な意味と機能を担いうることになる．これに対し，生まれることは死の領域に匹敵するような心理─社会─文化の複合を形成することはなく，これによって生活史の全体を示唆する指標を与えることはない．人口学的にも生まれることの意義はむしろ他動詞である「生むこと」にあり，それとして生活史の連続体の中央部に位置するというべきであろう．これを考えると，生まれることは死ぬことと均衡がとれるような対極ではない．

　それでも本論を結ぶにあたって，生まれることの意義について語っておきたい気持ちになる．それは，近年しばしば倫理学で話題となる「反出生主義」（anti-natalism）の思想を，死の領域の脈絡に置いて捉える必要を感じるからである．個体にとって死ぬことは必然だが，出生・誕生は必然ではない．一方，類については，類が類をなすかぎりその元（個体）の出生・再生産は必然だが，類そのものの亡失は内生的には必然といいきれない．この前提を基に，その主導的論客であるD・ベネター（Benatar 2006）によって「反出生主義」を読み解いてみよう．

　ベネターが言うように，その主張の核心はきわめて単純である．いわく，生きていくことは禍（harm）が多い，というよりも本質的に禍が楽を圧倒する．その意味

では，存在するようになること（coming to existence）自体が不運である．運悪く生まれてきてしまった以上はしかたないが，次の世代は作らないようにすべきである．それが子孫の禍を最小限にする最適行為である．生きていくことが苦であることは人間にとどまらず，すべての動物に当てはまるが，人間だけがこれを意志的に止めることができるのだから，と．

　こう要約するとどうも悪い冗談のように響く．だが実はこの議論の面白みは形式上の整合的な合理性と現実との壮大ともいえるミスマッチにあって，しかもそのために随所で哲学的に丹念な——プラグマティズム的な——論理によってその隙間を埋めようとするところにある．議論の出発点における軸となるのは禍（ないし害）と楽（ないし福）の比較における，本来的非在者——つまり生まれてこなかった者——の存在論的位置づけであり，また「生」（life）の質のあり方という脈絡におけるそれを「始める価値」と「続ける価値」の意味づけをめぐる論証である．これらの論点でのベネターの議論は本論で重ねてきた議論とつらなる．死ぬことは生を続けることの終止にちがいないからである[4]．もちろん，容易に予想できるように，ベネターの議論でも，いったん存在してしまった「生」を終えることは，それを続けるよりも常に良いということはない．

　反出生主義は，生まれることの禍を語ることによって，生むことの抑制を主張するものだから，個体の死ぬことよりも類（種）の存続にかかわる価値議論により深い関連性をもっている．本論で繰り返し述べたように，子どもを作ることによって永続する未来の生を展望することは，すべてではないが多くの民俗社会において，また多くの人びとにとって，個体の死ぬことに対して文化的に裁可された心理的補償機能を果たしうる．「向出生的」pronatalな志向は，遺伝子の複製という進化生物学的な繁殖主義理論とも相性の良い倫理的命題を引き出すことによって，科学的思考の価値が卓越した社会においてもますます強められるかもしれない．こうしたなかで反出生主義は反繁殖の旗振り役として，社会思想としての進化論および種（類）の永続や保存とは対立することになる（ベネターの進化理解はやや通俗的で，種の永続を断ち切ることによって進化のくびきから離脱する決意をもつことが「進歩」としての進化の証であるとすら言う）．

---

(4) ヨーロッパ語におけるこうした議論の常で，「生」が生命（いのち）と生活（くらし）の両方を連続的に指示しているところから無用な煩雑さを招いてもいるのだが．

ベネターの想い描く人類の種としての亡失は，次世代再生産を縮小することによって段階的に進む人口低減の果てにある．これによって苦を感じるのは亡失直前の世代のみであろうという．個体の安楽死にあたる類の無痛の亡失を考えているわけだ．これはきわめて理性的に判断され実行される類の亡失，個体の死ぬことを奨揚せずにすむたぐいの類の亡失である．もとより類の永続自体を善とすることに理性的根拠はないのだから，種としての人類の未来を考えるにあたり，これは確かに一つの選択肢になりうる．

　だが人類という種の存続を絶つことを自覚的に選択することは，みずからとみずからがその元である類が動物種であることを否定することにひとしい．その意味で，ここで読み取った反出生主義はプラグマティズムならではの究極の人間主義であり，冗談でないとすれば人間であることについてのヒュブリス（傲岸）の極致でもある．ベネター自身も弁論しているように反宗教的な立論ではない．だが明らかに反一神教的ではある．死の領域における究極の人間主義ともいえる儒教的存在論に対しては，その対極に立つともいえる．ではいったい，宗教ならぬ理性的反出生主義はどれほどの社会的影響力をもちうるものなのか．その遂行可能性はどこにあるか．みずからの類を内生的に亡失させるまでの主体的選択の能力が人類に内在すると信じることなどできるのか．卑怯だが，こう問いかけて本論を閉じることにする．

参考・参照文献

ウィルソン，エドワード・O（2020）『ヒトの社会の起源は動物たちが知っている――「利他心」の進化論』小林由香利訳，NHK出版．

内田樹（2004/2011）『他者と死者――ラカンによるレヴィナス』海鳥社／文藝春秋社．

内堀基光（1996）「死にゆくものへの儀礼」青木保ほか編『儀礼とパフォーマンス（岩波講座文化人類学9）』岩波書店，71-101頁．

内堀基光（2013）「死という制度――その初発をめぐって」河合香吏編『制度――人類社会の進化史的基盤』京都大学学術出版会，37-57頁．

内堀基光（2020）「極限としての亡失――絶滅と消滅」河合香吏編『極限――人類社会の進化史的基盤』京都大学学術出版会，387-406頁．

内堀基光・山下晋司（1986/2006）『死の人類学』弘文堂／講談社．

エリアス，ノルベルト（1990）『死にゆくものの孤独』中居実訳，法政大学出版局．

大林太良（1965/1997）『葬制の起源』角川書店／中央公論新社．

オコーナー，M・R（2018）『絶滅できない動物たち――自然と科学の間で繰り広げられる大いなるジ

第Ⅲ部
混沌を生きる

レンマ』大下英津子訳，ダイヤモンド社．

加地伸行（1994/2011）『沈黙の宗教——儒教』筑摩書房．

川勝義雄（1986）『中国人の歴史意識』平凡社．

岳南（1994）『秦・始皇帝陵の謎』朱建栄監訳，講談社．

河田雅圭（1989）『進化論の見方』紀伊國屋書店．

川村智映子・岡本祐子（2011）「ライフイメージが及ぼす死観への影響——円環と直線のイメージ画を用いて」『広島大学大学院心理臨床教育研究センター紀要』10：48-59.

金セッピョル（2019）『現代日本における自然葬の民族誌』刀水書房．

キング，バーバラ・J（2014）『死を悼む動物たち』秋山勝訳，草思社．

グールド，スティーブン・ジェイ（2000）『ワンダフル・ライフ——バージェス頁岩と生物進化の物語』渡辺政隆訳，早川書房．

佐藤浩一・槙洋一・下島裕美・堀内孝・越智啓太・太田信夫（2004）「自伝的記憶研究の理論と方法」日本認知学会テクニカルレポート（JCSS-TR）No. 51.

ステレルニー，キム・グリフィス，ポール（2009）『セックス・アンド・デス——生物学の哲学への招待』太田紘史ほか訳，春秋社．

ドーキンス，リチャード（1980）『生物＝生存機械論——利己主義と利他主義の生物学』日高敏隆訳，紀伊國屋書店．

中筋由紀子（2006）『死の文化の比較社会学——「わたしの死」の成立』梓出版社．

西田正規（2007）『人類史のなかの定住革命』講談社．

服藤早苗（1995）『平安朝の女と男——貴族と庶民の性と愛』中央公論社．

真鍋祐子（2014）『自閉症者の魂の軌跡——東アジアの「余白」を生きる（魂の脱植民地化 6）』青灯社．

マルクス，カール（1964）『経済学・哲学草稿』城塚登・田中吉六訳，岩波書店．

三中信宏（2013）『分類思考の世界——なぜヒトは万物を「種」に分けるのか』講談社．

メッツィンガー，トーマス（2015）『エゴ・トンネル——心の科学と「わたし」という謎』原塑・鹿野祐介訳，岩波書店．

モラン，エドガール（1973）『人間と死』古田幸男訳，法政大学出版局．

矢島文夫（訳）（1998）『ギルガメシュ叙事詩』筑摩書房．

吉川浩満（2014）『理不尽な進化——遺伝子と運のあいだ』朝日出版社．

Anderson, James R. 2011. "A primatological perspective on death." *American Journal of Primatology* 73: 410-414.

Becker, Ernest. 1973. *The Denial of Death*, Free Press.（ベッカー，E．（1989）『死の拒絶』今防人訳，平凡社）

Benatar, David. 2006. *Better Never to Have Been: The Harm of Coming into Existence*. Oxford University Press.

Kan, Sergei. 1989. *Symbolic Immortality: The Tlingit Potlatch of the Nineteenth Century*, Smithsonian Institute Press.

Margulis, Lynn and Rene Fester. 1991. *Symbiosis as a Source of Evolutionary Innovation: Speciation and Morphogenesis*. The MIT Press.

Nagel, Thomas. 1979. *Mortal Questions*. Cambridge University Press.

Petit, Paul and James R. Anderson. 2020. "Primate thanatology and hominid mortuary archeology." *Primates* 61: 9-19.

Platt, Michael L., Robert M. Seyfarth and Dorothy L. Cheney. 2015. "Adaptations for social cognition in the primate brain." *Philosophical Transactions Royal Society B* 371, doi: 10.1098/rstb.2015.0096

Scott, James C. 2017. *Against the Grain: A Deep History of the Earliest States*. Yale University Press.

Sheldon, Solomon, Jeff Greenberg and Tom Pyszczynski. 2015. *The Worm at the Core: On the Role of Death in Life*. Random House.

Van den Berghe, Pierre. 1987. *Ethnic Phenomenon*. Praeger.

第 III 部
混 沌 を 生 き る

伊 藤 詞 子

カソゲの森にきざすもの

ヒトがもたらす 攪乱と生成

KEY WORDS

カソゲ, 森, 気候, 攪乱, 生成, つながり, 両価値性

はじめに

　夜明け前のカソゲの森のキャンプは，早起きのアカオザルたちが忙しなく食べ物を探す音も，鳥の声もなく，暗闇と静寂で満たされている．小さな灯油ストーブにかけたやかんの湯が沸くのを待っていると，木の葉がざわざわと音を立てはじめた．すぐに，樹木のきしめく音と，暗闇の向こうからは湖の大きく波打つ音が聴こえはじめた．乾季に南からやってくる強烈な風の仕業である．この辺りに古くから住んでいるトングウェの人びとは，この風をクッシーと呼ぶ[1]．

　この風に種子や花粉を運んでもらっている植物もあるだろう．クッシーは湖も攪乱する．世界で二番目に深い湖であるタンガニーカ湖の栄養分を上方へ巻き上げ（湧昇），固有種の多いこの湖の多種多様な生きものにご馳走を提供する．そのうちの魚

---

(1)　トングウェ語の正しい精確な発音はよくわからない．「南」を表す語はクシ kusi なので単に同じ語をこの風の名にあてているか，クッシー，クッシ，クシ，など文脈や強調・感嘆などの程度等によって替えている可能性もある（どれでも理解はしてくれる）．ここでは，クッシーで統一した．

たちは，この地域の人びとにとって文字通りのご馳走にもなれば，現金収入源にも
なる．そもそもこの栄養分は，死して湖底に沈んだ生きものたちを，微生物たちが
せっせと分解したものである．

　クッシーがもたらすのは良いものばかりではない．風と一緒に運ばれてくる多様
な無機物・有機物の中には，招かれざるものも含まれているかもしれない．湖上の
旅人には危険極まりない風としても知られている．周囲の木々が一斉に大きく揺れ
始めると，何かが起こりそうな少し怖い感じもある．フィールドと外界をつなぐ唯
一の移動手段である小さなグラスファイバーボートが，波に打ちつけられて壊れな
いかと気が気ではなくなる．風に揺られて安眠を妨げられたのか，この時間はまだ
樹上のベッドにいるはずのチンパンジーのラウドコールが風に乗ってかすかに聴こ
えてくる．そんな時は，この風を一緒に受けている誰かがいるのだと，少しほっと
しもする．強風ならではの体験ともいえるが，こうして他の動植物たちとともにた
だ吹かれるしかない状態でいると，人間とそれ以外，外部と内部，能動と受動，主
体と客体といった線引きは曖昧化する．

　季節的に到来するクッシーはさまざまな無機的・有機的存在に直接的に作用する．
そうした作用の先では，これら無数の存在によって，森と湖の全体に及ぶ相互作用
が展開されている．その全貌についてはほとんどわかっていないが，この章では，そ
うした全体のわずかな一部分ではあるが，わたし自身のフィールドであるタンザニ
ア連合共和国のカソゲの森を舞台に，クッシーどころかさらに大きな地球規模の気
候変動という影響のもとで展開する，局地的な気候や森の動態について紹介する．

　カソゲの森は国立公園（マハレ山塊国立公園）といういわば「人間を排した」場所
である．しかし，以下に詳細にみていくように，生身の人間の存在を排してなお，人
間はよくも悪くも森の動態の重要な要素であり続けている．足立は「自然とは何か」
「人為とは何か」という問いは，どのようなものとどのように関わるかでその時どき
に変化するものであると述べているが（本書第1章足立），人間と人間以外の立場を
逆転させても同じことがいえる．さらに，これは自然と人為の境界に限ったことで
はないだろう．本書のこれまでの八つの論考からは，自然と社会や文化，環境と人
間，あるいは集団内部を分かつ境界は安定したものでも明瞭なものでもない実態を
みてとることができる．ものごとが変わらず続いているように思える時にも，それ
は実際には絶え間なく変化し続けているのであり，もとの姿と働きのままに存在し
ている訳でも，もとに戻ることもないのである．

本書は，序にあるとおり，第 1 章の足立論文を導き手に構成されている．最後の
この章では，もう一つ，「人間社会の変化にあわせて姿を変える」（足立論文）カソゲ
の森を例に，環境としての人間について考えてみたい．ヒトとその活動（再生産，経
済，社会，政治）は，その圧倒的な頭数と技術によって，その意図には関係なく不可
逆的な破壊をもたらす．同時に，それが人間にとって良いか悪いかはともかく，他
の生きものにとって新たな環境をもたらすこともまた事実である．ヒトの頭数と使
用する技術による程度の差こそあれ，ヒトはヒト以外の生きものたちにとって破壊
と生成の双方をもたらすのである．この意味では，人間もまた森や生きものたちに
とっては巨大なクッシーのようなものだといえるのかもしれない．もっとも，人間
の広大な分布域と人口密度を考えれば，その影響はクッシーの比ではないし，深刻
であることは否めないが．一度，他の生きものたちにとって多大な変化や影響を与
えうる存在として自分たち自身を眺めてみよう，というのが本章の趣旨である．

1　アウター・ワールドとしてのヒト

　ヒトとその活動が地球全体に及ぼす影響の深刻さは，大加速（グレート・アクセラ
レーション）や人新世といった象徴的な言葉とともに，各種の統計やそれに基づく今
後の予測などから日々明らかにされている．ヒトという種の圧倒的かつ急激な人口
増（大塚 2020），そしてその人口を支え，貪欲な大量生産・消費活動のためにすすむ
大規模な開発は，環境汚染などの地球規模での問題を他の全ての生物に押し付ける
ことになった．IUCN（国際自然保護連合）レッドリストによれば，世界中で41,000種
以上の生物種が絶滅の危機にある．環境省レッドリストによれば，日本において絶
滅のおそれのある野生生物は3,155種に及ぶ．地域個体群レベルでみれば，さらに多
くがすでに絶滅したか，その危機に瀕していると予想される．
　近代における外部としての環境という線引きにそって，それを反転させて人間の
側をアウター・ワールドとしてみてみると，多くの生きものにとって，ヒトという
存在とその活動は，人口圧・開発・汚染などによって生息域を奪ってゆく，とても
厄介なアウター・ワールドである．レアメタルを含む地下資源の入手のためにおこ
なわれる深層部にまで及ぶ地中の撹乱は，生物を育む土壌を形成する微生物類や小

動物，然るべき時を待っていた種子，といった土壌のいのちを丸ごと破壊してしまう．海などの水中に目を向ければ，日々使い捨てられてゆくプラスチックが環境中で破砕されて二次的に発生するマイクロプラスチックや，化粧品などの一次的マイクロプラスチックが，水中の生きもの，ひいては水中の生物多様性に与える悪影響が懸念されている．このように，ヒトは生きものたちが長い時をかけて築いてきた世界を一瞬にして壊すことができる．ヒトがもたらす変化と，ヒトによらない変化のバランスが，大きく前者に傾いているのである（第1章足立，第3章小林も参照）．ヒトは再生不可能な破壊をもたらすもの，という顔を持っている．

　人間がもたらした地球規模の気候変動もまた，多くの生きものを追い詰めている．地球の平均気温は1880年から2020年までに1.01℃上昇した．そのほとんどは1980年以降の上昇によるものである（NASA）．人間活動によって排出される大量の二酸化炭素やメタンガスなどによる温室効果が主な原因と考えられている．こうした気温の変化は，温度変化にともなって体温を変える生きもの（無脊椎動物，魚類，両生類，爬虫類）に対して即時的な影響を及ぼす．温暖化することは単に地上や水中が暑くなるだけでなく，気圧，ひいては風を変え，雨を変えるため，変温動物以外の多くの生きものにとっても，時間差はあるものの生活の場が丸ごと変わってしまうほどの影響を及ぼしうる．気候変動とは，気温の上昇とそれと直接・間接的に連動する，さまざまな気象パターンの長期的変動全体を指すものである．これは，地球規模の現象だが，実際の気温上昇の程度は地域によって差があり，引き起こされる「これまでにない」気象パターンは局在的に現れる．このため，じわじわと全地球の生きものに影響をあたえながら，局所的には生息場所が丸ごと一掃されてそこに暮らしていた生きものが地域絶滅してしまう事態が起こることになる．

　以下では，タンザニア西端に位置するカソゲの森を例に，アウター・ワールドとしての人間（ヒトという存在とその活動）という観点から森の変化をみていく．カソゲの森は1985年に国立公園となったことで，ヒトの活動が制限されているため，アウター・ワールドのヒトとの関わりは，国の管理下にあるという点を除いてほぼないといってよい．そういう意味では，アウター・ワールドとしてのヒトという観点をとりやすい場所といえる．しかし，以下にみるように，アウター・ワールドは，ヒトという生身の存在抜きでも森全体に入り込み続けている．誌面と能力の都合上，気候変動と森林（の僅かな側面）に絞ってみていくことにする．

　1,600 km^{2}という広い国立公園の一部であるカソゲの森にも地球規模の気候変動の

きざしがある．国立公園として「自然」が守られている場所でも，こうした気候変動が起きていたりその影響がある，というと，不思議そうな表情を浮かべて「そんなところにまで影響するのですね」と言われたことがある．その場所で研究している研究者であっても，こうしたことに無頓着である，無頓着でいられるという場合もある．こうした気持ちはちょっとわかるものの，人間活動による気候変動は「地球規模」の現象なので，たとえ甚大な環境への影響をおよぼす人間活動がローカルには「ない」からといって，人間と無関係でいられるわけではない．ただし，気候変動については，何十年にも及ぶ気象データの積み重ねがなければ，科学的な証拠は提示できないため，長期かつ継続して調査がおこなわれている場所が必要となる．そうしたフィールドとして，霊長類の調査フィールドは有用である．集団をつくる多くの霊長類種は，たとえ個体がいなくなっても，集団自体は続いていく（もちろん保証されている訳ではないので，そのはずであるという研究者の見込み）（第5章竹ノ下，第8章内堀）．また，霊長類は比較的長寿なため，その成長・発達や，社会関係の変化など，その全容を知ろうとすれば，群れが存続する限り長期にわたって追跡調査が続けられる．そして，対象とする霊長類を知るために，研究者は彼らが食べるものや，暮らしている気象環境にまで興味関心を広げていることが多い．

　わたしが調査しているチンパンジーと彼らが暮らすカソゲの森も，この例に漏れないフィールドである．この森は，アフリカ大陸の大地溝帯の真上に発達した古代湖・タンガニーカ湖と，その東に聳えるマハレ山塊の間にある（図終-1）．同国北部にあるセレンゲッティには遠く及ばないが，現在では観光客が到達しにくい「自然」豊かな「秘境」の地として，広く知られるようになった．今西錦司や伊谷純一郎，東滋，西邨顕達，鈴木晃，伊沢紘生，加納隆至，西田利貞らによる広域調査ののち，1965年に長期調査地として西田がこの地でチンパンジーの集中的な調査を始めることとなる．当時は，カギミミ集団（Kグループ）に焦点が当たっていたため，カソゲの北部あるミヤコ・キャンプで気象データが日々記録されていた．その後，残念ながらこの集団が消滅したため（Takahata 2015, 高畑 2020），並行して人馴れしてきたミミキレ集団（Mグループ）が研究対象集団となり，ミヤコ・キャンプも放棄されることになる．気象データの記録も，Mグループが主に利用するエリアの中心である，やや南方のカンシヤナ・キャンプでのみ収集されるようになった．そのようなわけで，以下では，1983年以降のカンシヤナの気象データから，どのような変化が起きているのかをみていくことにする．

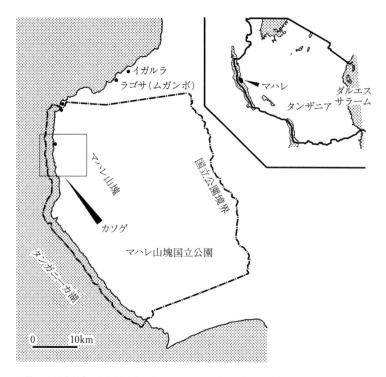

図終-1 調査地(国立公園の境界線はAnonymous［1980］に準ずる)

1 ⋯⋯ カソゲの森の気候動態

　カソゲの森には毎年のように乾季と雨季がめぐってくる．雨季は，10月頃から始
まり4月まで続く．以前は雨季の間はほとんど毎日のように雨が降り，少し風を入
れるのをサボると室内のものがあっというまにカビはじめていたが，近頃は晴れた
青空を見る日も増えた．乾季に入ると，最高気温は雨季とほとんど変わらず28〜29
℃程度だが，最低気温は19℃台から16℃台に下がり肌寒いくらいである．8月以降
は最高気温が上がり始め，ピークとなる9〜10月には30℃を超える．とはいえ，日
本のように35℃を超える猛暑日が頻繁に起こることも，熱帯夜も経験したことがな
い（詳細はItoh 2015a, b参照）．

　1984年からの気温のデータをグラフにしたのが，図終-2である．日毎の最低気温
と最高気温について，各日の気温の平均（31年間）からのアノマリー（ずれ）を示し

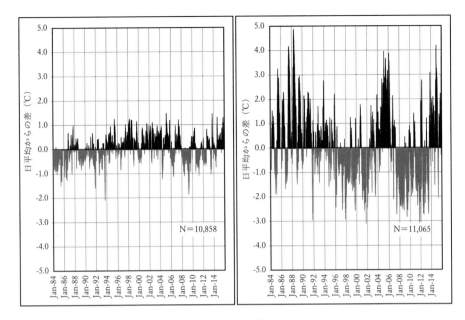

図終-2　カソゲの気温動態（1984年1月1日～2015年12月31日）
日ごとの気温アノマリーの移動平均（31日間）．左は最低気温，右は最高気温．

ている．このアノマリーが0.0℃より下は標準より低い日（グラフではグレー），上は
標準より高い日（グラフの黒い部分）であることを意味する．左の最低気温のグラフ
からは，気温の上昇傾向が認められる．より低い時期と高い時期が数十年単位で交
替するパターンが隠れている可能性もあり，より長期間の資料が必要である．最高
気温のグラフに表れている標準からの大きな差（8℃：＋5～－3℃）は，温暖化による
影響と考えられる（Itoh et al. 2011: Itoh 2015a）．

　カソゲを含むマハレ山塊の東側は，タンガニーカ湖からの湿った空気のおかげで
この一帯のなかでも湿潤な気候であるが，雨についても長期的な変動傾向がわかっ
てきている（分析方法などについてはItoh 2015a, b参照）．1984年から2016年までのデー
タによると（N＝11,667日），長期的な変動として二点指摘できる．まずは，年間の雨
量の減少傾向である．図終-3から明らかなように，年較差も10年規模での変動性も
大きい一方で，年々降雨量が減少している傾向が見てとれる（年に平均4.0 mm）．も
う一つは，年間の雨量分布の変化である（図終-4）．1984～1999年と2000～2016年ま
での日毎の降雨量を重ね合わせると，雨季の始まりの10月，および，終わりの2～

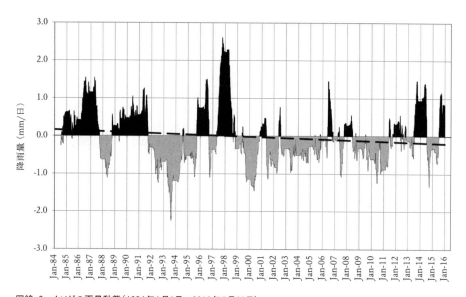

図終-3　カソゲの雨量動態（1984年1月1日～2016年6月30日）
日ごとの降雨量アノマリー移動平均（365日間）で示した. 年間平均降雨量は1,757 mm/年, 4.81 mm/日（N ＝ 11,667）.

5月までの雨量は減少しているのに対し, 11～12月にかけては増加している. つまり, 雨季全体として降雨量は減少しつつも, 11～12月により多くの雨が降るようになった, ということである. 20年分の資料（1989～2008年）で分析したとき（Seimon and Phillipps 2011）よりもこの傾向は顕著になっており, 今後も継続する可能性が高い.

　こうした気候の変化, 気温の変化や寒暖差, それが起こるタイミング, 気温に影響する日射量, 雨量やその季節的な分布の変化などは, 植物の季節動態に直接的な影響を及ぼす. その強度によっては, こうした変化にあわせて花粉や種子を運ぶ動物も行動を変えるため, 間接的にも植物の季節動態に影響しうる. 13年ほどの短い期間の一部の植物種の分析しかできていないため断言はできないが, 少なくともこれらの植物種では, 2005年以降それまでの結実パターンが変わってきている可能性がある（Itoh and Muramatsu 2015）. 分析した植物種は, いずれもチンパンジーが主要な食物としているもので, チンパンジー──特に集団レベルでの遊動──も行動を変えていく可能性が考えられる.

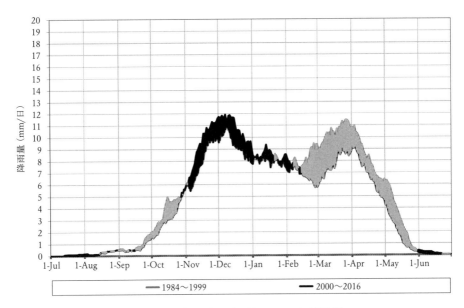

図終-4　カソゲの水年(hydrological year)変化(1984年1月1日～2016年6月30日)
1984～1999年(16年)と2000～2016年(17年)の日平均降雨量を，それぞれ21日間の移動平均で示した(N ＝ 11,667)．二つの期間で降雨量の増加がみられる時期が黒，減少傾向がみられる時期が灰色であらわされている．

2 ……… カソゲの森の動態

　イエール大学のチームが，地球上に現存する樹木の数を推定した(Crowther et al. 2015)．その数なんと3.04兆本．以前の推定値よりも遥かに多い値だった．だがヒトが切り倒す数も相当である．同論文で推定されている減少量は一年に150億本——2020年の推定人口は77.6億人なので，単純計算するとヒト 1 個体あたり1.9本を毎年切り出していることになる．

　この計算に必要だったのは各地で記録された，一本一本の木がなんの木なのか，大きさはどれくらいなのかというデータである．気の遠くなる時間をかけながらヒトが記録してきたことである．本書第 2 章で，四方，藤澤，佐々木の 3 名もそれぞれの調査地でのそうした調査の結果を示している．わたし自身は，植物の識別が恐ろしく苦手なものの，チンパンジーが道すがら確認しているらしい植物がなんであるのかを知りたいというだけの理由で，樹木と木本性のツルの調査を最初のフィール

ド滞在時におこなった．一本一本同定・計測・記録していこうとすると，ほんの10 m進むために数時間から，下手をすると1日がかりとなる．そんな超アナログな調査を，総延長8 kmを越す範囲に広げたのは無謀だったと後のち後悔もしたが，一度やると，その後の変化が気になり繰り返し同じ場所を再調査したくなるという中毒性があるとは，当初予想もしていなかった．

世界中で日々相当数の樹木がヒトによって切り出されていくこととは別に，1950年代以降，世界中の熱帯林に起こっている現象がある．それは，樹木の死亡率と再生率をあわせたターンオーバー率の上昇である．つまり，時間当たりに死んでゆく樹木と，新しく成長してくる樹木の数の双方が増えている，ということである．この原因はまだ特定できたとは言えないものの，1980年以降加速しており，気候変動やそれにともなう気象の変化の影響（つまり人間活動の影響）の可能性があげられている（Phillips and Gentry 1994）．

カソゲの森は国立公園内にあるため，いくつかの例外（後述）を除いてヒトの手によって樹木が切り出されることはない．人間の直接的な介入によって除去される樹木はほとんどないにもかかわらず，カソゲの森でも世界中の熱帯林で観察されているような高いターンオーバー率が確認されている．残念ながら，ターンオーバー率そのものの増減傾向を把握するための資料は存在しないため，現状ではカソゲのターンオーバー率と世界の熱帯林のターンオーバー率との比較からの推測にとどまる．

1996年から2012年にかけておこなわれた，同じ8 haほどのエリアでの二度の植生調査から，死亡した樹木と新規に参入した樹木の数を求めることができる（詳細はItoh and Nakamura 2015a）．新規個体は1回目の調査で胸高直径10 cm未満であったか，実生や種子などの状態のものを含むまだ樹木として存在していなかった樹木である．死亡個体の把握はもう少し厄介である．転倒しても長期にわたって生きていたり，そこから元は枝だったものが垂直に新たな樹木のように成長したりする場合もある．立ち枯れていると思っていた木が，10年以上経って生きていると判明した（葉が出ていた）こともある．植物の生死は動物ほどわかりやすいものではないのである．そこで，便宜的に，最初の調査時に胸高直径10 cm以上の個体で，2回目の調査時に幹を自立させているものを生存個体として扱った．

カソゲの森における，樹木全体の死亡率と新規参入率は，それぞれ2.54%と2.46%であった（ただし，ヤシ類については，2回目の調査時に外来植物として国立公園局による

部分的な除去が始まっていたため分析に含めていない）．これらの値を地域比較のために標準化（Phillips et al. 1994; Lewis et al. 2004）したうえで求められたターンオーバー率は1.61％であった．他のアフリカ・アジアの熱帯林（1.81±0.19％）や，南米（1.80±0.15％）の値（Lewis et al. 2004）に劣らない値である．

　攪乱とその攪乱からの回復（新たに生成するといったほうが正確なのかもしれない）は，生態系にとってはおりこみずみのプロセスであり，多様性をもたらす重要な要素でもある（Reice 1994）．ターンオーバー率が高まることによる頻繁な攪乱は，フィリップスとジェントリー（1994）によれば，そこの植物多様性を高める可能性がある．同時に，より広い範囲でみれば多様性は小さくなってしまう可能性がある．どういうことか，以下は著者の推測になるが，攪乱後の空き地には，いち早く急速に成長するパイオニア種などがまず成長を始める．これが多様性を高める一つの要因となるが，一方で，頻繁に攪乱がおこるためにゆっくりと成長する植物はそこに芽吹く機会を得られないことになる．フィリップスとジェントリー（1994）は，特に最も成長に時間をかける耐陰性の植物は絶滅していくことになると述べている．

　カソゲの場合，現時点でわかっているのは，この16年ほどの間に遷移がすすんでいるにもかかわらず，実際に，トウダイグサ科のCroton，ニレ科のTrema orientalis (L.) Blumeなどのパイオニア種が健在である，ということである（残念ながら，チンパンジーはいずれの果実も利用しないのだが）．これが，ターンオーバーによる攪乱によるものなのかについては，継続的なモニタリングが必要となるだろう．種数については，一度目と二度目の調査でほとんど変化がない（101と102種）．

　もう一つの中期的な森の変化傾向は，木本のツル植物も増加したことである（95.5から124.0個体／ha）．一般に，ツルの密度は成長した森よりも攪乱地の方が高いと考えられる．したがって，国立公園という人間活動が制限されたあとに増加傾向がみられたという結果は矛盾しているようにみえる．現状では排他的ではない二つの可能性が考えられる．一つには，攪乱の要因となる上記のターンオーバー率の増加である．攪乱地の出現頻度が増加しているのであれば，ツルの増加傾向も納得がいく．もう一つは，世界的なトレンドである．1983年以降，アフリカ，アジア，南米各地の森林でツルの増加傾向が続いており（例えば，Ingwell et al. 2010），大気中の二酸化炭素濃度の増加の影響が疑われている．例えば，3種のツル植物（よじ登り型）で，実験的に異なる二酸化炭素濃度での成長（バイオマスの変化）を調べた研究では，280 ppmを工業化以前の二酸化炭素濃度とし，そこから，420, 560 ppmと濃度があがる

ごとにバイオマスも大きくなることがわかっている（Granados and Körner 2002）．なお，ツルの増加は樹木の死亡率に影響するため，上述のターンオーバー率の増加にも寄与することになる（Ingwell et al. 2010）．

　カソゲではツルのなかでも現地でイロンボ（*Saba comorensis*（Bojer ex A.DC.）Pichon）と呼ばれる，キョウチクトウ科のよじ登り型のツル植物の増加傾向は群を抜いている（およそ35から50個体/haの増加）．イロンボの果実は，この地でチンパンジー調査が始まった時からずっと彼らの主要な食物であり続けてきた（Itoh and Nakamura 2015b）．ただし，注意が必要な点は，二酸化炭素濃度が高ければ高いほど当該のツルの成長が良くなるわけではないことである（Granados and Körner 2002）．二酸化炭素濃度が560 ppmを上回ると負の効果となる（すべてのツル植物にあてはまるわけではない）．アメリカ海洋大気庁（NOAA）によれば，2022年の地球の平均二酸化炭素濃度は400 ppmを超えており，工業化以前（1750年）の150%に相当する．この増加傾向は現在進行形で継続している．このまま続けば，遅かれ早かれイロンボを含むツル植物が大きな影響（今度はネガティブな影響）を受ける可能性があり，ひいては，イロンボを主食としているチンパンジーにとっても喜ばしくない状況がもたらされる可能性がある．それ以前に，繁茂するツルによる重荷に樹木がどこまで耐えられるかによっては，ツルも生活の場所を失うことになりうる．

　以上みてきたように，国立公園という人間を排したカソゲの気象や森の動態には，人間活動はほぼないといってよい状態であるにもかかわらず，グローバルな人間活動の要素（二酸化炭素濃度の増加と温暖化）が入り込んでいる．アウター・ワールドとしてのヒトの世界で起きていることは，カソゲの森にとってすでにそのダイナミクスのうちにとりこまれているのである．

　アウター・ワールドとして人間を眺めると，奪い破壊するものという側面がどうしても際立ってしまう．日本を含め世界各地で更新される豪雨や猛暑の記録，山火事，水不足，洪水，台風．継続的なそして大規模な人口をもつ人間の活動から産み出された地球規模の気候変動は，多くの生物を絶滅に追いやるだけでなく，人間自身の生存も危険に晒している（第4章小林，第7章風間）．加えて，この2年間の新型コロナウイルス（SARS-CoV2）の世界的な大繁栄からは，それが社会・経済から精神に至るまで，ヒトの生そのものに破壊的な影響を及ぼすこともわかった．こうした（現在の）人間にとって未知なる病原菌は，今後も産み出される可能性がある．2016年にシベリアのヤマル半島で発生した炭疽菌感染は，融解する永久凍土から地表に

露出した動物の死体が感染源と推測されている（なお，永久凍土の融解は温暖化の指標であると同時に，融解によって放出される強力な温室効果ガスによってさらに温暖化が促進される）．SARS-CoV2 のように，他の生きものと人間の密接・濃厚な関わりが，新しい病原菌を生み出す素地となっていると考えられている例もある．別の見方をすれば，わたしたちは今はない生物を生み出す手助けや，感染性のものの場合はその進化速度をあげる手助けもしている，とみることもできる．たとえ，それが人間にとっては大変不幸なことであるとしても．

　人間の破壊者としての側面は受け止めつつも，次の節では，ヒトのもう一つの側面として，他のさまざまな生きものと共在するインナー・ワールドの住人としての側面についてみていくことにする．ただし，しつこいようだが，このことはヒトの他の生きものにとっての「良い」側面，という意味ではない．人類誕生以来，ヒトは良い方向にも悪い方向にも，他の生きものと関わり続けながら生きてきた（三浦 2018）．そして，それはヒトに限ったことではない．

2　　インナー・ワールドの住人たち

1 ⋯⋯ カソゲの森を編む

　カソゲの森を含む一帯では，チンパンジー，ブルー・ダイカー，キイロヒヒ，アカオザル，アカコロブス，ヒョウなど，ほ乳類だけで70種が暮らしており（Ihobe 2015），また鳥類や魚類など含むすべての動物の方名を調べた伊谷は300例をあげている（伊谷 2008）．植物については今のところ882種（Itoh and Nakamura 2015a）が同定（不完全同定も含む）されており，そのほとんどにトングウェ名がついている．植物については固有種や希少種を含む2,000種を超える植物種があるとも推定されている．陸上生物の種数という点では種多様性が特段高いというわけではないが，アフリカ西部の森林要素と，東部海岸森林の要素，ブラキステギア疎開林の要素などが混在しているという意味では，広い多様性の幅をもつという特徴がある（伊谷 2008）．タンガニーカ湖の湖面780 m から，2,000 m を超すマハレ山塊の主稜までの高度差があるという地理的な特徴も，この多様性に寄与しているだろう．

　残念ながら，これらの相互作用や，その相互作用に大きな役割を果たしているであろう，ウイルス，古細菌，細菌，真菌，節足動物などについては何もわかってい

ないに等しいし，空中・水中・地中でおこなわれているはずの，これらの相互作用
についても未知の世界である．それでも，以下にみていくように，国立公園化以前
の定性的な資料と，1995年以降におこなっている限られた定量的な資料からみえて
きたこともある．

　1965年以降，カソゲの森とその周辺域は，当時の景観からは大きく変わりつつも，
研究者と地域住民，ヒトとチンパンジーを含む多様な動植物が交錯を繰り返し続け
ている．1985年以降は，国立公園局やタンザニア野生生物研究所（現在はTanzania
Wildlife Research Institute，当時はSerengeti Wildlife Research Institute），観光キャンプのス
タッフや観光客もここに加わった．
　カソゲの森には，国立公園化以前は，長らくトングウェと呼ばれる人びとが暮ら
していた．伊谷純一郎，西田利貞，そして掛谷誠は，トングウェの暮らし方や考え
かた，森の豊富な知識に魅了された研究者たちであり，トングウェについてのいく
つもの論考を遺している．
　80年代初頭までに書かれたそうした論考によれば，トングウェはトングウェラン
ドと呼ばれる約20,000 km²に及ぶ広大なエリアに，非常に低密度で分散して暮らし
ていた（掛谷2017）．カソゲでは比較的人口密度が高かったようだが，それでも1 km²
あたり5人であった（西田2002）．掛谷によれば，トングウェランドのなかでもカソ
ゲ一帯は，稲作，焼畑，漁労など，個人によって変異に富んだ生業が営まれていた
（2017）．現在でも，森を歩いていると，湿地帯には畔の痕跡がある．観察路の脇に
浅いくぼみがあることがあり，聞いてみたところ罠を仕掛ける場所だったらしい．
　掛谷が最小生計努力と称した彼らの焼畑農耕や狩猟採集の方法は，土壌を含め環
境に与えるインパクトも低く抑えられていたものだったと思われる．農耕では，自
分たちが食べる分と，他の場所に住む仲間にわけられる分だけをつくっていた．昔
からお世話になっているカソゲ育ちの知人に，数年前にこんな話を聞いた．まだ子
供だった彼が父親に「いつ収穫するのか？」と尋ねると「まだだ」と言う．そんな
問答を何度か繰り返しながらしばらくすると，チンパンジーが畑の作物を食べはじ
めた．「チンパンジーが食べているよ！　まだ収穫しないのか？」と聞くとやはり
「まだだ」との返事．チンパンジーたちが食べては，その食べかすを積みあげ，それ
が小さな山になったところで，ようやく「そろそろ収穫しよう」と言われたそうで
ある．一人の話者から一度聞いただけなので，確実な話とはいえないが，なんとも

贅沢な話である．なお，チンパンジーを追い払うわけでもなく，食べるに任せていた理由については，わからない．何か理由があるのかもしれないが，少なくともこの話をしてくれた知人には，当時も今もわからなかったし，それでよしとしている風でもあった．

　トングウェは伐開した焼畑を 3 年以内に放棄し，近くに適地がなくなると集落もろとも移動するということを繰り返していた（伊谷 2008）．カソゲの森のほぼ全域が焼畑に利用されたと思われるが，トングウェは小規模の焼畑を開いては，少しすると別の場所へと移動し，放棄した畑は植生が回復するまでしばらくは放置していた．こうした土地利用は，さまざまな年代の二次林がモザイク状に分布するというかたちで痕跡として残っている．撹乱とその撹乱からの回復―生成を繰り返す，完結しない動的なプロセスであるカソゲの森は，薄く広く繰り返されるトングウェによる撹乱を含むことで成り立ってきた森なのである．人間がいる場所でチンパンジーが生き残ることができたのは，トングウェがチンパンジーを食糧とみなしていなかっただけでなく，上書きできる程度の人間による撹乱と，回復に必要な広いエリアを彼らが利用していたことの双方が寄与していたのではないかと想像される．チンパンジーが作物を失敬するのを黙認していたことは，ここでチンパンジー研究が可能となった所以でもある．

　1985年に国立公園となり，人間活動が極力排除されたなかで，カソゲの森は大きくなった．1996〜2012年の間におこなった定量的な資料からは，変化はまだ続いていることがわかる．この16年間に密度の減少（ヘクタールあたり226.9から221.7本）と胸高断面積の増大（ヘクタールあたり30.3から33.4 m²）が認められた（各種サイズ評価を単純にするために，絞め殺しの木などを除いた樹木だけを対象に分析）(Itoh and Nakamura 2015a)．ここから推測できるのは，樹が以前より「太くなった」ということである．さらに詳細にみてみると，胸高直径100 cm以上の樹木が全体に占める割合は 2 ％から 3 ％に増加した．一方で，中程度のサイズ（30〜100 cm）のものは50から45％に減少しており，かわりに30 cm未満の樹木が50から55％に増加している．この点については，先に述べたターンオーバー率の増加に関連して，死亡個体が中程度のサイズの樹木に偏っている可能性がある．

　植生も遷移が進んでいる．西田は，トングウェが首長を埋葬する神聖な場所（isigo lyetabami と呼ばれる）とされてきた古い森林パッチの植生から，畑が放棄されたあとのカソゲ森林の遷移プロセスを次のように推定している（Nishida 1990）．すなわち，

遷移初期に現れる，エレファント・グラス（チカラシバ）・ブッシュが現われ，その後，ハルンガーナとイチジクが優占する森，それからピクナントゥスの森へ，そしてアルビジア・ザイロピア・ジュルベルナルディア（*Albizia-Xylopia-Julbernardia*）が優先する極相林となる．極相林を構成する樹種は，マメ科のアルビジア（*Albizia glaberrima* (Schum. & Thonn.) Benth.），バンレイシ科のザイロピア（*Xylopia longipetala* De Wild. & T.Durand），ウルシ科のシュードスポンディアス（*Pseudospondias microcarpa* (A.Rich.) Engl.），マメ科のパルキア（*Parkia filicoidea* Oliv.）とジュルベルナルディア（*Julbernardia seretii* (De Wild.) Troupin），そしてニクズク科のピクナントゥス（*Pycnanthus angolensis* (Welw.) Warb)）があげられている．

1995年に初めてカソゲに来たときは，観察路沿いにエレファント・グラスの藪があったが，これは2020年現在もうほとんど見ることがなくなった．オトギリソウ（フクギ）科のハルンガーナ（*Harungana madagascariensis* Lam. ex Poir）も残り少なかった個体もほぼ消失した．一方，ザイロピアには増加傾向が認められた．したがって，遷移はすすんでいるといえるものの，そのほかの植物種については，以下のように減少や消失，あるいは登場すらしていない樹種で，遷移のプロセスは予測通りにはなっていない．

消失しつつあるハルンガーナ，調査対象エリアからは消失したパルキア，減少傾向にあるピクナントクスはいずれもチンパンジーがその果実や若い種子を食物としているものである．一方，増加傾向にあるザイロピア（最近，この一帯固有の新種，*Xylopia tananyikenis* D.M.Johnson として登録された）は，チンパンジーが夜間樹上につくるベッドの樹種としては重要だが，食べるところがない．こうしてみると，過去のトングウェがおこなっていた小規模かつ回復可能な程度の開墾と十分な植生回復を待つ土地利用システムは，少なくともチンパンジーにとっては程よい攪乱だったのかもしれない．

ヒトの活動が基本的に欠如し，また森が大きくなることと並行して，さまざまな動物にも変化がみられる（Itoh et al. 2011）．チンパンジー（Mグループ）の集団サイズは，1984年に101頭だったが，1997年に45頭まで減少し，その後，ゆっくりと60頭まで回復した後はこのところ比較的安定している（中村2020）．1995年と2002年までに断続的におこなわれたほ乳類のセンサスの比較からは，アカコロブス，アカオザル，キイロヒヒ，リス類などは安定しているが，ブルー・ダイカーは増加傾向，ブッシュ・バックは減少傾向にある（Ihobe 2015）．前者はより森林性が高いことから，カソ

ゲの森が大きくなったこととの関連が示唆される．これらのほ乳類は，チンパンジーやヒョウなどに捕食されることがあるので，こうした動物の行動変容なども影響を及ぼしているだろう．

　国立公園化後に起こったあまり喜ばしくない変化もあった．現地でムジョホロ（*Senna spectabilis* (DC.) Irwin & Barneby）と呼ばれるマメ科の植物は，花期には樹冠いっぱいに大量の鮮やかな黄色の花を咲かせる．1967年に日陰用の植物として持ち込まれたもので，南米を原産とする外来種である．理由は判然としないが，国立公園になってしばらくした90年代半ば以降，このムジョホロが大繁殖を始めたのである．同属の遠目にはよく似たムソノバリ（*Senna siamea* (Lam.) H.S.Irwin & Barneby）に慣れ親しんでいた人びとにとって，ムジョホロが災厄をもたらすとは思ってもみなかったであろう．

　成長速度が非常に速いムジョホロは，大量の種子が入った長い鞘を大量に生産する．観察できた限りでは，アカコロブスやキイロヒヒはこの種子を食べるが，食べ尽くすほどではない．旺盛な成長と繁殖力をもつこの植物種は，加えて周囲の他種植物の生育を抑制する（アレロパシー）能力を持っていた．90年代半ばには，ムジョホロだけが生えている場所がいくつか見つかり，事を重くみた研究者と国立公園局は，精力的にムジョホロ撲滅をすすめた．現在では，公園中心部ではムジョホロの目立ったパッチは見られなくなり，取り除かれた後にはカソゲの森の馴染みの植物が元気に育っている．

　この経験によるものなのか，保全の名のもとで「外来植物種」除去が国立公園のプロジェクトとして何度か持ち上がっている．除去の対象として名前のあがった植物種は，アブラヤシ，グアバ，レモン，トウガラシなどである．ただし，これらは成長速度や繁殖力が高いわけではなく低頻度で出現する植物である．アレロパシーの証拠もない．また，アブラヤシはアカオザルや大型の鳥がその実を重要な食物資源としており，グアバやレモンの果実はチンパンジーをはじめとする多くの生きものの食物となっている．レモンについては，端境期の食物としてチンパンジーにとってかなり重要な食物となっている可能性がある．カソゲのように外来種自体がそこに暮らす生きものたちと，長い年月を経て共在するものとして定着している場合，その外来種を切り取ることはそこにある生態系ごと取り除くことになりかねない．「外来種」とはなんのことかということもきちんと考える必要があるだろう．動物を介して，あるいは風や雨を媒介して，新たな植物種は常に周辺から入ってくるから

である．

　以上のように，国立公園化にともなって人間活動が制限されるようになったことで，カソゲの森は大きく変容したようにもみえる．だからといって，国立公園化以前に研究者たちが見た当時のままトングウェが暮らしていれば森は変わらなかったかといえば――当時のままということ自体ありえないことではあるが――，地球規模の気候変動の前では，やはり困難なことであっただろう．

　一方で，このカソゲの森が発達したことは，降雨量が減少傾向にある現状や，もともとカソゲの周辺域の村はより乾燥していることを考え合わせると，将来的には極端な乾燥化に対する緩衝材となる可能性もあるのではないかと，かすかな期待もある．温暖化が進めば，チンパンジーはこれまでの主要な利用域であったカソゲの低地では暮らしてゆけなくなるのだろう．だが，ここにはまだ山がある．爬虫類や両生類のように，植物もまた低地にいるものはより涼しい高地へと，生息場所を変えてゆく可能性がある．実際，チンパンジーはこのところ高い場所をよく利用するようになっており，この過程で，低地の植物の種子を繰り返し，少しずつ運びあげ，糞便とともに散布していっていることになるので，この可能性もあながち夢物語とも言い切れない．

　カソゲの森で起きていることは，ヒトを排したという変化と，人間活動によるグローバルな変化の双方が大きく関わっており，それはネガティブにもポジティブにも働いていることが少しずつわかってきたわけだが，ここでもうひとつ．ヒトという存在自体が，そしてヒトが生きているということが，生物多様性をもたらしているという側面について以下で少し紹介しておきたい．

2⸺一人では生きられなくて

　ガンマプロテオバクテリア綱，テルムス（サーマス）・アクウァーティクス，テルムス（サーマス）・スコトダクタス，マイコバクテリウム属，ペニシリウム属，テクノファイル，チャバネゴキブリ，カマドウマ，チリダニ，ケダニ，カツオブシムシ，ヒョウホンムシ．これらは，公衆衛生のシステムやインフラが整備された，わたしたちの家屋に生きるものたちである．わたしたちが寝起きし帰る家は，これらの生きものたちの家でもあるのである．その種類，およそ20万種（ウイルス類を除く）．

　ロブ・ダンの著書『家に一人ではない（Never Home Alone）』（邦訳は『家は生態系』）

では，アメリカのノースカロライナをはじめ，いわゆる「先進国」の一般家庭1,000世帯でどんな生きものがいるかを調べている．原題が示すとおり，わたしたちは知らずにこれら多くの生きものと共に生活していたのである．日本国内でカマドウマを目にしなくなったように思っていたが，この日本原産のその生態もよくわかっていない大きな昆虫は，いつの間にか北米の特に東部の家屋（の地下室）に分布を広げていたようである．カマドウマに限らず，どうやらあまりにも身近な生きものについては，わかっていないことが多いようである．

　20万種のうちの3/4くらいが細菌，1/4が真菌，残りが節足動物，植物，その他という内訳である．地球最古の系統に分類される古細菌のほとんどの種がここに含まれている．微生物の大半は，人体をその住処としている．消化を助け必要なビタミン類を生成する腸内細菌，皮膚表面に病原菌が寄りつかないようにする皮膚常在菌，そして付着した病原菌と戦う腋窩細菌などである（細菌たちは食べ，住処を守っているのであって，人間のために働いているわけではない）．他には食品を腐敗させる細菌類がいる．いずれもそこに生きている人間がいるという証であり，その人間が屋外でたくさんの微生物に暴露し，それらを持ち帰り，あるいは食材などの生きものとともに新たに招き入れていたものたちである．

　極限環境でのみ生存できる微生物たちも，その移動経路は定かではないが，身近なところに暮らしている．マグマに晒されている間欠泉の沸騰する熱水に生きるテルムス属の細菌はその好例として同書に紹介されている．インディアナ大学のラボの給湯器からみつかったテルムス・アクウァーティスは，おなじみとなったPCRと深く関わってもいる．高温に耐えうる，むしろ高温下でよく働くこのテルムスのポリメラーゼを使用することで，PCR（ポリメラーゼ連鎖反応）法によるDNA複製方法は飛躍的に安価かつ早くなった．全米各地やアイスランドの給湯器や給湯栓からは，同属の新種，テルムス・スコトダクタスがみつかっている．給湯器などの新規な環境に合わせて進化した可能性があり，全世界で調べれば，もっと多くの新種が見つかる可能性があるという．

　冷蔵庫や冷凍庫，オーブン，給湯器，ストーブ，極端に酸性の環境（サワーブレッドの元種など），極端にアルカリの環境（漂白剤や洗浄剤）などは，ある種の微生物たちにとってはヒトの家屋内に新たにつくられた，深海・氷河・塩砂漠などの極限環境と同じ，暮らしやすい場所なのである．他のテクノロジーも例外ではないようで，テクノファイルとひとまとめに呼ばれている真菌の仲間たちは，金属や樹脂を食べ

るテクノロジー機器好きの真菌類である．

　わたしたちは身体が不潔と思い込ませる大量の広告に日々さらされている．コロナ禍で家の中の不潔さを煽る宣伝はさらに増えているので，こうして改めてどんな生きものが家の中にいるのかを知らされると，反射的に不安になってしまいそうである．しかし，世界中の細菌種（確認できているだけでも1,000万種），原生生物，ウイルスのうち，ほぼ決まって病気を引き起こすものはごくわずかである．細菌では50種，ウイルスや原生生物を含めても100種に満たないのだそうだ．しかも，十分に時間をかけて多様な種が共存している場合には，むしろ時折訪れる病原菌はうまく生き残ることができない．逆に，「清潔」にするために無菌を目指すと良からぬ事態を招来することになる．

　1950年以降，何らかの慢性炎症を伴う免疫異常の発生率は，20年ごとに約2倍増となっているという統計がある．この傾向は，公衆衛生が整っている地域ほど，裕福な国ほど顕著なのだが，当初は何らかの新種の病原菌の存在が疑われていた．その後，「ある」ことが問題なのではなく，「ない」ことが原因なのではないかという可能性が指摘されるようになる．衛生仮説や生物多様性仮説などがあるが，多様な微生物に暴露していないことで，免疫機能が正常に働かなくなるようなのだ．たとえば，ガンマプロテオバクテリア綱の細菌類は，植物が多様なほど種多様性が増える細菌類である．ヒトの皮膚にも，チンパンジーのベッドからも見つかっているこの細菌類の中には，各種アレルギー（種類によらず）を抑える働きをしている可能性があるものが含まれる．

　一方で，生物多様性を減じさせることに繋がる，害虫や病原菌に対する薬剤の利用についても，興味深いことがわかっている．たとえば，チャバネゴキブリの駆除のために，新しい殺虫剤が開発されるたびに，チャバネゴキブリは数か月から数年のうちに飛躍的に抵抗性を進化させてきた．天敵は薬剤によって一掃されているので，ゴキブリにとってはヒトの住む，ゴキブリ退治の薬剤が使用されている場所は良い住処なのだ．逆に，こうして進化を遂げたゴキブリにしてみれば，家の外は暮らしにくい避けるべき住処へと変わったのである．同様のことが微生物についてもいえる．排除することに熱心なあまり，残っていてほしい他の多くの生きものを一緒くたに排除した結果は，ごく少数の，抵抗性を獲得し，そこでこそ繁栄でき，進化スピードを速められた，より厄介な存在と暮らすことになる．

　こうした，身近にいるはずの，中には太古の昔からヒトとともに進化してきた多

くの微生物の研究がすすむにしたがい，微生物と人間の関係は，身体のあらゆる機能に関わっている可能性も出てきた．医療研究においても，腸内細菌叢は注目を集めており，めざましい進展を遂げている．関わる人体の部位は，腸内だけでなく脳を含むほとんどの臓器に及ぶ．また，同じ細菌が身体の状況によってはその働きを（人間にとって）反転しうるという，非常に複雑なメカニズムがあることがわかり始めている（内藤 2021）．

人間にとって人間は互いに生きていく上で必要不可欠であるが，人間以外にも多くの生命を，超近代的な場所でも，それとは知らずに育んでいる．それらの多くは，そこで生きることで，人間にとって害になりうる他の微生物や節足動物から守ったり，きれいにしたりしている．この動的なプロセスには，人間にとって良いものも悪いものも含まれるし，時と場合によってはその価値は反転したりさえする．一方で，ほとんどの微生物は人間にはつくりだすことができない（培養できない[(2)]）ため，体調によって自分と暮らしている微生物叢が崩壊してしまったりすれば，他の生きものや人からもらい受けるしかなくなるのである．ヒト以外の生きものにとっても，こうした微生物は生きていくうえで必要不可欠であることはいうまでもない．したがって，多様な生きもの——ときどき悪さをするものも含め——は，同種の他者同様に必要不可欠なのである．そういう渾沌の世界と引き換えに，アウターとインナーの線引きを維持して，わずかな厄介者とだけ，身体の不調を抱えながら暮らすという選択肢もないわけではない．

3　渾沌を生きる

1······渾沌

ヒトとその活動をアウター・ワールドという視点でみた場合（第1節），グローバルには破壊者としての側面が際立つ．しかし，ローカルで起きていることは，局所的な破壊も含めて実際には多様である．カソゲの森の動態を詳しくみていくと，そこにヒトが存在しなくとも，人間は地球規模で二酸化炭素濃度を高め，気温ひいて

---

(2)　これは微生物に限らない．「養殖」の場合などでも，卵や稚魚は海や川で採取されることが多い．

は水温をひきあげることで，カソゲの気象や森の動態のそこかしこに入り込んでいる．人間は決して外部などではないのである．その効果は，ネガティブであったりポジティブであったり両価値的な側面をもっている．人間はグローバルな総体としては，今後どうなるのかわからないながらも，影響の広がりの大きさと深さを考えると暗い影も落としている．それでもそうした変化に呼応しながら生きのび日常を積み重ねている者たちがここにはいる（ここのチンパンジーたちについては，この一連のシリーズのSesson 1，3，4で詳しく紹介されている）．

　ローカルにも，人間は痕跡として，公園管理というかたちで，そして，ヒトを極力排したというかたちで具体的に関わり続けており，人為的要因はカソゲの森のダイナミクスに深く結びついている．ここでもその効果は両価値的である．カソゲで起きている，人為的要因による攪乱とヒトという存在を絶えず含みこんだ，（いまのところ）完結することのない動的なプロセスは，遠いどこかの話ではなく，わたしたちのまさに今，目の前（と内）にも存在している．

　国立公園化が，「人為」による攪乱の影響を消し「自然」の状態に戻す，ということを目指したのであれば，それは大きな失敗だったといえる．しかし，この一帯を含むキゴマ州の急激な人口増（1967年473,443；2002年1,679,109；2012年2,127,930人［Itoh et al. 2011; Anonymous 2022]）を考えると，もし国立公園になっていなければ，とうの昔にチンパンジーを含む多くの生きものが地域絶滅かそれに近い状態になっていた可能性がある．

　カソゲの森は，タイ（コートジボアール）の熱帯林（第1章足立）と同様，今後も人間を遮断することはないし，できもしない．カソゲの森はトングウェが暮らしていたときも，その後も，今現在にいたるまで，人間が深く関わり続けている．人間の活動は，ローカルにもグローバルな総体としても，人間の論理や常識，そして意図をこえて大きな相互作用の広がりへと含み込まれ，また含みこんでゆくのである．

　ここで，人間の側からの視点に戻して整理しなおしてみよう．人間とそれ以外を分け，そこに境界が「ある」とみなせた時代は過去にはあったのだろう（例えば，アレント［2021］を参照）．しかし，それは「見かけ」に過ぎなかったし，一時的なものでしかなかった．人間を排したカソゲの森やタイの熱帯林を，人が「自然」と呼ぶとき，そこには人間の世界とは異なる向こう側のもの，人間とは無関係に成り立つもの，という暗黙の感性が多かれ少なかれ働いている．しかしながら，どちらもよく見てみれば，人間は他の生きものと同様にそこに確かに存在しているのである．と

はいえ，例えばトングウェが昔のカソゲの森ですべての生きものと調和的に暮らしていたとみなすのも間違いである．継続的に攪乱をもたらすことで暮らしやすい生きものがいる一方で，そのことによって暮らせなくなるものたちもいるのである．同じことが，人為を排することによってももたらされる．人間と同様に，この「自然」の側に配分されるさまざまな生きものたちも，すべての生きものが互いに調和的に暮らしているわけではない．相互作用する共在者となるものたちもいれば，攪乱と生成の過程のなかでせめぎあい，生息の場を追われることになるものたちも確実にいる．以上のことを考慮すると，人間が「自然」と呼びうる何かは存在しないし，「自然」と共生するという考え方も成り立たない．

「自然」の名を呼ぶときは，よほど注意しなければならない．足立は自然を「私たちと不可分な存在として生成し続けている」（本書36頁）ものとして考察している．ヒトは，ヒトを含む多様な生きものの生きた活動と，多様な無生物の挙動抜きには種としても個としても存在できる可能性はない．同時に，多様な生きものの活動や無生物の挙動とのつながりは，人間を危機に晒しもする．なんとなく善いもの（あるいは悪しきもの）としての「自然」という表象に人間以外を押し込めずに，状況によっては反転する可能性が常にある両価値的な渾沌とした現実に向き合いながら，その時どきにヒトはヒトにとって，他の生きものはそれぞれにとって必要なつながりとその広がりを探索していくほかない[3]．鍵となるのは「つながり」（第4章小林）であって分断や遮断ではない．この渾沌（という現実）は人間と関わりをもつが人間そのものではなく，人間と交流するが人間の論理に必ずしも従わないものである．

カソゲの森が「自然」ではなく人間を含む渾沌だとすれば，香港の郊野公園（第1章足立）も，わたしたちが暮らす家もまた渾沌である．四方・藤澤・佐々木は（第2章），東南アジア・タイ北部，パナマ中部，カメルーン東部のアグロフォレストリーの実態からその核心を，状況に応じて「耕地field」にも，「園地garden」にも，「林地forest」にもなりうると述べている．樹木とその下で育てられる作物と人びとが，相互作用を続けながら「ほどほどの管理」によって維持されるアグロフォレストリーの総体もまた，渾沌と呼びうるのではないだろうか．ミオンボ林，ウシ，ブタ，伝

---

(3) ここで深く立ち入る余裕はないが，モートンは人間と自然の境界を越えて思考するために，自然なきエコロジー（2018［2007］），ダーク・エコロジー（Morton 2018），ハイパー・オブジェクト（Morton 2013）といった概念を創出している．

染病，牛耕，ブタ飼養，農法と主要作物の転換などが密接に絡みあったタンザニアの農村（第3章勝俣・神田・伊谷）も，移住先の全く異なる環境で，新しい隣人に助けられながら，新しい作物をつくり，暮らしを成り立たせていったキオア島（第4章小林）も同様である．「自然」（という概念）を放棄せざるを得なくなったことで，生態人類学のフィールドとなる場は地球上のすべての場所に拡大したとみることもできるのではないだろうか．

2 ……… 新しい世界で

　第4章で小林は人びとがいくつもの「つながり」を，人間や人間以外とも結びながら，新しい地での暮らしを創りだしていったプロセスを広く深く追っている．つながりは，同時に葛藤も生みだすが，その葛藤もまたつながりによって対処が模索されてゆく．新規な場—社会関係であれ空間としての場所であれ—や，いつもとは異なる場において，こうしたつながりを見出していくことは，生の根底を支える必要不可欠な営為であろう．それは，竹川（第6章）がソロモンの事例で，コミュニティーが分断されそうになった葛藤状況を村人たちが解決していった場面において，つながりが結び直されていったプロセスにも共通する．人間がヒト以外とつながるように，ヒト以外の者たちの間にもつながりがある．竹ノ下は（第5章），嵐山のニホンザルや東山動物園のゴリラたちが，危機的な状況のなかにあって，「互いに関わりあおう，互いに関わりあう者とは共にいよう」（184頁）とする振る舞いに支えられて群れは存続するのだという．ヒトの場合はさらに非在の他者である「死者」にまで，そのつながりが拡大してゆく（第8章内堀）．こうしたつながりの重要性は，風間（第7章）がランビ島で見た，故郷の土地や人びとからも，歴史的な経緯からも，一方的につながりを切断されたバナバ人たちの怒りが逆照射しているように思える．

　つながりを見出してゆくという創造性は，現在わたしたちが経験している，状況が流動的であり続ける世界では，時間的なスケールにおいても空間的なスケールにおいても，ローカルにもグローバルにも発揮することが求められる．わたしたちは万能の「正解」にたどり着いているわけではなく，この新たな状況で，ときに間違いながら模索を続けている最中にある．

　1990年代以降，地球環境の危機や生物多様性の喪失の問題は，さまざまなかたちで警笛が発せられてきたが，これは望まざる効果をもたらした．10年ほど前，スウ

エイスグッドとシェパードは，副題を「希望を！（Show me the Hope!）」とした論文で，保全生物学が抱え続ける切実な絶望の文化について触れている（Swaisgood and Sheppard 2010）．そのなかで彼らは，現実の環境の問題と，それを明らかにし開示することの間のジレンマについて述べている．すなわち，切迫した環境の問題は，科学者とメディアが恐ろしいメッセージを流し続けることによって，かえって社会のなかで常態化してしまう．そうした社会においては，災害の規模がさらに拡大するということでもない限り，環境問題に対する行動を促すこともできなくなる．それは翻ってみれば，災害の規模が拡大し続けるということであり，究極的には何もできることのない絶望の地点に到達するということを意味する（Swaisgood and Sheppard 2010: 627）．この可能性は常に残るものの，その後，「恐ろしいメッセージ」とは少し異なるワンヘルスやSDGsといったかたちで，環境への多角的な関心が高まってきた．ここでは，環境に配慮することが人間の具体的な目先の利益／不利益にもなる，というつながりが提示されていることがポイントとなる．危機が日常化せずにすむように，そして答えが出ないままでも考え続ける必要がある．このためには，もう一つ，異種への共感と人間の相対化を働かせながら，ヒトやその活動とヒト以外のものたちとのつながりやそのきざしをみつけてゆくことも有益なのではないだろうか．

　竹川（第6章）は，人間が他の生物を理解するさいにも，共感能力や心の理論を働かせている可能性について論じている．人間ではない対象を研究しているわたし自身の経験からも，相手が同じ能力を持つか否かは，共感能力の発動を制限しない．というより，かなり意識的にならないとそうした発動を止めることはできないように思われる．こうした共感とともに，人間がヒト以外の生きものを理解しようと観察し，想像を巡らせ，考えるとき，人は自分自身を含む人間の視点やものの見方を唯一絶対的なものとはみなせなくなる．こうした相対化が伴う限り，生きものについて考えることは，常に人間について考えることでもある．とはいえ，考える主体が人間である限り完全に相対化することは困難であるし，人間による人間理解の変化に応じて，他の生きものの理解も変わりうる．一方で，議論が開かれてさえいれば，その逆もまた可能であろう．それは，ハラウェイが霊長類学などの自然科学に見出したジェンダー論に果たしうる希望となる役割として論じられてもいるし（2000），近年の文化人類学における「存在論的展開」（第1章足立を参照）においてもその兆

しがあるように思われる[4]. あるいは, エスノプライマトロジーや「原生自然の保護
とは異なる. 人為的要因による撹乱を一律に否定しない, 生物多様性保全の潮流」
(第1章足立) においても同様であろう.

4   おわりに ·· クッシー再び

　冒頭に登場したクッシーの風力は, わたしがはじめてカソゲを訪れた1995年当時
の段階で, 実は弱ってきていたことを最近知った (オーレイ他 2006). 1962年から1990
年代初頭までの継続的な記録のあるタンガニーカ湖北部の風速は, 乾季の風の強い
季節で (つまりクッシーのことだが), 1985年までは月平均2.2±0.4 ms-1と一定してい
たが, その後1.6±0.3まで低下している. 南部でも, 1977年以降, 5.8±1.6 ms-1から
4.0±1.3に低下している. この原因については触れられていない. クッシーが生まれ
るメカニズムには, 雨や湖の温度, 貿易風の影響も関わっているようであるが, ま
だ詳しいことはわかっていないのかもしれない. いずれにせよ, 弱まる傾向にある
クッシーの力は, 影響する各種の条件が一定している限り継続し, いずれ消滅する
のだろう.

　クッシーの弱体化や消滅は, タンガニーカ湖を交通網として利用する人間にとっ
て都合が良い. 一方で, 同じ現象が, 大きく (幅50 km, 長さ650 km), 深く (平均水
深570 m, 最大水深1,470 m), 表層しか循環しないこの湖の撹乱も抑えることになり, 湖
の富栄養化と酸素不足を引き起こす. このことは, 湖のほとんどの生きものの消滅
——固有種の多いタンガニーカ湖においてはそれは種絶滅と同義な場合が多い——
をもたらす. もちろんそれはタンガニーカ湖周辺諸国の漁業にも直接影響する.

　タンガニーカ湖に吹くクッシーの消滅は, 湖の各種恩恵を受けるヒトを含む多様
な生物の生存に影響すること, それはすでに始まっていることはわかっているが, で
は影響はその範囲で完結するのだろうか?　この傾向を撹乱しうる要因はないのだ

---

(4)　兆しと言うに留めたのは,「存在論的転回」の議論では, ハラウェイがフェミニズムを再考するな
　　かで述べている批判を免れてはいないように思われるからである. すなわち, 自然科学とはまったく別
　　に理論を発展させる方向性に留まり, 科学にフェティッシュの役割を与えている (「創造に際しての自
　　らの担った役割を忘れるために人が創出する対象」), という批判 (ハラウェイ 2000 26-27) である. 本
　　章との関連で付け加えるならば, 人は「自然」にフェティッシュの役割を与えてきたといえる.

ろうか？　カソゲ以北の大地溝帯エリアでは，カソゲの森とは反対に，降雨量の増大傾向にある（Seimon and Phillips 2012）．この雨水が冷やされながら流れ，湖に流れ込むようになれば，少しは水温を下げられるだろうか？　しかし，その雨が降る場所では，短時間の集中豪雨となる可能性もあるので，甚大な被害をもたらしかねない．マハレ山塊やその裾野に広がるカソゲの森とその変化は，何か緩衝剤とはならないだろうか？

　状況は流動的であり続け，どう決着するかそのたびに変わる．それは，完結することのない情報にとめどなく晒され続けることを意味する．このことは，クッシーに限らず，世界中のさまざまな現象においても同様である．これはまともに晒され続けていると，正気を失いそうである．現地で森のことや植物のことをいつも教えてもらっているカサグラが，60歳を過ぎて最近よく「学びに終わりはない」と口にするようになった．初めて見た植物，知らなかった植物の名前，湖や気候の変化，現金経済の浸透によって破綻し始めたトングウェの助け合いの精神，と話は多岐にわたる．わたしや他の現地の調査アシスタントたちに新しい知識を教えてくれる時も，楽しそうにこの言葉を口にする．

　新しいことを知り・気づくことについつい身構えてしまいそうになるが，過去の常識が次つぎと崩れ去り，新たな現実が明らかになっていくこの世界においては，学びに終わりはないとそれを楽しむ態度が必要なのかもしれない．本書のこれまでの各章からは，同種も異種も，生物的なものや無生物的なものも，これらを「分ける」から，さまざまなつながりを見いだしてゆくことの重要性とともに，そこに面白みや楽しみも見出しているように思えた．香港の郊野公園で餌をやる人びとも，タイやパナマやカメルーンのアグロフォレストリーの現場でも，移住先のキオア島でも，わたしたちの家の中のようなどんなに平凡に見える場所でも，そこには多数の存在とその活動や挙動が内包されている可能性を持っている．渾沌を生きるとは，そうした多数のつながりの可能性を発見してゆくことと同時に，そこに「萌す」ものを見出してゆくことなのではないだろうか．

　もちろん永遠には続くわけではない．絶滅危惧種であるチンパンジーは，カソゲの森のチンパンジーだけでなく，種全体の絶滅（絶える）も念頭にいれてゆかねばならない．わたしにとって，カソゲのチンパンジーたちは，それぞれ名前があり，成長を見てきた身近な個である．死んでしまった個体も年々増えてはいくが，今でも夢に出てくることもある．可能な限り「堪え」てほしいという願いとともに，内堀（第

8章）が類の亡失において議論しているように，進化のプロセスにおいても絶滅は避けられないことはわかっている．人類のその終焉の前に来るであろうチンパンジーやさまざまな種の終焉をどう迎えるのか．逆説的ではあるが，死ぬことを生ききるほどの潔さ（河合 2013）を学ぶこと，そしてそれを異種の死に対しても持ちうるために，生きている限りはとことんつきあうこと，というのが平凡だが現時点でのわたしなりの萌すものとしての答えである．

謝辞：

カソゲでの研究については，JSPS科研費（JP21681031, JP15H04429, JP17K02014）ならびに MacArthur Foundation の助成を受けた．

参考・参照文献

アレント，ハンナ（2021［1994］）『人間の条件』（志水速雄訳）ちくま学芸文庫．

伊谷純一郎（2008）「トングウェ動物誌」『伊谷純一郎著作集第四巻』平凡社，148-246頁．

大塚柳太郎（2020）「『動く』と『集まる』からみるヒト」大塚柳太郎編『生態人類学は挑むsession1 動く・集まる』京都大学学術出版会，285-313頁．

オーレイ，キャサリン，シモン R. アリン，ピェール D. プリスナー，アンドリュー S. コーヘン（2006）「タンガニーカ湖の生産力低下」熊谷道夫・石川可奈子編『世界の湖沼と地球環境』古今書院，77-82頁．

掛谷誠（2017）『掛谷誠著作集1 人と自然の生態学』京都大学学術出版会．

河合香史（2013）「牧畜民チャムスにおける誕生と死」菅原和孝編『身体化の人類学』世界思想社，186-205頁．

高畑由紀夫（2020）「生まれる，動く，集まる，去る，そして死ぬ──サルたちのマイクロデモグラフィー」大塚柳太郎編『生態人類学は挑むsession1 動く・集まる』京都大学学術出版会，125-153頁．

ダン，ロブ（2021）『家は生態系──あなたは20万種の生き物と暮らしている』（今西靖子訳）白揚社．

内藤裕二編（2021）『腸内微生物叢最前線』診断と治療社．

中村美知夫（2020）「『動く』ことで形作られるチンパンジー社会」大塚柳太郎編『生態人類学は挑むsession1 動く・集まる』京都大学学術出版会，7-34頁．

西田利貞（1973）『精霊の子供たち』筑摩書房．

ハラウェイ，ダナ（2000）『猿と女とサイボーグ──自然の再発明』（高崎さきの訳）青土社．

堀道夫編（1996［1993］）『タンガニイカ湖の魚たち──多様性の謎を探る』平凡社．

三浦慎悟（2018）『動物と人間─関係史の生物学』東京大学出版会．

モートン，ティモシー（2018）『自然なきエコロジー──来たるべき環境哲学に向けて』（篠原雅武訳）以文社．

Anonymous. 2021. *Statistical Abstract 2020*. National Bureau of Statistics, Ministry of Finance and Planning, Dodoma.

Crowther, Thomas, Henry Glick, Kristofer Covey, et al. 2015. "Mapping tree density at a global scale." *Nature* 525: 201-205.

Granados, Julián and Christian Körner. 2002. "In deep shade, elevated CO_2 increases the vigor of tropical climbing plants." *Global Change Biology* 8: 1109-1117.

Ihobe, Hiroshi. 2015. "Mammalian fauna." In: M. Nakamura, K. Hosaka, N. Itoh and K. Zamma (eds) *Mahale Chimpanzees: 50 Years of Research*. pp. 195-212. Cambridge: Cambridge University Press.

Ingwell, Laura L., S Joseph Wright, Kristen K Becklund, Stephen P Hubbell and Stefan A Schnitzer. 2010. "The impact of lianas on 10 years of tree growth and mortality on Barro Colorado Island, Panama." *Journal of Ecology* 98: 879-887.

Itoh, Noriko, Michio Nakamura, Hiroshi Ihobe, Shigeo Uehara, Koichiro Zamma, Lilian Pintea, Anton Seimon and Toshisada Nishida. 2011. "Long-term changes in the social and natural environments surrounding the chimpanzees of the Mahale Mountains National Park." In: Andrew J. Plumptre (ed.) *The Ecological Impact of Long-Term Changes in Africa's Rift Valley*. pp.249-277. New York: Nova Science.

Itoh, Noriko. 2015a. "Climate and climatological trends in the Kasoje forest." In: M. Nakamura, K. Hosaka, N. Itoh and K. Zamma (eds) *Mahale Chimpanzees: 50 Years of Research*. pp. 143-149. Cambridge: Cambridge University Press.

Itoh, Noriko. 2015b. "Appendix IV: Meteorological data collected at Kansyana, 1983-2013." In: M. Nakamura, K. Hosaka, N. Itoh and K. Zamma (eds) *Mahale Chimpanzees: 50 Years of Research*. pp. 744-750. Cambridge: Cambridge University Press.

Itoh, Noriko and Michio Nakamura. 2015a. "Mahale flora: Its historical background and long-term changes." In: M. Nakamura, K. Hosaka, N. Itoh and K. Zamma (eds) *Mahale Chimpanzees: 50 Years of Research*. pp. 150-173. Cambridge: Cambridge University Press.

Itoh, Noriko and Michio Nakamura. 2015b. "Diet and feeding behavior." In: M. Nakamura, K. Hosaka, N. Itoh and K. Zamma (eds) *Mahale Chimpanzees: 50 Years of Research*. pp. 227-245. Cambridge: Cambridge University Press.

Itoh, Noriko and Daisuke Muramatsu. 2017. "Patterns and trends in fruiting phenology: Some important implications for chimpanzee diet." In: M. Nakamura, K. Hosaka, N. Itoh and K. Zamma (eds) *Mahale Chimpanzees: 50 Years of Research*. pp. 174-194. Cambridge: Cambridge University Press.

Morton, Timothy. 2013. *Hyperobjects: Philosophy and Ecology after the End of the World*. University of Minnesota Press.

Morton, Timothy. 2018. *Dark Ecology: For a Logic of Future Coexistence*. Columbia University Press.

NASA https://climate.nasa.gov/ (2022/9/30)

Nishida, Toshisada. 1990. "A quarter century of research in the Mahale Mountains: An overview." In: Toshisada Nishida (ed.) *The Chimpanzees of the Mahale Mountains: Sexual and Life History Strategies*. pp. 3-35. University of Tokyo Press.

NOAA *Trends in Atmospheric Carbon Dioxide* https://gml.noaa.gov/ccgg/trends/ (2022/9/30)

Phillips, Oliver L. and Alwyn H. Gentry. 1994. "Increasing turnover through time in tropical forests." *Science*

263: 954-958.

Sasek, Thomas W. and Boyd R. Strain. 1988. "Effects of carbon dioxide enrichment on the growth and morphology of kudzu (*Pueraria lobata*)." *Weed Science* 36: 28-36.

Swaisgood, Ronald R. and James K. Sheppard. 2010. "The culture of conservation biologists: Show me the hope!" *BioScience* 60(8): 626-630.

執筆者紹介 (掲 載 順)

伊藤詞子 （いとう のりこ）

京都大学アフリカ地域研究資料センター研究員. 京都大学大学院理学研究科博士課程修了, 博士(理学). 主な著作に, 「第7章 共存の様態と行為選択の二重の環——チンパンジーの集団と制度的なるものの生成」(『制度——人類社会の進化』京都大学学術出版会, 2013年), 「第7章 出会われる「他者」——チンパンジーはいかに〈わからなさ〉と向き合うのか」(『他者——人類社会の進化』京都大学学術出版会, 2016年)などがある.

足立 薫 （あだち かおる）

京都産業大学現代社会学部准教授. 京都大学大学院理学研究科博士課程修了, 博士(理学). 主な著作に, 「非構造の社会学——集団の極相へ」(河合香吏編『集団——人類社会の進化』京都大学学術出版会, 2009年), 「極限としての〈いきおい〉——移動する群れの社会性」(河合香吏編『極限——人類社会の進化』京都大学学術出版会, 2020年)などがある.

四方 篝 （しかた かがり）

京都大学アフリカ地域研究資料センター特定研究員. 京都大学大学院アジア・アフリカ地域研究研究科研究指導認定退学, 博士(地域研究). 主な著作に, 『焼畑の潜在力——アフリカ熱帯雨林の農業生態誌』(昭和堂, 2013年), 「多様性をうみだす潜在力——カメルーン東南部, 熱帯雨林における焼畑を基盤とした農業実践」(重田眞義・伊谷樹一編『アフリカ潜在力4 争わないための生業実践——生態資源と人びとの関わり』京都大学学術出版会, 2016年)などがある.

藤澤奈都穂 （ふじさわ なつほ）

日本学術振興会特別研究員. 東京大学大学院農学生命科学研究科博士課程単位取得退学, 博士(農学). 主な著作に, Fujisawa, N., Roubik, D.W., Inoue, M., 2020. "Farmer influence on shade tree diversity in rustic plots of Coffea canephora in Panama coffee-agroforestry." *Agroforest Syst* 94: 2301–2315. 「第8章 "自分らしく生きること"がつくる懐の深いコーヒーの森——異なる生業が支え合うパナマ中部の農村の暮らし」(阿部健一, 柳澤雅之編『No Life, No Forest——熱帯林の「価値命題」を暮らしから問う』京都大学学術出版会, 2021年)などがある.

佐々木綾子 （ささき あやこ）

日本大学生物資源科学部専任講師. 京都大学大学院農学研究科博士後期課程修了, 博士(農学). 主な著作に, Sasaki, A., Kanzaki, M., Mochizuki, K., Choocharoen, C. and Preechapanya, P. 2021. "Aboveground biomass and carbon sequestration potential of tea and shade trees in *miang* tea gardens, an agroforestry system in Northern Thailand." *Tropics* 29(4): 105-119.「茶を漬けて食べる ――タイ北部の「嚙み茶」文化とその変容」(横山智編著『世界の発酵食をフィールドワークする』農文協, 2022年)などがある.

勝俣昌也 (かつまた まさや)

麻布大学獣医学部教授.京都大学大学院農学研究科後期博士課程単位取得退学, 博士(農学). 主な著作に,「第8章 タンザニアにおける農村開発活動の実践についての一考察」(伊谷樹一・掛谷誠編『アフリカ地域研究と農村開発』京都大学学術出版会, 2011年),『動物の栄養〈第2版〉』(共著, 文永堂出版, 2016年)などがある.

神田靖範 (かんだ やすのり)

公益社団法人国際農林業協働協会技術参与.京都大学大学院博士課程研究指導認定退学, 博士(地域研究).主な著作に,「第7章 タンザニア・ボジ県ウソチェ村」(共著, 伊谷樹一・掛谷誠編『アフリカ地域研究と農村開発』京都大学学術出版会, 2011年),『タンザニアを知るための60章〈第2版〉』(共著, 明石書店, 2015年)などがある.

伊谷樹一 (いたに じゅいち)

京都大学アフリカ地域研究資料センター教授.京都大学大学院農学研究科博士後期課程単位取得退学, 博士(農学).主な著作に,『アフリカ地域研究と農村開発』(共編著, 京都大学学術出版会, 2011年),『地域水力を考える――日本とアフリカの農村から』(共編著, 昭和堂, 2021年)などがある.

小林 誠 (こばやし まこと)

東京経済大学コミュニケーション学部准教授.首都大学東京人文科学研究科博士後期課程単位取得満期退学, 博士(社会人類学).主な著作に,『探求の民族誌――ポリネシア・ツバルの神話と首長制の「真実」をめぐって』(御茶の水書房, 2017年),「「陸」の景観史――ツバル離島の村落と集会所をめぐる伝統, キリスト教, 植民地主義」(山口徹編『アイランドスケープ・ヒストリーズ――島景観が架橋する歴史生態学と歴史人類学』風響社, 2019年)などがある.

竹ノ下祐二 (たけのした ゆうじ)

中部学院大学看護リハビリテーション学部理学療法学科教授.京都大学大学院理学研究科博士後期課程修了, 博士(理学).主な著作に,『セックスの人類学』(共編著, 春風社, 2009年),「14 ママは放任主義?――ゴリラ」(齋藤慈子・平石界・久世濃子編, 長谷川眞理子監修『正解は一つじゃない――子育てする動物たち』東京大学出版会, 2019年)などがある.

竹川大介 （たけかわ だいすけ）

北九州市立大学文学部教授. 京都大学理学部博士後期課程単位取得満期退学, 博士（理学）. 主な著作に,「あえてドメスティケートしないこと——ミツバチ養蜂戦略の違いから家畜と野育を考える」(卯田宗平編『野生性と人類の論理——ポスト・ドメスティケーションを捉える4つの思考』東京大学出版会, 2021年),「『語る文化』に生きるとはどういうことか——口頭伝承の中に自己が存在するソロモン諸島民の身体世界」(大西秀之編, 後藤明監修『モノ・コト・コトバの人類史——総合人類学の探究』雄山閣, 2021年)などがある.

風間計博 （かざま かずひろ）

京都大学大学院人間・環境学研究科教授. 総合研究大学院大学博士後期課程修了, 博士（文学）. 主な著作に,『窮乏の民族誌——中部太平洋・キリバス南部環礁の社会生活』(大学教育出版, 2003年),『強制移住と怒りの民族誌——バナバ人の歴史記憶・政治闘争・エスニシティ』(明石書店, 2022年)などがある.

内堀基光 （うちぼり もとみつ）

放送大学名誉教授, 一橋大学名誉教授. オーストラリア国立大学博士課程修了, 博士（人類学）. 主な著作に,『死の人類学』(共著, 弘文堂, 1986年／講談社学術文庫, 2006年),『森の食べ方』(東京大学出版会, 1996年),『「ひと学」への招待——人類の文化と自然』(放送大学教育振興会, 2012年)などがある.

生態人類学は挑む　SESSION 6
たえる・きざす　　　　　　　　　　　　© Noriko ITOH 2022

2022 年 12 月 5 日　初版第一刷発行

編　者　　伊 藤 詞 子

発行人　　足 立 芳 宏

京都大学学術出版会

京都市左京区吉田近衛町 69 番地
京都大学吉田南構内（〒606-8315）
電　話（075）761-6182
ＦＡＸ（075）761-6190
Home page https://www.kyoto-up.or.jp
振　替　01000-8-64677

ISBN978-4-8140-0440-9　　　　　　　ブックデザイン　森　華
Printed in Japan　　　　　　　　　　印刷・製本　亜細亜印刷株式会社
　　　　　　　　　　　　　　　　　　定価はカバーに表示してあります

混迷する21世紀に
人類文化の深淵を辿りなおす

生態人類学は
挑む
全16巻

◆は既刊、タイトルや刊行順は
変更の可能性があります